D1315997

HOLT SPANISH 1B

¡Exprésate!®

Nancy Humbach

Sylvia Madrigal Velasco

Ana Beatriz Chiquito

Stuart Smith

John McMinn

HOLT, RINEHART AND WINSTON

A Harcourt Education Company

Orlando • Austin • New York • San Diego • London

Holt Teacher Advisory Panel

As members of the **Holt World Languages Advisory Panel,** the following teachers made a unique and invaluable contribution to the ***¡Exprésate!*** Spanish program. They generously shared their experience and expertise in a collaborative group setting and helped refine early materials into the program design represented in this book. We wish to thank them for the many hours of work they put into the development of this program and for the many ideas they shared.

¡Muchísimas gracias a todos!

Erick Ekker
Bob Miller Middle School
Henderson, NV

Dulce Goldenberg
Miami Senior High School
Miami, FL

Beckie Gurnish
Ellet High School
Akron, OH

Bill Heller
Perry High School
Perry, NY

MilyBett Llanos
Westwood High School
Austin, TX

Rosanna Perez
Communications Arts
High School
San Antonio, TX

Jo Schuler
Central Bucks High School East
Doylestown, PA

Leticia Schweigert
Science Academy
Mercedes, TX

Claudia Sloan
Lake Park High School
Roselle, IL

Judy Smock
Gilbert High School
Gilbert, AZ

Catriona Stavropoulos
West Springfield High School
Springfield, VA

Nina Wilson
Burnet Middle School
Austin, TX

Janet Wohlers
Weston Middle School
Weston, MA

Printed in the United States of America

ISBN-13: 978-0-03-045172-1
ISBN-10: 0-03-045172-8

1 2 3 4 5 6 048 10 09 08 07 06

Authors

Nancy Humbach

Nancy Humbach is Associate Professor and Coordinator of Languages Education at Miami University, Oxford, Ohio. She has authored or co-authored over a dozen textbooks in Spanish. A former Fulbright-Hayes Scholar, she has lived and studied in Colombia and Mexico and has traveled and conducted research throughout the Spanish-speaking world. She is a recipient of many honors, including the Florence Steiner Award for Leadership in the Foreign Language Profession and the Nelson Brooks Award for the Teaching of Culture.

Sylvia Madrigal Velasco

Sylvia Madrigal Velasco was born in San Benito, Texas. The youngest of four siblings, she grew up in the Rio Grande Valley, between two cultures and languages. Her lifelong fascination with Spanish has led her to travel in many Spanish-speaking countries. She graduated from Yale University in 1979 and has worked for over 20 years as a textbook editor and author at various publishing companies. She has written bilingual materials, video scripts, workbooks, CD-ROMs, and readers.

Ana Beatriz Chiquito

Professor Ana Beatriz Chiquito is a native of Colombia. She teaches Spanish linguistics and Latin American culture at the University of Bergen, Norway, and conducts research and develops applications for language learning at the Center for Educational Computing Initiatives at the Massachusetts Institute of Technology. She has taught Spanish for more than thirty years and has authored numerous textbooks, CD-ROMs, videos, and on-line materials for college and high school students of Spanish.

Stuart Smith

Stuart Smith began her teaching career at the University of Texas at Austin from where she received her degrees. She has been a professor of foreign languages at Austin Community College, Austin, Texas, for over 20 years and has been writing textbook and teaching materials for almost as long. She has given presentations on language teaching methodology at ACTFL, SWCOLT, and TCCTA.

John McMinn

John McMinn is Professor of Spanish and French at Austin Community College, where he has taught since 1986. After completing his M.A. in Romance Linguistics at the University of Texas at Austin, he also taught Spanish and French at the secondary level and was a Senior Editor of World Languages at Holt, Rinehart and Winston. He is co-author of both Spanish and French textbooks at the college level.

Reviewers

These educators reviewed one or more chapters of the Student Edition.

Elizabeth Baird
Independence High School
Independence, OH

Paula Camardella Twomey
Ithaca High School
Ithaca, NY

Ana Carlsgaard
Zionsville High School
Zionsville, IN

Johnnie Eng
Alamo Heights High School
San Antonio, TX

Howard Furnas
Spain Park High School
Hoover, AL

Patricia Gander
Berkeley High School
Moncks Corner, SC

Laura Grable
Riverhead Central High School District
Riverhead, NY

Lisa Greene
Southside High School
Greenville, SC

Mani Hernández
Presentation High School
San Jose, CA

Yoscelina Hernández
Montwood High School
El Paso, TX

Cathy Teal Johnson
Mountain Brook High School
Birmingham, AL

Jorge Muñoz
St. Stephen's Episcopal School
Austin, TX

Kathy Sherman
Hamilton Southeastern High School
Fishers, IN

Jessica Shrader
Riverview High School
Sarasota, FL

Jeannette L. Sipp
Parkway South High School
Ballwin, MO

Sharlene Soto
D.C. Everest Jr. and Sr. High Schools
Wausau, WI

Pamela Valdés
Emmerich Manual High School
Indianapolis, IN

Gail Valdez
Gadsden High School
Gadsden, AL

Nancy Walker de Llanas
George C. Marshall High School
Falls Church, VA

Jackie Weaver
Eastside High School
Taylors, SC

Dee Webster
North Central High School
Indianapolis, IN

Thomasina I. White
Lead Academic Coach
World Language Education
Philadelphia, PA

Shanna Yown
Mauldin High School
Mauldin, SC

Field Test Participants

We thank the teachers and students who participated in the field test of *¡Exprésate!*

Tim Burel
West Middle School
Rockford, IL

Liliana Camarena
Gueillen Middle School
El Paso, TX

Mariluz Julio
Clover Junior High School
Clover, SC

Patrice Kahn
Noel Grisham Middle School
Austin, TX

Rebekeh Lindsey
Campbell Middle School
Daytona Beach, FL

Estela Morel
Corlears Middle School 56
New York, NY

Linda Schell
Landmark Middle School
Jacksonville, FL

Sarah Taylor
Richland Middle School
Richmond, VA

Rebecca Taylor-Norton
Beechwood Middle School
Cleveland, OH

Amanda York
George Washington Carver Academy
Waco, TX

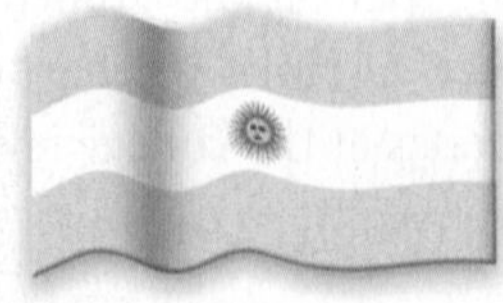

Contenido en breve

Capítulo puente

OBJETIVOS

In this chapter, you will review how to
- introduce and meet others
- ask for personal information
- describe people
- talk about likes and dislikes
- talk about your plans
- talk about school and classes
- talk about home and family relationships

México

OBJETIVOS

In this chapter, you will learn to
- comment on food
- take an order and make polite requests
- talk about meals
- offer help and give instructions

Geocultura

Teotihuacán, México

En video

Geocultura	GeoVisión
Vocabulario 1 y 2	ExpresaVisión
Gramática 1 y 2	GramaVisión
Cultura	VideoCultura
Video Novela	¿Quién será?
	Variedades

Argentina

OBJETIVOS

In this chapter, you will learn to
- talk about your daily routine
- talk about staying fit and healthy
- talk about how you feel
- give advice

La Garganta del Diablo, Cataratas del Iguazú, Argentina

En video

Geocultura	GeoVisión
Vocabulario 1 y 2	ExpresaVisión
Gramática 1 y 2	GramaVisión
Cultura	VideoCultura
VideoNovela	¿Quién será?
Variedades	

La Florida

Capítulo 8 Vamos de compras 130

OBJETIVOS

In this chapter, you will learn to
- ask for and give opinions
- ask for and offer help in a store
- say where you went and what you did
- talk on the phone

Geocultura

Vista de la ciudad de Miami, Florida

En video

Geocultura	GeoVisión
Vocabulario 1 y 2	ExpresaVisión
Gramática 1 y 2	GramaVisión
Cultura	VideoCultura
VideoNovela	¿Quién será?
	Variedades

La República Dominicana

Capítulo 9 ¡Festejemos! 176

OBJETIVOS

In this chapter, you will learn to
- talk about plans
- talk about past holidays
- talk about preparing for a party
- greet, introduce others, and say goodbye

Geocultura

Palacio Nacional de Santo Domingo, la República Dominicana

En video

Geocultura	GeoVisión
Vocabulario 1 y 2	ExpresaVisión
Gramática 1 y 2	GramaVisión
Cultura	VideoCultura
VideoNovela	¿Quién será?
	Variedades

Capítulo 10 ¡A viajar! 222

OBJETIVOS

In this chapter, you will learn to
- ask for and give information
- remind and reassure others
- talk about a trip
- express hopes and wishes

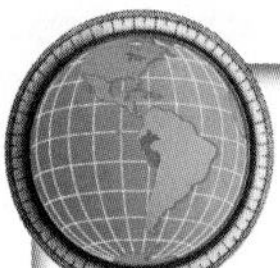

Geocultura

Vista aérea de Machu Picchu, Perú

En video

Geocultura	GeoVisión
Vocabulario 1 y 2	ExpresaVisión
Gramática 1 y 2	GramaVisión
Cultura	VideoCultura
VideoNovela	¿Quién será?
	Variedades

El español, ¿por qué?

Why Study Spanish?

Por lo mundial *Because it's worldwide*

Spanish is the fourth most commonly spoken language in the world. You can visit any one of 21 countries in the world that speak Spanish and feel at home. Even in the United States, knowing Spanish can open doors to you.

So whether you're in Europe, North, Central, or South America, or even Africa, as a Spanish speaker you won't have to rely on someone else to watch television or read a newspaper. You'll learn things on your own. You'll truly be a citizen of the world.

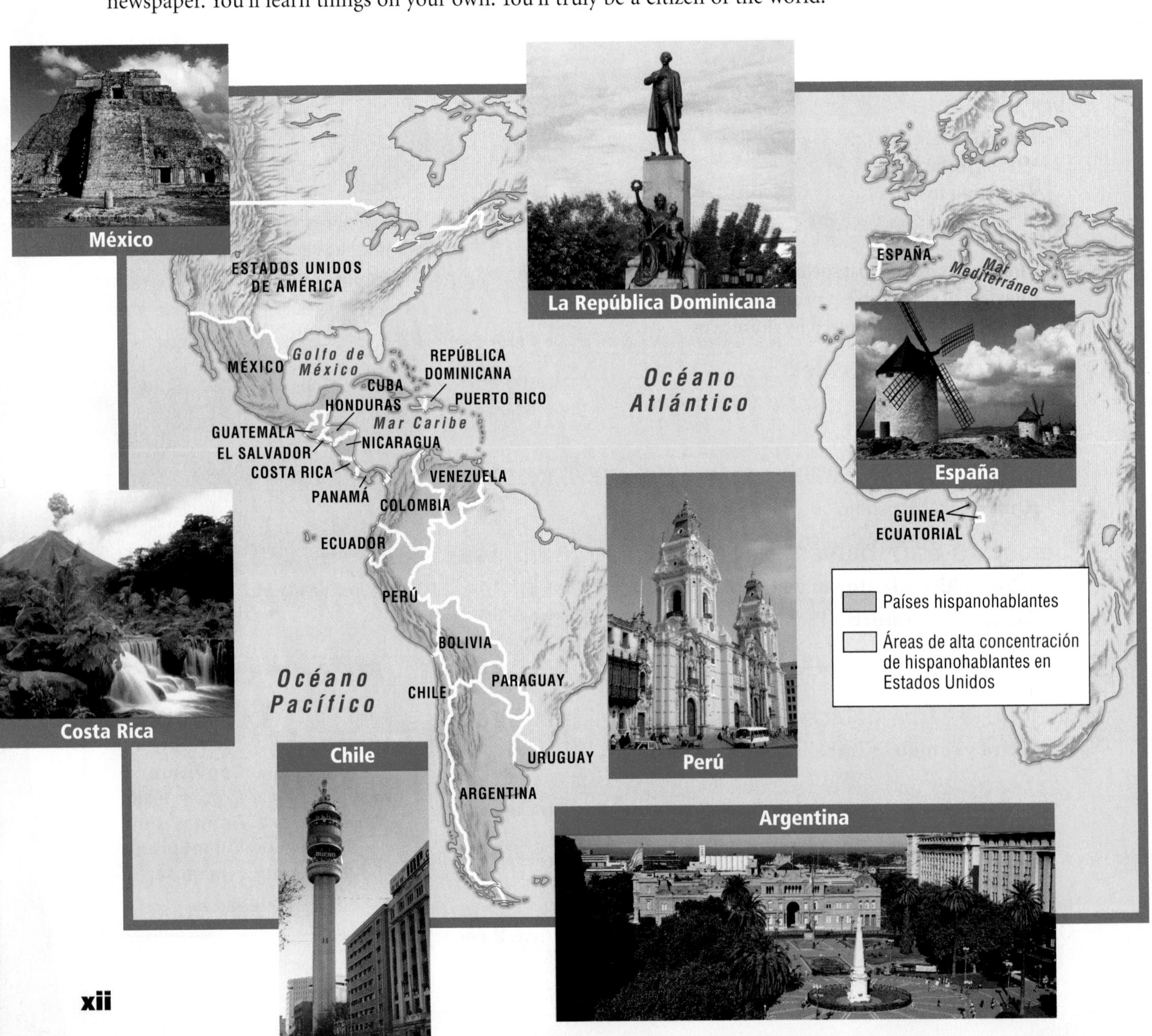

Por lo bello *Because it's beautiful*

You'll be amazed to discover how rich the Spanish-speaking world is in works of music, literature, science, religion, and art. The novels of Miguel de Cervantes or Isabel Allende, the paintings of Fernando Botero or Frida Kahlo, the poetry of Gabriela Mistral or Pablo Neruda: all these treasures and many more await you as you explore the Spanish-speaking world.

Ceramic tiles form this mural by Dominican artist Said Musa.

Traditional painted carts in Costa Rica are a part of El Festival de las Carretas.

The fountain of Cibeles, named after the goddess Cybele, is one of Madrid's best-known landmarks.

These young Costa Ricans are wearing traditional dance costumes.

Por lo práctico *Because it's practical*

You're living in the country with the fifth-largest Hispanic population in the world, more than 33 million people. And whether they're originally from Mexico, Puerto Rico, or Cuba—or from any other part of Latin America or Spain—almost nine out of ten are Spanish speakers.

Businesses, government agencies, educational institutions, and other employers will be looking for more bilingual employees every year. Give yourself an edge in the job market with Spanish!

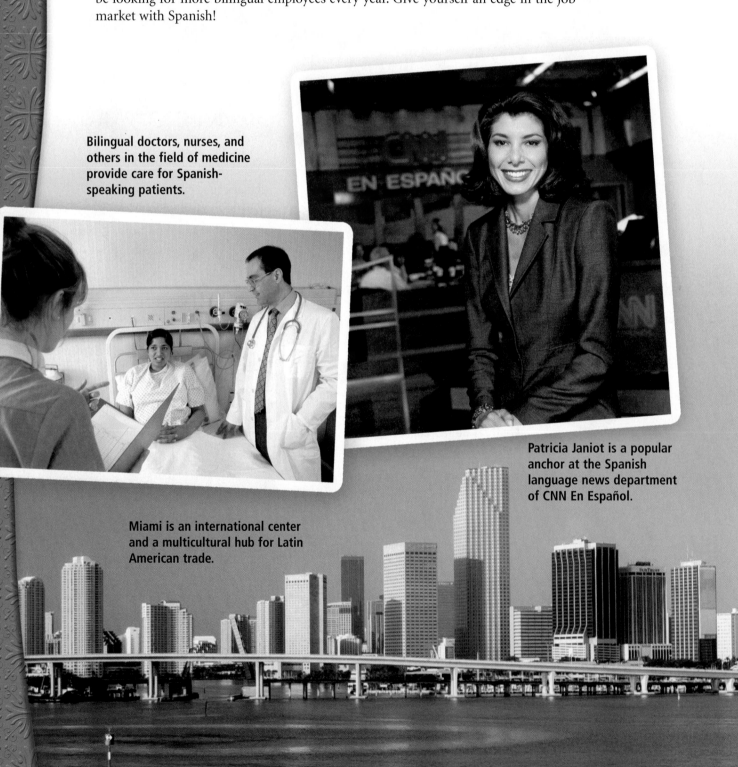

Bilingual doctors, nurses, and others in the field of medicine provide care for Spanish-speaking patients.

Patricia Janiot is a popular anchor at the Spanish language news department of CNN En Español.

Miami is an international center and a multicultural hub for Latin American trade.

¡Porque puedes! *Because you can do it!*

Applying your learning skills to a new language will be challenging at first. But you have the tools you need to do the job. And you're lucky to be living at a time when there are almost no limits to your opportunities to practice Spanish. You can interact with Spanish speakers not just in your community but all over the world, via pen pal organizations, the library, or a multitude of resources and online networks.

Bicyclists stop at a spot overlooking the historic city of Toledo, Spain.

En fin, porque sí *Finally, just because...*

The best reason of all to study Spanish is because you want to! You know better than anyone what motivated you to enroll for Spanish class. It might be one of the reasons given here, such as getting a job, learning about world issues, or enjoying works of art. Or it might be something more personal, like wanting to communicate with Spanish-speaking friends and family, or travel. So pat yourself on the back and **¡Exprésate!**

En la clase de español

In Spanish Class

Here are some phrases you'll probably hear in your classroom, along with some responses.

Phrases:	Responses:
Tengo una pregunta. *I have a question.*	**¿Sí? Dime.** *Yes? What is it?*
¿Cómo se dice...? *How do you say . . .?*	**Se dice...** *You say . . .*
¿Cómo se escribe...? *How do you spell . . .?*	**Se escribe...** *It's spelled . . .*
No entiendo. ¿Puede repetir? *I don't understand. Could you repeat that?* **Más despacio, por favor.** *More slowly, please.*	**Claro que sí.** *Yes, of course.*
¿Sabes qué significa (quiere decir)...? *Do you know what . . . means?*	**No, no sé.** *No, I don't know.* **Sí, significa (quiere decir)...** *Yes, it means . . .*
Gracias. *Thank you.*	**De nada.** *You're welcome.*
Perdón. *I'm sorry.*	**Está bien.** *It's okay.*

Here are some things your teacher might ask you to do.

Levanten la mano.
Raise your hand.

Escuchen.
Listen.

¡Su atención, por favor!
Attention, please.

Silencio, por favor.
Silence, please.

Abran sus libros en la página...
Open your books to page . . .

Cierren los libros.
Close your books.

Estamos en la página...
We're on page . . .

Miren la pizarra (la transparencia).
Look at the board (transparency).

Saquen una hoja de papel.
Take out a sheet of paper.

Pasen la tarea (los papeles) al frente.
Pass the homework (the papers) to the front.

Levántense, por favor.
Stand up, please.

Siéntense, por favor.
Sit down, please.

Repitan después de mí.
Repeat after me.

Nombres comunes
Common Names

Here are some common names from Spanish-speaking countries.

Nombres de muchachas		
Ana	Inés	Patricia
Bárbara	Irene	Pilar
Beatriz	Isabel	Rosalía
Cecilia	Josefina	Rosario
Cristina	Lourdes	Sonia
Dolores	María	Susana
Elena	Maribel	Tamara
Elisa	Marisol	Teresa
Emilia	Nuria	Vanesa
Fátima	Olga	Yolanda

Nombres de muchachos		
Alfredo	Francisco	Óscar
Antonio	Gilberto	Pablo
Arturo	Héctor	Pedro
Bruno	Javier	Rafael
Carlos	Julio	Ramón
Daniel	Lorenzo	Roberto
Eduardo	Luis	Sergio
Enrique	Manuel	Tomás
Esteban	Marcos	Vicente
Fernando	Miguel	Víctor

Instrucciones
Directions

Throughout the book, many activities will have directions in Spanish. Here are some of the directions you'll see, along with their English translations.

Completa... con una palabra del cuadro.
Complete . . . with a word from the box.

Completa el párrafo con...
Complete the paragraph with . . .

Completa las oraciones con la forma correcta del verbo.
Complete the sentences with the correct form of the verb.

Con base en..., contesta cierto o falso. Corrige las oraciones falsas.
Based on . . ., respond with true or false. Correct the false sentences.

Con un(a) compañero(a), dramatiza...
With a classmate, act out . . .

Contesta las preguntas usando...
Answer the questions, using . . .

Contesta (Completa) las siguientes preguntas (oraciones)...
Answer (Complete) the following questions (sentences) . . .

En parejas (grupos de tres), dramaticen...
In pairs (groups of three), act out . . .

Escoge el dibujo (la respuesta) que corresponde (mejor completa)...
Choose the drawing (the answer) that goes with (best completes) . . .

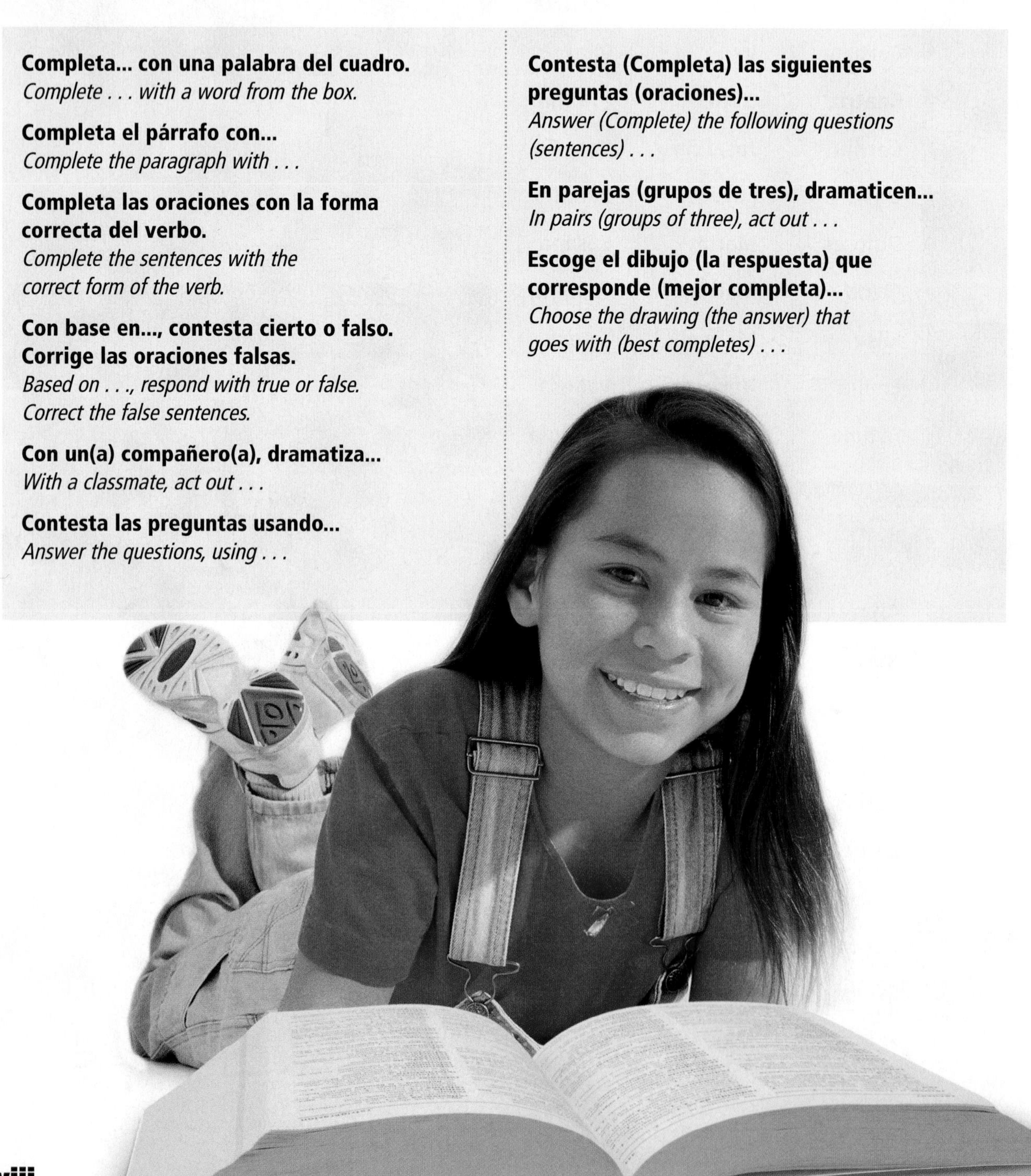

Escribe..., usando el vocabulario de la página...
Write . . ., using the vocabulary on page . . .

Escucha las conversaciones.
Decide qué conversación (diálogo) corresponde a cada dibujo (foto).
Listen to the conversations. Decide which conversation (dialog) corresponds to each drawing (photo).

Mira las fotos (los dibujos) y decide (di, indica)...
Look at the photos (drawings) and decide (say, indicate) . . .

Pon en orden...
Put . . . in order.

Pregúntale a tu compañero(a)...
Ask your partner . . .

Sigue el modelo.
Follow the model.

Túrnense para...
Take turns . . .

Usa el vocabulario de... para completar...
Use the vocabulary from . . . to complete . . .

Usa una palabra o expresión de cada columna para escribir...
Use one word or expression from each column to write . . .

Usa los dibujos para decir lo que pasa.
Use the drawings to say what is happening.

Sugerencias para aprender el español
Tips for learning Spanish

Listen
Listen carefully in class and ask questions if you don't understand. You won't be able to understand everything you hear at first, but don't feel frustrated. You are actually absorbing a lot even when you don't realize it.

Visualize
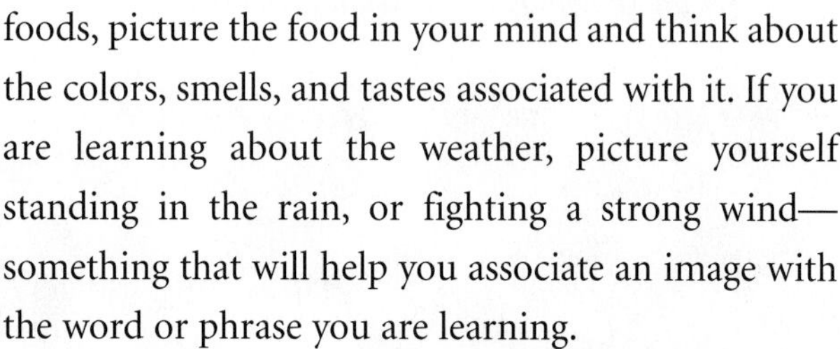

It may help you to visualize the words you are learning. Associate each new word, sentence, or phrase with a mental picture. For example, if you're learning words for foods, picture the food in your mind and think about the colors, smells, and tastes associated with it. If you are learning about the weather, picture yourself standing in the rain, or fighting a strong wind—something that will help you associate an image with the word or phrase you are learning.

Practice
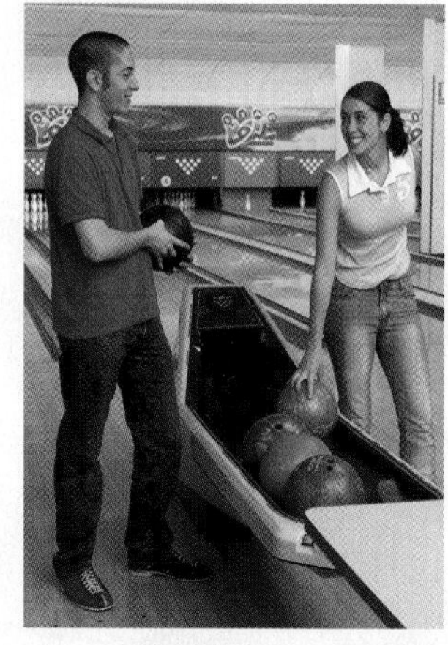

Short, daily practice sessions are more effective than long, once-a-week sessions. Also, try to practice with a friend or a classmate. After all, language is about communication, and it takes two to communicate.

Speak

Practice Speaking Spanish aloud every day. Don't be afraid to experiment. Your mistakes will help identify problems, and they will show you important differences in the way English and Spanish work as languages.

Explore
Increase your contact with Spanish outside class in every way you can. Maybe someone living near you speaks Spanish. It's easy to find Spanish-language programs on TV, on the radio, or at the video store, and many magazines and newspapers in Spanish are published or sold in the United States and are on the Internet. Don't be afraid to read, watch, or listen, even if you don't understand every word.

Connect
Making connections between what you learn in other subject areas and what you are learning in your Spanish class will increase your understanding of the new material, help you retain it longer, and enrich your learning experience.

Have fun!
Above all, remember to have fun! Learn as much as you can, because the more you know, the easier it will be for you to relax—and that will make your learning easier and more effective.

¡Buena suerte! (Good luck!)

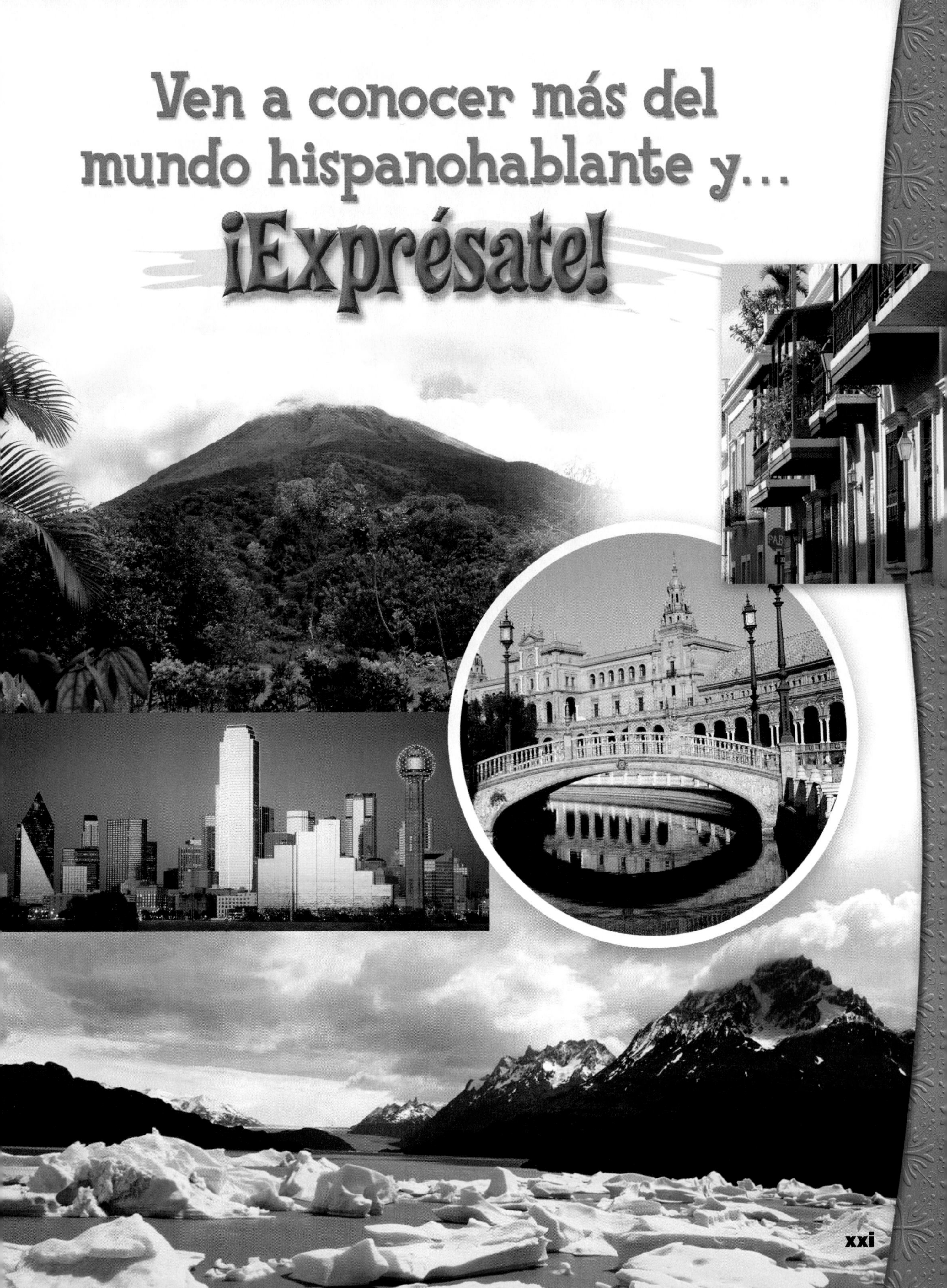
Ven a conocer más del mundo hispanohablante y...
¡Exprésate!
PARE

Capítulo puente

Primera parte

Objetivos

In this section you will review how to:

- ask and give names
- ask how someone feels and answer
- ask for and give personal information
- ask for and give descriptions
- talk about likes and dislikes
- use the verbs **ser, estar, gustar,** and **tener**

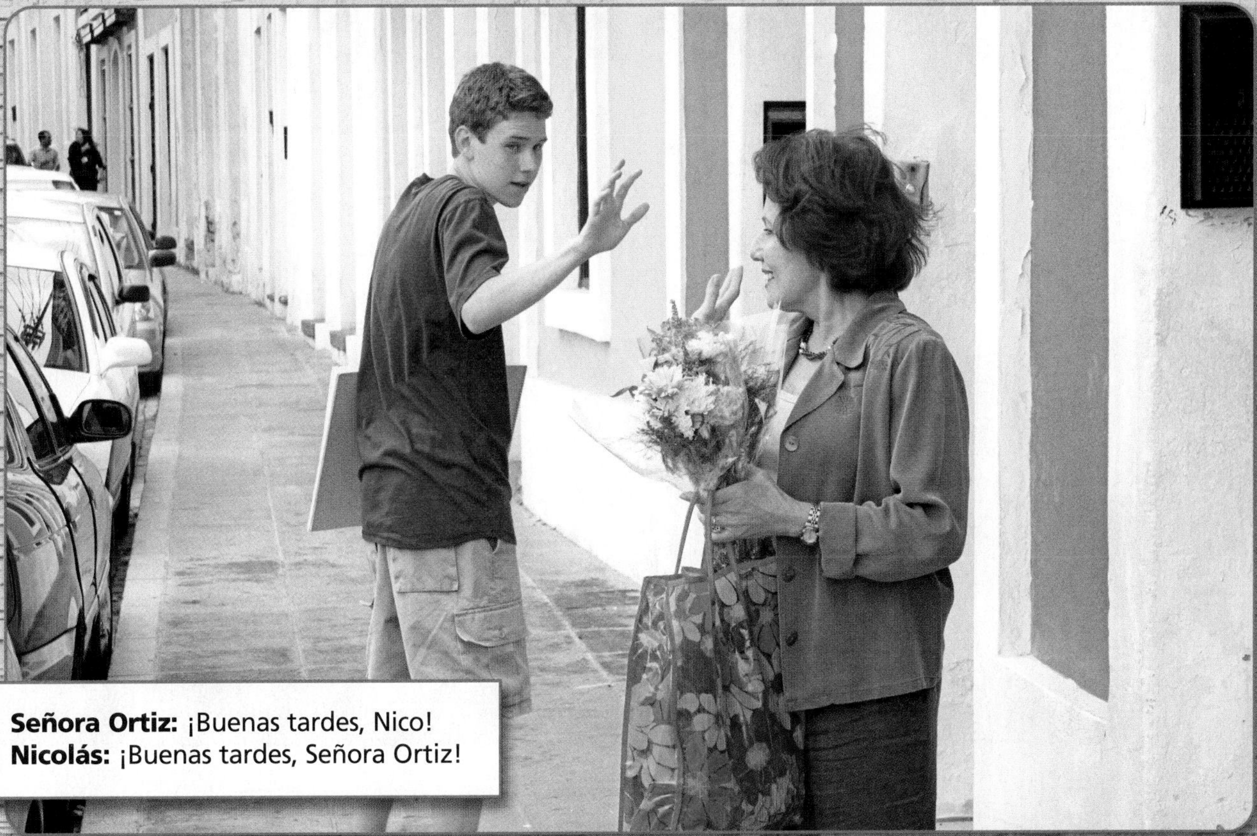

Señora Ortiz: ¡Buenas tardes, Nico!
Nicolás: ¡Buenas tardes, Señora Ortiz!

Entrenador: ¿Nicolás? Dime, ¿cómo es?
Profesora de arte: Es alto y rubio.
Entrenador: ¿Cuántos años tiene?
Profesora de arte: Tiene quince años.

Objetivos
- Introducing and meeting others
- Talking about likes and dislikes

Vocabulario en acción 1

En Madrid

Buenos días, Paco. ¿Qué tal?
Estoy bien, gracias. ¿Y usted?

Hola. ¿Cómo estás?
Más o menos. ¿Y tú?

¡Exprésate!

To ask for personal information	To respond
¿De dónde eres? *Where are you from?*	**Soy de Estados Unidos.** *I'm from the United States.*
¿Cuál es tu teléfono? *What is your telephone number?*	**Es tres-veintiséis-ochenta y nueve.** *It's three, twenty-six, eighty-nine.*
¿Cuál es el correo electrónico de Marisa? *What is Marisa's e-mail address?*	**Es eme punto a-ere-ce-e arroba ce-o-ele-e punto ache-ere-uve doble punto e-de-u.** *It's m.arce@cole.hrw.edu.*
¿Cuándo es tu cumpleaños? *When is your birthday?*	**Es el catorce de febrero.** *It's the fourteenth of February.*

Interactive TUTOR

Vocabulario y gramática, pp. 1–5 Online workbooks

▶ **Vocabulario adicional** — Nombres comunes, p. xvii

Más vocabulario...

¿Quién es el muchacho?
Who is the boy?
(Él) es mi mejor amigo.
He is my best friend.
(Él) es estudiante.
He is a student.
¿Quién es la muchacha?
Who is the girl?
(Ella) es mi mejor amiga.
She is my best friend.
(Ella) es estudiante.
She is a student.

1 ¿Qué hacen?

Escuchemos As you listen, decide whether the people speaking are **a**) asking someone's name or **b**) giving a name.

2 Preguntas y más preguntas

Leamos Match each question to the correct response. There may be more than one correct answer.

1. ¿Qué tal Jorge?
2. ¿Quién es él?
3. ¿Cómo se llama usted?
4. ¿Cuál es tu correo electrónico?
5. ¿De dónde eres?
6. ¿Cuándo es tu cumpleaños?
7. ¿Cómo está usted?

a. Me llamo Manuel Solís Hidalgo.
b. Es guajiro@planeta.hrw.net
c. Muy bien, ¿y tú?
d. Soy de España.
e. Es el tres de enero.
f. Más o menos, ¿y usted?
g. Es Alberto Gutiérrez.

3 ¿Cuál es?

Escribamos Write an introduction or a short conversation for each of the following photos.

1

2

3

4

¡Exprésate!

To ask for descriptions	To respond
¿Cómo es Paco? *What is Paco like?*	**Paco es moreno. También es inteligente y un poco tímido.** *Paco has dark hair/a dark complexion. He is also intelligent and a little shy.*
¿Cómo eres? ¿Eres romántico(a)? *What are you like? Are you romantic?*	**Sí, soy bastante romántico(a).** *Yes, I am quite romantic.*
¿Cómo es la comida china? *What is Chinese food like?*	**Es muy deliciosa.** *It's very delicious.*

Interactive TUTOR

Vocabulario y gramática, pp. 1–2 Online workbooks

4 Mucho gusto

Leamos Carla and Miguel are talking to a new student, Ana, on the first day of school. Complete the conversation using words or phrases from the word box.

Estoy	Igualmente	estás	Encantado	cuál
Regular	Son	Es	Cómo	Es de

MIGUEL ¡Hola, Carla! ¿Cómo __1__?
CARLA ¡Hola, Miguel! __2__ bien. ¿Y tú?
MIGUEL __3__.
CARLA Miguel, ésta es Ana. __4__ Perú.
MIGUEL __5__.
ANA __6__.
MIGUEL ¿__7__ son tus clases, Ana?
ANA __8__ buenas.
CARLA Ana, ¿__9__ es tu correo electrónico?
ANA __10__ apaloma@mundo.hrw.net.

Comunicación

5 Encantado

Hablemos Introduce the people in the pictures to a partner and tell where they are from and what they are like. Your partner should then respond to the introduction by introducing himself or herself, telling where he or she is from, and telling something about himself or herself. Then switch roles.

Juan, España

MODELO **—Éste es mi amigo Juan. Él es de España. Es moreno y...**

—Encantada, Juan. Me llamo Elaine. Soy de Nueva York. Soy seria y...

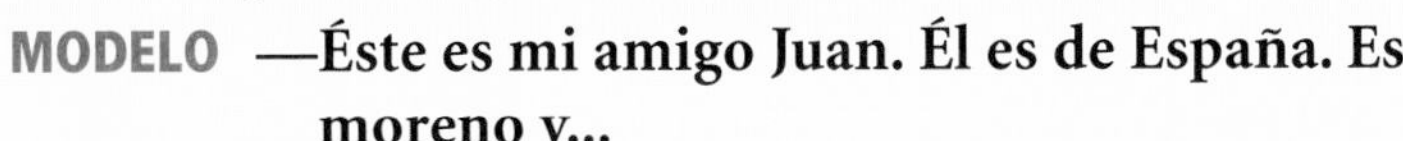

1. Arturo, Perú

2. Benito, Costa Rica

3. Timoteo, México

4. la Sra. Galván, Chile

5. el Sr. Cárdenas, Venezuela

Objetivos
- **Ser** and **estar**
- **Gustar** and **tener**

GramaVisión

The verbs ser and estar

1 Use the irregular verb **ser** to identify or describe a person or thing. Also use the verb **ser** with **de** to tell where someone is from.

soy *I am*	**somos** *we are*
eres *you are*	**sois** *you are*
es *he is, she is, you are*	**son** *you are, they are*

Las películas **son** divertidas.
Movies are fun.

Juan **es de** Cuba.
Juan is from Cuba.

2 Use the irregular verb **estar** to say how you or someone else feels. You can also use the verb **estar** with **prepositions** to say where someone or something is in relation to another person or thing.

estoy *I am*	**estamos** *we are*
estás *you are*	**estáis** *you are*
está *he is, she is, you are*	**están** *you are, they are*

—¿Cómo **está** usted?
How are you?

—**Estoy** bien, gracias.
I am fine, thank you.

—¿Dónde **está** mi libro?
Where is my book?

—**Está encima de** la mesa.
It's on top of the table.

Vocabulario y gramática, pp. 3–5
Actividades, pp. 1–4

Amigos en Cuzco, Perú

6 Juan y yo

Leamos Complete each sentence with the correct form of either the verb **ser** or **estar.**

1. Juan y yo ____ en casa.
2. Él y yo ____ amigos.
3. Yo ____ de Chile.
4. Él ____ de Perú.
5. Juan va al parque hoy. ____ cerca de su casa.
6. No voy al parque con Juan porque yo no ____ bien.
7. Laura y Manolo ____ en la clase de inglés con Juan.
8. Juan ____ alto, pero yo ____ bajo.
9. Yo ____ moreno y gracioso.
10. Tú ____ en la clase de biología conmigo y con Juan.

Visit Holt Online
go.hrw.com
KEYWORD: EXP1B PUENTE
Gramática 1 practice

7 Somos así

Escribamos Use the sentence starters below to tell how you are feeling and to write descriptions of yourself, your friends, your family, and your home.

MODELO **Mi hermano es...**
Mi hermano es alto y divertido.

1. Yo estoy...
2. Mis amigos y yo somos...
3. Nuestra casa está...
4. Nuestro carro es...
5. Mis abuelos son...
6. Mis hermanos son...
7. Mi casa es...
8. Mi mejor amigo y yo somos...

8 ¿Cómo son?

Escribamos/Hablemos Look at the pictures below and say what each person is like.

MODELO **María es inteligente, seria y rubia.**

María

1. Ernesto

2. Pablo y Javier

3. Catarina y Miguel

4. Esmeralda

9 Mi amigo por correspondencia

Escribamos Write a letter or an e-mail to a new pen pal to introduce yourself. Include your name, age, birthday, where you are from, a description of yourself, what you like or don't like, and how you are feeling today. Ask your pen pal to tell you about himself or herself. Exchange letters with a classmate and respond in writing to your classmate's letter.

Gramática 1

The verbs gustar and tener

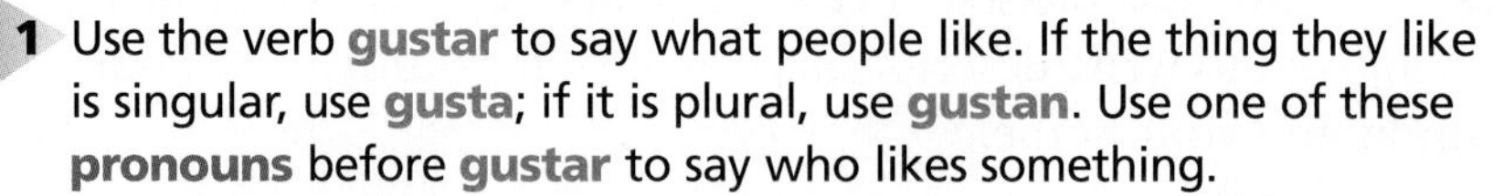

1 Use the verb **gustar** to say what people like. If the thing they like is singular, use **gusta**; if it is plural, use **gustan**. Use one of these **pronouns** before **gustar** to say who likes something.

me gusta(n)	*I like*	**nos** gusta(n)	*we like*
te gusta(n)	*you* **(tú)** *like*	**os** gusta(n)	*you* **(vosotros)** *like*
le gusta(n)	*you* **(usted)** *like, he/she/ it likes*	**les** gusta(n)	*you* **(ustedes)** *like, they like*

2 Use the verb **tener** to tell what someone has. To conjugate the **yo** form drop the **-er** ending and add **-go** . The **-e** in the stem of **tener** changes to **-ie** in all forms except **yo, nosotros,** and **vosotros.**

yo	ten**go**	nosotros(as)	tenemos
tú	t**ie**nes	vosotros(as)	tenéis
Ud., él, ella	t**ie**ne	Uds., ellos, ellas	t**ie**nen

3 **Tener** is also used in these common expressions.

tener que + infinitive	*to have to do something*
tener ganas de + infinitive	*to feel like doing something*
tener prisa	*to be in a hurry*
tener (mucha) hambre	*to be (very) hungry*
tener (mucha) sed	*to be (very) thirsty*

Tengo prisa. Tengo que ir a un ensayo.
I'm in a hurry. I have to go to a rehearsal.

Vocabulario y gramática, pp. 3–5
Actividades, pp. 1–4

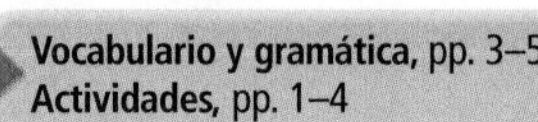

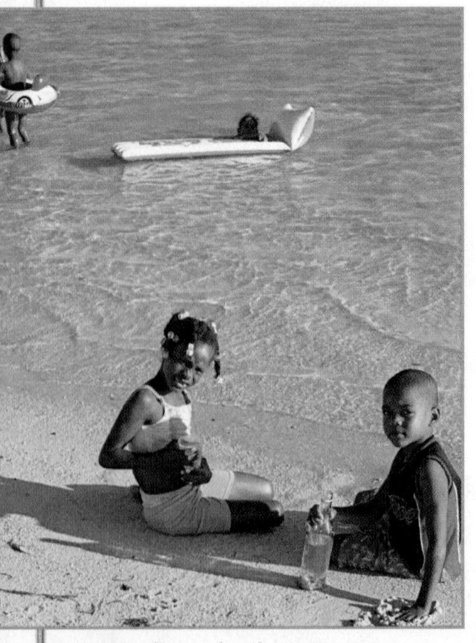

Un día en la playa, Santo Domingo, La República Dominicana

10 Vacaciones de verano

Leamos Some friends are going to camp this summer. Complete their conversations with the pronouns **me, te, le, nos,** or **les.**

FELICIA ¡Hola! Me llamo Felicia y éste es Roberto. A nosotros __1__ gusta la comida china. ¿A ustedes __2__ gusta la comida china?

JUAN Sí, a mi hermana Raquel y a mí __3__ gustan la comida china y las hamburguesas. ¿A ustedes __4__ gustan las hamburguesas?

FELICIA A mí __5__ gustan, pero a Roberto no __6__ gustan.

ROBERTO Sí, es verdad, pero __7__ gustan la pizza y el helado. Raquel, ¿a ti __8__ gusta el helado?

RAQUEL Sí, a Juan y a mí __9__ gusta el helado de chocolate.

11 El día de Lorenzo

Escuchemos Match each picture to the statements that best describe Lorenzo's busy day.

a.

b.

c.

d.

12 ¿A quién le gusta?

Leamos Look at the pictures and complete the sentences with the name(s) of the people and the correct pronouns.

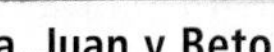
a. Juan y Beto

b. Laura

c. Pati y Tere

d. Memo

1. A ______ gusta el helado.
2. A ______ gusta la música.
3. A ______ gustan los libros.
4. A ______ gustan los videojuegos.

Comunicación

HOLT SoundBooth ONLINE RECORDING

13 ¿Quién es ella?

Hablemos In groups of four, role-play a situation where you know one person, but you don't know the other two. Take turns greeting everyone and introducing yourself and the person you know. Find out as much as you can about the other people.

MODELO **—Hola. Me llamo... ¿Cómo te llamas?**
—Me llamo... y éste es mi amigo...
—¿De dónde eres?
—Soy de...

Capítulo puente

Segunda parte

Objetivos

In this section you will review how to:

- talk about what you and others like to do
- ask what a friend wants to do and answer for yourself
- use the verb **querer** with infinitives
- use **ir a** + an infinitive to talk about the future
- form and use regular **-ar** verbs
- place pronouns after prepositions

Roque: Hace muy buen tiempo hoy. ¿Por qué no vamos a la piscina a nadar?
Celeste: No, no quiero nadar. Quiero ir al cine.
Sofía: Pero no quiero ir a la piscina. Y tampoco quiero ir al cine. Voy a casa a estudiar.
Celeste: ¿Qué te pasa, Sofía? ¡Nunca estudias los viernes por la tarde!

Mateo: ¿Qué tal si vamos al partido de béisbol después de clases?
Julia: Claro que sí.
Nicolás: No, no tengo ganas.
Mateo: ¿No tienes ganas? ¿Qué vas a hacer?

Objetivos

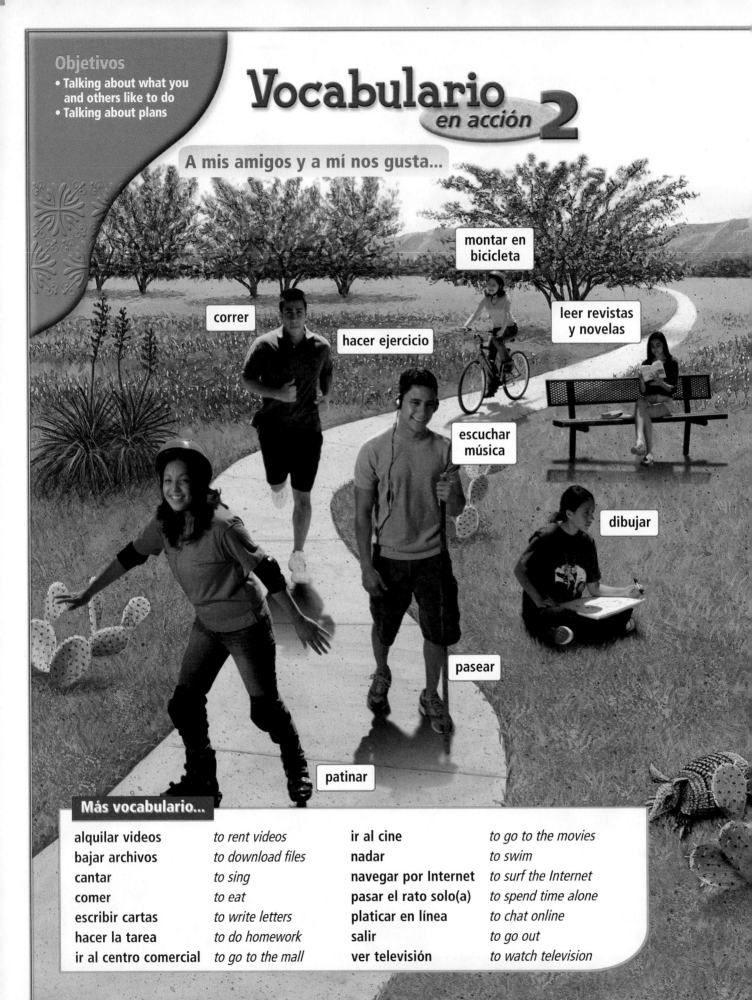

- Talking about what you and others like to do
- Talking about plans

Vocabulario en acción 2

A mis amigos y a mí nos gusta...

Más vocabulario...

alquilar videos	*to rent videos*	ir al cine	*to go to the movies*
bajar archivos	*to download files*	nadar	*to swim*
cantar	*to sing*	navegar por Internet	*to surf the Internet*
comer	*to eat*	pasar el rato solo(a)	*to spend time alone*
escribir cartas	*to write letters*	platicar en línea	*to chat online*
hacer la tarea	*to do homework*	salir	*to go out*
ir al centro comercial	*to go to the mall*	ver televisión	*to watch television*

Visit Holt Online
go.hrw.com
KEYWORD: EXP1B PUENTE
Vocabulario 2 practice

¿Qué te gusta hacer?

A mí me gusta...

hablar por teléfono

bailar

descansar

Y me gusta jugar...

a juegos de mesa

al básquetbol

al béisbol

al fútbol

Más vocabulario...

¿Con quién?	***With whom?***
conmigo	*with me*
contigo	*with you*
con mi familia	*with my family*

También se puede decir...

Spanish speakers in Mexico say **el baloncesto** instead of **el básquetbol,** and **andar en bicicleta** instead of **montar en bicicleta.** Many Cubans and Puerto Ricans may refer to **el béisbol** as **la pelota** and say **el balompié** instead of **el fútbol.**

¡Exprésate!

To ask what someone likes or wants to do	To respond
¿Qué quieres hacer hoy? *What do you want to do today?*	**Ni idea.** *I have no idea.*
¿Quieres ir al cine conmigo? *Do you want to go to the movies with me?*	**Está bien./No, no quiero ir.** *All right./No, I don't want to go.*
¿A Lili le gusta ir al centro comercial? *Does Lili like to go to the mall?*	**Sí, porque le gusta ir de compras.** *Yes, because she likes to go shopping.*

Interactive TUTOR

Vocabulario y gramática, pp. 6–7 Online workbooks

▶ **Vocabulario adicional — Deportes y pasatiempos,** p. R12

Vocabulario 2

14 Les gusta...

Escuchemos Choose the most logical description based on the sentences you hear.

1. Es (extrovertida/tímida).
2. Es (muy activo/perezoso).
3. Es (trabajador/perezoso).
4. Son (atléticos/intelectuales).
5. Es (activa/seria).
6. Son (divertidas/serias).

15 ¿Qué les gusta?

Leamos Match the sentences with the pictures.

1. A Tere le gusta hacer ejercicio.
2. A Nico le gusta cantar.
3. A Mila le gusta ver televisión.
4. A Beto y a Toño les gusta jugar al básquetbol.
5. A José y a Ana les gusta bailar.
6. A Paco y a Lalo les gusta jugar al fútbol.

A

B

C

D

E

F

¡Exprésate!

Interactive TUTOR

To talk about your plans	
¿Qué haces los fines de semana? *What do you do on the weekends?*	**Cuando hace buen tiempo, voy al parque.** *When the weather is nice, I go to the park.*
¿Qué vas a hacer el viernes próximo? *What are you going to do next Friday?*	**Voy a ir a una fiesta.** *I'm going to go to a party.*

Vocabulario y gramática, pp. 6–7 Online workbooks

16 ¿Qué tal si...?

Leamos Lupe is calling her friend Tomás from the mall. Read the sentences of their conversation, and then put them in the most logical order.

Lupe	Tomás
—Estoy en el centro comercial. ¿Quieres ir al cine conmigo?	—¡Hola, Lupe! Nada. ¿Dónde estás?
—Buena idea, Tomás. Nos vemos en diez minutos.	—Adiós. Hasta luego.
—¡Excelente! Y después de la película, ¿qué quieres hacer?	—¿Qué tal si vamos al parque? Hace buen tiempo hoy.
—Hola. ¿Tomás? Soy Lupe. ¿Qué haces?	—Sí, quiero ir. Voy a llegar en diez minutos.

17 ¿Quieres ir?

Escribamos Write a sentence inviting a friend to do the activities pictured below. Then write what you think your friend will say in response.

MODELO **—¿Quieres pasear en el parque conmigo?**
—Sí, quiero pasear. Hace buen tiempo hoy.
(—No, no quiero. No me gusta el parque.)

Comunicación

18 Una invitación personal

Hablemos Think of a place you'd like to go and something you'd like to do there. Invite two or three of your classmates to do the activity with you, and see how they respond. If they don't want to do the activity, be sure to ask them why.

MODELO **—Jorge, ¿quieres ir al cine conmigo?**
—No, no quiero ir al cine hoy.
—¿Por qué no?
—No me gusta ir al cine. Es aburrido.

Objetivos
- **Querer, ir a +** infinitive, and pronouns
- Regular **-ar** verbs, possessive adjectives

GramaVisión

querer, ir a + infinitive, and pronouns

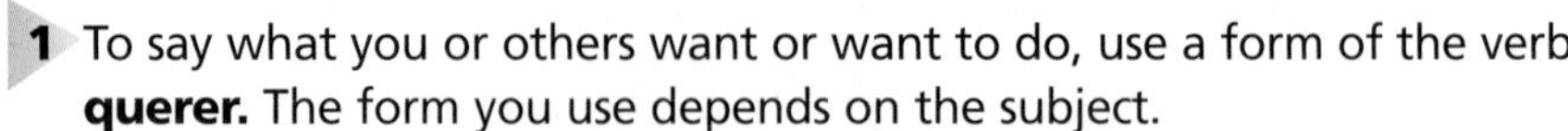

Interactive TUTOR

1 To say what you or others want or want to do, use a form of the verb **querer.** The form you use depends on the subject.

yo qu**ie**ro	nosotros(as) queremos
tú qu**ie**res	vosotros(as) queréis
Ud., él, ella qu**ie**re	Uds., ellos, ellas qu**ie**ren

2 To talk about what someone is or isn't going to do, use a form of the verb **ir** with **a** followed by an **infinitive**.

—¿**Vas a estudiar**?
Are you going to study?

—No, **voy a descansar**.
No, I'm going to rest.

3 **Pronouns** have a different form when they come after prepositions such as **a** *(to)*, **de** *(of, from)*, **con** *(with)* and **en** *(in, on, at).*

mí, conmigo	**nosotros(as)**
ti, contigo	**vosotros(as)**
usted, él, ella	**ustedes, ellos, ellas**

4 With **gustar,** the phrase formed by **a** and a **pronoun** can be added to a sentence to clarify or emphasize the pronoun that's already there.

adds emphasis — ***adds emphasis*** — ***clarifies***

—¿**A ti** te gusta dibujar? —**A mí** no me gusta. **A ella** le gusta.

Vocabulario y gramática, pp. 8–10
Actividades, pp. 5–8

¿Te acuerdas?

The verb **querer** is a stem changing verb. The **e** in the stem changes to **ie** in all forms except **nosotros** and **vosotros.** Other **e → ie** stem changing verbs are **empezar** and **merendar.**

19 Vamos al centro comercial

Escuchemos Listen to the conversation between Juan and Sofía and decide which photos show what they both want to do.

A

B

C

D

E

Visit Holt Online
go.hrw.com
KEYWORD: EXP1B PUENTE
Gramática 2 practice

Gramática 2

20 ¿Cuál es la pregunta?

Leamos Choose the question that best matches the answer given.

1. Juan no quiere ver televisión porque tiene mucha tarea.
   a. ¿Por qué no quiere Juan ver televisión?
   b. ¿Por qué a Juan no le gusta ver televisión?
2. Porque queremos alquilar un video.
   a. ¿Por qué no quiere ir al cine?
   b. ¿Por qué no quieren ir al cine?
3. No, a mí me gusta salir con amigos.
   a. Profesora, ¿a usted le gusta pasar el rato sola?
   b. Profesora, ¿a ella le gusta pasar el rato sola?
4. No, no quiero.
   a. ¿Quieren jugar a un videojuego?
   b. ¿Quieres jugar a un videojuego?

21 ¿Qué van a hacer?

Escribamos Write five questions using a word or phrase from each column. Then write an answer to each of your questions.

MODELO **—¿Vas a jugar al básquetbol?**
—No, a mí no me gustan los deportes.

Tú	ir a	bajar archivos
Sr. González (Ud.)	querer	estudiar español
Mi amiga		trabajar
Los estudiantes		visitar al abuelo
Ustedes		jugar en el parque
Ellas		ir a la escuela

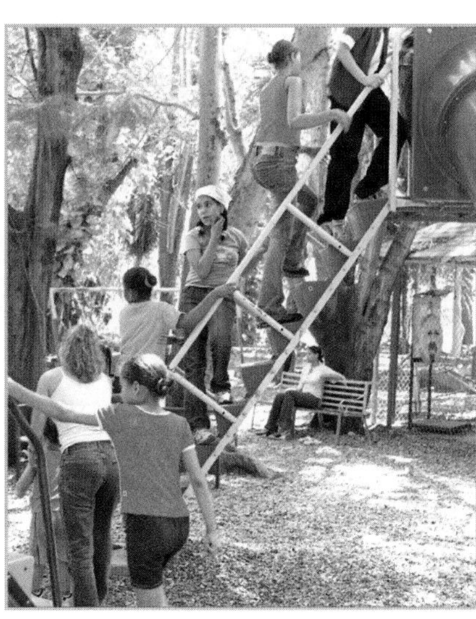

Niños en el parque, Santo Domingo, la República Dominicana

Comunicación

22 El fin de semana

Hablemos Talk with a classmate about things you like to do or want to do this weekend. Take turns suggesting weekend activities based on what the other person says that he or she likes.

—A mí me gustan los deportes.
—¿Quieres jugar al básquetbol conmigo el sábado?
—Sí, quiero jugar al básquetbol contigo.

Regular -ar verbs and possessive adjectives

1 Every verb has a **stem** followed by some kind of ending. The stem tells the verb's meaning. An **infinitive ending** means the verb has no subject.

verb stem → **habl** **-ar** ← *infinitive ending*

2 To give the verb a subject, you conjugate it. To conjugate a regular **-ar** verb in the present tense, drop the **-ar** ending of the infinitive and add these other **endings**. Each ending goes with a particular subject.

yo	cant**o**	nosotros(as)	cant**amos**
tú	cant**as**	vosotros(as)	cant**áis**
Ud., él, ella	cant**a**	Uds., ellos, ellas	cant**an**

—¿Te gusta **cantar**? —Sí, cant**o** todos los días.

3 **Possessive adjectives** show ownership or relationships between people. They are placed before the **noun.**

Owner			Owner				
yo	**mi**	**libro**	nosotros(as)	**nuestro**	**libro**	**nuestra**	**casa**
	mis	**libros**		**nuestros**	**libros**	**nuestras**	**casas**
tú	**tu**	**libro**	vosotros(as)	**vuestro**	**libro**	**vuestra**	**casa**
	tus	**libros**		**vuestros**	**libros**	**vuestras**	**casas**
usted / él/ella	**su**	**libro**	ustedes / ellos/ellas	**su**	**libro**		
	sus	**libros**		**sus**	**libros**		

4 **Possessive adjectives** agree with the **noun** that comes after them.

refers to *agrees grammatically*

Martín vive con **sus abuelos.**

Vocabulario y gramática, pp. 8–10
Actividades, pp. 5–8

En inglés

In English, most verb conjugations in the present tense have only two forms. The **subject pronouns** are not left out.

I sing	**we** sing
you sing	**you** sing
he, she, it sings	**they** sing

In Spanish, verb conjugations in the present tense have six forms. The **subject pronouns (yo, tú, usted, él, ella, nosotros, vosotros, ustedes, ellos, ellas)** are often left out because the subject is understood from the ending of the verb.

When do both Spanish and English verb forms change their endings?

23 En mi familia

Leamos Choose the correct verb forms to complete the conversation.

—Mariana, ¿cómo (paso/pasas) el fin de semana?
—Los sábados mis amigos y yo (pasan/pasamos) el rato juntos.
—¿Y es todo?
—No. A veces yo (patino/patinas) en el parque con José.
—Y tus padres, ¿cómo (pasan/pasamos) el fin de semana?
—Ellos (montan/montamos) en bicicleta.
—¿Y tu hermano Javier?
—Él siempre (practicas/practica) deportes. Es muy atlético.

24 El fin de semana

Hablemos Based on the pictures, say what each person does on the weekend.

MODELO **Estudio matemáticas.**

Yo

1. Luisa

2. Mi papá

3. Nosotros

4. Mi hermana

5. Ellos

6. Gisela

7. Pati y Arturo

8. Mis amigos

25 La familia de Gregorio

Leamos Gregorio is talking about his family with a friend. On a separate piece of paper, write the missing possessive adjectives.

—¿Cuántas personas hay en __1__ familia?

—Somos seis en __2__ familia: __3__ padres, __4__ dos hermanas, __5__ hermano y yo.

—¿Dónde trabajan __6__ padres?

—__7__ madre es profesora. __8__ trabajo es muy interesante. __9__ padre trabaja con __10__ padre, mi abuelo.

—Ustedes tienen una casa azul, ¿verdad?

—No, __11__ casa no es azul, pero __12__ carro es azul.

Comunicación

26 ¿Y qué haces tú?

Hablemos/Escribamos Make a list of five things you do with your friends or family on the weekends. Ask a classmate if he or she does the same things. Then answer your classmate's questions.

MODELO **—Yo nado con mis amigos. Y tú, ¿nadas con tus amigos?**
—No, mis amigos y yo no nadamos. Platicamos en línea.

Capítulo puente

Tercera parte

Objetivos

In this section you will review how to:

- say what you have and need
- talk about classes and school supplies
- describe and talk about family relationships
- ask about other's responsibilities and talk about yours
- form **-er** and **-ir** verbs in the present tense
- form and use stem-changing verbs
- form and use the verbs **hacer, poner,** and **tocar**

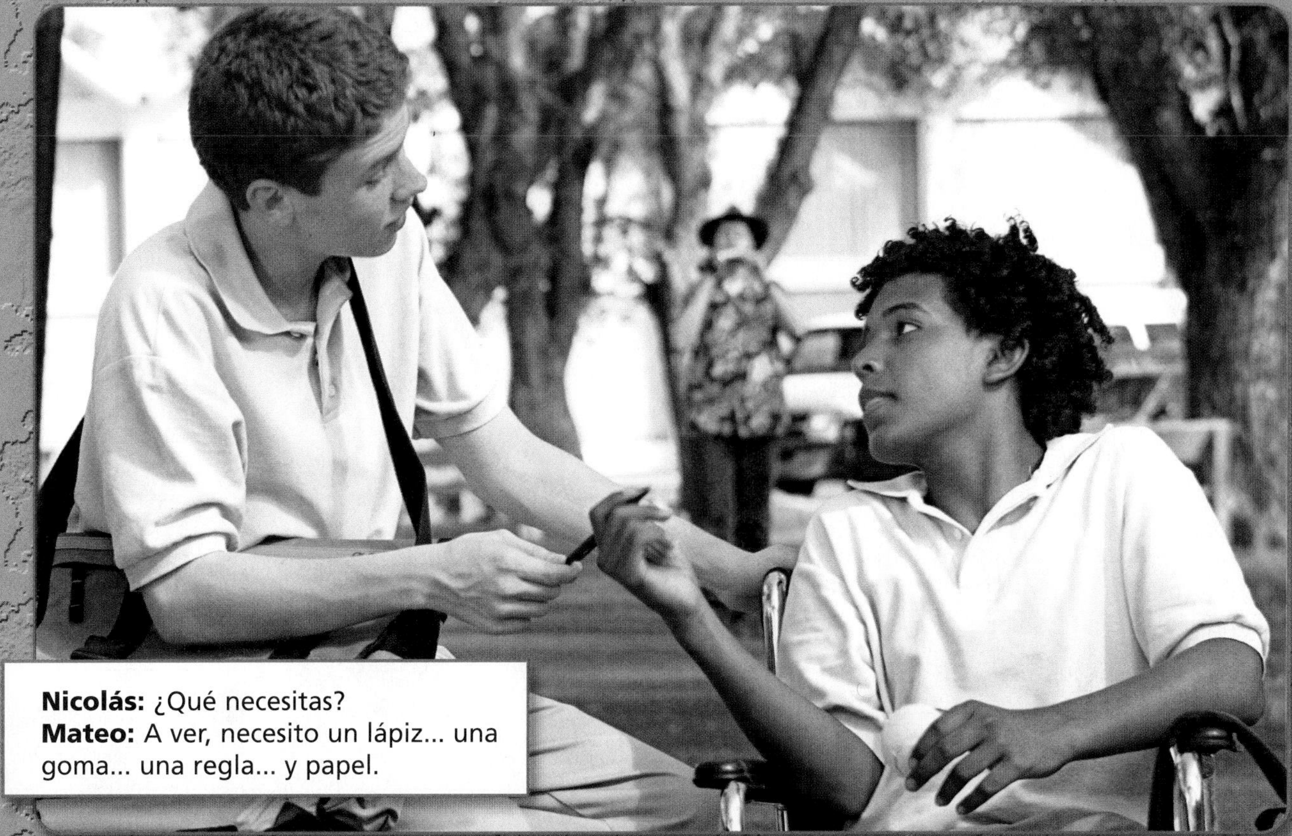

Nicolás: ¿Qué necesitas?
Mateo: A ver, necesito un lápiz... una goma... una regla... y papel.

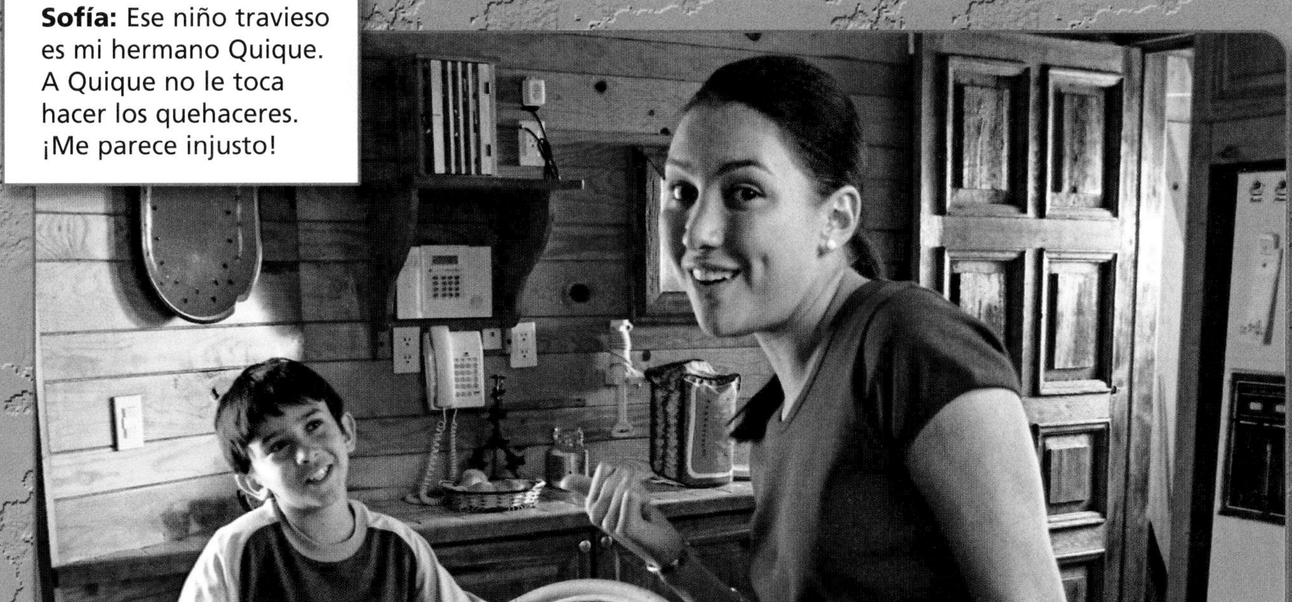

Sofía: Ese niño travieso es mi hermano Quique. A Quique no le toca hacer los quehaceres. ¡Me parece injusto!

Objetivos
• Talking about classes and school supplies
• Talking about your home and family members
Vocabulario en acción 3
En Costa Rica
Tengo muchas cosas, pero...
Costa Rica
todavía necesito unos útiles escolares.
unos cuadernos
unos lápices (un lápiz, sing.)
una regla
papel (m.)
También necesito...
unas carpetas
unos bolígrafos
una mochila
un diccionario
una computadora
zapatos (m.)
un reloj
ropa (f.)

Visit Holt Online
go.hrw.com
KEYWORD: EXP1B PUENTE
Vocabulario 3 practice

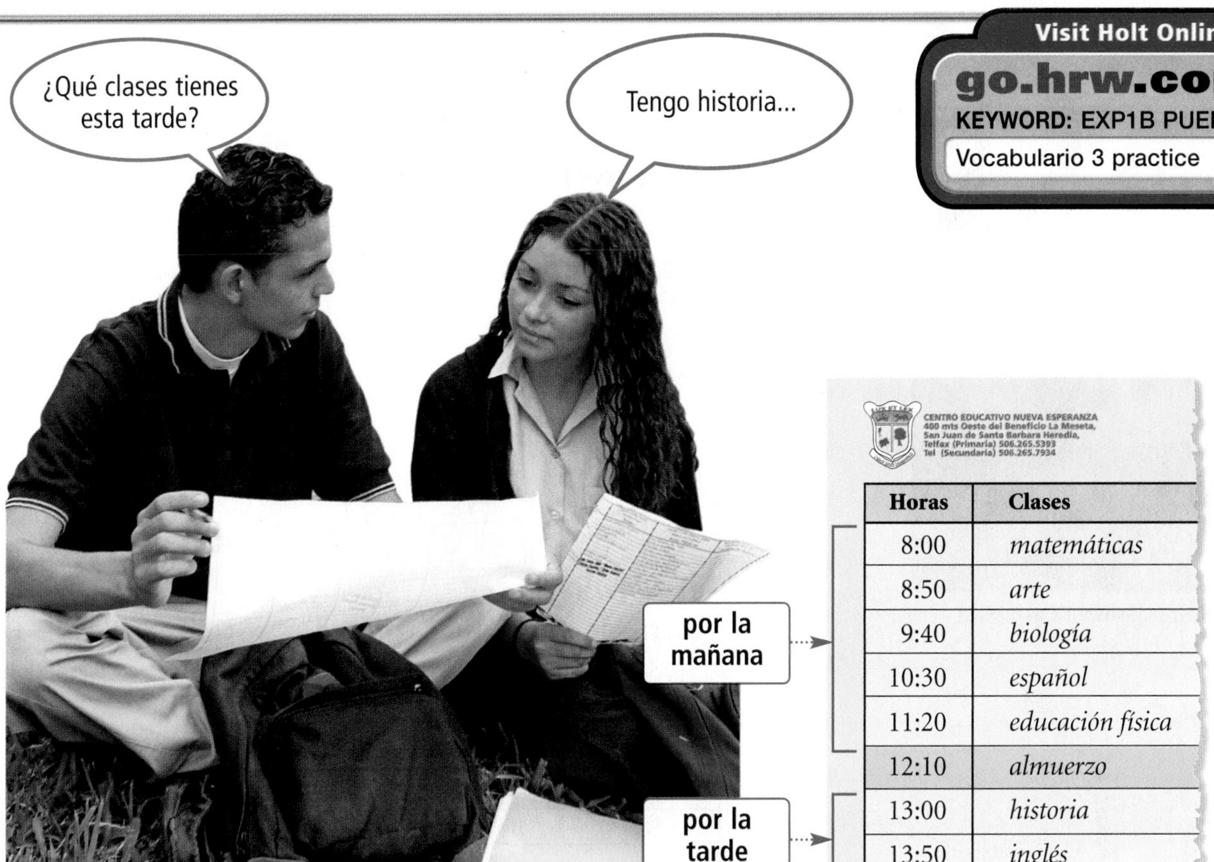

¿Qué clases tienes esta tarde?
Tengo historia...
por la mañana
por la tarde

CENTRO EDUCATIVO NUEVA ESPERANZA
400 mts Oeste del Beneficio La Meseta,
San Juan de Santa Barbara Heredia,
Telfax (Primaria) 506.265.5393
Tel (Secundaria) 506.265.7934

Horas	Clases
8:00	*matemáticas*
8:50	*arte*
9:40	*biología*
10:30	*español*
11:20	*educación física*
12:10	*almuerzo*
13:00	*historia*
13:50	*inglés*

Más vocabulario...

Las materias	*School subjects*
el alemán	*German*
las ciencias	*science*
la computación	*computer science*
el francés	*French*
la química	*chemistry*
el taller	*shop, workshop*

También se puede decir...

In Spain, a computer is called **un ordenador,** while in Colombia, the word is **computador.**

Colombians may use either **un esfero** or **un plumero** for **un bolígrafo.** Ecuadoreans may say either **un bolígrafo** or **una pluma.**

¡Exprésate!

To ask about school and classes	To respond
¿Necesitas algo para el colegio? *Do you need anything for school?*	**Sí, necesito muchas cosas./No, no necesito nada.** *Yes, I need a lot of things./No, I don't need anything.*
¿Qué clases tienes esta tarde después del almuerzo? *What clases do you have this afternoon after lunch?*	**Primero tengo español y después tengo computación.** *First I have Spanish and afterwards I have computer science.*
¿A qué hora tienes la clase de francés? *What time do you have French class?*	**Tengo francés a las dos y media.** *I have French at two-thirty.*

Interactive TUTOR

Vocabulario y gramática, pp. 11–12 — Online workbooks

▶ **Vocabulario adicional — Materias,** p. R11

Entre clases en Costa Rica

27 ¡No lo tengo!

Leamos Jorge says Lili has taken his dictionary without asking. Complete Lili's response using the words from the box.

diccionario	**papel**	**mochila**	**carpetas**
lápices	**calculadora**	**cuaderno**	**comida**

Tengo en mi ___1___ unos ___2___, unas ___3___, y un ___4___. También tengo una ___5___, y mucho ___6___. ¡No tengo tu ___7___!

28 ¿Qué clase tengo?

Leamos/Escribamos Ana can't remember her class schedule. Based on the schedule below, answer Ana's questions.

LUX ET LEX
400 mts Oeste del Beneficio La Meseta, San Juan de Santa Barbara Heredia, Telfax 506.265.5393 Tel 506.265.7934

Día	lunes	martes	miércoles	jue
Horario				
8:45	*historia*	*biología*	*historia*	*biol*
9:40	*matemáticas*	*computación*	*matemáticas*	*com*
10:35	*ed. física*	*arte*	*ed. física*	*arte*
11:30	*español*	*ciencias*	*español*	*cie*
12:25	*almuerzo*	*almuerzo*	*almuerzo*	*alm*
12:55	*química*	*inglés*	*química*	*ingl*
1:50	*taller*	*francés*	*taller*	*fran*

1. ¿Qué clase tengo después del almuerzo los lunes?
2. ¿Qué clase tengo los martes a las once y media?
3. ¿Qué clase tengo después de historia los miércoles?
4. ¿Qué clase tengo los martes a las dos menos diez?

¡Exprésate!

To ask about home and family	To respond
¿Cuántas personas hay en tu familia? *How many people are in your family?*	**En mi familia somos cuatro. Mi madre, mi padre, mi hermana y yo.** *In my family, there are four of us. My mother, my father, my sister, and I.*
¿Cómo son tus hermanos? *What are your brothers and sisters like?*	**Ellos son delgados y altos. Usan lentes.** *They are thin and tall. They wear glasses.*
¿Dónde viven ustedes? *Where do you live?*	**Vivimos en un apartamento.** *We live in an apartment.*
¿Qué haces para ayudar en casa? *What do you do to help out around the house?*	**A mí me toca cocinar la cena.** *I have to cook dinner.*

Interactive TUTOR

Vocabulario y gramática, pp. 11–12 Online workbooks

▶ **Vocabulario adicional — Profesiones,** p. R14

29 ¿Cierto o falso?

Escuchemos Mira el árbol genealógico *(family tree)* y escucha las oraciones. Indica si cada oración es **cierta** o **falsa.**

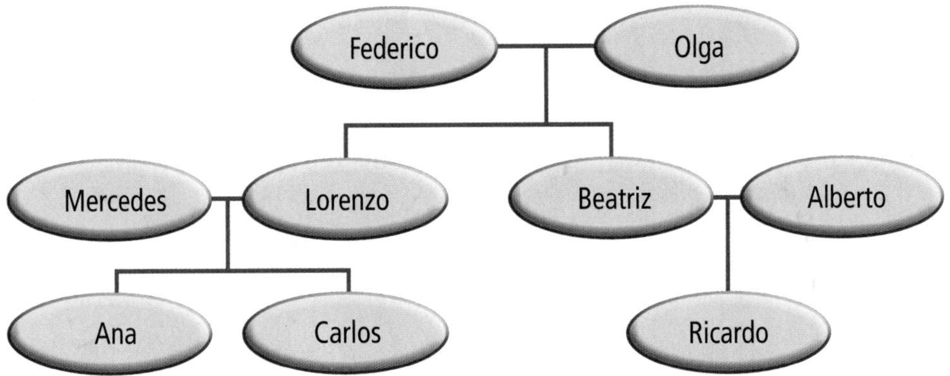

30 Son hermanos

Leamos/Escribamos Answer the questions based on the family tree in Activity 29.

1. ¿Quién es la hermana de Lorenzo?
2. ¿Quién es la madre de Carlos?
3. ¿Cómo se llama el padre de Ricardo?
4. ¿Cómo se llama la abuela de Ana?
5. ¿Quién es la hermana de Carlos?
6. ¿Quién es el abuelo de Ricardo?
7. ¿Es Ana la hermana de Ricardo?
8. ¿Es Carlos el hermano de Ana?
9. ¿Son primos Carlos y Ricardo?

31 ¿Y a quién le toca en tu casa?

Hablemos Ask three classmates the following questions to find out who is most like you. Report your findings to the class.

1. ¿Cuántas personas hay en tu familia?
2. ¿Cuántos hermanos mayores y menores tienes? ¿Cómo son?
3. ¿Qué quehaceres casi siempre haces en casa?
4. ¿A quién le toca lavar los platos? ¿cortar el césped? ¿hacer las camas? ¿sacar la basura?

Objetivos
- **-Er** and **-ir** verbs
- Stem-changing verbs

Gramática en acción 3

GramaVisión

The present tense of -er and -ir verbs

1 To conjugate a regular **-er** or **-ir** verb in the present tense, drop the **-er** or **-ir** of the infinitive and add these **endings**.

	comer	escribir
yo	com**o**	escrib**o**
tú	com**es**	escrib**es**
Ud., él, ella	com**e**	escrib**e**
nosotros(as)	com**emos**	escrib**imos**
vosotros(as)	com**éis**	escrib**ís**
Uds., ellos, ellas	com**en**	escrib**en**

2 The following **-er** and **-ir** verbs have irregular **yo** forms.

hacer → yo ha**go**
traer → yo trai**go**
ver → yo v**eo**
poner → yo pon**go**
saber → yo s**é**
salir → yo sal**go**

Vocabulario y gramática, pp. 13–15
Actividades, pp. 9–12
Online workbooks

32 Conversaciones en la clase

Leamos Complete each sentence with the correct form of one of the verbs from the word box. In some sentences more than one verb is possible.

salir	escribir	tener	ver	poner	comer
hacer	saber	asistir	leer	abrir	traer

1. —¿Ustedes ═══ cartas en la clase de español?
   —Sí. Nosotros ═══ muchas cartas.
2. —¿Tú ═══ con tus amigos todos los fines de semana?
   —No, no ═══. No hay tiempo. ¿Cuándo ═══ la tarea?
3. —¿═══ cuál es el número de teléfono de Paco?
   —No, no ═══.
4. —Profesor Álvarez, ═══ a los conciertos, ¿verdad?
   —No, no ═══ tiempo porque ═══ novelas todos los días.
5. —¿Dónde ═══ todos tus útiles escolares?
   —═══ todos mis útiles escolares en mi mochila.

33 ¿Con qué frecuencia...?

Hablemos/Escribamos Tell how often you do the following things.

MODELO **Cocino todos los días.**

cocinar

1. salir a patinar con amigos

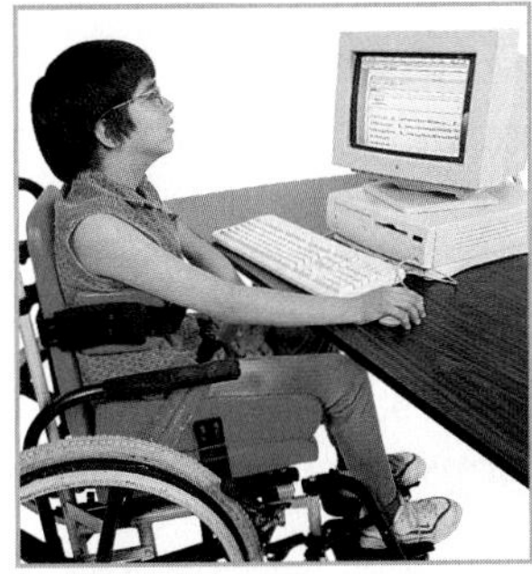
2. hacer la tarea en la computadora

3. comer con la familia

4. hacer ejercicio

5. correr con un(a) amigo(a)

6. escribir en el parque

7. beber algo después de clases

8. traer algo especial

Comunicación

34 Entrevista

Hablemos/Escribamos Work in groups of four. Ask one member of your group how often he or she does the activities pictured above. Then tell the group what your partner said.

MODELO **—¿Con qué frecuencia corres?**
—Corro todos los días.

35 Hacemos cosas diferentes

Escribamos/Hablemos Write about things you always do, sometimes do, and never do. Then compare your activities with a partner's.

MODELO **Yo siempre lavo los platos. A veces saco la basura.**

Gramática 3

Stem-changing verbs

Interactive TUTOR

1 Some verbs show a vowel stem change from **e** to **ie**, such as **empezar** *(to begin)*, **merendar** *(to have a snack)*, and **querer** *(to want)*. The **e** changes to **ie** in all but the **nosotros(as)** and **vosotros(as)** forms.

yo	emp**ie**zo	nosotros(as)	empezamos
tú	emp**ie**zas	vosotros(as)	empezáis
Ud., él, ella	emp**ie**za	Uds., ellos, ellas	emp**ie**zan

—¿A qué hora **empieza** la película? —**Empieza** a las siete.

2 **Dormir** *(to sleep)* is also a stem-changing verb. The **o** of the stem changes to **ue** in all forms except **nosotros(as)** and **vosotros(as).**

yo	d**ue**rmo	nosotros(as)	dormimos
tú	d**ue**rmes	vosotros(as)	dormís
Ud., él, ella	d**ue**rme	Uds., ellos, ellas	d**ue**rmen

El perro **duerme** poco. Ana y yo **dormimos** mucho.

3 Other verbs that follow this pattern are **almorzar** *(to have lunch)*, **volver** *(to go or come back)*, and **llover** *(to rain)*.

Yo **almuerzo** poco. Tu perro **vuelve** a su casa. Hoy **llueve**.

4 To say what you have to do or whose turn it is to do something, use the verb **tocar** followed by an **infinitive**. **Tocar** may be used like **gustar.** The verb **parecer** means *to seem* and may also be used like **gustar** to ask for or give an opinion.

A mí siempre me **toca** **sacar** la basura. Me **parece** injusto.

¿Te acuerdas?

In Spanish, regular verbs have **regular stems** and regular endings.

-ar	**habl**o	**habl**amos
	hablas	**habl**áis
	habla	**habl**an
-er	**com**o	**com**emos
	comes	**com**éis
	come	**com**en
-ir	**escrib**o	**escrib**imos
	escribes	**escrib**ís
	escribe	**escrib**en

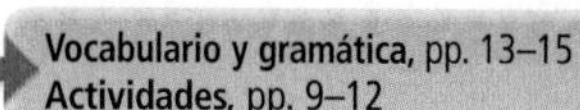

Vocabulario y gramática, pp. 13–15
Actividades, pp. 9–12

36 ¡Qué lata!

Escuchemos Based on the pictures below, decide whether the statements you hear are **cierto** or **falso.**

mi hermana

mi hermano

mi papá y mi hermano menor

mi mamá y yo

37 El sábado yo...

Leamos Use the correct forms of the verbs in parentheses to complete the conversation.

PACO ¿Qué haces los sábados, Roberto?
ROBERTO Siempre ____ (dormir) hasta las once.
PACO Yo no. Siempre ____ (empezar) el día a las siete.
ROBERTO Bueno, ¿____ (querer) jugar al fútbol el sábado?
PACO Sí. Si no ____ (llover), ____ (querer) jugar al fútbol.
ROBERTO Y si ____ (llover), ¿____ (querer) ir al cine?
PACO Sí, está bien. ____ (Querer) ver "El gato negro".
ROBERTO Y después tú y yo ____ (volver) a mi casa. Mi familia ____ (merendar) a las cuatro.

38 ¿Cómo les parece?

Hablemos/Escribamos Everyone in the Ruiz family has something to do today. Write what José would say about their activities and how they feel about them.

MODELO **A mi papá le toca trabajar. Le parece bien.**

mi papá

1. mis hermanos

2. mi prima Zoraida

3. mis abuelos

4. mi tío, mi primo y yo

Comunicación

39 ¿Qué quieres hacer este fin de semana?

Hablemos A classmate asks you if you want to do something on the weekend. Answer and say that the plans seem good, but you can't do anything until the afternoon because of your chores.

MODELO **—¿Qué tal si vamos al parque para jugar al tenis?**
—Me parece fenomenal. Hoy me toca limpiar la sala. ¿Qué te parece si vamos a las cuatro?

REPASO

El mundo hispanohablante

Yaz

Ciudad de México, México

¿Conoces la expresión, "Dime con quien andas y te diré quien eres"?

Sí, la conozco.

¿Cómo eres tú?

Yo soy bajita, inteligente y amigable.

¿Qué cosas te gustan?

Me gusta el cine, el teatro y las películas.

¿Cómo es tu mejor amigo?

Mi mejor amigo as alto, moreno, amigable y muy inteligente.

¿Qué cosas le gustan a él?

Le gustan el teatro, las películas y los libros.

¿Cómo son ustedes?

Somos inteligentes y muy amigables.

¿Qué cosas les gustan a ustedes?

Nos gustan el cine, las películas y los libros.

¿La expresión se aplica en su caso?

Sí, sí se aplica porque siempre estamos juntos y porque somos muy inteligentes.

Roberto

Madrid, España

Dime, ¿adónde vas cuando hace buen tiempo?

Cuando hace buen tiempo, me gusta ir a la piscina o a bañarme con mis amigos a la playa.

¿Vas solo o vas con amigos?

Con mis amigos.

¿Qué te gusta hacer en ese lugar?

Jugar a la pelota y nadar.

¿Qué no te gusta hacer?

No me gusta nada estudiar.

¿Por qué no te gusta?

Porque es aburrido y prefiero patinar.

Para comprender

1. ¿Cómo es Yaz?
2. ¿Cómo es el mejor amigo de Yaz?
3. ¿Qué les gusta hacer a Yaz y a su mejor amigo?
4. ¿Qué le gusta hacer a Roberto cuando hace buen tiempo?
5. ¿Qué le gusta hacer en la playa?
6. ¿A Roberto le gusta estudiar? ¿Por qué sí o por qué no?

Para pensar y hablar

What do you like to do when the weather is good? Are your outdoor activities similar to or different from Roberto's?

What characteristics or interests do you have in common with your friends? Are your friends very similar to you or very different?

REPASO

¿Quién eres?

Contesta las siguientes preguntas.

Primera PARTE

1. ¿Cómo te llamas?
2. ¿Cómo se llama tu profesor de español?
3. ¿De dónde eres?
4. ¿Cuál es tu correo electrónico?
5. ¿Cuándo es tu cumpleaños?
6. ¿Cuántos años tienes?
7. ¿Cómo eres?

Segunda PARTE

8. ¿Qué te gusta hacer?
9. ¿Qué haces los fines de semana?
10. ¿Cuáles deportes te gustan?
11. ¿Te gusta más pasar el rato solo(a) o salir con amigos?
12. ¿Qué te gusta más el fútbol o el básquetbol?
13. ¿Qué vas a hacer el viernes próximo?
14. ¿Vas a ir al cine este fin de semana? ¿Con quién vas a ir?

Tercera PARTE

15 ¿Qué necesitas para el colegio?

16 ¿Con qué frecuencia estudias matemáticas?

17 ¿A qué hora vas al colegio?

18 ¿A qué hora tienes la clase de inglés?

19 ¿Qué clase tienes después de español?

20 ¿Qué clases tienes esta tarde?

21 ¿Cuántas personas hay en tu familia?

22 ¿Cómo son tus hermanos?

23 ¿Dónde viven ustedes?

24 ¿Qué haces para ayudar en casa?

25 ¿Tienes ganas de ir al parque?

ENCUESTA

26 Ask three classmates questions 3, 6, 9, 13, 20, and 24. Write their responses to your questions and turn them in to your teacher.

Capítulo 6

GeoVisión

▲ **El volcán Popocatépetl**
This active volcano, nicknamed **El Popo,** is in Mexico's central valley. At 5,465 meters, it is the second-highest peak in Mexico.

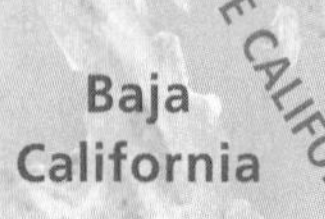

Geocultura México

► **México, D.F.**
Mexicans often refer to Mexico City as **el D.F. (Distrito Federal)**. It is one of the largest cities in the world.

Almanaque

Población
106.202.903

Capital
La Ciudad de México

Gobierno
república federal

Idioma oficial
español

Moneda
peso mexicano

Código Internet
www.[ ].mx

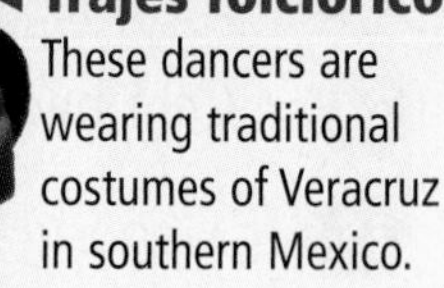

◄ **Trajes folclóricos**
These dancers are wearing traditional costumes of Veracruz in southern Mexico.

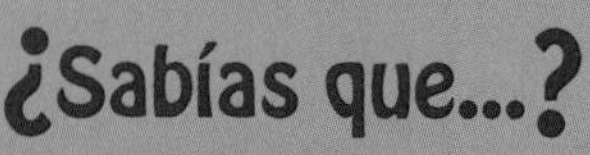

¿Sabías que...?

The volcano **Popocatépetl** cannot be climbed anymore because of its eruptions.

◀ **La Barranca del Cobre** Chihuahua's spectacular Copper Canyon, in the Sierra Madre mountains, resembles Arizona's Grand Canyon in scale.

▲ **Agua Azul** Agua Azul in Chiapas has turquoise-colored waterfalls and swimming holes.

Río Bravo del Norte
Río Conchos
Chihuahua
TEXAS
GOLFO DE MÉXICO
Barranca del Cobre
Sierra Madre Occidental
Sierra Madre Oriental
Monterrey
MÉXICO
San Luis Potosí
Guanajuato
Querétaro
Guadalajara
Río Lerma
CIUDAD DE MÉXICO
Valle Central
Teotihuacán
OCÉANO PACÍFICO
Morelia
Toluca
Puebla
Morelos
Popocatépetl
Ixtaccíhuatl
Río Balsas
Sierra Madre del Sur
Oaxaca

▲ **Tulum** These ruins are one of many sites left by the Maya people on the Yucatan Peninsula. The name **Tulum** means *wall* in the Yucatec Mayan language.

Cancún
Mérida
Tulum
PENÍNSULA DE YUCATÁN
BELICE
Agua Azul
Bonampak
Chiapas
GUATEMALA

▼ **Teotihuacán** The ruins of this ancient city show what civilization in Mexico was like before the Aztecs came to power. Its Pyramid of the Sun is the third-largest pyramid in the world.

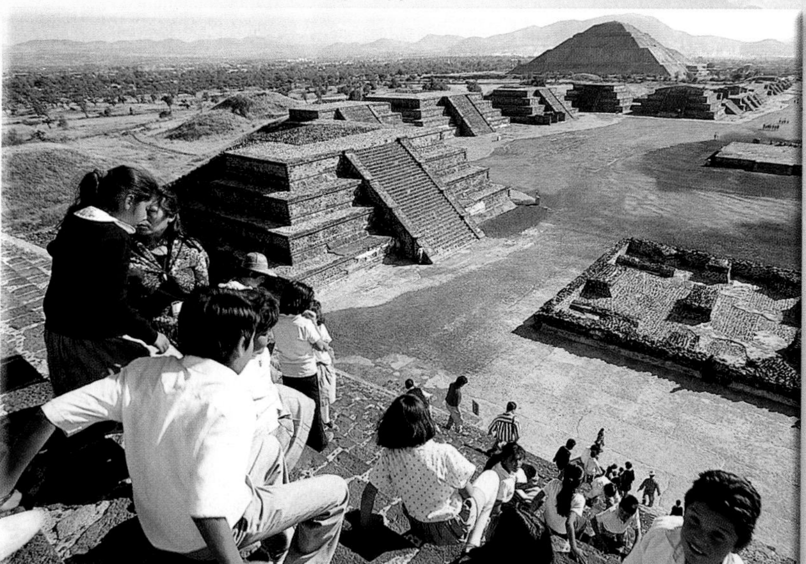

¿Qué tanto sabes?

What major volcano lies close to Mexico City?

A conocer México

El arte

► ***Vendedora de Alcatraces*** Diego Rivera (1886–1957) painted this picture, *Calla Lily Vendor*, in 1938. Rivera is also known for his many public murals.

◄ **Los antiguos murales mayas** These Mayan murals in Bonampak, Chiapas, are preserved in an ancient building.

► **La biblioteca de la Universidad Nacional Autónoma de México** The library at the National Autonomous University of Mexico is decorated with a giant mosaic showing the history of Mexico. Juan O'Gorman, a well-known Mexican architect, planned and built the library in the 1950s.

La arquitectura

▼ **Taxco** The city of Taxco in the state of Puebla is famous for its Spanish colonial architecture.

Las celebraciones

Visit Holt Online
go.hrw.com
KEYWORD: EXP1B CH6
Photo Tour

▲ **El festival de la Guelaguetza** Every July, the city of Oaxaca hosts the **Festival de la Guelaguetza.** This celebration of dance and music dates to pre-Columbian times.

¿Sabías que...?

About one-fourth of Mexico's population lives in or near Mexico City. Look at the **Almanaque** and calculate how many people that is.

► **El festival del 16 de septiembre** September 16 is Independence Day, commemorating Mexico's independence from Spain. Mexicans all over the country celebrate with parades, parties, and fireworks.

La comida

► **Las empanadas de flor de calabaza** This **empanada,** or turnover, is made with pumpkin flowers.

▼ **El mole poblano Mole** is a sauce made from lots of ingredients, including chocolate, chili peppers, seeds, and nuts. It is often served over chicken or turkey.

▲ **Chiles en nogada** These green chili peppers stuffed with meat and nuts, with walnut sauce, are usually eaten in December.

Capítulo 6

¡A comer!

Objetivos

In Part 1 you will learn to:
- comment on food
- take someone's order
- make polite requests
- use the verbs **ser, estar, pedir, servir, preferir, poder,** and **probar**

In Part 2 you will learn to:
- talk about meals
- offer help and give instructions
- use direct objects and direct object pronouns
- form affirmative informal commands
- use affirmative informal commands with pronouns

¿Qué ves en la foto?

- **¿Dónde están los muchachos?**
- **¿Qué hacen?**
- **¿Te gusta la comida mexicana?**

Visit Holt Online
go.hrw.com
KEYWORD: EXP1B CH6
Online Edition

El restaurante Las Lupitas en Coyoacán, Ciudad de México

Objetivos
- Commenting on food
- Taking someone's order
- Making polite requests

Vocabulario 1 en acción

ExpresaVisión

En un restaurante

¿Qué vas a pedir?

Más vocabulario...

Está...	***It's . . .***
(muy) caliente	*(very) hot*
frío(a)	*cold*
picante	*spicy*
riquísimo(a)	*very good (tasty)*
salado(a)	*salty*

También se puede decir...

In the Southwestern United States, **el lonche** is a common way to say *lunch,* while in Spain, Mexico, and much of Latin America, **la comida** is used. **El almuerzo** is commonly used in many rural areas to mean *breakfast.*

A sandwich made with French bread is **un bocadillo** in Spain, and **una torta** in Mexico. You may also hear **un emparedado.**

In Spain, **el jugo** is usually called **el zumo.**

Visit Holt Online
go.hrw.com
KEYWORD: EXP1B CH6
Vocabulario 1 practice

Vocabulario 1

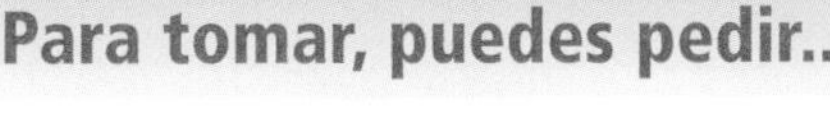

Para tomar, puedes pedir...

En la mesa hay...

¡Exprésate!

To comment on food	To respond
¿Qué tal si pruebas un sándwich de atún? Son muy buenos aquí. *How about trying a tuna sandwich? They're very good here.*	**¡Ay no! Nunca pido atún. No me gusta.** *Oh no! I never order tuna. I don't like it.*
Aquí preparan muy bien (mal) la salsa picante. *They make very good (bad) hot sauce here.*	**(No) estoy de acuerdo.** *I (don't) agree.*
¡Qué ricas están las papas! *The potatoes are really good (tasty)!*	**Sí, me encantan.** *Yes, I love them.*
¿Qué tal está la sopa (de verduras)? *How's the (vegetable) soup?*	**Está un poco salada.** *It's a little salty.*

Vocabulario y gramática, pp. 17–19

Nota cultural

The foods we eat often reflect our ethnic traditions and history. In Mexico, many foods trace their origins to pre-Columbian times. **Atole,** a drink first enjoyed by the Aztecs, combines corn meal, milk or water, and a flavoring such as chocolate, fruit, or even chile peppers. **Atole** is so popular that it even comes packaged like instant hot chocolate.

What foods do we eat in the United States that were part of the Native American diet?

1 Una dieta balanceada

Leamos Choose the more healthful food item from each pair.

MODELO **la pizza/la ensalada**
la ensalada

1. las papas fritas/las verduras
2. el refresco/el agua
3. la sopa de verduras/el helado
4. la pizza/la ensalada de frutas
5. el jugo de naranja/el refresco
6. el helado/las frutas
7. el sándwich de jamón/ la ensalada
8. el sándwich de atún/la hamburguesa con queso
9. el refresco/la leche
10. las papas fritas/el sándwich de atún
11. la pizza/las verduras

2 ¿Qué tal está la comida?

Escuchemos Con base en cada comentario, indica si preparan bien o mal la comida.

1. la sopa
2. las hamburguesas
3. el sándwich de jamón
4. la ensalada
5. el sándwich de atún
6. las papas fritas
7. la sopa de verduras
8. el helado

3 Imagina

Leamos/Hablemos Read each question. Then look at the pictures and pretend you are the person answering the question.

Soledad

MODELO **—Soledad, ¿cómo están los refrescos?**
—¡Están buenos!

1. Cristóbal, ¿cómo está el sándwich de queso?
2. Gloria, ¿cómo está la comida mexicana?
3. Mariano, ¿cómo está la sopa de papas?
4. Leticia, ¿cómo está el helado?

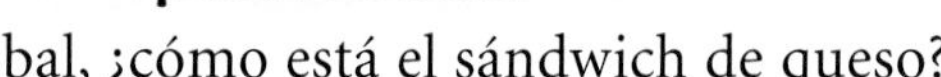

Cristóbal

Gloria

Mariano

Leticia

4 ¿Qué necesito?

Escribamos Write a sentence for each photo that tells what you need to eat or to serve that food or drink.

MODELO **Para comer o servir la pizza necesito un plato y una servilleta.**

1.

2.

3.

4.

5.

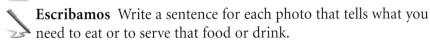

Comunicación

5 Comidas diferentes

Hablemos Work with two partners to come up with some unusual foods for a contest. Think up two foods for each category. Choose a spokesperson and present your creative food ideas to the class.

MODELO **comidas frías:**
helado de atún y...

comidas frías	comidas calientes
comidas malas	comidas picantes

6 Comidas preferidas

Hablemos Take turns with a partner asking what he or she likes to eat and drink at various times of day. When it is your turn to answer, include the reason for your choices.

MODELO en la cafetería

—¿Qué te gusta beber en la cafetería?

—Me gusta beber leche porque es buena.

1. antes de ir al colegio
2. cuando hace mucho calor
3. cuando hace frío
4. para el almuerzo los sábados

¡Exprésate!

To take someone's order	To request something
¿Qué desea usted? *What would you (formal) like?*	**Quisiera un sándwich de queso.** *I would like a cheese sandwich.*
¿Y para tomar? *And to drink?*	**Para tomar, quiero jugo de tomate.** *To drink, I want tomato juice.*
¿Desea algo de postre? *Would you like something for dessert?*	**Sí, ¿me trae un flan?** *Yes, could you bring me a flan?*
¿Algo más? *Anything else?*	**¿Nos trae la cuenta, por favor?** *Could you bring us the bill, please?*

Interactive TUTOR

Vocabulario y gramática, pp. 17–19 Online workbooks

7 ¡Camarero!

Leamos Look at the drawings and match each one with what the people are probably saying to the waiter.

a. ¿Nos trae unas servilletas, por favor?
b. ¿Nos trae un sandwich de atún y una ensalada, por favor?
c. ¿Me trae un plato, por favor?
d. ¿Me trae un vaso de agua, por favor?

8 En el restaurante

Hablemos Ask a server politely for these items.

9 ¿Cómo se dice?

Escribamos You are in a restaurant with a friend. Write how you would say the following in Spanish.

MODELO **Ask your friend how the ham sandwich is.**
¿Qué tal está el sándwich de jamón?

1. Suggest that your friend try the fruit salad.
2. Tell the server you would like a flan.
3. Say that the soup is a little spicy.
4. Say that the French fries are delicious.
5. Say that they make very good desserts here.
6. Ask the server to bring the bill.

10 ¿Qué desea usted?

Hablemos Imagine you are in a restaurant. You and your partner will play the roles of the server and the customer. Be sure to include the following information in your dialog.

MODELO **—¿Qué desea usted?**
—Quisiera...

1. what you want to eat
2. what you want to drink
3. what you think of the food
4. whether you want dessert
5. whether there's anything else you need

Objetivos

- **Ser** and **estar**
- **Pedir** and **servir**
- **Preferir, poder,** and **probar**

Gramática en acción 1

GramaVisión

Ser and estar

1 Both **ser** and **estar** mean *to be*, but they have different uses. Use **estar** to say where someone is or where something is located, and to ask and say how people are doing.

La servilleta **está** en la mesa. *The napkin is on the table.*
Estoy bien, gracias. *I'm fine, thanks.*

2 You have used **ser** to identify people and things; to say where they are from; to describe what someone or something is like; and to give the day, date, and time.

Ricardo **es** mi amigo. **Es** de México. **Es** alto y simpático.

Es lunes. **Es** el 2 de marzo. **Son** las cuatro en punto.

3 Both **ser** and **estar** can be used to describe foods and drinks. Use **ser** to describe what foods and drinks are normally like.

—¿Cómo **es** el arroz con pollo? *What is chicken and rice like?*
—**Es** riquísimo. *It's delicious.*

4 To say how something looks, tastes, or feels at a particular moment, use **estar**.

—¿Cómo **está** tu sopa? *How is your soup?*
—**Está** fría. *It's cold.*

Vocabulario y gramática, pp. 20–22
Actividades, pp. 15–17

Nota cultural

Corn is a food staple in many Spanish-speaking countries, but Mexico claims it as its own. The first varieties of corn were grown near the present-day capital, Mexico City, and can be seen in the National Museum of Anthropology. In Nahuatl, the language of the Aztecs, one word for corn was **elotl** *(eh'-lotl)*, which became **elote** in Mexican Spanish.

What traditional dishes in the United States use corn as a staple ingredient?

11 ¿Cómo son? ¿Cómo están?

Leamos Decide if these people are talking:

a) about the characteristics of a dish, or

b) about the flavor at a specific moment.

1. La sopa de verduras es buena para ti.
2. ¡Ay! ¡Qué caliente está la sopa!
3. Me gusta el flan de la tía Elena. Está rico.
4. No me gusta el atún. Es muy salado.
5. Preparan muy bien la salsa aquí. Está deliciosa, ¿verdad?
6. No nos gusta la salsa. Es muy picante.
7. ¿Quieres probar mi sándwich? Está rico.

Visit Holt Online
go.hrw.com
KEYWORD: EXP1B CH6
Gramática 1 practice

Gramática 1

12 ¿Ser o estar?

Leamos/Escribamos Your new pen pal, Carla, has just written to you. Complete the letter with the correct form of the verb in parentheses. Then tell why **ser** or **estar** is used in each item.

Hola. ¿Cómo __1__ (eres/estás)? __2__ (Soy/Estoy) Carla. __3__ (Soy/Estoy) de Chicago. Y tú, ¿de dónde __4__ (eres/estás)? Hoy __5__ (es/está) lunes. __6__ (Son/Están) las diez de la mañana y mis compañeros y yo __7__ (somos/estamos) en la clase de español. La profesora __8__ (es/está) la señora Gómez. La clase de español __9__ (es/está) un poco difícil, pero me gusta.

13 ¿Cómo estás tú?

Escribamos Now write to Carla, answering her questions. Also, tell her about your day, using **ser** and **estar** correctly.

14 ¿Qué tal está...?

Hablemos Imagine you are in a restaurant. The server asks you how the food is. Answer, imagining the flavor of each dish.

MODELO **—¿Qué tal está el flan?**
—Está muy rico.

1.

2.

3.

4.

5.

6.

Comunicación

15 ¿Te gustan?

Hablemos Choose five foods. Take turns with a partner asking each other if you like each of the foods and giving a reason.

MODELO **—¿Te gustan los sándwiches de atún?**
—Sí, me gustan mucho. Son deliciosos.

Pedir and servir

1 In some **-ir** verbs with an **e** in the stem, this **e** changes to **i** in all the present-tense forms except those of **nosotros(as)** and **vosotros(as).** Two such verbs are **pedir** *(to ask for, to order)* and **servir** *(to serve).*

yo	pido	nosotros(as)	pedimos
tú	pides	vosotros(as)	pedís
Ud., él, ella	pide	Uds., ellos, ellas	piden

—¿Qué vas a **pedir**? —Siempre **pido** una ensalada.

yo	sirvo	nosotros(as)	servimos
tú	sirves	vosotros(as)	servís
Ud., él, ella	sirve	Uds., ellos, ellas	sirven

Sirven comidas riquísimas en el restaurante de mi tío.

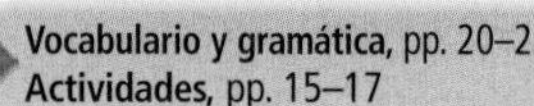

Vocabulario y gramática, pp. 20–22
Actividades, pp. 15–17

¿Te acuerdas?

Stem-changing verbs like **dormir** and **querer** do not change in the **nosotros(as)** and **vosotros(as)** forms.

duermo	dormimos
duermes	dormís
duerme	duermen
quiero	queremos
quieres	queréis
quiere	quieren

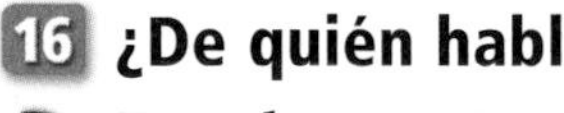

16 ¿De quién habla?

Escuchemos En cada oración, decide si la persona habla...

a. de ella misma *(herself)*
b. de otras personas y ella misma
c. de otras personas
d. de otra persona

17 ¿Qué pedimos?

Escribamos Write sentences that tell what these people might order in each situation.

MODELO **Para beber cuando hace mucho frío...**
(yo) Pido chocolate.

Para beber cuando hace mucho calor...

1. yo
2. mis amigos
3. mi hermano(a) menor
4. mi familia y yo
5. mi mejor amigo
6. mis compañeros de clase

Para almorzar cuando todos tenemos mucha hambre...

7. yo
8. mi mejor amiga
9. mis abuelos
10. mis padres
11. mis amigos y yo
12. mi profesora

18 ¿Qué servimos?

Hablemos Carlos is telling a friend what these people serve at parties. What is he saying? Use the correct form of the verb **servir** in your answers.

MODELO **nosotros**
Siempre servimos helado.

nosotros

1. yo

2. tú

3. tus amigos y tú

4. mi hermano y yo

5. mis amigos

6. mi madre

19 ¿Servir o pedir?

Escribamos/Hablemos Completa las preguntas con la forma correcta de **pedir** o **servir**.

1. En un restaurante, ¿ ____ (pedir/tú) una ensalada o un sándwich?
2. ¿Qué refresco generalmente ____ (pedir) usted?
3. ¿Qué ____ (servir/ellos) en tu restaurante preferido?
4. ¿Qué ____ (servir/tú) en una fiesta?
5. ¿Qué ____ (pedir) tus padres en un restaurante mexicano?
6. ¿Quién ____ (servir) la cena *(dinner)* en tu casa?
7. ¿Qué tipo de sándwich ____ (pedir) tu amigo(a)?

Comunicación

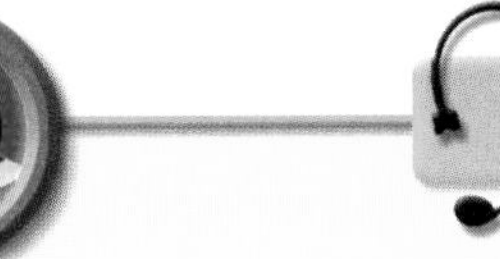

20 Una entrevista

Hablemos Use the questions in Activity 19 to interview your partner. Then let your partner ask you the questions.

Preferir, poder, and probar

1 The verb **preferir** has an **e** → **ie** stem change. It can be followed by a noun to say what someone *prefers* or by an **infinitive** to say what someone *would rather do* or *prefers to do.*

yo	pref**ie**ro	nosotros(as)	preferimos
tú	pref**ie**res	vosotros(as)	preferís
Ud., él, ella	pref**ie**re	Uds., ellos, ellas	pref**ie**ren

¿**Prefieres** jugo o leche con el almuerzo?

¿**Prefieren salir** o **ver** televisión?

2 The verbs **poder** and **probar** have an **o** → **ue** stem change. **Poder** is normally followed by an **infinitive** to say what someone *may, is able to,* or *can do.* **Probar** means *to try* something, as in *to taste.*

yo	p**ue**do	nosotros(as)	podemos
tú	p**ue**des	vosotros(as)	podéis
Ud., él, ella	p**ue**de	Uds., ellos, ellas	p**ue**den

¿Nos **puede traer** otra silla? *Can you bring us another chair?*

yo	pr**ue**bo	nosotros(as)	probamos
tú	pr**ue**bas	vosotros(as)	probáis
Ud., él, ella	pr**ue**ba	Uds., ellos, ellas	pr**ue**ban

¿Qué tal si **pruebas** la sopa? *How about trying the soup?*

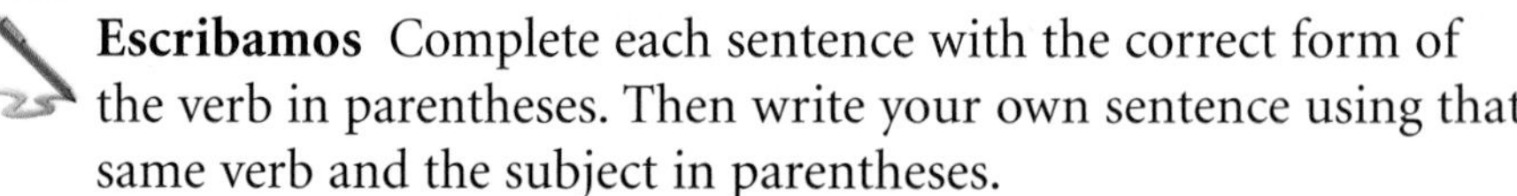

¿Te acuerdas?

Tener and **dormir** are also stem-changing verbs.

Ella t**ie**ne 16 años.
Tú d**ue**rmes mucho.

The **nosotros** and **vosotros** forms do not have stem changes.

D**o**rmimos más los sábados.
T**e**néis un perro bonito.

21 Preferir, poder o probar

Escribamos Complete each sentence with the correct form of the verb in parentheses. Then write your own sentence using that same verb and the subject in parentheses.

MODELO **Mi tío no ____ (poder) comer flan. (nosotros)**
Mi tío no puede comer flan.
No podemos comer hamburguesas.

1. Analisa ____ (preferir) el flan más que el helado. (mis amigos)
2. Yo siempre ____ (probar) la sopa cuando ____ (comer) en restaurantes. (mis amigos y yo)
3. Mi abuela no ____ (poder) comer salsa picante. (mis padres)
4. Nosotros ____ (preferir) almorzar en la cafetería. (usted)
5. Mis hermanas nunca ____ (probar) los postres. No les gustan. (yo)

22 ¿Qué prueban?

Escribamos/Hablemos Based on what these people like, say what dish they always try when they go to a new restaurant.

MODELO **A Lucinda le gustan los postres. Ella...**
Ella siempre prueba el flan.

1. A Andrés le gusta el atún. Él...
2. A ustedes les gusta el postre. Ustedes...
3. A Linda y a Jorge les gusta el jamón. Ellos...
4. A Elsa y a mí nos gustan las frutas. Nosotras...
5. Lucinda, a ti te gustan las verduras. Tú...
6. A mí me gustan el queso y la salsa de tomate. Yo...

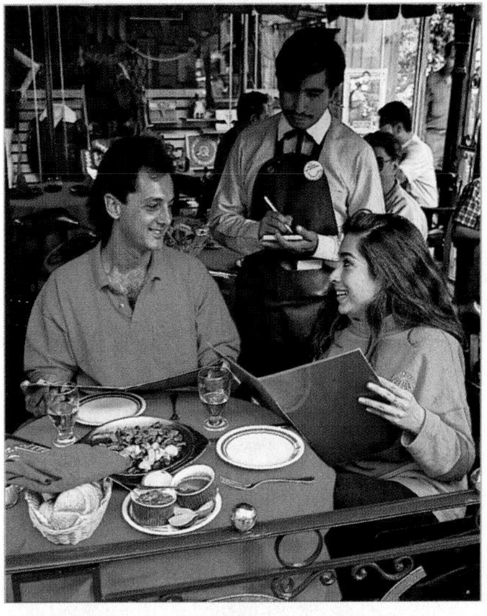

Probando nuevos platos en un restaurante, Ciudad de México

23 Rompecabezas

Escribamos Usa una palabra o expresión de cada columna para escribir seis oraciones.

MODELO **Prefiero tomar jugo.**

1	2	3
yo	preferir	la cuenta
mi mejor amigo(a)	servir	tomar jugo o leche
tú	pedir	una sopa de...
mis compañeros	querer	comida italiana
el (la) profesor(a)	probar	una ensalada de...
mis amigos y yo		algo de postre

Comunicación

24 ¿Qué prefieres hacer?

Escribamos/Hablemos Write what you like to do at each of the indicated times. Then ask three classmates what they like to do. Try to find someone who likes the same things that you like.

MODELO **—¿Qué prefieres hacer los viernes por la noche?**
—Prefiero... ¿Y tú?

1. los jueves por la noche
2. los sábados por la tarde
3. los sábados por la mañana
4. los domingos por la mañana
5. los domingos por la noche
6. los martes por la tarde
7. los miércoles por la noche
8. los lunes por la mañana

Cultura

VideoCultura

Platos típicos mexicanos

¿Cuál es tu plato preferido y cómo es?

«A buena hambre no hay mal pan» dice el refrán, y ¿qué mejor pan que un plato que nos encanta? Todos tenemos un plato preferido que no sólo es delicioso sino que muchas veces nos hace recordar a nuestra familia, nuestro país de origen y nuestras costumbres. En Estados Unidos, ¿qué platos son regionales o nacionales? ¿Son éstos algunos de tus platos preferidos? ¿Cuáles son algunos platos preferidos de los jóvenes en otros países?

Angélica
Ciudad de México, México

Angélica describes her favorite dish and how it is made. Are any of your favorite dishes similar to the ones Angélica describes?

Dime, ¿cuáles son dos o tres platos típicos de México?

Bueno, está el mole, el pozole y los chiles en nogada.

¿Cuál es tu plato favorito?

Los chiles en nogada.

Dime cómo es.

[Los chiles] son muy ricos porque además de ser picantes, también son dulces.

¿Qué contienen?

Bueno, tienen el chile poblano, la carne molida, pasitas, acitrón, crema, nueces y un poquito de granada.

¿Es un plato típico en la región donde vives?

Claro, en el Distrito Federal se consume mucho.

Muchas gracias, Angélica.

No hay de qué, al contrario.

Paula

Santo Domingo, República Dominicana

Paula describes typical Dominican dishes. Are any typical dishes from where you live similar to Dominican dishes?

Dime, ¿cuáles son unos platos típicos en República Dominicana?

El plato más típico de la República Dominicana es el arroz con habichuela y carne, que puede ser de res o de pollo.

¿Cuál es tu plato favorito?

El moro de guandules con pescado.

¿Me puedes decir cómo es?

El moro de guandules es una mezcla de guandules con arroz y un poco de salsa para el color. Y el pescado se hace con el limón y sal y ajo.

¿Es un plato típico de tu región?

Sí, es muy típico.

Muchas gracias, Paula.

Gracias a ti.

Para comprender

1. ¿Qué plato se come mucho en el Distrito Federal?
2. ¿Cómo es el plato preferido de Paula?
3. ¿Cuáles son tres platos típicos de México?
4. ¿Cómo son los chiles en nogada?
5. ¿Qué se come con el arroz con habichuelas?
6. ¿Cuál es el plato más típico de la República Dominicana?

Para pensar y hablar

Angélica and Paula tell us about their favorite dishes, both of which are typical of their countries. How are their favorite dishes different? Do they seem simple to make or do they seem rather complicated? Are there foods unique to where you live? What are they?

Comunidad

¡Tacos, enchiladas y más!

Thousands of restaurants serve international food in the United States. Immigrants can keep cultural traditions alive by serving familiar foods. How many restaurants from Spanish-speaking countries are there in your town? Visit one of these restaurants with your family or friends.

- Is the menu in English, Spanish, or both languages?
- Ask the server if there is a specialty of the house.
- Order your meal and ask for the check in Spanish.
- Write a paragraph about the meal to share with the class.

Un restaurante, tex-mex en Austin, Texas

Objetivos
- Talking about meals
- Offering help
- Giving instructions

Vocabulario en acción 2

ExpresaVisión

El desayuno en casa de una familia mexicana

los cereales

el durazno

el chocolate

la naranja

la manzana

el café con leche

el pan dulce

el pan tostado

el tocino

los huevos

También se puede decir...

Spanish speakers from Spain, Cuba, and the Dominican Republic may say **un melocotón** instead of **un durazno.**

In some parts of Mexico and Central America, speakers refer to an egg as **un blanquillo.**

Visit Holt Online
go.hrw.com
KEYWORD: EXP1B CH6
Vocabulario 2 practice

¿Qué hay de cena?

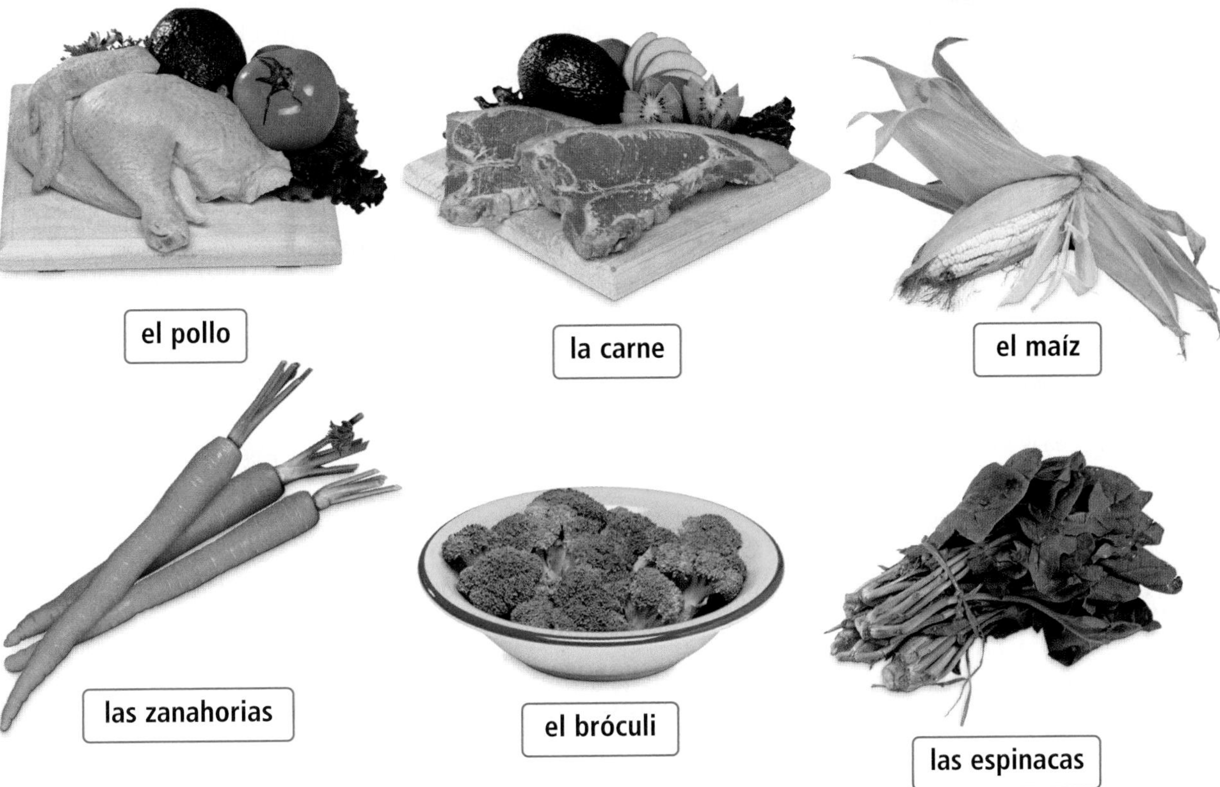

También se puede decir...

For many Spanish speakers, *corn on the cob* is **la mazorca.** In Mexico and Central America, it is **el elote.** And in Andean countries, such as Bolivia and Ecuador, it is called **el choclo.**

¡Exprésate!

To talk about meals	
¿Qué desayunas? *What do you have for breakfast?*	**Siempre desayuno cereales con leche.** *I always have cereal with milk for breakfast.*
¿Qué quieres hoy de almuerzo? *What do you want for lunch today?*	**¿Qué tal si almorzamos ensalada de pollo?** *How about chicken salad for lunch?*
¿Qué hay de cena? Tengo mucha hambre. *What is there for dinner? I'm very hungry.*	**Vamos a cenar pescado, arroz y espinacas.** *We're going to have fish, rice, and spinach for dinner.*

Interactive TUTOR

Vocabulario y gramática, pp. 23–25 Online workbooks

▶ Vocabulario adicional — Comida, p. R11

Vocabulario 2

In the United States, dinner is considered the main meal of the day, while lunch is a lighter meal. In Mexico and Spain, the biggest meal of the day, **la comida,** is served around 2:00 P.M. Family members come home from work and school to eat together. **La cena,** a light meal, ends the day around 9:00 P.M. For Chileans and Colombians, **la cena** is a formal evening meal for special occasions. Most days they eat a light supper early in the evening.

How do your meal times compare?

25 Tengo mucha hambre

Leamos Completa las oraciones con las palabras más lógicas.

1. ¿Qué hay de _____ ? Tengo mucha hambre.
   a. tomar **b.** cena **c.** pastel
2. Hoy vamos a almorzar _____.
   a. cereales **b.** pan dulce **c.** pollo
3. No me gustan los postres. Voy a comer _____.
   a. flan **b.** pastel **c.** un durazno
4. Ricardo siempre desayuna cereales con _____.
   a. leche **b.** zanahorias **c.** arroz
5. Me encantan las verduras. Siempre como muchas _____.
   a. naranjas **b.** espinacas **c.** manzanas
6. No me gusta el _____. Es muy salado.
   a. tocino **b.** pastel **c.** durazno

26 ¿Desayuno o cena?

Hablemos Which of these foods do you eat for breakfast and which ones do you eat for dinner?

MODELO **los huevos**
Siempre como huevos para el desayuno.

1. el tocino
2. el pescado
3. las espinacas
4. las zanahorias
5. el arroz con pollo
6. el pan tostado
7. el maíz
8. el bróculi
9. el café con leche
10. los cereales con leche

27 En el restaurante

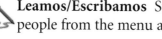

Leamos/Escribamos Suggest something for each of the following people from the menu at **Restaurante Don José.**

MODELO **A Alicia le gustan los postres.**
Alicia, ¿qué tal si pruebas el pastel?

1. Juana quiere probar comida mexicana.
2. De postre, Julio prefiere comer algo muy frío.
3. De tomar, Elena y su amigo quieren un jugo.
4. A Manolo y a mí nos gusta el pollo.
5. Carmen nunca pide carne.
6. A Julio le gusta el pescado.
7. Tere siempre pide algo con chocolate para el postre.
8. Pablo y María quieren cenar pero no pueden comer carne.
9. Eduardo tiene mucha hambre. Quiere una cena grande.

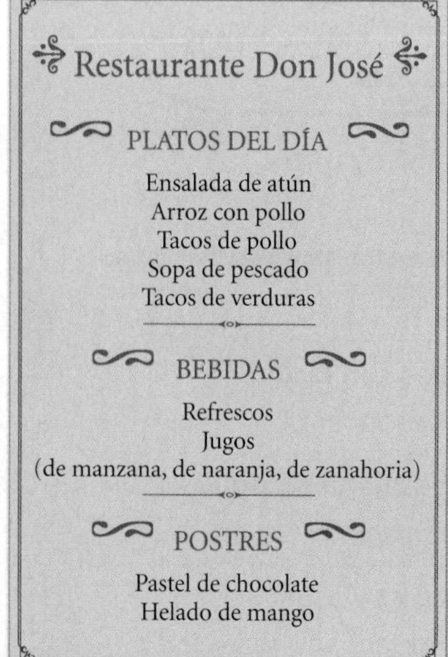
Restaurante Don José

PLATOS DEL DÍA
Ensalada de atún
Arroz con pollo
Tacos de pollo
Sopa de pescado
Tacos de verduras

BEBIDAS
Refrescos
Jugos
(de manzana, de naranja, de zanahoria)

POSTRES
Pastel de chocolate
Helado de mango

28 Tienen hambre

Escribamos Write three sentences for each drawing. Identify what meal the people are eating, at what time they eat, and what they like to eat.

la Sra. Rosas/8:00

Beto y Luis/13:00

Carmen/19:00

29 Y yo como...

Escribamos Write a paragraph comparing and contrasting what you eat and what time you eat with the meal times of the people pictured in Activity 28.

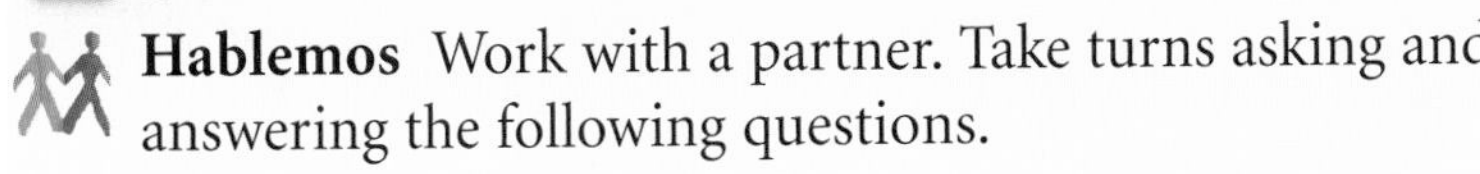

30 ¿Qué comes tú?

Hablemos Work with a partner. Take turns asking and answering the following questions.

1. ¿Qué desayunas?
2. ¿Dónde almuerzas?
3. ¿A qué hora cenas?
4. ¿Qué vas a cenar esta noche?
5. ¿Te gustan las comidas picantes?
6. ¿Cuál es tu jugo preferido?

31 ¿Qué van a pedir?

Hablemos/Escribamos Imagine that you are going on an all-day fieldtrip. A local restaurant is going to cater breakfast, lunch, and dinner for the trip. With a group of classmates, make a menu that shows what the restaurant will offer for each meal. Then ask two members of your group what they are going to order. (**¿Qué vas a pedir?**) Be prepared to role-play a scene where you order meals, pretend to eat the meal, and comment on the food.

¡Exprésate!

To offer help	To give instructions
¿Necesitas ayuda? *Do you need help?*	**Sí, saca el pollo y ponlo en el horno (el microondas).** *Yes, get out the chicken and put it in the oven (the microwave).*
¿Puedo ayudar? *Can I help?*	**Saca el flan del refrigerador.** *Take the flan out of the refrigerator.* **¿Por qué no preparas los sándwiches?** *Why don't you make the sandwiches?*
¿Pongo la mesa? *Shall I set the table?*	**Sí, ponla, por favor.** *Yes, set it, please.*

Interactive TUTOR

Vocabulario y gramática, pp. 23–25 Online workbooks

32 ¿En qué puedo ayudar?

Escuchemos Mira las fotos y escucha la conversación entre Patricia y su madre. Decide qué parte del diálogo corresponde a cada foto.

A
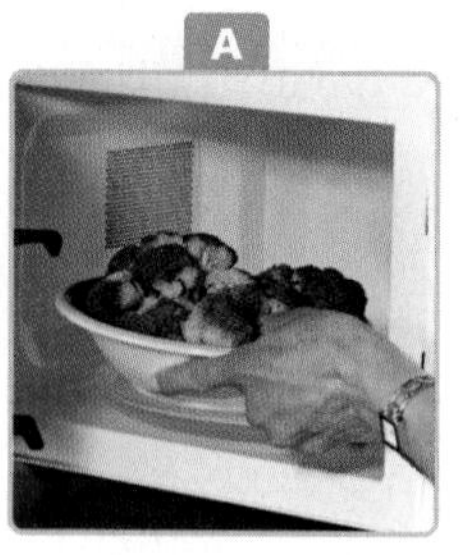
B

C

D

E

33 La cena

Leamos Marlena and her mother are talking about how she can help with the dinner preparations. For each of Marlena's questions, choose her mother's probable response.

Marlena	La madre
1. ¿Necesitas ayuda, mamá?	a. Sí, ponlo en el horno.
2. ¿Saco las frutas del refrigerador?	b. Sí, ¿por qué no preparas el flan?
3. ¿Necesitas un plato hondo?	c. Sí, hija, necesito ayuda.
4. ¿Pongo el pollo en el horno?	d. Sí, y tenedores también.
5. ¿Cuándo pongo la mesa?	e. Ponla en cinco minutos, por favor.
6. ¿Necesito poner cuchillos?	f. Sí. ¿Me traes un plato hondo?
7. ¿Puedo ayudar con el postre?	g. Sí, saca las frutas, por favor.

34 ¿Cuál foto es?

Leamos Read the questions and match them with a picture.

1. ¿Necesitas ayuda con tus hermanos?
2. ¿Por qué no sacas más leche del refrigerador?
3. Hijo, ¿me traes el libro, por favor?
4. ¿Puedo ayudar con la tarea?

A

B

C

D

35 ¿Necesitas ayuda?

Escribamos Complete the conversation between Rita and José, who are preparing a special breakfast for their mother's birthday.

tocino	refrigerador	duraznos	saca
ponla	pongo	ayudar	preparas

JOSÉ ¿Puedo ____ con el desayuno?
RITA Sí, ¿por qué no ____ el pan tostado?
JOSÉ Bueno. ¿Saco el jugo de naranja del ____ también?
RITA Sí, ____ el jugo, y ponlo en la mesa.
JOSÉ ¿Preparas huevos con ____?
RITA No, mamá prefiere cereales con ____.
JOSÉ ¿____ la mesa en la cocina?
RITA No, ____ en el patio, porque hace buen tiempo.

Comunicación

36 Sí, por favor

Escribamos/Hablemos With a partner, write a dialog between a child and parent getting ready to serve a meal. Then take turns role-playing your dialogs. Use the expressions below.

¿Cómo puedo ayudar?	¿Por qué no me ayudas con...?
¿Pongo...?	Pon..., por favor.
¿Saco... del refrigerador?	Sí, saca... del refrigerador.

Objetivos

- Direct objects and direct object pronouns
- Affirmative informal commands with pronouns

GramaVisión

Direct objects and direct object pronouns

1 Verbs can be followed by **direct objects**, the person or thing receiving the action of the verb.

Rafaela pone **la mesa**. Siempre pido **la sopa**.

2 A **direct object** can be a noun or a pronoun. Use **direct object pronouns** to avoid repeating nouns that have already been mentioned. These **pronouns** must agree with the nouns they stand for.

	Masculine	Feminine
SINGULAR	**lo** *him, it*	**la** *her, it*
PLURAL	**los** *them*	**las** *them*

—¿Quién va a pedir **el flan**? —Yo **lo** voy a pedir.

3 **Direct object pronouns** go before the conjugated verb. If there is an infinitive in the sentence, the **pronouns** go before the conjugated verb or are attached to the end of the infinitive.

—¿Quién prepara **los sándwiches**? —Yo **los** preparo.

—¿Quién va a preparar **la cena**? —Mi padre **la** va a preparar.
—Mi padre va a preparar**la**.

Vocabulario y gramática, pp. 26–28
Actividades, pp. 19–21

¿Te acuerdas?

Pronouns take the place of nouns. They have different forms depending on how they're being used in the sentence.

Ana es mi amiga. **Ella** es muy simpática. **La** llamo por teléfono todos los días.

37 ¿Qué comes?

Leamos/Escribamos Answer the questions, using the correct direct object pronoun.

1. —¿Comes huevos en el desayuno?
   —Sí, ═══ como todos los días.
2. —¿Pides tocino con los huevos?
   —No, nunca ═══ pido.
3. —¿Tomas leche en el desayuno?
   —No, nunca ═══ tomo.
4. —¿Comes naranjas por la mañana?
   —Sí, siempre ═══ como.

Gramática 2

38 ¿A quién le tocan los quehaceres?

Escribamos Who does the following chores at your house? Use the correct direct object pronoun in your answers.

MODELO **¿Quién prepara la cena?**
Yo la preparo. (Mi hermano la prepara.)

1. ¿Quién limpia la casa?
2. ¿Quién pone la mesa?
3. ¿Quién corta el césped?
4. ¿Quién hace las camas?
5. ¿Quién sirve el desayuno?
6. ¿Quién arregla los cuartos?
7. ¿Quién saca la basura?
8. ¿Quién pasa la aspiradora?

39 ¿Qué van a traer?

Escribamos Write a question and answer about who is going to bring which foods to the Spanish Club party.

MODELO **—¿Quién va a traer el pastel?**
—Yo lo voy a traer. (Yo voy a traerlo.)

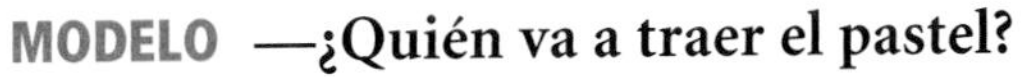

yo

1. Miguel

2. Tomás y Raquel

3. Elsa y yo

4. Tú

Comunicación

40 ¿Cuándo lo hacemos?

Hablemos/Escribamos Make a chart like the one pictured. Then in small groups, take turns asking and answering each other about how frequently you do the following things. Use direct object pronouns in your answers.

MODELO **preparar tu almuerzo**
—¿Con qué frecuencia preparas tu almuerzo?
—Lo preparo a veces.

1. preparar el desayuno
2. beber refrescos
3. comer pizza
4. traer el almuerzo al colegio
5. poner la mesa
6. almorzar hamburguesas y papas fritas

todos los días	a veces	nunca

Affirmative informal commands

interactive TUTOR

1 To tell someone you address as **tú** to do something, use an **affirmative informal command**.

2 To form the **affirmative informal command** of regular or stem-changing verbs, just drop the final **s** off the end of the **tú** form of the verb.

(tú) hablas → **habla**	*you speak → speak*
(tú) comes → **come**	*you eat → eat*
(tú) pides → **pide**	*you ask (for) → ask (for)*
Pide un sándwich de pollo.	*Order a chicken sandwich.*

3 Some verbs have irregular **affirmative informal command forms**.

tener → **ten** *(have)* ir → **ve** *(go)* hacer → **haz** *(do, make)*
venir → **ven** *(come)* ser → **sé** *(be)* salir → **sal** *(go out, leave)*
poner → **pon** *(put)*

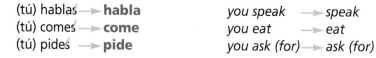

Vocabulario y gramática, pp. 26–28
Actividades, pp. 19–21
Online workbooks

Useful verbs for cooking

These verbs have regular **affirmative informal command forms**.

abrir	*to open*	→	**abre**
añadir	*to add*	→	**añade**
calentar (ie)	*to heat up*	→	**calienta**
cortar	*to cut*	→	**corta**
mezclar	*to mix*	→	**mezcla**
sacar	*to take out*	→	**saca**

Nota cultural

In Mexico many people buy snacks like cucumbers, roasted corn with chile powder, mango, pineapple, or watermelon from street vendors. For their afternoon snack, Argentineans, Chileans, and Uruguayans meet in tearooms to drink tea or coffee and eat sandwiches or pastries. Spaniards and Mexicans have a **merienda** around 6:00 P.M., a small snack such as **chocolate** and **churros** or **pan.** Compare your snacks to those in Spanish-speaking countries.

Do you snack with your friends or family at a particular time? What do you eat?

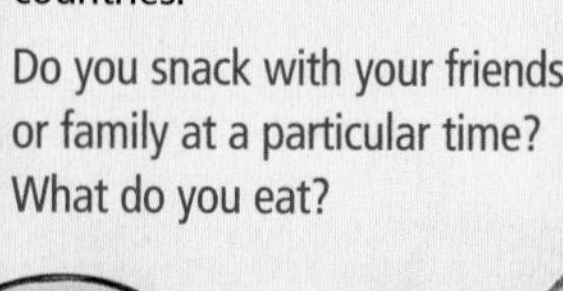

41 La ensalada de frutas

Leamos/Escribamos Graciela is helping her brother prepare a fruit salad. Complete each sentence with the correct informal command. Then reorder the sentences logically.

1. (Servir) ______ la ensalada fría.
2. (Lavar) ______ las frutas.
3. (Probar) ______ la ensalada para ver qué tal está.
4. (Añadir) ______ un poco de azúcar *(sugar)* a las frutas.
5. (Cortar) ______ las frutas en trozos *(pieces)* con el cuchillo.
6. (Poner) ______ los trozos en un plato hondo.
7. (Tener) ______ cuidado con el cuchillo.
8. (Mezclar) ______ las frutas con un poco de jugo de naranja.

42 ¡Sé buena estudiante!

Escribamos Your friend wants to improve her grades. Tell her what she needs to do.

MODELO **estudiar mucho**
Estudia mucho.

1. hacer la tarea
2. ir a clase todos los días
3. salir temprano para el colegio
4. escuchar bien en clase
5. trabajar en clase
6. venir conmigo a la biblioteca
7. ser trabajadora
8. tener los útiles contigo

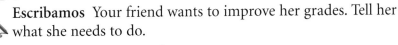

Comunicación

43 Necesito ayuda

Hablemos Your parents need help with the chores. With a partner, take turns saying what needs to be done. Use **tú** commands.

MODELO **Lava los platos.**

1.

2.

3.

4.

5.

6.

44 Te toca a ti

Hablemos Imagine that you and your partner are doing each other's chores. Take turns giving each other instructions, using **tú** commands.

MODELO **—Lava el carro.**
—Saca la basura.

Affirmative informal commands with pronouns

1 You know that the **direct object pronoun** goes immediately before the conjugated verb. It can also be attached to the end of an infinitive.

—¿Siempre preparas la cena?
—No, no **la** preparo siempre, pero hoy sí voy a preparar**la**.

2 When you use a **pronoun** with an affirmative informal command, attach it to the end of the verb. Then add an accent to the stressed vowel of the verb, unless the verb is only one syllable long.

—¿Preparo la carne? —Sí, prepára**la**.
—¿Pongo los vasos en la mesa? —Sí, pon**los** allí.

Vocabulario y gramática, pp. 26–28
Actividades, pp. 19–21

45 ¿De qué hablas?

Leamos Identify the direct object pronoun in each sentence. Then decide which item it refers to.

1. Ponlo en el refrigerador.
   a. el queso **b.** la leche **c.** el libro
2. Sácala del horno.
   a. la basura **b.** el tocino **c.** la pizza
3. Ábrelo otra vez.
   a. el durazno **b.** el refrigerador **c.** la aspiradora
4. Córtalas con el cuchillo.
   a. las zanahorias **b.** las servilletas **c.** la manzana
5. Sírvela en el plato hondo.
   a. los cereales **b.** la sopa **c.** los refrescos
6. Mézclalo con el bróculi.
   a. el queso **b.** el flan **c.** los huevos
7. Mézclalos en el plato hondo.
   a. los huevos **b.** las naranjas **c.** los tenedores

Los colores de un mercado, México

46 Ponlas aquí

Hablemos A friend is helping you move. Tell him where to put these things.

MODELO **el refrigerador**
Ponlo en la cocina.

1. la cama	**4.** los vasos	**7.** los videojuegos
2. las plantas	**5.** el microondas	**8.** las sillas
3. la comida	**6.** los libros	**9.** la mesa

47 ¿Qué hago?

Escuchemos Escucha las preguntas de Nuria y escoge la respuesta más lógica.

a. Caliéntalo en el horno.
b. Sácalos del refrigerador y ponlos en la mesa.
c. No, todavía no. Ponla con las otras bebidas.
d. Sí, ponlas a calentar en el microondas.
e. Córtalas y mézclalas en un plato hondo.

48 El amigo desesperado

Escribamos Your friend wants to prepare supper for his parents, but he doesn't know how to cook! Answer his questions, using **tú** commands and direct object pronouns.

1. ¿Caliento la sopa antes de preparar el pollo o después?
2. ¿Pongo las servilletas al lado de los platos o encima de ellos?
3. ¿Saco el flan del refrigerador antes de comer o después?
4. ¿Mezclo el café con leche o con agua?
5. ¿Preparo el pollo con zanahorias o con espinacas?
6. ¿Sirvo el helado con la comida o con el postre?
7. ¿Pruebo la ensalada antes de añadir el atún o después?

Comunicación

HOLT SoundBooth ONLINE RECORDING

49 ¡Arregla la casa!

Hablemos With a partner, take turns playing the roles of **el señor Gonzaga** and his daughter. She asks what she should do in each picture, and he answers, using **tú** commands.

MODELO **—Papá, ¿qué hago primero?**
—¡Lava los platos!

a.

b.

c.

Gramática 2

Conexiones culturales

Bienvenido a un nuevo mundo de comida Some believe that the New World's most important gift to Europe was not gold, silver, or jewels, but food. In the 1400s, Europeans were used to a bland diet with little variety. After the Spaniards brought back fruits and vegetables from the Americas, the eating habits of Europeans changed forever. The Spaniards, in turn, brought the first cattle, sheep, pigs, and chickens to the Americas.

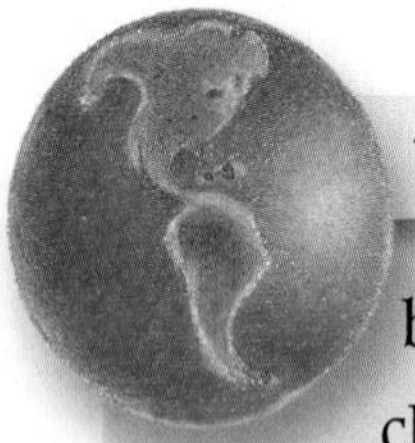

NUEVO MUNDO

blueberries
chili peppers
cacao
corn
cranberries
pecans
pinto beans
potatoes
pumpkins
squash
string beans
sunflowers
tomatoes
turkeys

VIEJO MUNDO

apples
chickens
cattle
grapes
lemons
lettuce
limes
mangoes
oranges
pigs
sheep
wheat

Visit Holt Online
go.hrw.com
KEYWORD: EXP1B CH6
Online Edition

Conexiones culturales

1 El día de acción de gracias

Below are some foods you might find at a typical Thanksgiving meal. Based on the information on p. 66, which of these foods in boldface come from the "Old World" and which from the Americas?

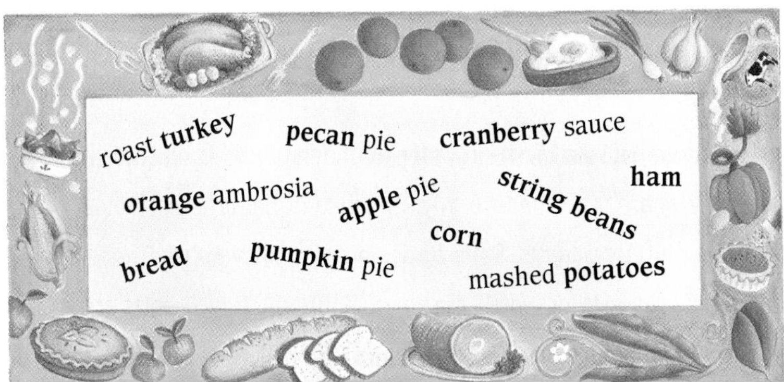

Tostadas **El origen del maíz** The cultivation of corn was developed by the Mayas in what is now Mexico. Corn tortillas, made from ground corn flour, were central to the daily diet of the Mayas.

2 ¿De dónde son?

¿Cuáles de los ingredientes para las tostadas son originalmente de Europa y cuáles son de las Américas?

Tostadas

24 tostadas
1/2 kg de frijoles refritos
1 kg de queso
8 chiles
2 kg de pollo cocido
2 cabezas de lechuga
4 tomates

Procedimiento. Pon los frijoles, el queso, los chiles y el pollo encima de las tostadas. Entonces, pon las tostadas en el horno a 400° F por tres minutos. Ponles la lechuga y los tomates.

3 ¿Cuánto necesito?

Convert the kilogram measurements for refried beans, cheese, and chicken to pounds using the conversion formula. For example, if a recipe called for 1.5 kilograms (kg) of beef, then you would multiply 2.2 x 1.5 to find out you need 3.3 lbs. of beef.

Conversions
1 kilogram (kg) =
2.2 pounds (lbs.)

Novela en video

¿Quién será?

Episodio 6

ESTRATEGIA

Recognizing a make-believe situation In order to understand this episode, it is helpful to recognize that certain parts are make-believe. With the help of her little brother, a little imagination, and the cooperation of her parents, Sofía turns an ordinary event into a more interesting experience. As you read the **Novela** or watch the video, figure out which parts are make-believe and then see what problem Sofía's make-believe situation creates for her.

En México

Sofía va a casa a preparar la cena. Marcos la mira para ver adónde va.

1

2

Quique Sofía, ¡es tarde! Mamá y papá están por llegar.

Sofía Ya sé, Quique.

Quique ¿Y la cena?

Sofía No te preocupes, Quique. No es tu problema. Yo la voy a preparar.

Visit Holt Online
go.hrw.com
KEYWORD: EXP1B CH6
Online Edition

3

Quique ¿En qué puedo ayudar? ¿Pongo la mesa?

Sofía Sí, ponla.

Quique ¿Y el menú?

Sofía Ponlo en el comedor.

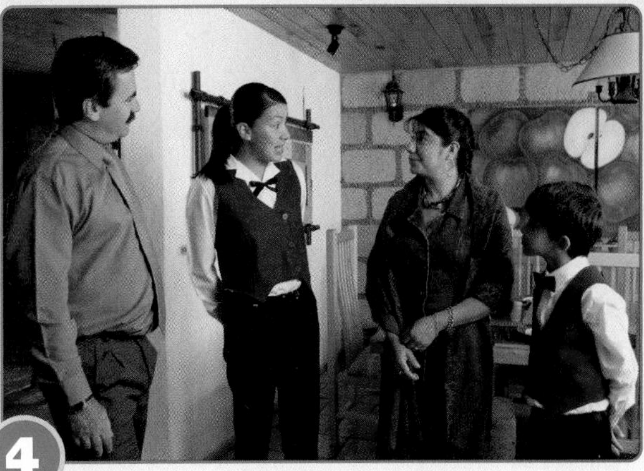

4

Sofía Señor y Señora Corona. Bievenidos al **Restaurante Sofía**. Veo aquí que tienen una reservación para dos personas a las ocho en punto.

Sr. Corona Sí, señorita.

5

Sra. Corona Señorita, ¿nos puede traer los menús, por favor?

Quique Aquí están los menús, señor, señora.

Sr. Corona ¿Qué tal están los tamales oaxaqueños hoy?

Sofía Riquísimos, señor, pero, malas noticias, no quedan tamales oaxaqueños.

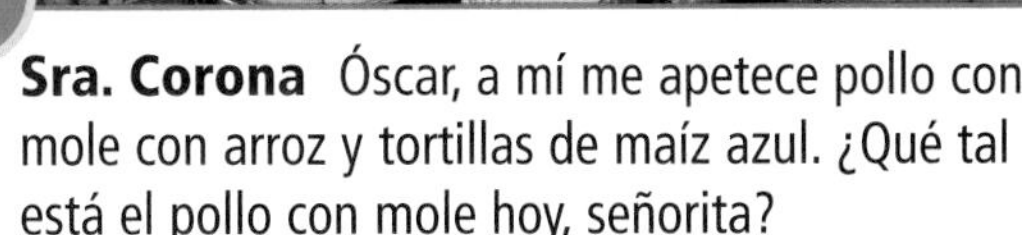

6

Sra. Corona Óscar, a mí me apetece pollo con mole con arroz y tortillas de maíz azul. ¿Qué tal está el pollo con mole hoy, señorita?

Sofía No lo recomiendo. Está un poco salado.

A. Contesta

Check your understanding of the **Novela** by answering these questions.

1. Why is Sofía hurrying home after ballet class?
2. Why did Quique make menus?
3. What foods do her parents ask about?
4. What is wrong with the **pollo con mole?**

7

Sr. Corona Y ¿el bistec, señorita? Aquí dice que viene con puré de papa y zanahoria.

Sofía Sí, señor, buena elección, el bistec está delicioso, pero… hoy es viernes, y los viernes, no sirvo bistecs.

8

Un poco más tarde.

9

Sra. Corona Pues, dígame, señorita, ¿cuál es la especialidad de la casa?

Sofía La especialidad de la casa son ¡LAS FLAUTAS! Y si no le importa, señor, aquí tiene la cuenta. ¿Me la puede pagar ahora?

En España

La profesora decide adónde va Marcos ahora.

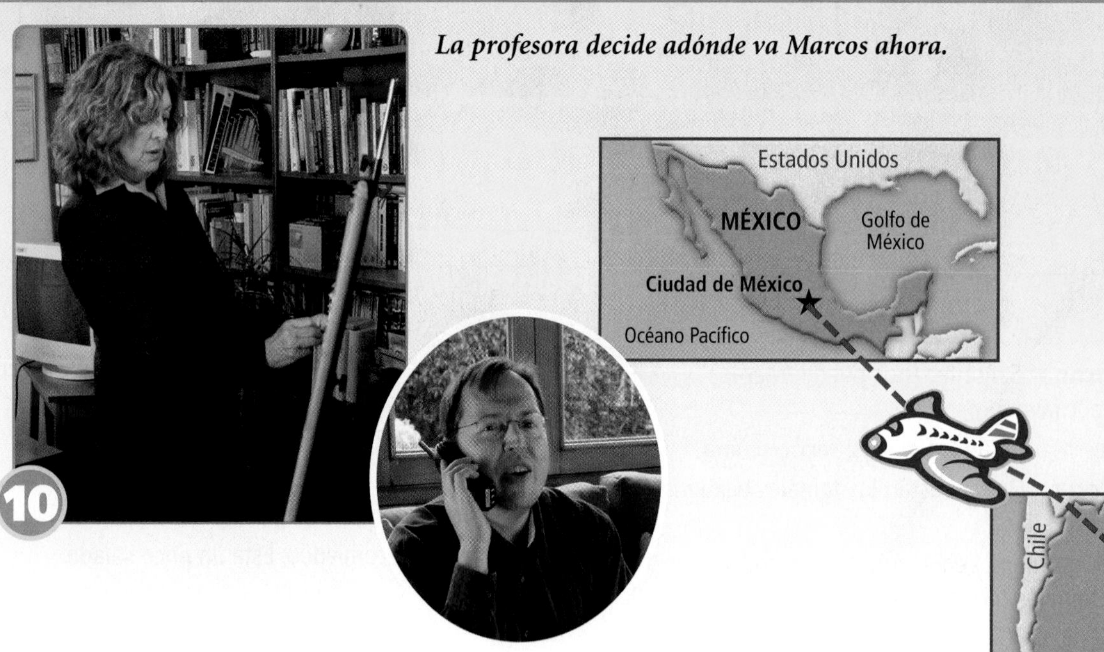

10

B. Contesta

1. What is the house specialty?
2. Where is Marcos in this episode?
3. Where is he going next?
4. Why do you think he is going there?

Actividades

1 El menú de Quique

Match the food from the menu with the best description.

1. El pollo con mole
2. las flautas
3. el bistec con papas
4. los tamales oaxaqueños

a. not available on Fridays
b. it's a little salty
c. they are all gone
d. the house specialty

2 ¿Quién lo diría?

According to the **Novela**, who would most likely say each of the following things?

1. Pon los menús en el comedor.
2. Me gusta el pollo con mole.
3. ¡Bienvenidos a mi restaurante!
4. Aquí tienen ustedes los menús, señores.
5. Ahora vas a Argentina.

3 ¿Comprendes la Novela?

Check your understanding of the events in the story by answering these questions.

1. What is the make-believe situation in this episode?
2. What role does Quique play in the make-believe situation?
3. What excuses does Sofía offer for the foods they order? Why?
4. Why does she finally offer them **las flautas**? Do you think she made them herself? Why or why not?

Próximo episodio
Marcos leaves to go to another country. How many more countries does he have to visit?
PÁGINAS 114–117

Novela en video

Leamos y escribamos

ESTRATEGIA

para leer The *genre* of a reading tells you what kind of writing to expect. Some examples of different genres are legend, short story, novel, poem, essay, and play. Knowing the genre of a text will help you predict what it's about.

A Antes de leer

The following is a version of a legend about Quetzalcoatl, a god of the Aztec, Maya, and other cultures in Mexico and Central America. Before reading it, write a list of the characteristics you would expect to find in a legend.

La montaña del alimento[1]

Es una época muy difícil en la tierra[2]. Los hombres están desesperados porque no hay alimento y todos tienen mucha hambre. Van a hablar con Quetzalcóatl, la serpiente emplumada[3] y le explican que no tienen nada que comer.

Quetzalcóatl, dios compasivo[4], noble y generoso, decide ayudar a los hombres. Va a la montaña del alimento. Allí ve a un grupo de hormigas[5] gigantes que cuidan una fabulosa cantidad de maíz, la comida de los dioses. Quetzalcóatl les pide a las hormigas unos granos de maíz.

—¿Por qué quieres tú el maíz? —preguntan ellas.

—Mi gente tiene hambre —explica Quetzalcóatl.

—¿Son dioses tu gente? —dice una de las hormigas.

—No —responde Quetzalcóatl. —Son simplemente gente con hambre que vive sobre la tierra.

—Este maíz es sólo para los dioses —dicen las hormigas. —Busca[6] comida en otra parte.

Quetzalcóatl se va, pero no se da por vencido[7]. Vuelve a la montaña en la forma de una inmensa e imponente hormiga. Las hormigas le permiten entrar y el dios ve con admiración que hay granos de maíz de muchos colores. Les dice que nunca ha visto[8] granos rojos, amarillos, azules o morados y las hormigas, orgullosas[9] de su maíz, le dan un grano de cada color.

El dios vuelve rápidamente a la tierra y les enseña a todos a cultivar el maíz. Después de un tiempo hay mucho alimento y la gente de la tierra no vuelve a tener hambre nunca más.

1 food 2 earth 3 the feathered serpent 4 compassionate god 5 ants 6 Look for 7 doesn't give up 8 he has never seen 9 proud

B Comprensión

Answer the following questions in complete sentences.

1. ¿Qué problema tienen los hombres de la tierra?
2. ¿Quién va a ayudar a los hombres? ¿Por qué?
3. ¿Qué les dice Quetzalcóatl a las hormigas y qué responden ellas?
4. ¿Qué pasa cuando Quetzalcóatl vuelve a la montaña?
5. ¿Qué hace el dios al regresar a la tierra?

C Después de leer

Legends often reflect the values and beliefs of a culture. What values are reflected in this legend? Explain your choices. What are some similarities between this legend and other legends or stories you have read?

Taller del escritor

ESTRATEGIA

para escribir Arranging your writing in the order in which events happen helps you write more clearly. When you give written instructions such as recipes, the ordering of elements is important.

SALSA (para 4 personas)

4 tomates grandes
1 cebolla mediana
2 cucharadas de cilantro fresco
1 cucharada de vinagre
1 latita de chiles verdes

Corta el tomate, la cebolla y el cilantro. Añade sal al gusto. Mezcla todos los ingredientes. Sirve con tostadas.

¿Cómo lo preparas?

Imagine you are invited to a Spanish club potluck lunch where you are asked to exchange your favorite recipe from a Spanish-speaking country with other guests. Write a simple recipe for a dish with clear instructions on how to prepare it.

1 Antes de escribir

- List the ingredients you need to prepare your dish.
- Arrange them in the order you will need them.
- Write a command telling what needs to be done with each ingredient.

2 Escribir y revisar

After listing your ingredients, use command forms and adjectives to describe in detail the different steps in the preparation.

Exchange your recipe with a classmate to see if it sounds appetizing to him or her. Your classmate may suggest an addition to your dish. Check for spelling and punctuation as well as for logical order.

3 Publicar

You may want to illustrate your recipe and display it on a poster board in class or post it on a school-sponsored web site. Consider trying a few in class or at home.

Capítulo 6
Repaso

Prepárate para el examen

Interactive TUTOR

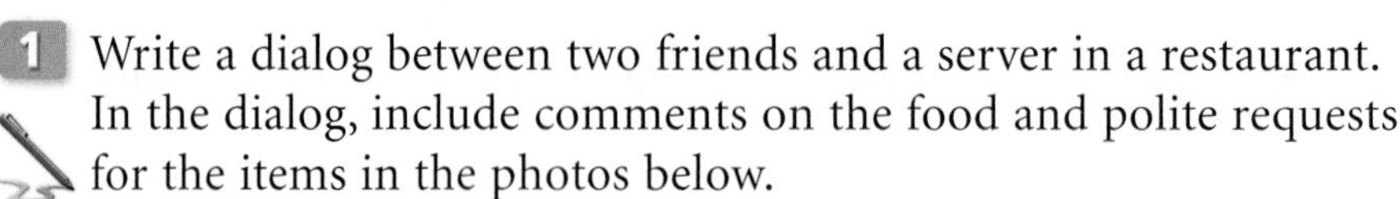

1 Write a dialog between two friends and a server in a restaurant. In the dialog, include comments on the food and polite requests for the items in the photos below.

1 Vocabulario 1
- commenting on food
- taking someone's order
- making polite requests

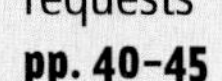

pp. 40–45

1. 2. 3.

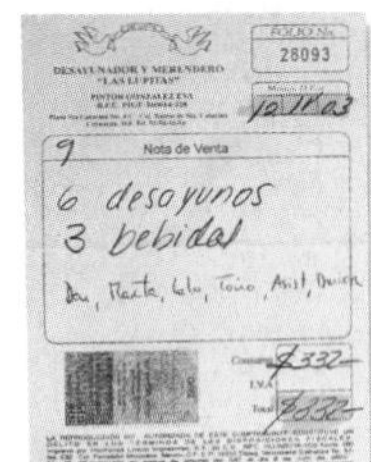

4. 5. 6.

2 Gramática 1
- **ser** and **estar**
- **pedir** and **servir**
- **preferir, poder,** and **probar**

pp. 46–51

2 Completa el párrafo con las formas correctas de los verbos del cuadro.

poder	estar	pedir
ser	preferir	servir

Mis amigos y yo no __1__ almorzar en casa porque siempre __2__ en el colegio, y los fines de semana __3__ cenar en el Restaurante Don Carlos. La comida __4__ muy deliciosa allí. Yo siempre __5__ una ensalada y me gusta también la sopa porque siempre __6__ caliente. Mis amigos __7__ el pescado porque les encanta. También __8__ unos sándwiches riquísimos en el restaurante.

3 Vocabulario 2
- talking about meals
- offering help and giving instructions

pp. 54–59

3 Answer the questions about what you eat.

1. ¿Qué desayunas?
2. ¿Qué vas a almorzar hoy? ¿Te gusta la comida de la cafetería?
3. ¿Qué quieres cenar esta noche?
4. ¿Qué te gusta pedir cuando vas a un restaurante?
5. ¿Qué prefieres, la carne o el pescado?
6. ¿Qué sirven ustedes de cena en casa los fines de semana?

Visit Holt Online
go.hrw.com
KEYWORD: EXP1B CH6
Chapter Self-test

4 Tell your friends what to do to help you get ready for a party. Use **tú** commands and direct object pronouns.

1. ¿La sala? (limpiar)
2. ¿Las frutas? (poner)
3. ¿Los sándwiches? (hacer)
4. ¿Los refrescos? (sacar)
5. ¿La carne? (calentar)
6. ¿El cuarto? (arreglar)
7. ¿Las zanahorias? (cortar)
8. ¿El café? (servir)

4 Gramática 2
- direct objects and direct object pronouns
- affirmative informal commands with pronouns

pp. 60–65

5 Contesta las siguientes preguntas en español.

1. What are some foods that reflect Mexico's indigenous heritage?
2. In most Spanish-speaking countries, when is the big meal of the day?
3. What are some popular snack foods in Mexico?

5 Cultura
- **Comparaciones** pp. 52–53
- **Notas culturales** pp. 42, 46, 56, 62
- **Geocultura** pp. 34–37

6 Verónica, Antonio y Carlos están en un restaurante. Escucha mientras hablan de lo que van a comer. Luego contesta las preguntas.

1. ¿Quién tiene sed?
2. ¿Quién pide un refresco?
3. ¿Qué prefiere Carlos?
4. ¿Cómo es la sopa?
5. ¿Van a pedir unos sándwiches?

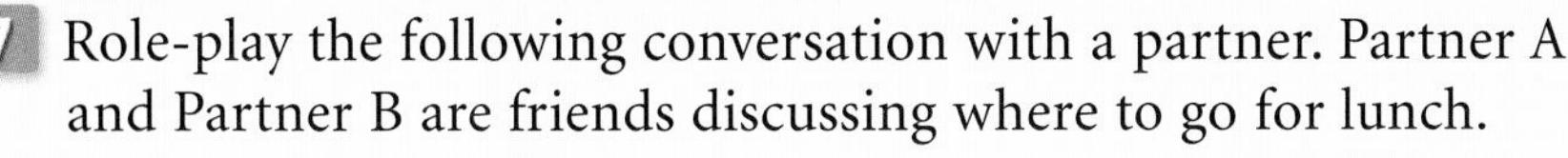

Conversación

7 Role-play the following conversation with a partner. Partner A and Partner B are friends discussing where to go for lunch.

PARTNER A:	Ask your partner the time. Say you are hungry and ask if he or she is, too.
PARTNER B:	Say it's two o'clock and you're hungry, too. Ask if he or she wants to have lunch.
PARTNER A:	Say yes and suggest going to the Mexican restaurant on Juárez Street. Say you love their enchiladas.
PARTNER B:	Say you don't like Mexican food. Ask if he or she wants to go to the cafeteria.
PARTNER A:	Say you don't feel like eating in the cafeteria. Ask if he or she likes Italian food.
PARTNER B:	Say you love Italian food but you really want a salad.
PARTNER A:	Say the Italian restaurant near the school has good salads. Ask if he or she wants to go.
PARTNER B:	Say yes, you want to go. Say your partner can order a pizza and you will order a salad.

Gramática 1
- uses of **ser** and **estar** **pp. 46–47**
- **pedir** and **servir** **pp. 48–49**
- **preferir, poder** and **probar** **pp. 50–51**

Repaso de Gramática 1

Uses of **ser**	Uses of **estar**
• to say where people are from	• to talk about location
• to tell the day, date, and time	• to say how people are doing
• to identify people and things by what they're normally like	• to say how something looks, feels, tastes at a given time

pedir e → i	
pido	pedimos
pides	pedís
pide	piden

servir e → i	
sirvo	servimos
sirves	servís
sirve	sirven

The verbs **poder** and **probar** are **o → ue** stem-changing verbs.
The verb **preferir** is an **e → ie** stem-changing verb. See page 50.

Gramática 2
- direct objects and direct object pronouns **pp. 60–61**
- affirmative informal commands **pp. 62–63**
- affirmative informal commands with pronouns **pp. 64–65**

Repaso de Gramática 2

Direct object pronouns		
	Masculine	**Feminine**
SINGULAR	**lo**	**la**
PLURAL	**los**	**las**

Affirmative informal commands			
Regular	**Irregular**		
habl**a**	**ten**	**ve**	**haz**
com**e**	**ven**	**sé**	**sal**
pid**e**	**pon**		

Attach direct object pronouns to affirmative commands.

Letra y sonido **d**

La letra d

- At the beginning of a phrase, or after **n** or **l**, the letter **d** is similar to the English *d* in *Daniel:* **d**elicioso, hon**d**o, an**d**ar, un **d**ía, el **d**eporte.
- After other consonants and especially after a vowel, it is much like English *th* in *then:* na**d**ar, me**d**ia, cua**d**erno, ma**d**re, uste**d**, aburri**d**o, tar**d**e, ver**d**e, la**d**o, a **d**ormir.

Trabalenguas

Me han dicho
que has dicho un dicho,
un dicho que he dicho yo,
ese dicho que te han dicho
que yo he dicho, no lo he dicho;
y si yo lo hubiera dicho,
estaría muy bien dicho.

Dictado

Escribe las oraciones de la grabación.

Repaso de Vocabulario 1

Commenting on food . . . . *See p. 41.*

el agua *(f.)*	*water*
el atún	*tuna*
(muy) caliente	*(very) hot*
encantar (me encanta..., me encantan...)	*to really like, to love*
la ensalada (de frutas)	*(fruit) salad*
Está (un poco) salado(a).	*It's (a little) salty.*
(No) estoy de acuerdo.	*I (don't) agree.*
el flan	*flan, custard*
frío(a)	*cold*
el jamón	*ham*
el jugo de...	*. . . juice*
la leche	*milk*
las papas	*potatoes*
las papas fritas	*French fries*
Para tomar puedes pedir...	*You can order . . . to drink.*
pedir (i)	*to ask for, to order*
picante	*spicy*
preferir (ie)	*to prefer*
preparar	*prepare, to make*
probar (ue)	*to try, to taste*
¿Qué prefieres pedir de...?	*What would you rather have for . . .?*
¿Qué tal está(n)...?	*How is (are) the . . .?*
¿Qué vas a pedir?	*What are you going to order?*
el queso	*cheese*
el refresco	*soft drink*
el restaurante	*restaurant*
riquísimo(a)	*delicious*
la salsa	*sauce, gravy*
el sándwich de...	*. . . sandwich*
servir (i)	*to serve*
la sopa (de verduras)	*(vegetable) soup*
el tomate	*tomato*

Taking someone's order and making polite requests . . . . *See p. 44.*

la cuchara	*spoon*
el cuchillo	*knife*
la cuenta	*bill*
desear	*to want, to wish for, to desire*
el plato	*dish, plate*
el plato hondo	*bowl*
poder (ue)	*to be able to, can*
el postre	*dessert*
Quisiera...	*I would like . . .*
la servilleta	*napkin*
el tenedor	*fork*
tomar	*to drink, to take*
traer	*to bring*
el vaso	*glass*

Mesero -waiter

Repaso de Vocabulario 2

Talking about meals

almorzar (ue)	*to eat lunch*
el arroz	*rice*
el bróculi	*broccoli*
el café (con leche)	*coffee (with milk)*
la carne	*meat*
la cena	*dinner*
cenar	*to eat dinner*
los cereales	*cereal*
el chocolate	*chocolate*
desayunar	*to eat breakfast*
el desayuno	*breakfast*
el durazno	*peach*
las espinacas	*spinach*
el huevo	*egg*
el maíz	*corn*
la manzana	*apple*
la naranja	*orange*
el pan	*bread*
el pan dulce	*pastries*
el pan tostado	*toast*
el pastel	*cake*
el pescado	*fish*
el pollo	*chicken*
¿Qué tal si...?	*How about . . .?*
el tocino	*bacon*
la zanahoria	*carrot*

Offering help

la ayuda	*help*
ayudar	*to help*
el horno	*oven*
el microondas	*microwave*
¿Puedo...?	*Can I . . .?*
el refrigerador	*refrigerator*

Useful verbs for cooking

añadir	*to add*
calentar (ie)	*to heat up*
cortar	*to cut*
mezclar	*to mix*

Prepárate para el examen

Repaso cumulativo

Integración

capítulos 1-6

1 Escucha los comentarios sobre la comida y escoge la foto correspondiente.

A

B

C

D

2 Mrs. Ramírez is going to fix supper. Read the recipes and answer the questions that follow. Write your answers in Spanish.

ENSALADA MIXTA

1 lechuga grande
4 tomates
1 taza de arroz cocido
100 g atún de lata
1/2 zanahoria rallada
1/2 cebolla picada

Se limpian las verduras y se cortan en trozos. Se mezcla todo junto y se sirve con aceite, vinagre, sal y pimienta.
Raciones 6–8
Tiempo–15 minutos

TORTILLA ESPAÑOLA

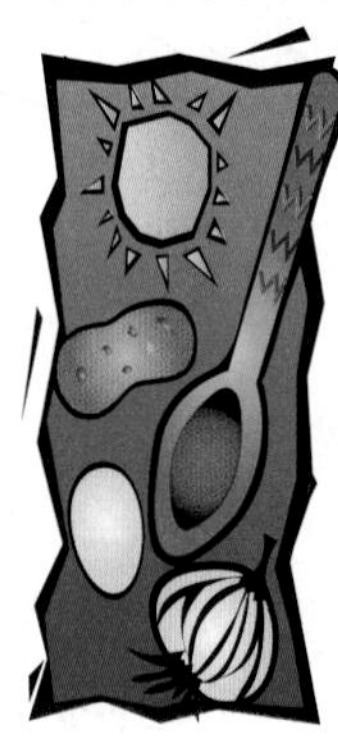

4 huevos
4 papas medianas
1/2 cebolla
sal y aceite de oliva

Corta las papas y la cebolla en pedacitos. Fríe con aceite en una sartén. Bate los huevos y mézclalos con las papas. Agrega la sal. Tapa con otra sartén y fríe al gusto. Dale la vuelta con la sartén superior y cocina el otro lado.
Raciones 6–8
Tiempo–30 minutos

1. What vegetable do the two recipes have in common?
2. Name three vegetables Mrs. Ramírez needs to fix supper.
3. What is the first step in the recipe for the **tortilla española**?
4. Name two extra ingredients in the **ensalada mixta** that are not listed in the ingredients at the top of the recipe.
5. How many people can Mrs. Ramírez feed with these recipes?
6. How much time should she plan on to cook supper?

Visit Holt Online
go.hrw.com
KEYWORD: EXP1B CH6
Cumulative Self-test

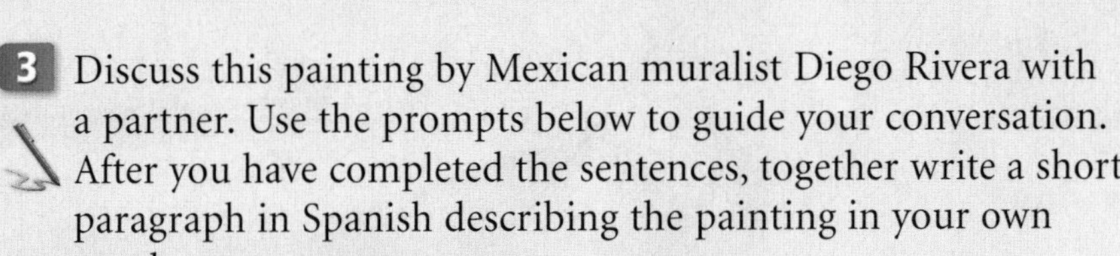

3 Discuss this painting by Mexican muralist Diego Rivera with a partner. Use the prompts below to guide your conversation. After you have completed the sentences, together write a short paragraph in Spanish describing the painting in your own words.

1. Las mujeres son... *(description)*
2. Ellas traen...
3. Los hombres son... *(description)*
4. Ellos tienen...
5. El señor español quiere comprar...

The Market of Cuernavaca in the Age of the Spanish Conquest,
Diego Rivera (1886–1957)

4

Situación

Imagine you are interviewing a Mexican exchange student about typical daily meals in Mexico. With a partner, take turns playing the roles of the exchange student and interviewer. Your conversation should cover the following topics.

- What is the student's favorite food and beverage?
- Which foods and drinks does she or he typically have for each meal?
- At what time are meals served?
- Is there a favorite dish the family eats for dinner?
- Does the student usually eat dessert? If so, what does he or she prefer?

Capítulo 7

GeoVisión

Geocultura Argentina

▲ **Buenos Aires** The capital of Argentina is located at the mouth of the **Río de la Plata** estuary on the Atlantic coast.

► **San Carlos de Bariloche** The town of San Carlos de Bariloche on **Lago Nahuel Huapí** is in the Andes Mountains. This area is known as "the Switzerland of the Andes."

► **La Pampa** The Pampa region is the land of **gauchos** and the center of livestock raising in Argentina. The flat, fertile land is similar to the Great Plains of North America.

Almanaque

Población
39.537.943

Capital
Buenos Aires

Gobierno
república

Idioma oficial
español

Moneda
peso argentino

Código Internet
www.[ ].ar

◄ **Trajes folclóricos** These young Argentineans sport traditional dress.

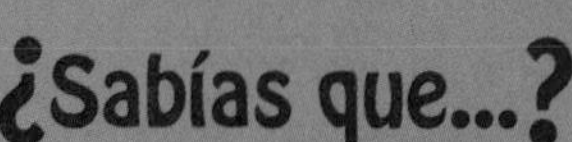

¿Sabías que...?

The highest peak in the Western Hemisphere is Mount Aconcagua in the Andes Mountains. Mount Aconcagua lies close to the Chilean border and is 6,960 meters high.

▸ **La Garganta del Diablo** The "Devil's Throat" is an enormous waterfall of the **Río Iguazú** on the border between Argentina and Brazil. It is the most impressive of a series of waterfalls called the **Cataratas del Iguazú.**

▼ **El Parque Provincial Ischigualasto** This area of unusual rock formations contains fossils from the Triassic Period. Remains of one of the earliest known dinosaurs, *Eoraptor lunensis,* have been found here.

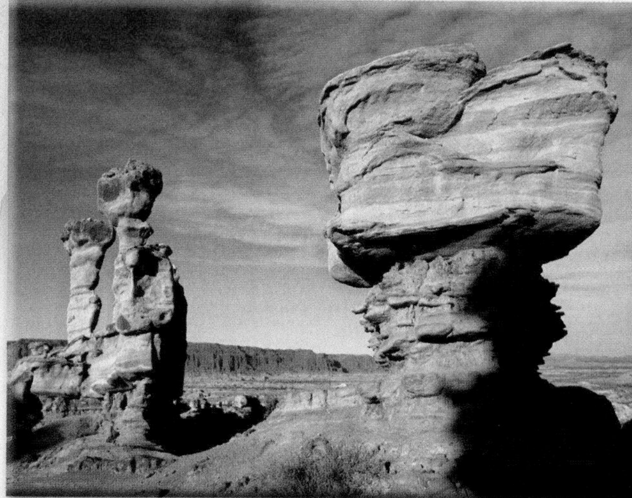

▼ **Los pingüinos** Magellanic penguins live in large colonies in the far south of Argentina.

▼ **Ushuaia** The southernmost town in the world, Ushuaia, gets up to 20 hours of sunlight a day during the summer months of December and January.

¿Qué tanto sabes?

Using the map, find three mountains in Argentina that are over 6,000 meters high.

A conocer Argentina

La arquitectura

◀ **Iglesia y Convento de San Francisco de Salta** The Church of St. Francis is in **Salta,** a city in northwest Argentina. The 53-meter-high tower, one of the highest in South America, was designed by Spanish and Italian architects.

▲ **La Boca, Buenos Aires** This neighborhood was originally home to Italian immigrants who used parts of abandoned ships to build their houses. **La Boca** is famous for the tango music that echoes in its streets.

El arte

▼ **La Cueva de las Manos** The Cave of the Hands in Patagonia is decorated with outlines of hands painted over 10,000 years ago.

▲ ***Vuel Villa*** **(1936)** This painting is by Xul Solar (1887–1963), an Argentinean artist of German heritage. He had great influence on the development of modern art in Argentina.

Las celebraciones

Visit Holt Online
go.hrw.com
KEYWORD: EXP1B CH7
Photo Tour

◄ **La Fiesta de la Semana de la Tradición** This major festival held in **San Antonio de Areco** is dedicated to **gauchos** and their traditions.

► **El tango** The tango originated in immigrant neighborhoods of Buenos Aires in the 1880s. The music is a combination of African rhythms, European folk music, and popular **gaucho** songs.

¿Sabías que...?

Between 1857 and 1939, 3.5 million people immigrated to Argentina from many countries. How do you see the cultures of immigrants reflected in the cities, architecture, festivals, and customs of Argentina?

La comida

► **Las picadas** A **picada** is a restaurant that serves a huge variety of appetizers prepared with cheese, meat, seafood, and nuts.

◄ **El mate** Between four o'clock and six o'clock in the afternoon, Argentineans young and old drink **mate,** a tea made from leaves of the **yerba** plant. **Mate** is served in a hollowed-out gourd **(calabacita)** with a metal straw **(bombilla)**.

▼ **Calabacitas de mate con bombilla**

Capítulo 7

Cuerpo sano, mente sana

Objetivos

In Part 1 you will learn to:

- talk about your daily routine
- talk about staying fit and healthy
- form verbs with reflexive pronouns
- use infinitives with conjugated verbs and prepositions
- use stem-changing verbs (review)

In Part 2 you will learn to:

- talk about how you feel
- give advice
- use the verbs **estar, sentirse,** and **tener**
- form negative informal commands
- use direct object and reflexive pronouns with informal commands

¿Qué ves en la foto?

- **¿Dónde están los muchachos en la foto?**
- **¿Qué les gusta hacer?**
- **¿Te gusta montar en bicicleta?**

La cordillera de los Andes entre Argentina y Chile

Objetivos
- Talking about your daily routine
- Talking about staying fit and healthy

Vocabulario en acción 1

ExpresaVisión

Por la mañana, tengo que...

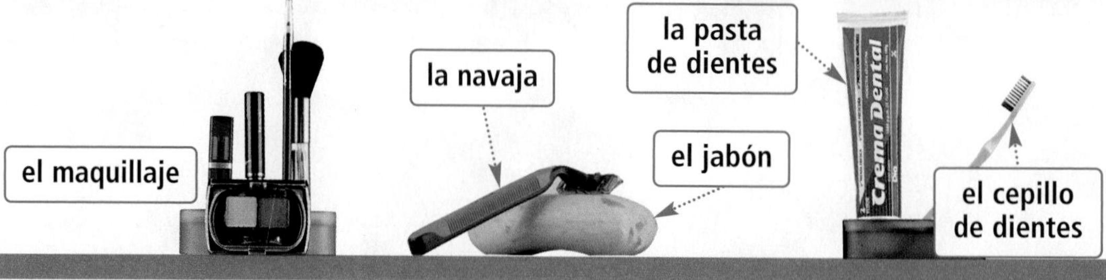

Vocabulario 1

Por la tarde, después de clases, voy a...

Por la noche, necesito...

¡Exprésate!

To talk about your daily routine	Interactive TUTOR
¿Estás listo? ¿Qué te falta hacer? *Are you ready? What do you still have to do?*	**¡Ay, no! Acabo de levantarme. Tengo que lavarme la cara antes de desayunar.** *Oh, no! I just got up. I have to wash my face before I eat breakfast.*
¿Qué tienes que hacer para prepararte? *What do you have to do to get ready?*	**Tengo que secarme el pelo, pero no encuentro la secadora de pelo.** *I have to dry my hair, but I can't find the hair dryer.*

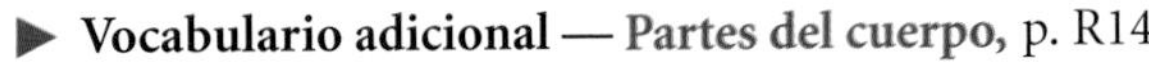

▶ Vocabulario adicional — Partes del cuerpo, p. R14

Dos muchachas se estiran antes de ir a correr, Buenos Aires

1 ¿Qué te falta hacer?

Leamos Escoge la palabra más apropiada y completa las oraciones.

1. Quiero lavarme (las manos/la pantorrilla) antes de cenar.
2. Me gusta (acostarme/entrenarme) temprano por la mañana.
3. Tengo que estirar (la boca/los brazos) antes de levantar pesas.
4. Necesito lavarme (los dientes/la nariz) después de comer.
5. ¿Dónde está (la navaja/la secadora)? Tengo que secarme el pelo.

2 ¿Qué vas a hacer primero?

Hablemos ¿En qué orden vas a hacer las siguientes cosas?

MODELO **vestirme/bañarme**
Primero voy a bañarme y luego voy a vestirme.

1. bañarme/levantarme
2. secarme el pelo/bañarme
3. lavarme la cara/maquillarme
4. lavarme el pelo/peinarme
5. ponerme la ropa/bañarme
6. acostarme/ponerme el piyama
7. quitarme la ropa/ponerme el piyama
8. vestirme/salir para el colegio

3 La familia López

Leamos The López family is getting ready for the day. Match each sentence with one of the pictures below.

1. Primero voy a lavarme los dientes y luego voy a lavarme las manos.
2. Primero voy a leer y luego voy a afeitarme.
3. Voy a levantarme primero. Luego voy a bañarme y vestirme.
4. Voy a maquillarme y peinarme.

a. el señor López

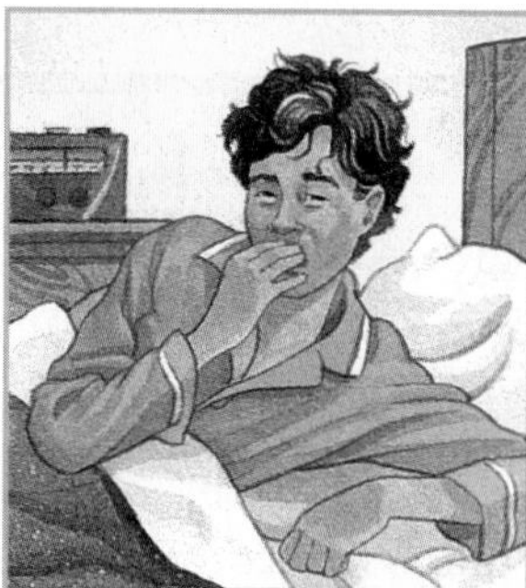
b. Ernesto

c. la señora López

d. Adela

4 ¿Estás listo?

Escribamos Write the question **¿Qué tienes que hacer?** and an answer for each item. Say what you have to do and what you need to do it.

MODELO **¿Qué tienes que hacer?**
Tengo que afeitarme, pero primero tengo que encontrar la navaja.

Comunicación

5 Mi rutina

Hablemos Work with a partner. Write eight sentences each about your daily routine, using **necesito** or **me gusta** with the following verbs. Then read your sentences aloud, asking each other questions about your routines. Include phrases such as **¿a qué hora?, a veces, por la mañana, por la noche,** and days of the week.

MODELO **—Me gusta entrenarme por la mañana.**
—¿A qué hora?

despertarme	bañarme	estirarme	lavarme los dientes
levantarme	vestirme	entrenarme	acostarme

¡Exprésate!

To talk about staying fit and healthy

¿Cómo te mantienes en forma? *How do you stay in shape?*	**Corro y levanto pesas. Entreno las piernas y los brazos.** *I run and lift weights. I work out my legs and my arms.*
¿Qué haces para relajarte? *What do you do to relax?*	**Me entreno. También duermo la siesta o escucho música.** *I work out. I also take a nap or listen to music.*

Interactive TUTOR

Vocabulario y gramática, pp. 29–31 Online workbooks

6 El sábado

Escuchemos Escucha la conversación entre Juan y Laura sobre los planes de ella para el sábado. Luego completa las oraciones con las palabras correctas.

1. Voy a levantarme (temprano/tarde) este sábado.
2. (Corro/Levanto pesas/No me entreno) los sábados.
3. (Casi siempre/A veces/Nunca) almuerzo en casa los sábados.
4. Voy a bañarme (por la mañana/por la tarde) este sábado.
5. Quiero (relajarme/salir con mis amigos) este sábado por la tarde.
6. Para relajarme, prefiero (leer/escuchar música/ir de compras).
7. (Siempre/A veces/Nunca) duermo la siesta por la tarde los sábados.

Nota cultural

Argentina boasts some of the finest ski resorts in the world. Argentina's city of Bariloche is well known for its July ski season. Each August, Bariloche celebrates the National Snow Party, a week of winter competitions and activities.

Why do you think the ski season is in July and August in Argentina?

Estación de esquí cerca de San Carlos de Bariloche, Argentina

7 Una rutina sana

Leamos A student in Argentina has written telling how he stays in shape. Complete his letter with the best choice of words.

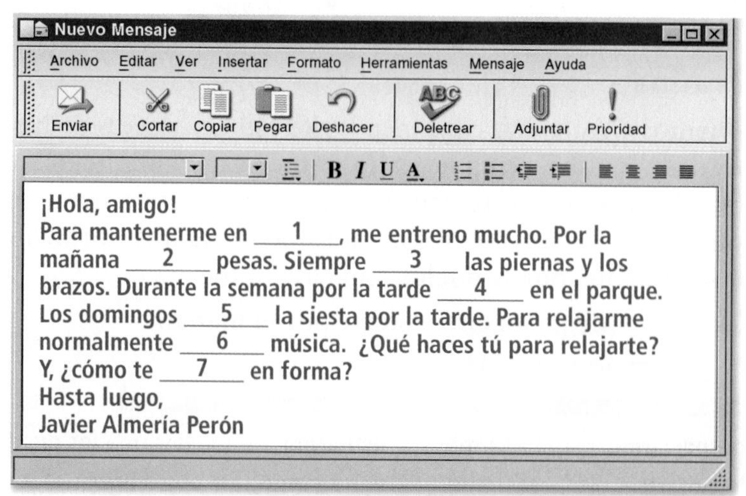

¡Hola, amigo!
Para mantenerme en ___1___, me entreno mucho. Por la mañana ___2___ pesas. Siempre ___3___ las piernas y los brazos. Durante la semana por la tarde ___4___ en el parque. Los domingos ___5___ la siesta por la tarde. Para relajarme normalmente ___6___ música. ¿Qué haces tú para relajarte? Y, ¿cómo te ___7___ en forma?
Hasta luego,
Javier Almería Perón

8 Y tú, ¿qué haces?

Escribamos Write an answer to Javier's letter in Activity 7 and tell him about your own ways of staying fit and healthy. Use his letter as a model.

Comunicación

9 Y a ti, ¿qué te gusta?

Hablemos Take turns with a partner pretending you are the person in the following photos. Ask each other how you stay in shape, answer with the activity, and tell what parts of the body you work out.

MODELO **—¿Cómo te mantienes en forma?**
—Hago ejercicio. Entreno las piernas y el estómago.

1.

2.

3.

4.

5.

6.

10 ¿Cómo te mantienes en forma?

Escribamos/Hablemos First answer these questions. Then ask the questions to two or three classmates, and jot down their answers. Are their answers similar to yours or different? Be prepared to report the results of your survey to the class.

1. ¿Cómo te mantienes en forma?
2. ¿Te gusta hacer ejercicio?
3. ¿Qué haces para relajarte?
4. ¿Prefieres entrenarte o relajarte?

Objetivos
- Verbs with reflexive pronouns
- Infinitives
- Review of stem-changing verbs

GramaVisión

Verbs with reflexive pronouns

1 If the subject and object of a verb are the same, a **reflexive pronoun** can be used. The **reflexive pronoun** shows that the subject acts upon itself. When you conjugate a verb like **lavarse,** include the **reflexive pronoun** that agrees with the subject.

yo	**me** lavo	nosotros(as)	**nos** lavamos
tú	**te** lavas	vosotros(as)	**os** laváis
Ud., él, ella	**se** lava	Uds., ellos(as)	**se** lavan

2 **Reflexive pronouns** can go before a conjugated verb or can be joined to the end of an **infinitive**. After reflexive verbs, use **el, la, los** or **las** with parts of the body or clothing.

(Yo) **Me** voy a **lavar la** cara.
I'm going to wash my face.

(Yo) Voy a **lavarme la** cara.
I'm going to wash my face.

3 Verbs such as **acostar (ue)** can be used with **reflexive pronouns** that refer to the subject or with direct objects that are different from the subject.

different from the subject
Juan **acuesta** a los niños.
Juan puts the children to bed.

refers to the subject
Juan **se acuesta.**
Juan goes to bed.

4 These are the infinitives for some common reflexive verbs which you have already seen.

afeitar**se**	levantar**se**	preparar**se**
bañar**se**	mantener**se** (ie)	quitar**se**
despertar**se** (ie)	maquillar**se**	relajar**se**
entrenar**se**	peinar**se**	secar**se**
estirar**se**	poner**se**	vestir**se** (i)

Vocabulario y gramática, pp. 32–34
Actividades, pp. 25–27

Manteniéndose en forma, Buenos Aires, Argentina

11 ¿Qué hace Manuel?

Escuchemos Escucha lo que dice Manuel. ¿Va al colegio o se acuesta?

Visit Holt Online
go.hrw.com
KEYWORD: EXP1B CH7
Gramática 1 practice

Gramática 1

12 Por la mañana

Leamos María is talking about her typical day. Read the paragraph and decide if the reflexive pronoun is needed with each verb.

Mis padres __1__ (levantan/se levantan) a las seis todos los días. Mientras mi padre __2__ (prepara/se prepara) para ir al trabajo, mi madre va a la cocina, __3__ (lava/se lava) las manos y __4__ (prepara/se prepara) el desayuno para la familia. Mi hermano menor y yo __5__ (levantamos/nos levantamos) a las siete. Mientras mamá y yo __6__ (vestimos/nos vestimos), papá __7__ (viste/se viste) a mi hermano. Después del desayuno, mamá __8__ (lava/se lava) los platos rápidamente mientras mi hermano y yo __9__ (lavamos/nos lavamos) los dientes antes de salir de la casa.

13 ¿Qué y cuándo?

Escribamos Mira las fotos. Escribe una oración para cada foto.

MODELO **El señor Vargas se afeita por la mañana.**

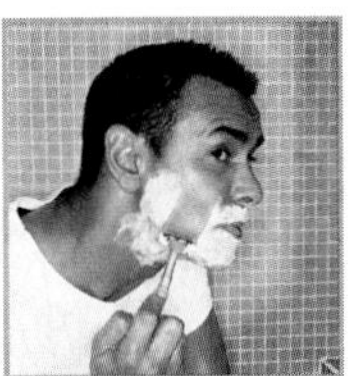
el señor Vargas/ por la mañana

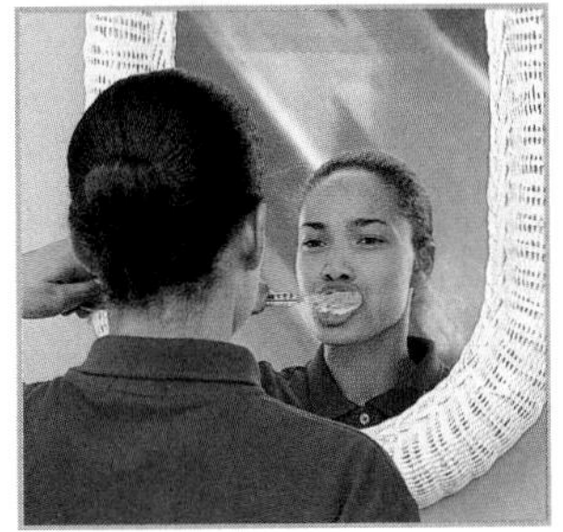
1. Laura/ 7:00 A.M.

2. ellas/ por la tarde

3. nosotros/ los fines de semana

4. tú/ por la noche

Comunicación

14 Cuéntame de ti

Hablemos Work in small groups. Use these phrases to ask each other what you do on Saturdays. Answer, adding details of your routine.

MODELO **—Berta, ¿qué haces los sábados?**
—Me levanto tarde y veo televisión.

relajarse	entrenarse en el gimnasio
levantarse temprano	ponerse ropa vieja
maquillarse/afeitarse	salir con los amigos

Using infinitives

En inglés

In English, you can say **in order to** or just **to** to explain your purpose for doing something.

I need to call John (**in order**) **to** see how he's doing.

In English, what form of the verb usually comes right after a preposition?

In Spanish, you can use **para** followed by an infinitive to explain your purpose for doing something. If you're talking about going somewhere to do something, use **a** followed by an infinitive.

Necesito llamar a Juan **para** saber cómo está.

Necesito ir al gimnasio **a** levantar pesas.

Manteniéndose en forma en un gimnasio

1 A **reflexive pronoun** can go at the end of an **infinitive** or before a conjugated verb. The meaning does not change.

Yo no quiero **estirarme** hoy. = Yo no **me** quiero **estirar** hoy.
I don't want to stretch today.

2 To say what someone just did, use the present tense of **acabar de** followed by an **infinitive.**

Acabo de lavar el carro.
I just washed the car.

Los niños **acaban de acostarse.**
The children just went to bed.

3 Use the preposition **para** before an **infinitive** to explain your purpose for doing something. Prepositions and prepositional phrases such as **a, para, antes de**, and **después de** are followed by verbs in the **infinitive.**

Tengo que levantarme temprano **para presentar** un examen.
I have to get up early (in order) to take a test.

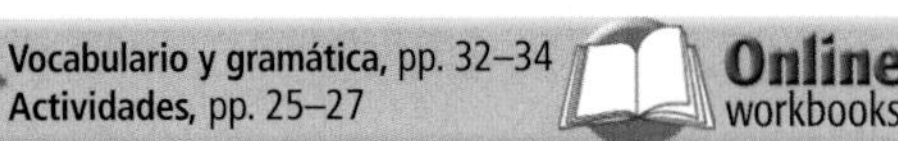

Vocabulario y gramática, pp. 32–34
Actividades, pp. 25–27
Online workbooks

15 ¿Qué sigue?

Escribamos Choose the correct form of the verb in parentheses to complete each sentence.

1. **(se levanta, se levantan, me levanto, levantarse, levantarme)**
   a. Mis padres ____ a las seis de la mañana.
   b. Mi padre ____ primero.
   c. (Yo) ____ temprano todos los días también, pero prefiero ____ a las siete u ocho.
2. **(se viste, me visto, vestirse, vestirme)**
   a. Mi madre desayuna antes de ____.
   b. (Yo) prefiero desayunar después de ____.
   c. (Yo) siempre ____ en el baño.
3. **(me lavo, nos lavamos, lavarme, lavarnos)**
   a. Después de desayunar voy al baño a ____ los dientes.
   b. (Yo) siempre ____ los dientes por la mañana.
   c. En el colegio no nos gusta ____ los dientes.
4. **(se acuesta, me acuesto, nos acostamos, acostarse, acostarme)**
   a. Nosotros ____ tarde en mi familia.
   b. (Yo) ____ primero, a las once.
   c. Mi padre no ____ hasta la medianoche porque prefiere leer un poco antes de ____.

16 Antes de acostarte

Hablemos Tell when you are going to do the following things.

MODELO **bañarme**
Me voy a bañar esta noche antes de acostarme.

1. levantarme
2. acostarme
3. ponerme el piyama
4. relajarme
5. entrenarme
6. vestirme

17 ¿Cuál es la situación?

Escribamos/Hablemos Look at the photos. Indicate what these people have just done or what they are going to do.

MODELO **Acabo de ponerme el piyama. Voy a acostarme.**

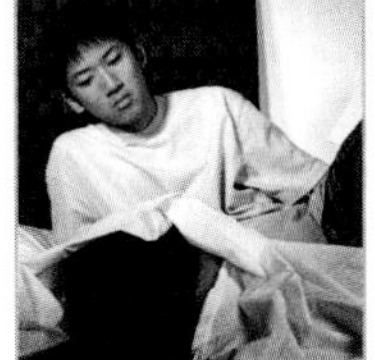

yo

1. ella

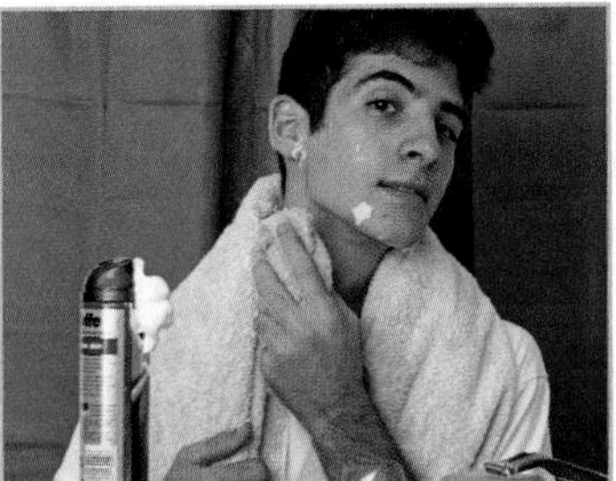

2. él

3. tú

4. Juan

Comunicación

HOLT SoundBooth ONLINE RECORDING

18 ¿Cómo es tu rutina?

Escribamos/Hablemos Prepare five questions to ask a classmate, using words from each group. Then answer your classmate's questions. Be prepared to report what your partner says to the class.

MODELO **—Luis, ¿vas a levantarte temprano mañana?**
—No, mañana es sábado. Voy a levantarme tarde.
—Luis va a levantarse tarde mañana.

ir a	acostarse	todos los días
necesitar	despertarse	temprano
tener que	entrenarse	tarde
querer	estirarse	por la mañana
poder	levantarse	por la noche
	mantenerse en forma	por la tarde
	peinarse	mañana
	ponerse	el sábado
	relajarse	antes de desayunar
	vestirse	después de estudiar

Repaso Stem-changing verbs

1 In the present tense, some verbs have one of three types of stem changes: (**e → ie**), (**o/u → ue**), or (**e → i**). These stem changes occur in all but the **nosotros** and **vosotros** forms.

2 The new verbs **despertarse** *(to wake up)*, **mantenerse** *(to stay in shape)*, **acostarse** *(to go to bed)*, **encontrar** *(to find)*, and **vestirse** *(to get dressed)* all have stem changes in the present tense.

acostarse (o → ue)					
yo	me	ac**ue**sto	nosotros (as)	nos	acostamos
tú	te	ac**ue**stas	vosotros (as)	os	acostáis
Ud., él, ella	se	ac**ue**sta	Uds., ellos, ellas	se	ac**ue**stan

Mi hermana y yo **nos acostamos** a las diez.

vestirse (e → i)					
yo	me	v**i**sto	nosotros (as)	nos	vestimos
tú	te	v**i**stes	vosotros (as)	os	vestís
Ud., él, ella	se	v**i**ste	Uds., ellos, ellas	se	v**i**sten

Mi abuela **se viste** con ropa elegante.

Vocabulario y gramática, pp. 32–34
Actividades, pp. 25–27

¿Te acuerdas?

Here are some of the **stem-changing verbs** you have seen so far.

querer (e → **ie**)

poder (o → **ue**)

jugar (u → **ue**)

pedir (e → **i**)

19 Nuestra rutina

Escuchemos Decide si estas oraciones son **ciertas** o **falsas.**

1. El papá de Camila se acuesta antes que su mamá.
2. Su hermano se acuesta después de jugar al ajedrez por Internet.
3. Su mamá sirve huevos, tocino y pan tostado para el desayuno.
4. Por la mañana, Camila y su hermano se levantan tarde.
5. Después de desayunar, Camila se viste y se maquilla.

20 La rutina familiar

Leamos/Escribamos Escoge el verbo apropiado y usa la forma correcta para completar cada oración.

Por la tarde mi hermana __1__ (servir/jugar) videojuegos pero yo __2__ (probar/empezar) mi tarea a las tres. Nosotras __3__ (servir/almorzar) la cena todos los días. Mis padres __4__ (acostar/preferir) cenar temprano. Mi padre siempre __5__ (querer/servir) leer un libro después de cenar pero mi madre __6__ (dormir/preferir) escuchar música. Yo siempre __7__ (levantarse/acostarse) antes de las diez de la noche.

21 ¿Cuándo lo hacen?

Escribamos Write sentences telling when everyone does the following activities.

MODELO **Luis/acostarse ______**
Luis se acuesta temprano.

1. mis amigos y yo/acostarse ______
2. los sábados/Carlitos/vestirse ______
3. mi amigo/no/encontrar/su tarea ______
4. ¿tú/encontrar/secadora de pelo ______?
5. mis padres/siempre/acostarse ______
6. mis amigos y yo/vestirse/rápidamente ______

22 ¿Qué pasa en casa?

Escribamos Write two short paragraphs. Use the verbs given to describe what is happening in each drawing.

1.

2.

jugar	llover
poder	querer

probar	servir
preferir	vestirse

Comunicación

23 Tu rutina diaria

Hablemos Use these phrases to interview a classmate about a typical school day.

despertarse temprano/tarde	vestirse en menos de veinte minutos
dormir mucho/poco	dormir la siesta
jugar a(l)...	encontrar tu mochila/libro de español
volver a casa	empezar la tarea

Gramática 1

Cultura

VideoCultura

Comparaciones

Interactive TUTOR

Parque Palermo, Buenos Aires

¿Cómo te mantienes en forma?

La necesidad de mantenerse en forma es universal. En Argentina los jóvenes prefieren mantenerse en forma practicando el esquí, el patinaje en hielo y el hockey, también el ciclismo, la natación, el windsurf, el taekwondo, el alpinismo y, desde luego, el fútbol. Muchos jóvenes se mantienen en forma con la práctica del fútbol todos los fines de semana. ¿Qué diferencia hay entre lo que hacen estos jóvenes y lo que haces tú para mantenerte en forma?

Miguel
Buenos Aires, Argentina

Miguel talks about what he does to stay in shape. What kinds of exercise do you do?

¿Crees que estás en forma ahora?

Eh, sí, creo que estoy en forma, me mantengo, trato siempre de salir a correr, cosas por el estilo, cosas de mantenerme siempre en forma.

¿Cómo te mantienes en forma?

Practico gimnasia acrobática desde hace nueve años. Este, salgo a correr, distintos tipos de deportes... me gusta un poquitito de todo, muy variado.

Para ti, ¿qué es lo difícil de mantenerte en forma?

Lo difícil de mantenerse en forma, yo creo que es mantener una constancia en un entrenamiento, fijarse objetivos y a partir de ahí, bueno, a ver qué pasa.

¿Qué haces para relajarte?

Me gusta leer. Me gusta escuchar música, especialmente leer porque como quien dice, este, en un cuerpo sano, mente sana.

Visit Holt Online
go.hrw.com
KEYWORD: EXP1B CH7
Online Edition

Ivania

San José, Costa Rica

Ivania talks about how exercise and diet help her stay in shape. How do diet and exercise affect the way you feel?

¿Crees que estás en forma en este momento?

Sí, sí creo que estoy en forma.

¿Cómo te mantienes en forma?

Yo para mantenerme en forma camino, corro o voy al gimnasio.

Para ti, ¿qué es lo difícil de mantenerte en forma?

Para mí, lo difícil de mantenerme en forma es poder evitar comer chocolate, picaditas o helados.

¿Qué haces para relajarte?

Yo para relajarme hago muchas cosas, leo poemas, hablo con mis amigos, salgo a pasear.

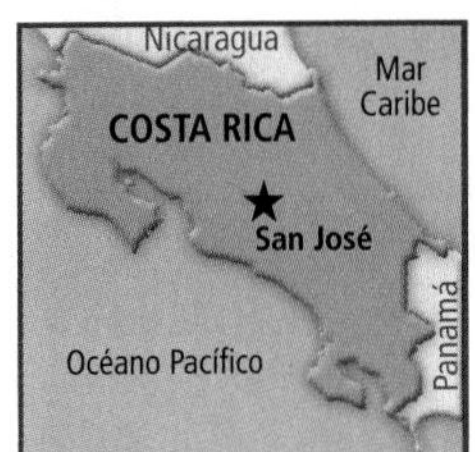

Para comprender

1. ¿Qué hace Miguel para mantenerse en forma? ¿Qué deportes le gustan a Miguel?
2. ¿Por qué es difícil para Miguel mantenerse en forma?
3. ¿Cómo se mantiene en forma Ivania? ¿Qué le gusta comer a Ivania?
4. ¿Qué hacen Miguel e Ivania para relajarse? ¿Qué cosa hacen los dos? En tu opinión, ¿es cierto lo que dice Miguel, "en un cuerpo sano, mente sana"? ¿Por qué?

Para pensar y hablar

Very often exercise involves going to the gym. But, simple things like walking or riding a bike to places can be enough exercise. Both Miguel and Ivania live in cities in their home countries where places are often within walking distance. Are places easy to walk to in your community, or are they spread out so you have to ride there in a car or bus? How can the way a city is built make it easy or hard for a person to get exercise?

Comunidad

Spanish in health care careers

The medical field needs health care workers who know Spanish. In small groups, write a letter to the Personnel Manager of a nearby health care facility. Ask these questions in your letter.

- What percentage of their patients speak Spanish?
- How many bilingual employees do they have?
- Is Spanish a requirement for any of their job positions?
- Do they have printed signs in English and Spanish?

When you receive replies to your letters, share them with the class.

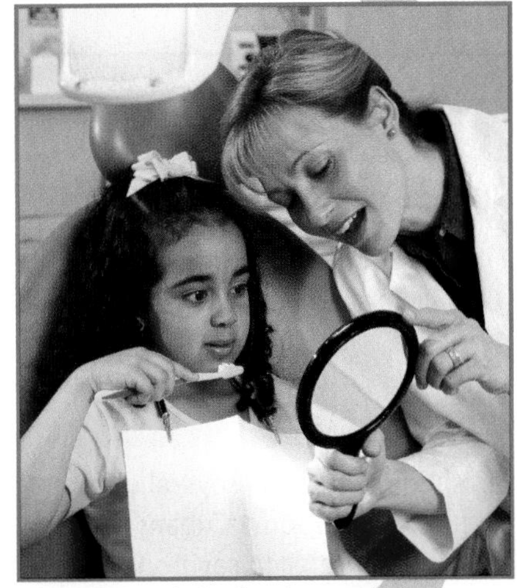

En la oficina de la dentista

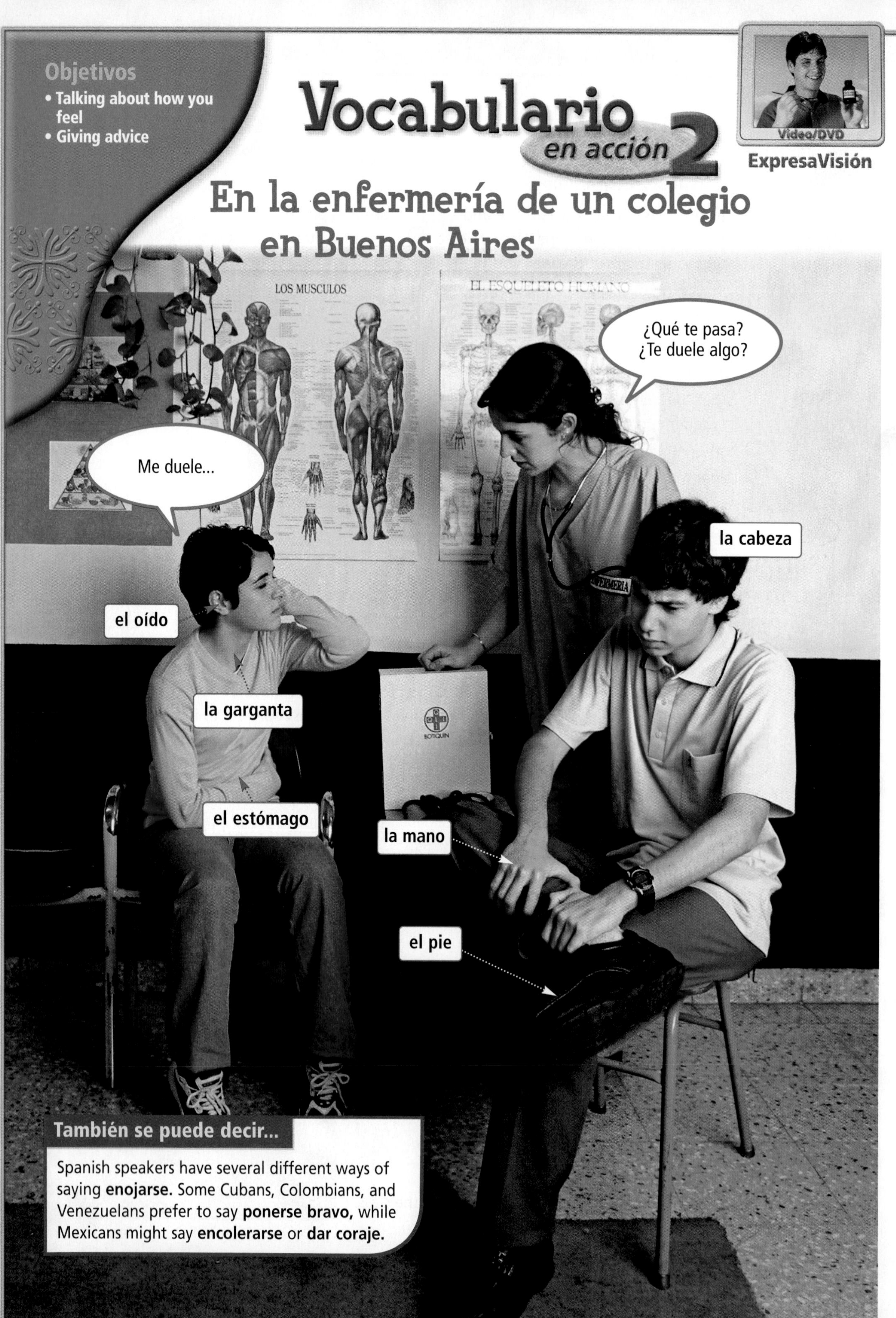

También se puede decir...

Spanish speakers have several different ways of saying **enojarse.** Some Cubans, Colombians, and Venezuelans prefer to say **ponerse bravo,** while Mexicans might say **encolerarse** or **dar coraje.**

Visit Holt Online
go.hrw.com
KEYWORD: EXP1B CH7
Vocabulario 2 practice

¿Cómo se sienten?

Está cansada.

Está aburrido.

Está nerviosa.

Está triste.

Más vocabulario...

bajar de peso	*to lose weight*
buscar un pasatiempo	*to find a hobby*
dejar de fumar	*to stop smoking*
enojarse	*to get angry*
estar contento(a)	*to be happy*
subir de peso	*to gain weight*

Para cuidar la salud debes...

hacer yoga

caminar

seguir una dieta sana

¡Exprésate!

To ask how someone feels	To respond
Te veo mal. *You don't look well.*	**Es que estoy enferma. Tengo catarro.** *It's because I'm sick. I have a cold.*
¿Qué te pasa? ¿Te duele algo? *What's wrong with you? Does something hurt?*	**Me siento (un poco) cansado y me duelen los pies (las manos).** *I feel (a little) tired and my feet (hands) hurt.*
¿Qué tiene Rosa? ¿Está enojada? *What's the matter with Rosa? Is she angry?*	**Le duele el cuello.** *Her neck hurts.*

Interactive TUTOR

Vocabulario y gramática, pp. 35–37 Online workbooks

▶ **Vocabulario adicional** — En el consultorio, p. R12

Vocabulario 2

Nota cultural

Argentina is famous for its **parrilladas**—steaks and other grilled meats. Another important element in Argentine cooking is the influence of Spain and Italy. You might be surprised to find a **milanesa napolitana** (veal cutlet, a dish from Naples, Italy) served in Buenos Aires.

How does Argentine food compare to your diet?

Parrillada en la Feria de Mataderos, Buenos Aires

24 Debes cuidarte mejor

Leamos Lee lo que varios amigos te dicen sobre sus problemas. Escoge la mejor respuesta para cada situación.

1. Me duelen mucho los ojos.
2. Siempre estoy aburrido.
3. Me siento muy cansada.
4. Nunca como frutas ni verduras.
5. Siempre me duele la garganta.
6. Quiero bajar de peso.
7. Tengo catarro.
8. ¡Estoy enojada!
9. Me duelen los pies.

a. Debes dejar de fumar.
b. Necesitas seguir una dieta sana.
c. ¡Usa tus lentes!
d. ¿Qué tal si buscas un pasatiempo?
e. Debes comer menos y hacer ejercicio.
f. No debes correr sin *(without)* zapatos.
g. Debes dormir lo suficiente.
h. Toma jugo de naranja y descansa.
i. Debes relajarte. ¿Por qué no haces yoga?

25 ¿Estás bien?

Leamos A teacher has noticed that you don't look well. After class you have a conversation. Refer to **Exprésate** on page 101 to complete your part of the conversation.

LA PROFESORA	TÚ
Te veo mal.	Es que estoy __1__.
¿Qué te pasa?	Tengo __2__ y me siento un poco __3__.
¿Te duele algo?	Sí, me duele __4__.
Debes llamar a tu mamá por teléfono.	No puedo, ella está __5__ también.
Y, ¿qué tiene ella?	Le duele __6__.

26 ¿Qué te duele?

Hablemos Explain that you can't do the folllowing activities because something hurts.

MODELO **correr**
No puedo correr. Me duelen las piernas y los pies.

1. hablar
2. levantar pesas
3. comer
4. escribir
5. oír *(to hear)*
6. estudiar
7. bailar
8. leer
9. jugar al tenis
10. patinar

27 ¿Cómo estamos?

Escribamos On a separate paper, write the five sentence starters and complete each one with a logical ending from the second column.

1. Estoy triste porque...	**a.** ella no duerme bien.
2. Juan está enfermo y...	**b.** no tienen nada que hacer.
3. Maricarmen está nerviosa porque...	**c.** mi perro está enfermo.
4. Los niños están aburridos porque...	**d.** tiene que presentar un examen.
5. La Sra. Romero está cansada porque...	**e.** le duele el estómago.

Comunicación

28 ¿Cómo se siente?

Hablemos Look at the drawings. With a partner, take turns asking what is wrong with each person and answering with what hurts.

MODELO **—¿Qué tiene Rosa?**
—Le duele la garganta.

Rosa

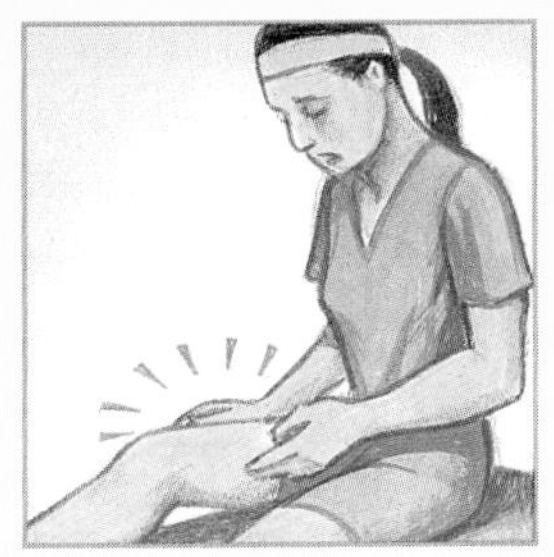

Midori

Conchita

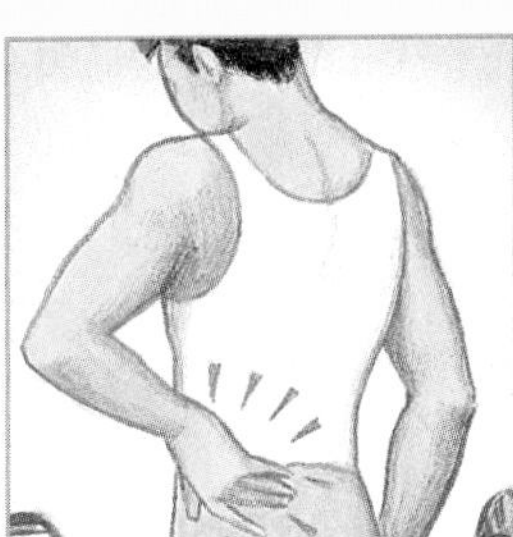

Jeff

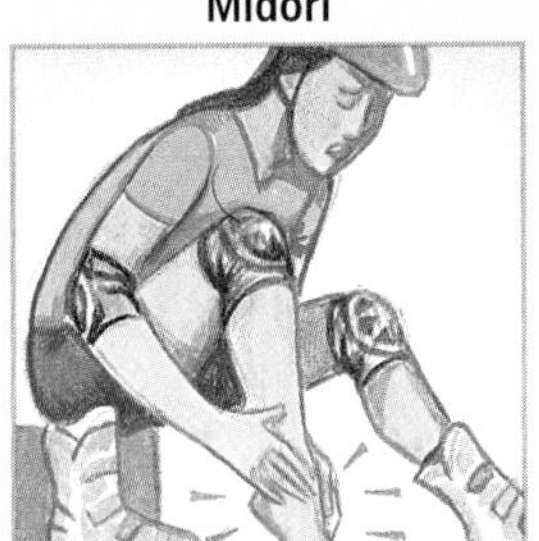

Linda

Donna

Benito

Now take turns with your partner playing the roles of the people above. Ask each other what's wrong, and answer as if you were the person in the drawing.

MODELO **—Jeff, te veo mal. ¿Qué tienes?**
—Es que me duele...

Nota cultural

Mate is a popular South American drink made from an herb called **yerba mate.** The dried herb is placed in a gourd or metal cup, also called a **mate,** and hot water is slowly poured from a kettle called a **pava. Mate** is sipped through a metal straw called a **bombilla** that filters out the loose tea. When the cup of **mate** is finished, more water is added to the leaves.

What kinds of herbal teas or other drinks are popular where you live?

Joven argentina bebiendo mate

¡Exprésate!

To give advice

¿Sabes qué? Comes muy mal. No debes comer tanto dulce ni grasa.

You know what? You eat very badly. You shouldn't eat so many sweets nor so much fat.

Para cuidarte mejor, debes dormir lo suficiente. ¿Por qué no te acuestas más temprano?

To take better care of yourself, you should get enough sleep. Why don't you go to bed earlier?

No debes ver demasiada televisión.

You shouldn't watch too much television.

Vocabulario y gramática, pp. 35–37 Online workbooks

29 ¿Qué te pasa?

Escuchemos Escucha las conversaciones. Escoge el consejo *(advice)* apropiado.

a. Debes usar lentes.
b. Necesitas dormir lo suficiente.
c. ¿Qué tal si caminas o montas en bicicleta?
d. Tienes que relajarte. Debes hacer yoga.
e. Hombre, ¡debes seguir una dieta sana!
f. ¡Deja de fumar!
g. Debes estirarte antes de hacer ejercicios.

30 Consuelo y sus hábitos

Leamos/Escribamos Read these notes that Consuelo has made about her health and eating habits. For each comment, write some advice on what she should or should not do to improve her health.

Como mucho chocolate y hamburguesas.
A veces estoy cansada.
Me duelen los ojos por la noche.
Estoy aburrida por la mañana.
No hago ejercicio.

31 ¿Sano o no?

Leamos Read the paragraphs about Leo and Juan, and then decide whether the statements that follow are **cierto** or **falso.** If a statement is **falso,** change it to make it read **cierto.**

LEO

Leo es un hombre de 50 años. Se levanta por la mañana a las 6:00 y corre por una hora. Come frutas, verduras y toma leche. No come carne. Por la tarde levanta pesas. Se acuesta a las 10:00 de la noche.

JUAN

Juan tiene 35 años. No hace ejercicio nunca. Come mucha pizza y toma refrescos todos los días. Ve televisión por la noche. Fuma mucho y siempre está cansado. Se acuesta a la 1:00 de la mañana.

1. Juan no debe comer tanta grasa.
2. Leo no duerme lo suficiente.
3. Juan debe dejar de fumar.
4. Leo come muy mal.
5. Juan no se cuida.
6. Leo levanta pesas por la mañana.

Comunicación

32 ¿Cómo te sientes?

Hablemos Talk about these drawings with a partner. What's wrong with these people? What should they do or not do to feel better?

1. Selena

2. Víctor

3. Anastasio

33 Un cuestionario

Escribamos/Hablemos Write a questionnaire in Spanish to find out how three of your classmates are doing today. Ask how each person is feeling, if anything hurts, what kind of mood he or she is in, and why. Then, offer advice about how he or she might feel better.

Objetivos
- **Estar, sentirse,** and **tener**
- Negative informal commands
- Object and reflexive pronouns with commands

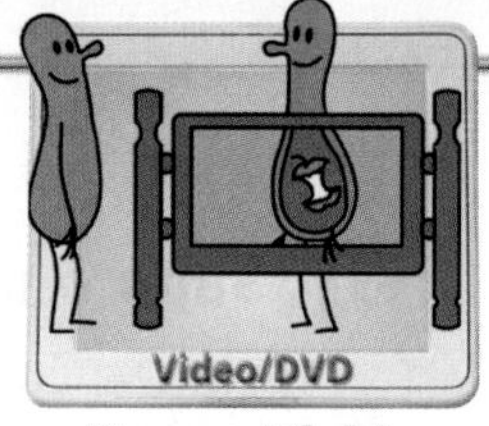

GramaVisión

Estar, sentirse, and tener

Interactive TUTOR

1 You have used **ser** to tell what people and things are normally like. Use **estar** with adjectives describing mental or physical states or conditions.

Mi amigo **es** joven.	**Está** muy cansado.
My friend is young.	*He's very tired.*

2 Like **estar**, **sentirse** *(to feel)* can be used with adverbs **bien/mal** or with adjectives to describe mental or physical states. The verb **sentirse** is an **e → ie** stem-changing verb.

yo me s**ie**nto	nosotros(as) nos sentimos
tú te s**ie**ntes	vosotros(as) os sentís
Ud., él, ella se s**ie**nte	Uds., ellos(as) se s**ie**nten

Nos sentimos cansados.	No **se sienten** bien.
We feel tired.	*They don't feel well.*

Vocabulario y gramática, pp. 38–40
Actividades, pp. 29–31
Online workbooks

Expressions with tener for mental or physical states

tener calor	*to be hot*
tener frío	*to be cold*
tener miedo	*to be afraid*
tener sueño	*to be sleepy*

34 ¿Cómo están?

Escuchemos Escucha las oraciones y decide qué dibujo corresponde a cada oración. Algunos dibujos se usan más de una vez.

a.

b. c.

d.

e.

Visit Holt Online
go.hrw.com
KEYWORD: EXP1B CH7
Gramática 2 practice

35 En el colegio

Leamos/Escribamos Rita is talking about her school. First, complete the sentences with the correct form of **estar, sentirse,** or **tener.** Then rewrite each sentence, changing it to reflect your own situation.

MODELO **A veces Luis está aburrido en la clase de matemáticas.**
Casi nunca estoy aburrido(a) en mis clases.

1. Muchos estudiantes ____ miedo de los exámenes de inglés.
2. Joaquín y Mateo ____ nerviosos cuando presentan un examen.
3. Muchos estudiantes ____ calor cuando practican deportes.
4. Nos gusta mucho el arte y ____ contentos en la clase de arte.
5. Mi amiga Matilde siempre ____ hambre antes del almuerzo.
6. A veces nosotros ____ sueño después de almorzar.
7. Mis profesores no ____ enfermos casi nunca.

36 ¿Quién es?

Escribamos Use **estar, sentirse,** or **tener** and the adjective for each number to write sentences describing how these people are feeling.

Leti

Marta

Ricardo

Vicente

1. sueño
2. enfermo(a)
3. sed
4. nervioso(a)
5. miedo
6. mal
7. calor
8. cansado

Comunicación

37 Un catarro

Hablemos With a classmate, act out the following situation. You have a cold and are describing how you feel. A friend gives you advice about how you should take care of yourself. Use at least five of the following words in your role-play.

enfermo(a)	frío	calor	sed
cansado(a)	mal	sueño	me duele(n)

Gramática 2

Negative informal commands

1 An **affirmative command** tells someone what to do. The **informal affirmative command** form of most verbs is the present tense **tú** form without the final **-s.**

Come bien y **duerme** lo suficiente.
Eat right and get enough sleep.

2 A **negative command** tells someone not to do something. To form the **negative informal command** of most **-ar** verbs, drop the final **o** of the **yo** form and add **-es**.

(yo) fum**o** → no fum**es**
(yo) trabaj**o** → no trabaj**es**

No trabajes tanto. *Don't work so much.*

3 To form the **negative informal command** of most **-er** and **-ir** verbs, drop the final **o** of the **yo** form and add **-as**.

(yo) veng**o** → no veng**as**
(yo) com**o** → no com**as**
(yo) duerm**o** → no duerm**as**

No duermas hasta tarde. *Don't sleep late.*

4 These verbs have irregular **negative informal command** forms.

dar → **no des** ir → **no vayas** ser → **no seas**

Vocabulario y gramática, pp. 38–40
Actividades, pp. 29–31

¿Te acuerdas?

These verbs have irregular **affirmative informal command forms.**

hacer	**haz**
ir	**ve**
poner	**pon**
salir	**sal**
ser	**sé**
tener	**ten**
venir	**ven**

38 Consejos

Leamos/Hablemos Por lo general, ¿qué le dicen los padres a su hijo?

1. (Come/No comas) verduras.
2. (Compra/No compres) muchos dulces.
3. (Sal/No salgas) tarde para el colegio.
4. (Haz/No hagas) tu tarea.
5. (Pon/No pongas) los pies en la mesa.
6. (Vuelve/No vuelvas) tarde a casa.
7. (Ve/No vayas) al colegio.
8. (Sé/No seas) bueno.
9. (Arregla/No arregles) tu cuarto.
10. (Ven/No vengas) a comer antes de ver televisión.
11. (Prueba/No pruebes) el postre. Está delicioso.
12. (Habla/No hables) con nosotros antes de salir.

¡No corras, Lalo!

39 ¿Qué deben hacer?

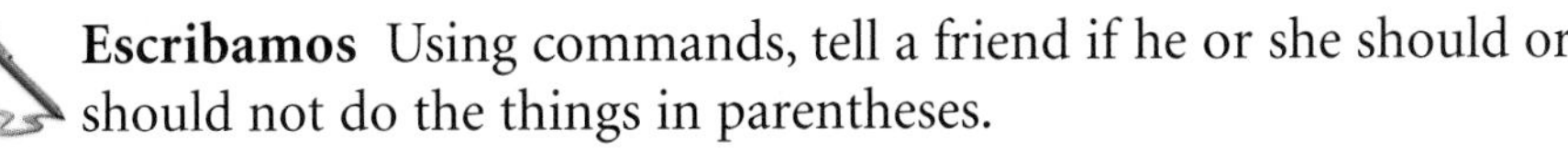

Escribamos Using commands, tell a friend if he or she should or should not do the things in parentheses.

MODELO **Si siempre estás enfermo... (fumar/dormir lo suficiente/comer dulces)**
No fumes. Duerme lo suficiente. No comas dulces.

1. Si quieres cuidarte la salud... (comer verduras/hacer ejercicio/ pasar el día delante de la televisión)
2. Si te duelen los pies... (correr/descansar/ir a bailar)
3. Si siempre estás aburrido... (dormir tanto/salir con los amigos/ buscar un pasatiempo)
4. Si no entiendes algo en la clase de matemáticas... (estudiar más/ hacer la tarea/ver tanta televisión)
5. Si siempre estás cansado... (volver tarde a casa/dormir más/ salir con los amigos todas las noches)

40 Para salir bien

Escribamos Imagine a younger friend of yours is going to attend your school next year. Give the friend some advice about what he or she should do or not do in order to have a good year.

MODELO **comer en clase**
No comas en clase nunca.

1. correr en clase
2. participar en un deporte o club
3. interrumpir a los profesores
4. ser tímido
5. estudiar todos los días

En el Colegio J.A. Roca de Buenos Aires

Comunicación

41 Nuestros problemas

Escribamos/Hablemos On a separate sheet of paper, write a real or imaginary problem. Hand all the "problems" to the teacher, who will write some of them on the board. In pairs, prepare some solutions to the problems. Be prepared to role-play your conversation about problems and solutions for the class.

MODELO **—Siempre tengo sueño en mi primera clase.**
—¡Duerme más en casa!

Object and reflexive pronouns with commands

1 **Direct object pronouns** and **reflexive pronouns** are attached to the end of **affirmative commands**. A written accent mark goes over the stressed vowel of the verb, unless the verb is only one syllable long.

Levántate y **ponte** los zapatos.
Get up and put your shoes on.

2 **Direct object pronouns** and **reflexive pronouns** go in between **no** and the verb in the **negative command form**.

Ese libro es pésimo. **No lo leas.**
That book is awful. Don't read it.

No te levantes muy tarde.
Don't get up too late.

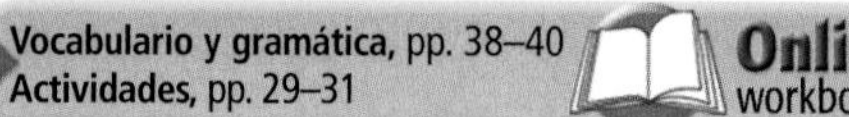

Vocabulario y gramática, pp. 38–40
Actividades, pp. 29–31
Online workbooks

¿Te acuerdas?

Words ending in a **vowel,** **-n,** or **-s** are normally stressed on the next-to-last syllable. If another syllable is stressed, there must be a written accent on its vowel.

está	**esta**
teléfonos	**lentes**
jóvenes	**joven**

42 Más consejos

Leamos/Hablemos Escoge el consejo apropiado.

1. ¿Tienes sueño?
   a. ¡Acuéstate! **b.** ¡No te acuestes!
2. ¿Te duelen los pies?
   a. ¡No te quites los zapatos! **b.** ¡Quítate los zapatos!
3. Vamos a comer.
   a. ¡Lávate las manos! **b.** ¡No te laves las manos!
4. Necesitas dormir más.
   a. ¡Levántate! **b.** ¡No te levantes!
5. ¿Tienes frío?
   a. ¡Vístete! **b.** ¡No te vistas!
6. ¿Estás nervioso?
   a. ¡Relájate! **b.** ¡No te estires!
7. ¿Tienes catarro?
   a. ¡No te cuides! **b.** ¡Cuídate!
8. Los libros son muy aburridos.
   a. ¡No los leas! **b.** ¡Léelos!
9. ¿Los pies?
   a. Ponlos en la mesa. **b.** ¡No los pongas en la mesa!
10. ¿Llegar al colegio por la mañana?
    a. Sal temprano. **b.** No salgas temprano, sal tarde.
11. A mi hermano no le tocan los quehaceres.
    a. ¡Limpia el baño! **b.** ¡No te enojes!

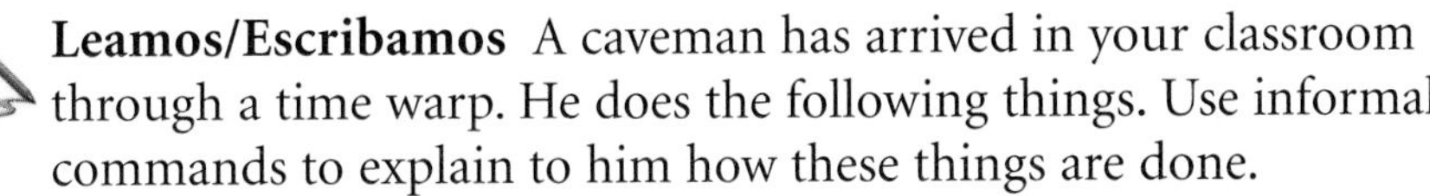

43 El hombre prehistórico

Leamos/Escribamos A caveman has arrived in your classroom through a time warp. He does the following things. Use informal commands to explain to him how these things are done.

MODELO **Se baña en la cocina.**
¡No te bañes en la cocina! ¡Báñate en el baño!

1. Se pone el piyama para salir.
2. Se lava los dientes con una toalla.
3. Se levanta a las once de la noche.
4. Se baña con la pasta de dientes.
5. Se viste en el patio.
6. Se acuesta en la mesa.
7. Se peina con el jabón.
8. Se afeita con un cuchillo.

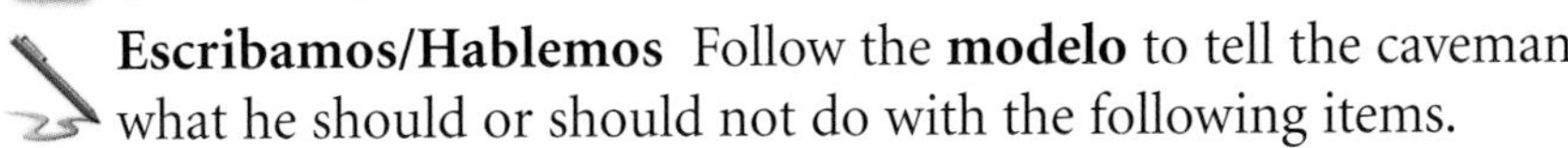

44 ¿Qué hago con esto?

Escribamos/Hablemos Follow the **modelo** to tell the caveman what he should or should not do with the following items.

MODELO **poner los platos (en el piso/en la mesa)**
¡No los pongas en el piso! ¡Ponlos en la mesa!

1. lavar la ropa (en la casa/en el carro)
2. usar los lentes (para cortar/para leer)
3. limpiar las ventanas (con jugo/con agua y jabón)
4. pasar la aspiradora (en la sala/en el césped)
5. poner la computadora (en el escritorio/en el microondas)
6. el arroz con pollo (comer con los pies/con un tenedor)

Comunicación

45 La madre cansada

Hablemos Con un(a) compañero(a), dramatiza las tres conversaciones entre la madre y el hijo en los dibujos.

Conexiones culturales

El béisbol Baseball is very popular in Latin America, especially in the Caribbean. Many players from Caribbean countries have gone on to play in the major leagues in the United States. Because baseball originated in the U.S., many of the Spanish words for the sport come from the English words. Words borrowed directly from one language to another are called loanwords.

1 El lenguaje del béisbol

Work with a group to identify which of the baseball terms below are borrowed from English. Decide which English word each comes from.

el pelotero/la pelotera	batear	el récord
el jardinero/la jardinera	el hit	pichear
el lanzador/la lanzadora	la pelota	el cuadrangular
bases robadas	el jonrón	ranqueado

2 Palabras del español

English has also borrowed words from Spanish. Below are some Spanish loanwords found in English. What does each word mean? Use a dictionary if you're not sure.

patio	adobe	tornado
rodeo	lasso	poncho
salsa	arroyo	mosquito

Visit Holt Online
go.hrw.com
KEYWORD: EXP1B CH7
Online Edition

Conexión Ciencias sociales

Los peloteros latinoamericanos Approximately one out of every four players in the major leagues in the United States is from Latin America.

Alex Rodríguez ("A-Rod"), dominicano, tercera base, Los Yankees de Nueva York, Electo Jugador más destacado (MVP) 2003

Magglio Ordóñez, venezolano, jardinero derecho, Los Tigres de Detroit, Elegido al All-Star Game cuatro veces: 1999–2001, 2003

Albert Pujols, dominicano, primera base, Los Cardinales de St. Louis, Electo Novato del Año 2001

3 El clima y el béisbol

Read the photo captions to find out where these three players are from. Look at the maps on pages R5–R6 to find their countries. Where are these countries in relation to the equator? In relation to the U.S.? Based on what you know about weather and seasons, would the climate in the Caribbean be good for playing baseball?

4 Las temporadas

Many Latin American baseball teams play in the Caribbean Series every February. This event ends the winter baseball season for those countries. How does this compare with the baseball season in the U.S.?

Novela en video

¿Quién será?

Episodio 7

ESTRATEGIA

Understanding a character's motives To understand a character, you must first understand motives—why he or she is doing something or acting a certain way. To understand someone's motives, you must watch behavior. Nicolás has to get ready to go to his grandmother's birthday lunch. Can you tell from his actions whether he really wants to go? When he tells his grandmother he is sick, what is his motive? As you read the **Novela** or watch the video, notice what he does and decide what his motive is.

En Puerto Rico

La mamá de Nicolás quiere hablar con él. Él tiene que alistarse para el almuerzo de cumpleaños de su abuela.

1 **Sra. Ortega** ¿Nicolás? ¿Hijo?

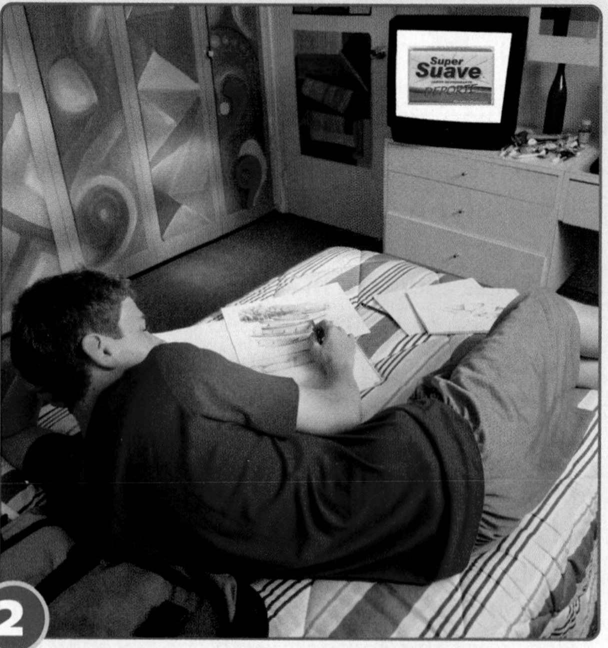

2 **Sra. Ortega** ¿Nicolás, estás listo? Hijo, ya sabes que hoy es el cumpleaños de tu abuela y tenemos que ir a almorzar con ella.

go.hrw.com
KEYWORD: EXP1B CH7
Online Edition

Novela en video

Super Suave
Báñate con SuperSuave, el jabón que te hace sentir ¡súper suave!

3

Sra. Ortega ¡Nicolás, por favor! ¡Levántate, hijo! Tienes que bañarte. Aquí está el jabón.

Lávate el pelo con el champú Estrella y ¡brilla como una estrella!

4

Sra. Ortega ¡Nicolás, por favor! ¡También tienes que lavarte el pelo! Aquí está el champú.

Sonrisa
Lávate los dientes con la pasta de dientes Sonrisa.

5

Sra. Ortega Nicolás, ¿no me oyes? Abre esta puerta, ¡ahora mismo! Sé que necesitas pasta de dientes... aquí está.

Nicolás, levántate, báñate, lávate el pelo y los dientes y ¡alístate!

6

A. Contesta

What's happening in the **Novela**? Answer these questions to make sure you understand.

1. Why does Sra. Ortega want Nicolás to get cleaned up? What is Nicolás doing in his room while she's talking to him?
2. What happens on the TV when Sra. Ortega holds up the soap? the shampoo?

Abuela Nicolás, te veo cansado.

Nicolás Sí, abuela, estoy un poco cansado. Tengo frío y me duele la cabeza.

Abuela Anda, vete, acuéstate un rato. Te despertamos cuando esté listo el almuerzo.

Nicolás Gracias, abuela.

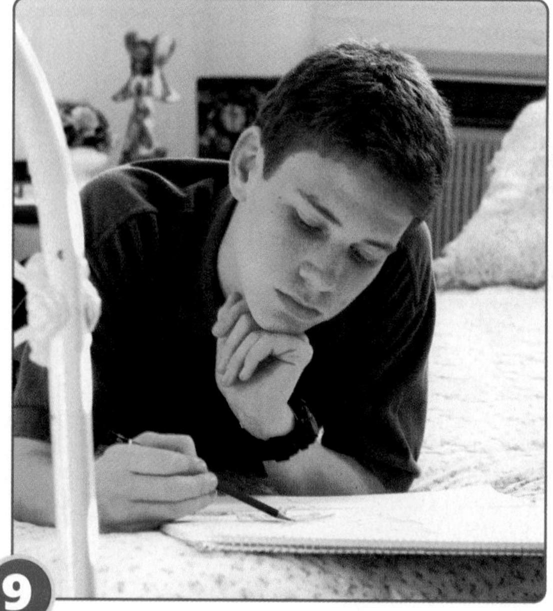

Nicolás se acuesta pero no descansa.

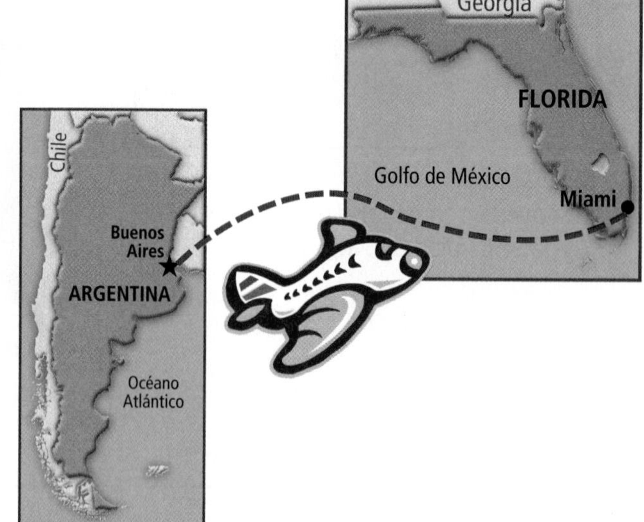

B. Contesta

1. What happens to Nicolás at his grandmother's house?
2. How does Nicolás say he feels?

Actividades

1 ¿Cierto o falso?

Tell whether each statement is **cierto** or **falso.** If it is **falso,** correct it.

1. La pasta de dientes se llama 'Estrella'.
2. Hoy es el cumpleaños de Nicolás.
3. Nicolás está cansado y tiene catarro.
4. En la cama, Nicolás descansa.

2 ¿Cómo se dice?

Find and write down the words and phrases in the **Novela** that . . .

1. Sra. Ortega uses to tell Nicolás to get up.
2. his grandmother uses to tell Nicolás that he looks tired.
3. Sra. Ortega uses to tell Nicolás to take a bath and wash his hair.
4. his grandmother uses to tell Nicolás to lie down.

3 ¿Comprendes la Novela?

Check your understanding of the events in the story by answering these questions.

1. How can you tell from Nicolás's actions whether he wants to go to the birthday lunch?
2. What event in the story is Nicolás's fantasy?
3. Does he really not feel well at his grandmother's? How do you know?
4. What is Nicolás's motive for his actions throughout the episode?

Próximo episodio
Marcos has to go to Miami next. Can you predict what he might be doing there?
PÁGINAS 160–163

Leamos y escribamos

ESTRATEGIA

para leer Background knowledge is the information you already know about something. Before you read something, take a moment to recall what you already know about a topic. This will make it easier to guess the meaning of unknown words or phrases.

A Antes de leer

Think about what you already know about health and diet. Now read the following article and try to infer the meanings of the words marked with a red asterisk by using context clues.

¡En buena salud!

Cecilia Mendoza, famosa entrenadora* y nutricionista argentina, contesta algunas preguntas sobre la salud y la dieta.

¿Qué es mejor para mantenerse en forma: levantar pesas o hacer aeróbicos?
Las dos actividades son buenas. Puedes hacer aeróbicos cuatro veces* por semana y levantar pesas dos veces por semana. Y recuerda[1], siempre debes estirarte después de hacer ejercicio.

¿Por cuánto tiempo se debe hacer una actividad aeróbica?
La intensidad de una actividad determina su duración. Si la actividad requiere más energía, no hay que hacerla por mucho tiempo.

¿Qué dieta recomiendas para bajar de peso?
Lo más importante es comer comida sana y prestar atención[2] a la cantidad* de comida que comes. Si reduces el tamaño* de las porciones y sigues las recomendaciones de la pirámide alimenticia, vas a bajar de peso.

Sufro[3] mucho de estrés durante el año escolar. ¿Qué puedo hacer?
Para reducir[4] el estrés, haz lo siguiente: duerme lo suficiente, haz ejercicio todos los días, come una dieta sana, no tomes bebidas con cafeína[5], maneja* bien tu tiempo, toma las cosas con calma y siempre respira[6] profundamente*.

1 remember 2 pay attention
3 I suffer 4 reduce
5 caffeinated beverages 6 breathe

GRANOS	VERDURAS	FRUTAS	LÁCTEOS	CARNES Y FRIJOLES
6 onzas diarias	2 1/2 tazas diarias	2 tazas diarias	3 tazas diarias	5 1/2 onzas

Porciones necesarias para una dieta de 2000 calorías.

Visit Holt Online
go.hrw.com
KEYWORD: EXP1B CH7
Online Edition

B Comprensión

¿Son **ciertas** o **falsas** las siguientes oraciones? Corrige las oraciones falsas.

1. Cecilia Mendoza sólo *(only)* habla del ejercicio.
2. Para mantenerse en forma es necesario levantar pesas todos los días.
3. La intensidad de un ejercicio determina la cantidad de tiempo que debes hacerlo.
4. Para bajar de peso sólo es necesario seguir una dieta sana.
5. Para reducir el estrés es importante tener una vida sana.

C Después de leer

Which of Cecilia's recommendations do you already follow? How difficult would it be for you to follow all of her recommendations? Which ones would be the most difficult to follow? Why?

Interactive TUTOR

Taller del escritor

Clínica Fierro

¿Te duele...?

- ____________
- ____________

¿Estás...?

- ____________
- ____________

ESTRATEGIA

para escribir Graphic organizers can help you organize your thoughts visually and are especially helpful in designing posters and charts. Consider bulleted charts or cluster bubbles as you plan your poster.

El doctor te aconseja...

Imagine you are a doctor who believes that people should take a more active role in avoiding or curing their illnesses. Design a poster for the patients' waiting room listing common symptoms followed by your suggestions on how to avoid or cure the problem.

1 Antes de escribir

List the symptoms in question form: **¿Te duele la garganta? ¿Estás cansado(a)?** Then write one suggestion to solve each problem or illness.

2 Escribir y revisar

- Use a graphic organizer to plan where you'll write the symptoms and suggested solutions on a poster.
- Write down the symptoms.
- Write out suggestions telling patients what to do. Use expressions for giving advice as well as affirmative and negative commands.
- Read your poster of symptoms and advice to a classmate.
- Check for proper use of vocabulary, spelling, and punctuation.
- Revise your poster if needed.

3 Publicar

Illustrate your poster and show it to the class. Share one piece of advice from it.

Capítulo 7
Repaso

Prepárate para el examen

Interactive TUTOR

1 Todos se preparan para salir. ¿Qué tiene que hacer cada persona para prepararse?

Miguelito

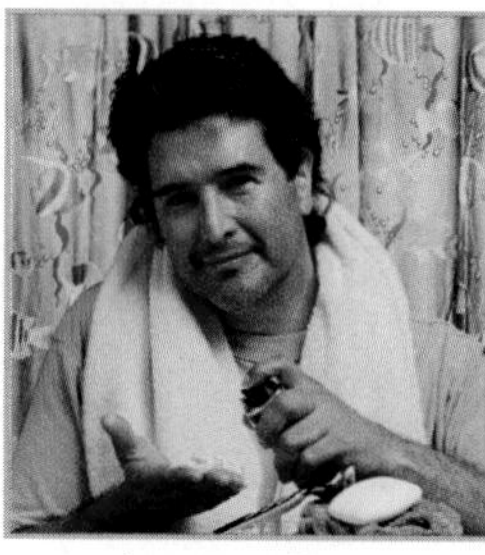
el señor Blanco

Elena

1 Vocabulario 1
- talking about your daily routine
- talking about staying fit and healthy

pp. 86–91

2 Completa el párrafo con las formas correctas de los verbos en paréntesis.

Por la mañana, mi madre __1__ (dormir) hasta las seis. Luego, ella __2__ (levantarse) y __3__ (vestirse) antes de desayunar. Yo me levanto muy temprano para __4__ (entrenarse) antes de ir al colegio. Después de clases, mis hermanos y yo __5__ (poder) ver un poco de televisión antes de empezar la tarea. A veces mi hermana Maribel __6__ (jugar) videojuegos. Por la noche, (yo) __7__ (bañarse) y luego escucho música para __8__ (relajarse) un poco antes de acostarme.

2 Gramática 1
- verbs with reflexive pronouns
- using infinitives
- review of stem-changing verbs

pp. 92–97

3 Prepara una lista de consejos para un(a) amigo(a) usando las palabras de los cuadros.

3 Vocabulario 2
- talking about how you feel
- giving advice

pp. 100–105

1	2	3
Debes No debes	comer tanto dulce acostarte tarde comer verduras hacer yoga buscar un pasatiempo entrenarte cuidarte	si estás aburrido(a) si siempre tienes catarro si no quieres subir de peso si siempre tienes sueño para mantenerte en forma para seguir una dieta sana para relajarte

Visit Holt Online
go.hrw.com
KEYWORD: EXP1B CH7
Chapter Self-test

4 Your friend has problems. Write informal commands using the verbs in parentheses to give advice to your friend.

1. No tengo nada que hacer después de clases. Estoy aburrido. (ser perezoso/buscar un pasatiempo)
2. Siempre me siento muy cansado en clase. (acostarse más temprano/dormir en clase)
3. Me duele el estómago después de comer en un restaurante. (comer comida sana/pedir muchos postres)
4. Me duelen los ojos y la cabeza. (ver tanta televisión/comprar lentes)

4 Gramática 2
- **estar, sentirse,** and **tener**
- negative informal commands
- object and reflexive pronouns with commands

pp. 106–111

5 Contesta las preguntas.

1. What sport is practiced in July in Bariloche?
2. Name some foods that are popular in Argentina.
3. What is **mate**? How is it prepared?

5 Cultura
- **Comparaciones** **pp. 98–99**
- **Notas culturales** **pp. 90, 102, 104**
- **Geocultura** **pp. 80–83**

6 Escucha la conversación entre Roberto y Laura. Luego di si las oraciones que siguen *(that follow)* son **ciertas** o **falsas.**

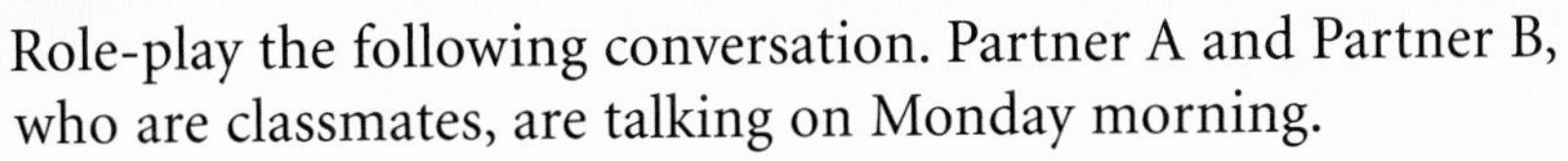

7 Role-play the following conversation. Partner A and Partner B, who are classmates, are talking on Monday morning.

PARTNER A:	Ask your partner how he or she is. Say he or she doesn't look good.
PARTNER B:	Say you're tired and your head hurts.
PARTNER A:	Tell your partner you think he or she doesn't sleep enough. Ask why he or she doesn't go to bed earlier.
PARTNER B:	Say you have a lot to do and there isn't time for everything.
PARTNER A:	Ask what he or she does to relax.
PARTNER B:	Say you listen to music at times. Ask how your partner stays in shape.
PARTNER A:	Say you work out occasionally and you have just run today. Ask why your partner doesn't run every day.
PARTNER B:	Say he or she is right, and you should take better care of yourself.

Gramática 1
- verbs with reflexive pronouns
  pp. 92–93
- using infinitives
  pp. 94–95
- review of stem-changing verbs
  pp. 96–97

Repaso de Gramática 1

Some verbs are used with **reflexive pronouns** if the subject and object of the verb are the same. For a list of such verbs, see page 92.

lavarse			
me	lavo	**nos**	lavamos
te	lavas	**os**	laváis
se	lava	**se**	lavan

Use the **infinitive** of a verb after **acabar de, para, antes de, después de.**

Acabo de bañarme. Necesito una toalla **para secarme**.

For the forms of **acostarse** (**o → ue**), and **vestirse** (**e → i**), see page 96.

Gramática 2
- **estar, sentirse,** and **tener**
  pp. 106–107
- negative informal commands
  pp. 108–109
- object and reflexive pronouns with commands
  pp. 110–111

Repaso de Gramática 2

To describe mental or physical states or conditions use:

estar bien/mal/*adjective*
sentirse bien/mal/*adjective*
tener frío/calor/miedo/sueño

An **object** or **reflexive pronoun** goes just before the verb in **negative commands** and is attached to the end of an **affirmative command**.

fumar → **no fumes**
dormir → **no duermas**
levantarse → **no te levantes (levántate)**
leer → **no lo leas (léelo)**

dar → **no des**
ser → **no seas**
ir → **no vayas**

Letra y sonido g gu

La letra g

- The letters **g** and **gu** sound like the "hard" *g* in *game* at the beginning of a phrase starting with **ga, gue, gui, go, gu, gr, gl** or when these follow **n:**
  gato, guerra, guitarra, tengo, un gusto, ¡Grita!
- The letters **g** and **gu** sound much softer than the *g* in *game* when **ga, gue, gui, go, gu, gr, gl** follow a vowel or a consonant other than **n:**
  mi gato, águila, algo, mucho gusto, negro

Trabalenguas

Tres tigres tragaban trigo en un trigal, y el más grande se puso a entigretar.

Contigo entró un tren con trigo un tren con trigo contigo entró.

Dictado

Escribe las oraciones.

Repaso de Vocabulario 1

Talking about your daily routine

acabar de	to just (have done something)
acostarse (ue)	to go to bed
afeitarse	to shave
antes de	before
bañarse	to bathe
la boca	mouth
el brazo	arm
la cara	face
el cepillo de dientes	toothbrush
despertarse (ie)	to wake up
encontrar (ue)	to find
entrenar(se)	to work out
la espalda	back
estar listo(a)	to be ready
estirarse	to stretch
los hombros	shoulders
el jabón	soap
lavarse la cara (los dientes)	to wash your face (to brush your teeth)
levantar pesas	to lift weights
levantarse	to get up
el maquillaje	makeup
maquillarse	to put on makeup
la nariz	nose
la navaja	razor
la pantorrilla	calf
la pasta de dientes	toothpaste
el pecho	chest
peinarse	to comb your hair
el peine	comb
la pierna	leg
el piyama	pajamas
ponerse	to put on
prepararse	to get ready
¿Qué te falta hacer?	What do you still have to do?
quitarse	to take off
la secadora de pelo	hair dryer
secarse	to dry
la toalla	towel
vestirse (i)	to get dressed

Talking about staying fit and healthy

dormir (ue) la siesta	to take a nap
mantenerse (ie) en forma	to stay in shape
¿Qué haces para relajarte?	What do you do to relax?

Repaso de Vocabulario 2

Talking about how you feel

bajar de peso	to lose weight
buscar un pasatiempo	to find a hobby
la cabeza	head
caminar	to walk
el cuello	neck
los dedos	fingers
dejar de fumar	to stop smoking
doler (ue)	to hurt
enojarse	to get angry
Es que...	It's because/just that . . .
estar aburrido(a)	to be bored
estar cansado(a)	to be tired
estar contento(a)	to be happy
estar enfermo(a)	to be sick
estar enojado(a)	to be angry
estar nervioso(a)	to be nervous
estar triste	to be sad
el estómago	stomach
la garganta	throat
hacer yoga	to do yoga
Le duele(n)...	His (Her) . . . hurt(s).
las manos	hands
Me duele(n)...	My . . . hurt(s).
el oído	(inner) ear
los pies	feet
¿Qué te pasa?	What's wrong with you?
¿Qué tiene...?	What's the matter with . . . ?
seguir (i) una dieta sana	to eat a balanced diet
sentirse (ie)	to feel
subir de peso	to gain weight
¿Te duele algo?	Does something hurt?
Te veo mal.	You don't look well.
tener (ie) catarro	to have a cold

To give advice

demasiado(a)	too much
dormir (ue) lo suficiente	to get enough sleep
ni	neither, nor
No debes...	You shouldn't . . .
Para cuidarte la salud debes...	To take care of your health, you should . . .
Para cuidarte mejor...	To take better care of yourself . . .
tanta grasa	so much fat
tanto(a)	so much, so many
tanto dulce	so many sweets

Prepárate para el examen

Repaso cumulativo

Integración

capítulos 1-7

1 Escucha la descripción de una mañana típica en casa de los Muñoz. Escoge la foto correspondiente.

A

B

C

D

2 Read this letter to an advice columnist from a teen magazine. Then answer the questions in Spanish.

Querida Esperanza...

Querida Esperanza:

Tengo muchas clases difíciles y soy muy trabajadora. Mis amigos prefieren salir y no estudiar. Quiero salir con ellos, pero no puedo porque tengo mucha tarea. ¿Qué debo hacer?

– Frustrada

Querida Frustrada:

Sí, debes estudiar, pero necesitas relajarte también. Puedes estudiar dos o tres horas cada noche. Entonces, los viernes y sábados puedes ir con tus amigos a un partido o al cine. ¡No necesitas pasar todas las noches en la biblioteca!

1. How does Frustrada describe herself?
2. How does she describe her friends?
3. What does Frustrada want to do?
4. Why can't she do what she wants to?
5. What does the advice columnist tell Frustrada to do on weekdays?
6. Where does the columnist suggest Frustrada go on weekends?

3 This painting shows a family traveling through the vast grasslands of Argentina in the 1860s. Imagine what their living conditions and health concerns might have been during this trip. Write five descriptive sentences about the people in the painting. Use the adjectives below and tell who might be feeling this way and why.

- cansado(a)
- aburrido(a)
- triste(a)
- nervioso(a)
- contento(a)

Un alto en el campo (detalle), **de Prilidiano Pueyrredón (1823–1870)**

4 **Situación**

You're helping at your school's annual health fair by conducting a survey in Spanish. Write five or six questions to ask a classmate. Find out the following information.

- How does he or she stay in shape?
- What does he or she do to relax?
- Which foods does he or she typically eat?
- At what times does he or she go to bed and get up?
- How is he or she feeling right now?

After your partner answers your questions, suggest one thing that he or she could do to improve his or her health.

Capítulo 8

GeoVisión

Geocultura
La Florida

▲ **Cítricos** Florida is one of the world's largest exporters of citrus fruit. Spanish explorers first brought oranges to Florida in the 1500s.

Panama City

Río Apalachi

▼ **Miami** Many people from Spanish-speaking cultures live in the Miami area. Miami is on the Atlantic coast of Florida, only 366 kilometers northeast of Havana, Cuba.

◄ **Florida** The Spanish explorer **Juan Ponce de León** named this peninsula **Pascua Florida,** meaning *Flowery Feast,* because of its abundance of colorful flowers.

Almanaque

Población
17.789.864

Capital
Tallahassee

Área
58.664 millas cuadradas (151.939 km^2)

Moneda
dólar estadounidense

Economía
manufactura, turismo, productos de frutas cítricas, pesca comercial, comercio con Latinoamérica

¿Sabías que...?

Spanish explorers founded St. Augustine, Florida, in 1565. It is the oldest European settlement in the United States still inhabited today. St. Augustine was founded 55 years before the Pilgrims landed at Plymouth Rock.

▶ **Parque Nacional de los Everglades** Everglades National Park is the only place in the world where crocodiles and alligators live alongside each other in the wild.

▲ **Cabo Cañaveral** The Kennedy Space Center exists in harmony with the Merritt Island National Wildlife Refuge. The refuge is home to 15 threatened or endangered species, including bald eagles and manatees.

▲ **La Pequeña Habana** Little Havana is a neighborhood in Miami where many Cuban Americans live and do business.

▼ **Los Cayos de Florida** The Florida Keys are a chain of islands connected by 42 bridges, including the famous **Bahía Honda** Bridge.

¿Qué tanto sabes?

How is Florida's economy a reflection of its geographic location?

A conocer la Florida

La comida

▲ **Comida floribeña** "Floribbean" cuisine combines the flavors of traditional Caribbean dishes with foods native to Florida. Floribbean dishes often include seafood, tropical fruits, and zesty herbs and spices.

▲ **Las croquetas y las empanadas** Croquettes and **empanadas** are Cuban foods that are popular in Miami. **Flan** is a common dessert at restaurants in Little Havana.

El arte

▲ **Los seminoles** The Seminole people weave traditional baskets out of dried grasses from the Everglades wetlands.

▲ ***Calle Ocho*** This painting shows the heart of Miami's Cuban culture: a scene from the famous 8th Street, or **Calle Ocho**. The artist, Mildrey Guillot, was born in Havana, Cuba, and moved to Miami in 1962.

La arquitectura

Visit Holt Online
go.hrw.com
KEYWORD: EXP1B CH8
Photo Tour

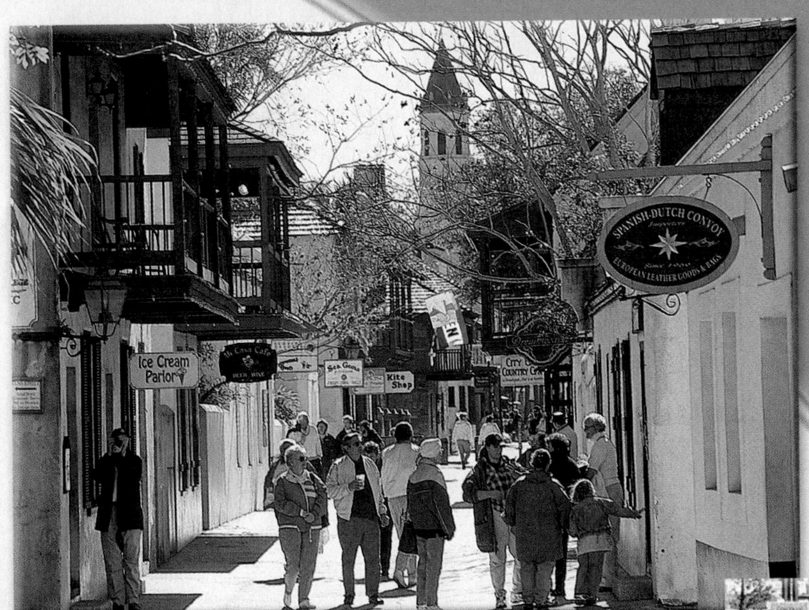

¿Sabías que...?

During the 1960s, more than 260,000 Cuban refugees arrived in the United States. How does Cuban culture affect the arts, food, and festivals of Miami?

◀ **San Agustín** The colonial architecture reflects St. Augustine's Spanish roots.

Las celebraciones

▲ **El Carnaval de Miami** The **Carnaval** of Miami in Little Havana includes the **Festival de la Calle Ocho,** a celebration of Miami's Hispanic culture.

◀ **El Festival de Jazz Latino** The Latin Jazz Festival is part of the Carnival of Miami. Latin jazz is a combination of American jazz with Afro-Cuban rhythms and percussion instruments.

Vamos de compras

Objetivos

In Part 1 you will learn to:

- ask for and give an opinion
- offer and ask for help in a store
- use **costar** and numbers to one million
- use demonstrative adjectives and make comparisons
- form the verb **quedar**

In Part 2 you will learn to:

- say where you went and what you did
- talk on the phone
- form the preterite of **-ar** verbs
- use the verb **ir** in the preterite
- use **-ar** verbs with reflexive pronouns in the preterite

¿Qué ves en la foto?

- **¿Cuántas personas ves en la foto?**
- **¿Dónde están y qué hacen?**
- **¿Adónde te gusta ir de compras?**

De compras en Miami

Objetivos

- Asking for and giving opinions
- Offering and asking for help in a store

Vocabulario en acción 1

ExpresaVisión

En la tienda de ropa

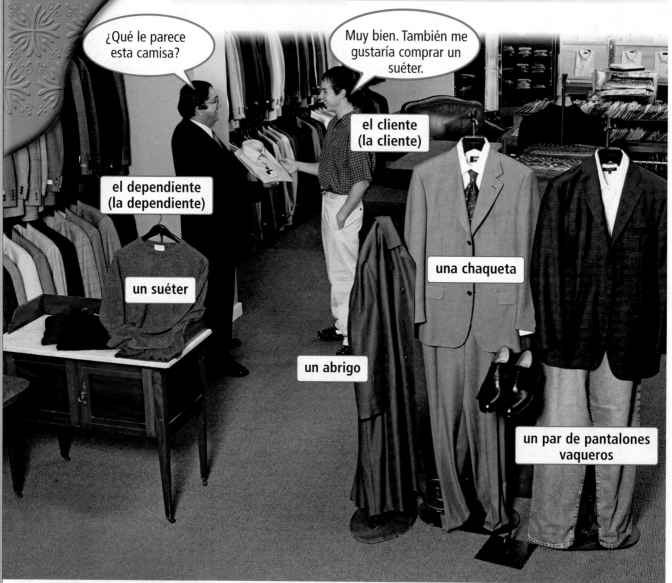

¿Qué le parece esta camisa?

Muy bien. También me gustaría comprar un suéter.

el cliente (la cliente)

el dependiente (la dependiente)

un suéter

una chaqueta

un abrigo

un par de pantalones vaqueros

Más vocabulario...

Es...	*It's . . .*
de algodón	*made of cotton*
de lana	*made of wool*
de seda	*made of silk*
para hombres	*for men*
para mujeres	*for women*
para niños	*for children*

También se puede decir...

In Spain, you might hear **pantalones tejanos** as well as **pantalones vaqueros**. A sweater is called **un jersey** and tennis shoes are **zapatillas de tenis.**

Bluejeans are also known as **pantalones de mezclilla** and T-shirts are **playeras** in Mexico and Texas. Many Spanish speakers have borrowed the term **bluejeans** directly from English.

Visit Holt Online
go.hrw.com
KEYWORD: EXP1B CH8
Vocabulario 1 practice

Vocabulario 1

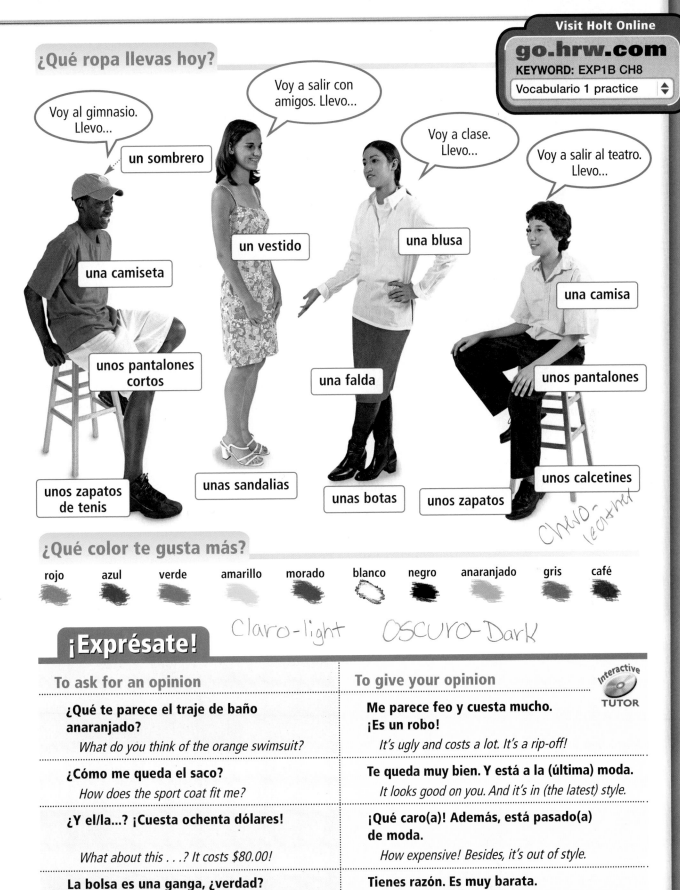

¿Qué ropa llevas hoy?

Voy al gimnasio. Llevo...

un sombrero

una camiseta

unos pantalones cortos

unos zapatos de tenis

Voy a salir con amigos. Llevo...

un vestido

unas sandalias

Voy a clase. Llevo...

una blusa

una falda

unas botas

Voy a salir al teatro. Llevo...

una camisa

unos pantalones

unos calcetines

unos zapatos

Charo- leather

¿Qué color te gusta más?

rojo azul verde amarillo morado blanco negro anaranjado gris café

Claro-light OSCURO-Dark

¡Exprésate!

To ask for an opinion	To give your opinion
¿Qué te parece el traje de baño anaranjado? *What do you think of the orange swimsuit?*	**Me parece feo y cuesta mucho. ¡Es un robo!** *It's ugly and costs a lot. It's a rip-off!*
¿Cómo me queda el saco? *How does the sport coat fit me?*	**Te queda muy bien. Y está a la (última) moda.** *It looks good on you. And it's in (the latest) style.*
¿Y el/la...? ¡Cuesta ochenta dólares! *What about this . . .? It costs $80.00!*	**¡Qué caro(a)! Además, está pasado(a) de moda.** *How expensive! Besides, it's out of style.*
La bolsa es una ganga, ¿verdad? *The purse is a bargain, isn't it?*	**Tienes razón. Es muy barata.** *You're right. It's very inexpensive.*

Interactive TUTOR

Vocabulario y gramática, pp. 41–43 Online workbooks

▶ **Vocabulario adicional** — Ropa, p. R14

1 ¿Les gustan?

Escuchemos Basándote en los comentarios, decide si a las personas les gusta o no les gusta la ropa de que hablan.

1. la camisa
2. la blusa
3. el saco
4. el vestido
5. las botas
6. la chaqueta
7. el sombrero
8. el traje de baño
9. los pantalones vaqueros
10. el abrigo

Nota cultural

Most Spanish-speaking countries use the metric system, so clothing and shoe sizes are different from sizes in the United States. The word for "size" also varies, depending on what you're buying. If you're looking for clothing, use **talla**. For shoes, use **número**. Look at the chart and compare the different sizes.

What size shirt would you wear in Spain? What size shoes?

Tallas y números para hombres	USA	EUR	Tallas y números para mujeres	USA	EUR
Camisas	14	36	Blusas	8	36
	15	38		10	38
	16	40		12	40
Zapatos	7	40	Zapatos	5	36
	8	41		6	37
	9	43		7	38

2 La ropa nueva

Leamos Alicia is helping her sister Mónica shop for new clothes. Choose Alicia's best response for each of Mónica's comments.

Mónica

1. ¿Cómo me queda la camisa?
2. ¿Qué te parece la blusa roja?
3. El abrigo cuesta doce dólares.
4. ¿Está a la moda el saco de algodón?

Alicia

a. Sí, está a la última moda.
b. ¡Qué barato! ¡Es una ganga!
c. Es fea. No me gusta ese color.
d. Te queda muy bien.

3 ¿Qué te parecen?

Leamos Complete Mónica's and Alicia's conversation, based on the clothing pictured below.

Mónica	Alicia
—¿Qué te __1__ la chaqueta negra?	—Es muy __2__. Sólo cuesta $25.
—Los __3__ verdes son una ganga, ¿no?	—¡__4__! Además, están pasados __5__.
—¿__6__ me quedan los vaqueros?	—Te quedan muy __7__. Están a la __8__, también.
—¿Y el __9__ anaranjado? ¿Te gusta?	—Me parece __10__ y cuesta mucho. ¡Es un __11__!
—La __12__ roja es cara, ¿no?	—Sí, tienes __13__. Es cara.

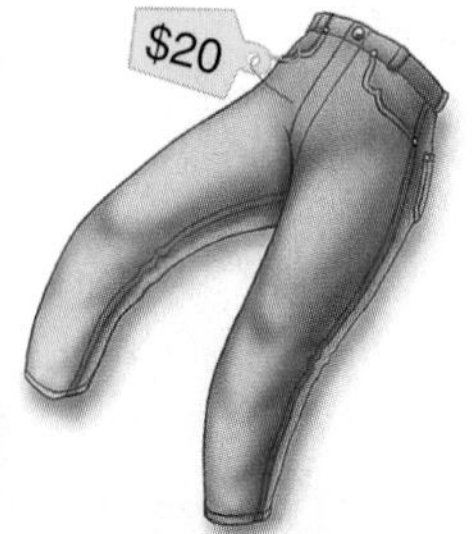

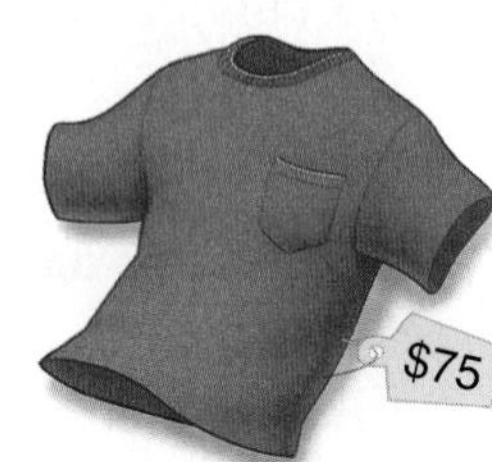

4 ¿Qué ropa llevan?

Escribamos For each member of the Morelos family, write a list of his or her clothing. Include colors, possible fabrics, and adjectives of your choice.

MODELO **El señor Morelos lleva una camisa blanca de algodón y unos pantalones vaqueros.**

Vocabulario 1

Comunicación

5 La familia Morelos

Hablemos In groups of five, play the roles of the members of the Morelos family from Activity 4. Introduce yourself to the class. Tell your name, family relationship, and age. Tell one thing you like to do. Then describe what you are wearing.

MODELO **Me llamo... Soy el padre. Tengo... años. Me gusta... Hoy llevo...**

6 En la tienda de ropa

Hablemos With a partner, play the roles of a clerk in a clothing store and a student shopping for clothes. Follow the format below. Then, switch roles.

El/La Dependiente	El/La Cliente
Greet the shopper and ask if you can help him or her.	Say you would like to buy a cotton shirt.
Ask what he or she thinks of the blue shirt and say it costs $50.	Say it is ugly and expensive.
Ask what he or she thinks of the red shirt and say it costs $15.	Say it is the latest style and is a bargain.

¡Exprésate!

To offer and ask for help in a store	To respond
¿En qué le puedo servir? *How can I help you?*	**Busco una camisa de seda.** *I'm looking for a silk shirt.* **Nada más estoy mirando.** *I'm just looking.* **Quiero devolver esta falda. La necesito en otro color.** *I want to return this skirt. I need it in another color.*
¿Qué número/talla usa? *What shoe/clothing size do you wear?*	**Uso el/la 8.** *I wear a size 8 in shoes/clothes.*
¿Cómo le queda la camisa? *How does the shirt fit you?*	**Me queda bien/mal. Necesito una talla más grande/pequeña.** *It fits well/poorly. I need a bigger/smaller size.*
¿A qué hora cierra la tienda? *What time does the store close?*	**Cierra a las siete.** *It closes at 7:00.*

Interactive TUTOR

Vocabulario y gramática, pp. 41–43 Online workbooks

De compras en la Florida

7 La camiseta perfecta

Leamos Read the conversation between **el dependiente** and Raúl. Answer the questions that follow.

DEPENDIENTE	Buenos días. ¿En qué le puedo servir?
RAÚL	Me gustaría comprar una camiseta.
DEPENDIENTE	¿Le gustan las camisetas de algodón?
RAÚL	Sí, busco una camiseta blanca.
DEPENDIENTE	¿Qué talla usa?
RAÚL	En camisetas, uso la talla grande. ¿Cuánto cuestan esas camisetas?
DEPENDIENTE	Las camisetas blancas cuestan siete dólares.
RAÚL	¡Qué baratas! ¡Son una ganga!
DEPENDIENTE	¿Busca más ropa?
RAÚL	No, gracias. ¿A qué hora cierra la tienda?
DEPENDIENTE	Cierra a las nueve de la noche.

1. ¿Qué quiere comprar Raúl?
2. ¿Qué talla usa?
3. ¿Cuánto cuestan las camisetas blancas?
4. ¿Es cara la camiseta?
5. ¿Quiere comprar algo más?
6. ¿A qué hora cierra la tienda?

8 ¿Qué dices?

Escribamos Write this list of questions and statements. Then write a response to each, using the cues given.

1. ¿En qué le puedo servir? *(I'm just looking.)*
2. ¿Vas a comprar un vestido? *(No, I'm looking for a skirt.)*
3. ¿Qué talla usa? *(I wear a size 7.)*
4. ¿Cómo le queda el abrigo? *(It fits poorly, I need a bigger one.)*
5. Busco unos zapatos. *(What size do you wear?)*
6. ¿A qué hora cierra la tienda? *(It closes at 8:30 P.M.)*
7. ¿Cómo le quedan los pantalones? *(They fit poorly, I need smaller ones.)*
8. ¿Qué número de zapatos usa? *(I wear a size 12 in shoes.)*

9 ¡Qué ropa tan rara!

Hablemos With a partner, describe what Marieta, Carlos, and Juan are wearing. What is the weather like? Tell what clothing each person needs to be wearing.

MODELO **Marieta lleva... Hace frío y nieva. Ella necesita llevar...**

1. Marieta

2. Carlos

3. Juan

10 Hablando de ropa

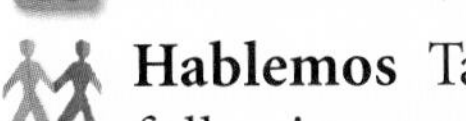

Hablemos Take turns with a partner asking and answering the following questions.

1. ¿Qué te parece la ropa de... *(famous person)*?
2. ¿Prefieres las camisas de seda o de algodón?
3. ¿Qué ropa está a la última moda?
4. ¿Qué ropa está pasada de moda?
5. ¿Cómo te queda la ropa de talla "extra-grande"?
6. ¿A qué hora cierra la tienda donde te gusta comprar ropa?

Objetivos
- **Costar** and numbers to one million
- Demonstrative adjectives and comparisons
- **Quedar**

GramaVisión

Interactive TUTOR

Costar, numbers to one million

1 Use the verb **costar (o → ue)** to talk about what something costs. **Costar** is usually only used in the third person.

La blusa **cuesta** treinta dólares. Las botas **cuestan** setenta dólares.

2 To tell what something costs, you may need to use larger numbers.

100	cien	600	seiscientos(as)
101	ciento uno(a)	700	setecientos(as)
102	ciento dos	800	ochocientos(as)
200	doscientos(as)	900	novecientos(as)
300	trescientos(as)	1.000	mil
400	cuatrocientos(as)	2.000	dos mil
500	quinientos(as)	1.000.000	un millón (de)

3 Use **uno** when counting. **Uno** at the end of a number changes to **un** before a **masculine** noun and **una** before a **feminine** noun: **veintiún dólares, veintiuna faldas.**

Tengo **ciento un** dólares. Tengo **veintiuna** bolsas.

4 **Cien(to)** is used with both **masculine** and **feminine** nouns, but 200, 300, and so on agree with the noun they modify. **Mil** does not change.

cien dólares **ciento** tres dólares **doscientos** seis dólares **mil** dólares
cien sillas **ciento** dos sillas **doscientas** cuatro sillas **mil** sillas

5 **Un millón** changes to **millones** in the plural. Use **de** after **millon(es)** when it is followed by a noun.

3.520.312 = tres **millones** quinientos veinte mil trescientos doce

un millón de dólares **dos millones de** personas

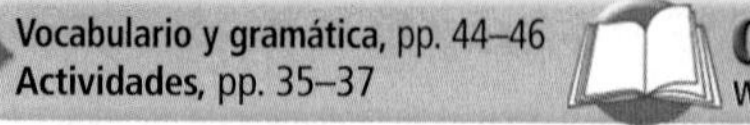

Un supermercado en Miami

11 ¡Qué caro!

Escuchemos Escribe los números que corresponden a los precios.

Visit Holt Online
go.hrw.com
KEYWORD: EXP1B CH8
Gramática 1 practice

12 Tenemos que pagar

Escribamos Write out each number in words.

MODELO **$354**
trescientos cincuenta y cuatro dólares

1. $2.168
2. $1.319.672
3. $1.550
4. $213.434
5. $11.721
6. $1.946

13 El inventario

Escribamos/Hablemos You have to write a clothing inventory list in the warehouse where you work. Use the list below to write sentences that tell how many of each type of clothing item are in stock.

MODELO **botas 22.336**
Tenemos veintidós mil, trescientos treinta y seis pares de botas.

zapatos	367.555	**blusas**	3.689
faldas	19.324	**sombreros**	475
pantalones	150.743	**bolsas**	2.079
camisas	4.597	**camisetas**	78.521

Comunicación

14 ¡Vamos de compras!

Hablemos With a partner, create a conversation between a clerk and a shopper as they talk about each item pictured below.

MODELO **—Quiero comprar el suéter de muchos colores. ¿Cuánto cuesta?**
—Cuesta doscientos nueve dólares.
—¡Es un robo! No voy a comprarlo.

Gramática 1

Demonstrative adjectives and comparisons

1 **Demonstrative adjectives** point out things. Use forms of **este** for things close to you. Use forms of **ese** for things farther away.

		Masculine	Feminine
this	SINGULAR	**este**	**esta**
these	PLURAL	**estos**	**estas**
that	SINGULAR	**ese**	**esa**
those	PLURAL	**esos**	**esas**

Me gusta **este** vestido, pero me gusta más **esa** falda.

2 Use these expressions with adjectives to compare things. The adjective agrees in gender and number with the object described.

más + *adjective* + que	*more . . . than*
tan + *adjective* + como	*as . . . as*
menos + *adjective* + que	*less . . . than*

Esta camiset**a** es **más bonita que** esa camiseta.

Esta camiset**a** es **tan bonita como** esa camiseta

Esta camiset**a** es **menos bonita que** esa camiseta.

3 Use **más que, menos que,** and **tanto como** to say if someone does something *more than, less than,* or *as much as* someone else.

Efraín compra **tanto como** Isabel.

Mis padres salen **menos que** mis abuelos.

Some adjectives with irregular comparative forms

bueno(a)	→	**mejor(es)**	*better*
malo(a)	→	**peor(es)**	*worse*
joven	→	**menor(es)**	*younger*
viejo(a)	→	**mayor(es)**	*older*

Vocabulario y gramática, pp. 44–46
Actividades, pp. 35–37

In Florida it is common to see men wearing **guayaberas**, embroidered short-sleeved cotton or linen shirts. These shirts originated in Cuba over 200 years ago. Ramón Puig, a Cuban immigrant in Miami, is famous for his guayabera shirts and has custom-made them for celebrities. What fashions were developed in the United States and imported to other countries?

15 ¿De qué hablan?

Escuchemos Escucha mientras estas personas dicen qué cosa prefieren. Escribe lo que prefieren en otro papel. Si les gustan las dos cosas igualmente, escribe **las dos.**

16 Amigos

Leamos Read the descriptions of Bartolomé and Nidia. Then, complete the comparisons with **más ... que, menos ... que,** or **tan ... como** and the correct form of the adjective in parentheses.

Bartolomé tiene 12 años. Es alto, guapo y muy simpático. Es bastante serio y estudia mucho. Es muy buen estudiante. Le gusta pasar el rato solo y leer libros y revistas. No le gustan los deportes. Nidia tiene 13 años. Es baja, guapa y muy simpática. No le gusta estudiar y no es muy buena estudiante. Le gusta practicar deportes y salir con amigos.

MODELO **Bartolomé es ____ (serio) ____ Nidia.**
Bartolomé es más serio que Nidia.

1. Bartolomé es ____ (alto) ____ Nidia.
2. Nidia es ____ (guapo) ____ Bartolomé.
3. Bartolomé es ____ (simpático) ____ Nidia.
4. Nidia es ____ (atlético) ____ Bartolomé.
5. Bartolomé es ____ (extrovertido) ____ Nidia.

17 Comparaciones

Escribamos/Hablemos Now compare yourself to the two people in Activity 16. ***¿Se te olvidó?*** Adjective agreement, p. 56

MODELO **Soy menor que Bartolomé. Él es más serio que yo, pero yo soy...**

18 Prefiero...

Hablemos Talk with a partner about these things you see in a store. Decide which item from each pair you prefer and say why.

MODELO **—¿Prefieres estos zapatos negros o esos...?**
—Prefiero los zapatos blancos. Son menos caros...

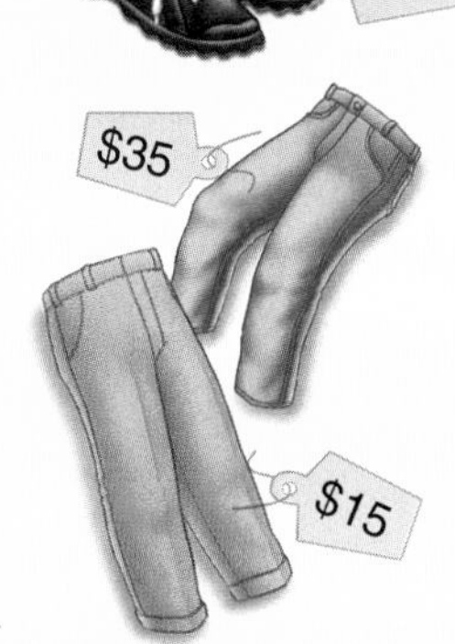

4.

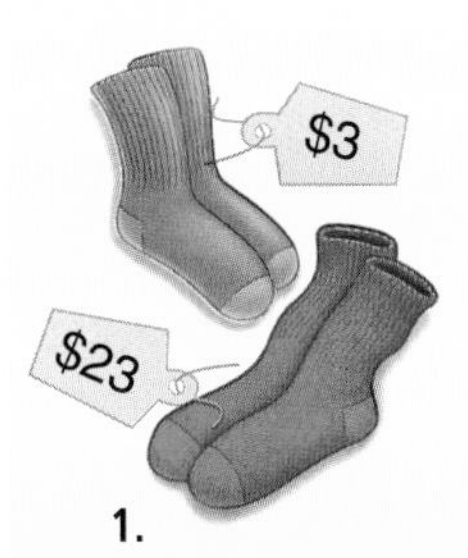

1.

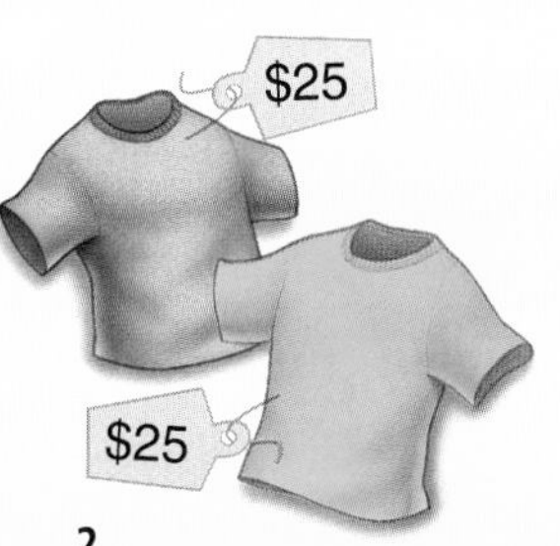

2.

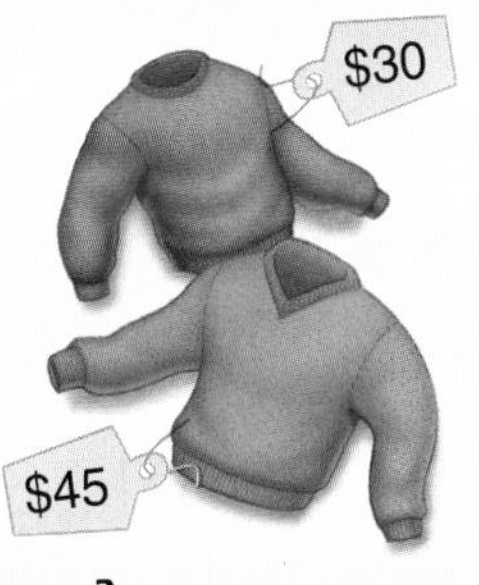

3.

Gramática 1

Quedar

1 Use the verb **quedar** to say how something *fits* or *looks* on someone. **Quedar** works like **parecer** and **gustar.** Use **queda** when talking about one thing. Use **quedan** when talking about more than one thing.

(a mí)	me queda(n)	(a nosotros/as)	nos	queda(n)
(a ti)	te queda(n)	(a vosotros/as)	os	queda(n)
(a Ud., a él, a ella)	le queda(n)	(a Uds., a ellos, a ellas)	les	queda(n)

one thing

Esa blusa te **queda** bien. *That blouse looks good on you.*

more than one thing

Estas botas me **quedan** grandes. *These boots are too big for me.*

2 Adjectives like **grande** and **pequeño(a)**, as well as adverbs like **bien** and **mal**, can follow **quedar.** All adjectives must agree, but the adverbs don't change form.

agrees

Esta falda me queda **pequeña**. Me queda **mal**.
This skirt is too small for me. It fits me badly.

agrees

Estas botas me quedan **grandes**. No me quedan **bien**.
These boots are too big for me. They don't fit me well.

Vocabulario y gramática, pp. 44–46
Actividades, pp. 35–37
Online workbooks

¿Te acuerdas?

The verb **parecer** *(to seem)* can be used like **gustar**.

Esa falda me **parece** fea.

¿Cómo te **parecen** estos pantalones?

19 Comentarios

Leamos Graciela and Leonora are shopping. Read Graciela's comments and choose Leonora's probable response.

1. Me gustan esos zapatos. ¿Vas a comprarlos?
   a. No, me quedan grandes. **b.** Sí, te quedan muy bien.
2. Esa blusa es una ganga, ¿no te parece?
   a. Me parece muy cara. **b.** Le queda pequeña.
3. Prefiero los pantalones vaqueros a los pantalones cortos.
   a. Les gustan los pantalones vaqueros.
   b. Te quedan mejor que los pantalones cortos.
4. ¿Están estos pantalones a la última moda?
   a. Te quedan pequeños. **b.** Me parecen pasados de moda.
5. Me encantan estas sandalias rojas. Son número 6.
   a. Te quedan pequeñas. Usas el número 7, ¿no?
   b. Les parecen bonitas.
6. Necesito un regalo para Joaquín. Voy a comprarle un libro.
   a. Le queda bien. **b.** Me parece aburrido.

20 ¿Cómo le queda?

Escuchemos Escucha mientras varias personas hablan de ropa en una tienda. Para cada comentario, indica si el artículo de ropa **a**) le queda bien o **b**) le queda mal a la persona.

21 ¿Es bonita la ropa?

Leamos/Escribamos Complete the conversation between Daniela and her mother. Use the correct form of **quedar** or **parecer** and the appropriate pronoun.

MODELO **A mí me queda grande esta falda. Además, me parece fea.**

—Mamá, me gusta ese vestido. __1__ muy bien.

—Gracias, pero necesito otra talla. __2__ pequeño. ¿Qué __3__ esta blusa? Es bonita, ¿no?

—¡Uy!, __4__ fea. Además, cuesta una fortuna.

—Daniela, ¿qué __5__ estas botas? Debo comprarlas para Raquel.

—Pero mamá, mira esas botas negras. No cuestan mucho y son muy bonitas. De verdad, __6__ feas las botas amarillas. No me gusta ese color.

—Bueno, a nosotras no __7__ bien nuestros zapatos viejos. ¿Quieres comprar unos nuevos?

—¡Ay sí! Por ejemplo, estos zapatos negros __8__ muy bonitos.

Comunicación

22 ¿Qué te parece?

Hablemos In pairs, give your opinion of the clothes that Luisa and Tomás are wearing. Do you like them? Are the clothes pretty? Ugly? Expensive? How do the clothes fit them? Take turns making comments.

MODELO **—El sombrero de Luisa no me gusta. Es feo y caro. Le queda grande.**
—Me gusta la camiseta de Tomás. Es muy bonita pero también es un poco cara.

Gramática 1

Cultura

VideoCultura

Comparaciones

De compras en la Pequeña Habana

¿Qué te gusta comprar cuando vas de compras?

Sin duda, vas de compras y tienes un lugar donde te encanta ir. ¿Qué diferencias hay entre un centro comercial, un almacén y un mercado al aire libre? En los países de habla hispana, la gente puede ir a grandes almacenes para comprar de todo. También es posible ir a tiendas pequeñas donde venden sólo un tipo de producto. De todos modos, parece que los jóvenes hispanohablantes van de compras con frecuencia. Estas personas nos dicen qué les gusta comprar y adónde van cuando tienen ganas de comprar algo nuevo. ¿Compras las mismas cosas?

Dayana
Miami, Florida

Dayana goes shopping first, then meets with a friend. How does this compare to your shopping habits?

¿Qué compras cuando vas de compras?

Cuando voy de compras, me gusta comprar CDs, zapatos, blusas, pantalones. Cosas así.

¿Adónde fuiste de compras la última vez?

La última vez que fui de compras fui a un centro comercial.

¿Qué clase de tienda es?

El centro comercial es... hay varias tiendas. Hay tiendas de discos, tiendas de películas, tiendas de zapatos, de todo tipo de ropa, vestidos. Cosas así.

¿Qué compraste?

Cuando fui de compras, compré unos discos, una película, unos aretes. Compré unos zapatos, unos pantalones y un vestido.

¿Qué más hiciste ahí?

Fui a almorzar y me compré un helado. Después me encontré con una de mis amigas y charlamos.

Miriam
Madrid, España

Miriam goes to a movie after shopping. What do you like to do after shopping?

¿Qué compras cuando vas de compras?

Pues, me gustar comprar pantalones ajustados, pantalones anchos, camisetas de colores y deportivas.

¿Adónde fuiste la última vez?

A «Tres Aguas», un centro comercial.

¿Qué clase de tienda es?

Pues, es de aire libre... muchas tiendas y mucho ocio.

¿Qué compraste?

Compré unos pantalones, una camiseta y unas deportivas.

¿Qué más hiciste allí?

Pues, después me fui con mis amigas al cine y a tomar una hamburguesa.

Para comprender

1. ¿Qué compró Dayana la última vez que fue de compras?
2. ¿Qué compró Miriam la última vez que fue de compras?
3. ¿A quién le gusta comprar zapatos?
4. ¿Cómo es el centro comercial «Tres Aguas»?
5. ¿Quién fue a comer algo después de ir de compras?

Para pensar y hablar

Dayana and Miriam both enjoy shopping for clothes, among other things. When you go shopping, what do you like to buy? For both girls, a shopping trip means spending time with friends. With whom do you normally go shopping? Where do you go? What do you like or not like about shopping?

Comunidad
Import stores

Imagine that your family is opening a clothing store that imports goods from a Spanish-speaking country. First choose a country. Use Internet sites in Spanish to find examples of typical clothing from that country. Create an advertisement flyer for your import store.

- Give your store a Spanish name.
- Include pictures (clipped or drawn) of the clothing you sell.
- Write product names and prices with each picture.
- Post your flyer in the classroom so you and classmates can compare stores.

La Alcaicería, Granada, España

Objetivos
- Saying where you went and what you did
- Talking on the phone

Vocabulario

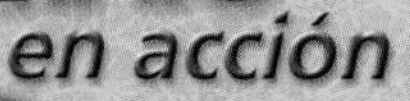

2

ExpresaVisión

De compras en la Florida

Me gusta ir de compras...

a la joyería

un anillo

unos aretes

una pulsera

a la librería

unas tarjetas

unas revistas de tiras cómicas

al almacén

a la tienda de música

unos DVDs

unos audífonos

un disco compacto (en blanco)

Visit Holt Online
go.hrw.com
KEYWORD: EXP1B CH8
Vocabulario 2 practice

Cuando voy de compras, me gusta...

ir a la zapatería

unos juguetes

ir a la juguetería

mirar las vitrinas

ir a la plaza de comida

Más vocabulario...

ahorrar	*to save money*
el dinero	*money*
gastar	*to spend*
la tarjeta regalo	*gift card*
vender (de todo)	*to sell (everything)*

¡Exprésate!

To ask where someone went and what someone did	To respond
¿Adónde fuiste anoche/ayer/anteayer? *Where did you go last night/yesterday/the day before yesterday?*	**Fui a la heladería a tomar un batido.** *I went to the ice cream shop to have a milkshake.*
¿Qué hiciste el fin de semana pasado? *What did you do last weekend?*	**Fui al centro comercial y compré unos zapatos. Pagué una fortuna.** *I went to the mall and bought some shoes. I paid a fortune.*

Interactive TUTOR

Vocabulario y gramática, pp. 47–49 Online workbooks

▶ **Vocabulario adicional** — De compras, p. R11

Nota cultural

Spanish speakers in the United States have amazing buying power. Retailers everywhere, but particularly in Florida and California, are directing advertising more at Spanish speakers. This group represents a rapidly growing market for food, clothing, telephone services, electronics, personal care products, public transportation, housing, and cleaning supplies.

What products have you seen advertised in Spanish?

Plantas Tropicales
2 por $5.00
Elija entre un gran surtido de plantas y colores

23 ¿Dónde están?

Escuchemos Escucha las conversaciones y determina dónde tiene lugar *(takes place)* cada una.

24 ¿Adónde fuiste?

Leamos Complete Ricardo's description of his trip to the mall with the words from the box.

batido	discos	juguetería
pulsera	librería	vitrinas

Primero fui a la __1__ a comprar un diccionario para mi clase de español. También compré unos __2__ compactos. Luego fui a la joyería a comprarle una __3__ a mi mamá. Pagué una fortuna por un videojuego en la __4__. Finalmente, después de mirar las __5__ de un almacén, fui a la heladería a tomar un __6__ de chocolate.

25 Fui de compras

Hablemos/Escribamos Di adónde fuiste y qué compraste *(you bought).*

MODELO **Fui a la tienda de música esta semana. Compré unos discos compactos.**

26 Yolanda en el centro comercial

Leamos/Escribamos Yolanda wrote in her journal about a shopping trip she took yesterday, but she seems to be confused! Rewrite her summary and replace each underlined word with one that makes more sense.

> Mañana fui al centro comercial. Fui a la heladería a comprar un DVD. Compré un juguete en la tienda de ropa y pagué una fortuna por unas revistas en la zapatería. En la plaza de comidas compré pantalones vaqueros. Luego fui a la tienda de música a comprar un anillo para mi hermana. También fui a la librería a comprar una camisa, unos zapatos y un sombrero. Al final fui a la zapatería a comprar una tarjeta para el cumpleaños de mi padre. ¡Me gusta ahorrar dinero!

Comunicación

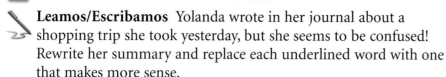

27 ¿Adónde fuiste?

Hablemos With a partner, take turns asking each other if you went to the following places last weekend. When answering, mention something that you bought there.

MODELO **—¿Fuiste a la zapatería el fin de semana pasado?**
—Sí, fui a la zapatería y compré...

1. la zapatería
2. la tienda de música
3. el almacén
4. la joyería
5. la juguetería
6. la librería
7. la plaza de comidas
8. la heladería
9. la tienda de ropa

28 Una encuesta

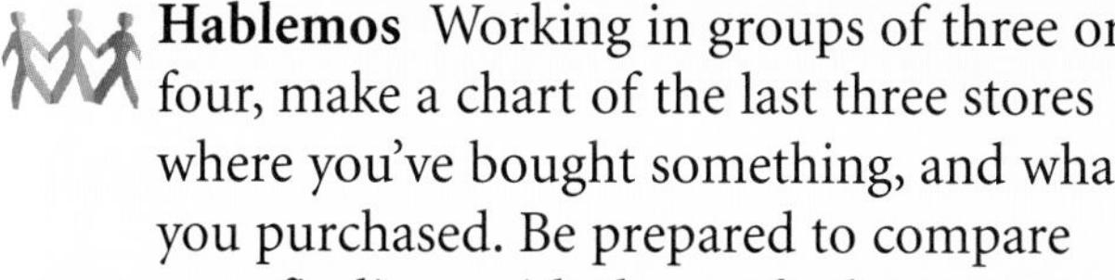

Hablemos Working in groups of three or four, make a chart of the last three stores where you've bought something, and what you purchased. Be prepared to compare your findings with those of other groups.

MODELO **—¿Adónde fuiste de compras?**
—Fui a 'Libromundo' y compré un libro.

	Ricky	Monika	Luis
1	Libromundo: un libro		
2			
3			

¡Exprésate!

To talk on the phone

Interactive TUTOR

Aló/Bueno/Diga. *Hello.*	**Hola. ¿Está Andrés?** *Hi. Is Andrés there?*
¿De parte de quién? *Who's calling?*	**Habla Felipe.** *Felipe speaking.*
Espera un momento, ya te lo (la) paso. *Wait a moment. I'll get him (her).* **Lo siento, no está. ¿Quieres dejarle un recado?** *I'm sorry. He's (She's) not here. Would you like to leave a message?*	**Gracias, Señor(a) León.** *Thanks, Mr. (Mrs.) León.* **Sí, por favor, que me llame después.** *Yes, please ask him to call me later.* **No, gracias. Llamo más tarde.** *No, thanks, I'll call back later.*

Vocabulario y gramática, pp. 47–49 Online workbooks

29 La llamada

Leamos Marta is calling her friend Elena at home. Elena's mother answers the phone. Reorder the sentences logically to recreate their conversation.

—Hola, Señora Beltrán. ¿Está Elena?

—Espera, Marta, ya te la paso.

—Habla Marta.

—Bueno.

—Gracias, señora. Hasta luego.

—¿De parte de quién?

Hola. ¿Está Elena?

30 ¡Diga!

Leamos Choose a phrase from column B that is an appropriate response to the phrase in column A.

MODELO **—¿Está Amalia, por favor?**
—Un momento, por favor.

A	B
1. ¿De parte de quién, por favor?	**a.** ¿Puedo dejarle un recado?
2. El señor Chávez no está.	**b.** Un momento, por favor.
3. ¿Está Omar, por favor?	**c.** Bien, gracias, ¿y usted?
4. ¿Aló?	**d.** Gustavo Muñoz.
5. Bueno, señora, llamo más tarde.	**e.** Adiós.
6. ¿Cómo está?	**f.** ¿Está la doctora Pérez?

31 ¿Está mi mamá?

Escribamos/Leamos Pablo Delgado calls his mother at her office and the secretary answers. Write this conversation in order on your paper, filling in the blanks with words that make sense.

la Srta. Cruz

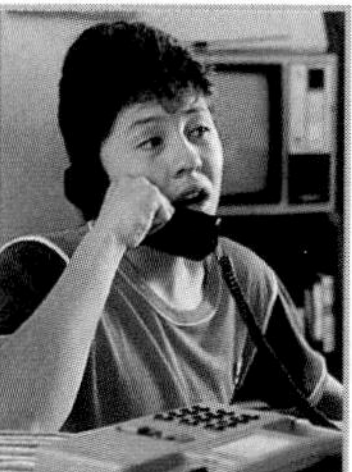

Pablo Delgado

—___1___. Oficina de la señora Delgado.

—Hola, Señorita Cruz. ___2___ Pablo Delgado.

—Hola, Pablo. ¿___3___ estás?

—Bien, gracias. ¿___4___ mi mamá?

—Espera un momento... Lo ___5___, Pablo, tu madre no está.

—Ay, no...

—¿Quieres dejarle ___6___?

—Sí, por ___7___. Que me ___8___ más tarde.

—Bueno. Adiós, Pablo.

—___9___, Señorita Cruz.

Comunicación

32 Otra llamada

Hablemos With a partner, act out the telephone conversation in Activity 31. This time pretend that Mrs. Delgado is in the office and can take the call from her son.

33 Por teléfono

Hablemos In groups of three, create a phone conversation involving two friends and the father of one of the friends.

- Call your friend; the father answers the phone.
- Greet the friend's father and ask to speak to your friend.
- Answer any questions politely.
- After the father passes the phone to your friend, ask what he or she did yesterday.
- Your friend will tell you that he or she went to a store and bought something.
- Exchange roles and create a new conversation.

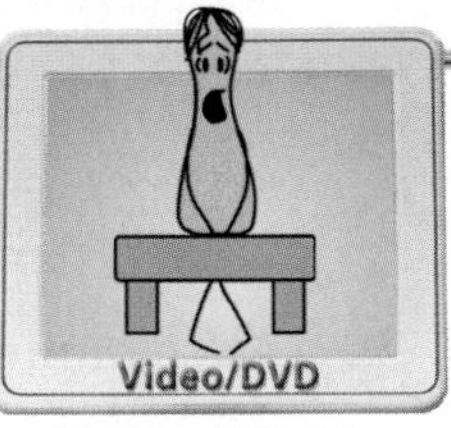

GramaVisión

Preterite of -ar verbs

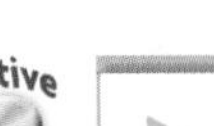

1 Use the **preterite** tense to talk about what happened or what someone did at a specific point in the past. To form the **preterite** of **-ar** verbs, like **comprar,** add these endings to the verb stem.

yo	compr**é**	nosotros(as)	compr**amos**
tú	compr**aste**	vosotros(as)	compr**asteis**
Ud., él, ella	compr**ó**	Uds., ellos, ellas	compr**aron**

Compré un DVD ayer. *I bought a DVD yesterday.*

2 Note that in the **preterite**, the **nosotros** form of **-ar** verbs looks exactly like the present tense form. You will have to use context to decide whether the speaker is talking about the present or the past.

Isa y yo **gastamos** mucho ayer. Casi nunca **gastamos** tanto.
Isa and I spent a lot yesterday. We almost never spend so much.

3 The stem-changing **-ar** verbs do not have stem changes in the **preterite**.

Encontré una camisa bonita y la compré.

Vocabulario y gramática, pp. 50–52
Actividades, pp. 39–41

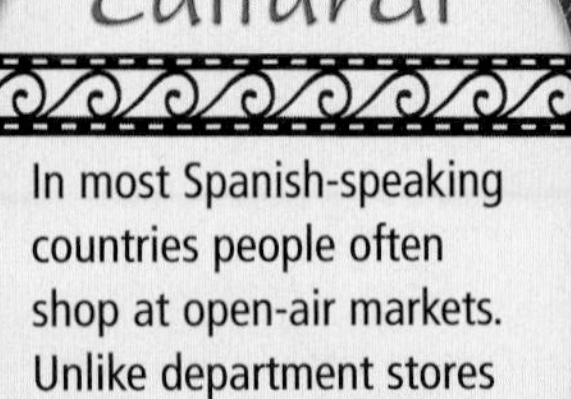

In most Spanish-speaking countries people often shop at open-air markets. Unlike department stores or malls, customers are expected to **regatear,** or bargain with vendors. Bargaining is an art form in these markets and successful shoppers may bring the price of an item down considerably.

Are there any open-air markets where you live? Do you bargain with the vendors?

Un mercado en Miami

34 ¿Pasado o presente?

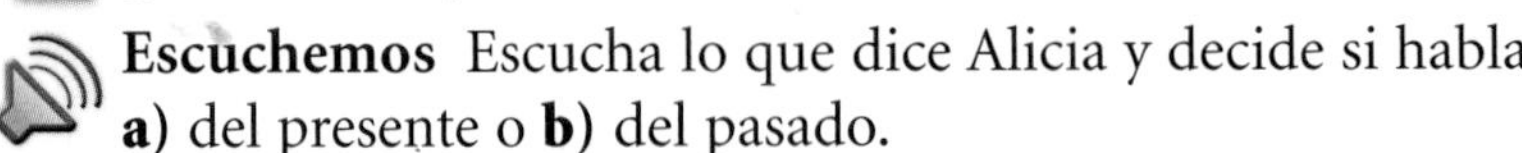

Escuchemos Escucha lo que dice Alicia y decide si habla **a**) del presente o **b**) del pasado.

35 El fin de semana pasado

Escribamos Combine a word or phrase from each section to make six sentences that tell what people did last weekend.

Yo	hablar por teléfono	en el centro comercial
Mi familia y yo	mirar vitrinas	en la tienda de __?__
Mis amigos	escuchar música	en casa
Mi hermano(a)	comprar __?__	en la biblioteca
Mis amigos y yo	bailar	en una fiesta
Mis padres	estudiar	en la plaza de comida
	tomar un refresco	en la juguetería

Gramática 2

36 ¿Qué hicieron ellos?

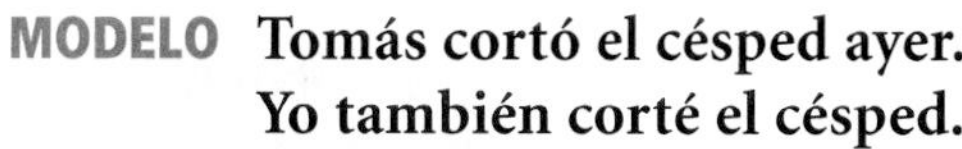

Escribamos/Hablemos Look at each photo and write what these people did. Then write if you also did the same activity.

MODELO **Tomás cortó el césped ayer.**
Yo también corté el césped.

Tomás

1. Sara/anteayer

2. ellos/el sábado pasado

3. tus amigas/ayer

4. Pablo y Mila/anoche

5. Carmela/ el martes pasado

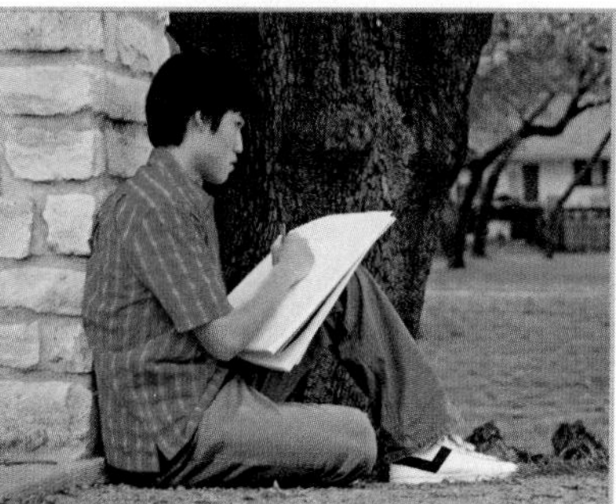

6. Luis/ayer por la tarde

Comunicación

37 Ayer por la noche

Hablemos In small groups, ask your classmates if they did the following things last night.

MODELO **—¿Estudiaste anoche?**
—Sí, estudié mucho. (No, no estudié.)

cantar	hablar por teléfono	pasear
dibujar	comprar ropa	gastar dinero
escuchar música	montar en bicicleta	pasar el rato solo(a)
estudiar	nadar	alquilar un video

Preterite of ir

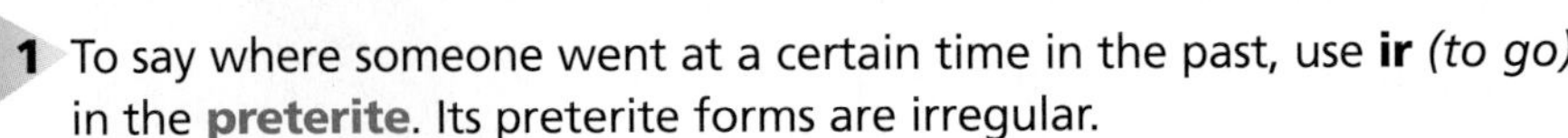

1 To say where someone went at a certain time in the past, use **ir** *(to go)* in the **preterite**. Its preterite forms are irregular.

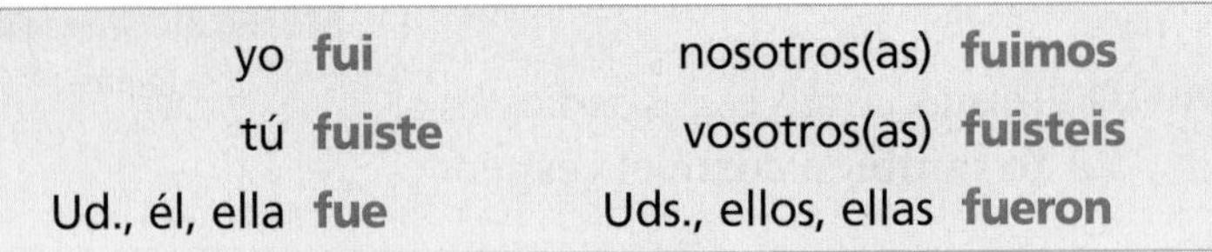

yo	**fui**	nosotros(as)	**fuimos**
tú	**fuiste**	vosotros(as)	**fuisteis**
Ud., él, ella	**fue**	Uds., ellos, ellas	**fueron**

2 Remember to use **adónde** to ask where someone went.

—¿**Adónde fuiste** ayer? *Where did you go yesterday?*
—**Fui** al cine. *I went to the movies.*

3 Use **a + infinitive** after **ir** to say why someone went somewhere.

Fuimos a la librería **a comprar** libros.
We went to the bookstore to buy books.

Vocabulario y gramática, pp. 50–52
Actividades, pp. 39–41

En el Festival de la Calle Ocho, Miami

38 De tienda en tienda

Leamos Choose the correct word in parentheses to complete the paragraph.

Ayer ___1___ (fui/fuimos) con mi familia al centro comercial. Mi hermana Delia ___2___ (fuiste/fue) a un almacén a comprar pantalones. Mis padres ___3___ (fuimos/fueron) a la librería y mi hermano ___4___ (fue/fuiste) a la juguetería. Por fin todos ___5___ (fuimos/fuiste) a la heladería a tomar un batido.

39 ¿Fuiste al festival este año?

Escribamos Combine a word or phrase from each section to make six sentences. Tell where these people went and what they did.

MODELO **Fui al cine a ver una película.**

yo	ir	al cine	a comprar
tú		al parque	a leer
mi mejor amigo(a)		al estadio	a comer
mi familia y yo		al almacén	a ver
mis padres		al restaurante	a jugar
mi profesora		a la biblioteca	a estudiar
mi hermano		a la librería	
		al colegio	

40 Contesta personalmente

Escribamos Contesta las preguntas según tus propias experiencias.

1. ¿Fuiste al colegio ayer?
2. ¿Fue al colegio ayer tu mejor amigo(a)?
3. ¿Fueron tus amigos y tú al centro comercial la semana pasada?
4. ¿Adónde fuiste anteayer?
5. ¿Adónde fueron tus amigos y tú el sábado pasado?
6. ¿Adónde fue tu familia el fin de semana pasado?

41 ¿Adónde fueron? ¿Qué compraron?

Escribamos/Hablemos María is saying where everyone went shopping and what they bought. Based on the photos, write what she says.

MODELO **Carlos y Carmen fueron a la juguetería. Compraron videojuegos.**

Carlos y Carmen

1. nosotros

2. papá

3. mis amigas

4. yo

5. Gabi y Rebeca

42 Tiendas y compras

Hablemos On a scrap of paper write down three stores you went to and what you bought there. Do not let your partner see what you write! Your partner will ask you questions and try to guess where you went and what you bought. Take turns guessing and answering.

Tiendas	Cosas que compré
Muy de Moda	falda
Ropa y Más	sandalias
Joyería Sánchez	pulsera

MODELO **—¿Compraste un disco compacto?**
—No, compré unos audífonos.
—¿Fuiste a la tienda de música?
—Sí, fui a la tienda de música.

Preterite of -ar verbs with reflexive pronouns

1 Use the **preterite** to talk about what happened at a particular point in the past and to narrate a sequence of events in the past.

Regresé tarde a casa y **me acosté.**

2 Remember to use the correct form of the **reflexive pronoun** when necessary.

levantarse			
yo	**me** levanté	nosotros(as)	**nos** levantamos
tú	**te** levantaste	vosotros(as)	**os** levantasteis
Ud., él, ella	**se** levantó	Uds., ellos, ellas	**se** levantaron

Me levanté y **me bañé.** *I got up and took a bath.*

3 Stem-changing **-ar** verbs don't have stem changes in the **preterite**.

Ayer **me desperté** a las seis y **me acosté** a las diez.

Yesterday I woke up at six and I went to bed at ten.

Vocabulario y gramática, pp. 50–52
Actividades, pp. 39–41

43 ¡Qué día más ocupado!

Escuchemos Escucha lo que hicieron Enrique y Lupita ayer. Según *(according to)* lo que oyes, pon los dibujos en orden cronológico *(chronological order).*

a.

b.

c.

d.

e.

f.

g.

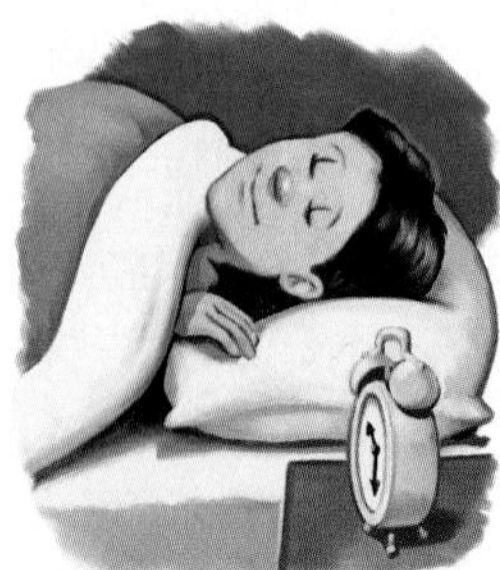

h.

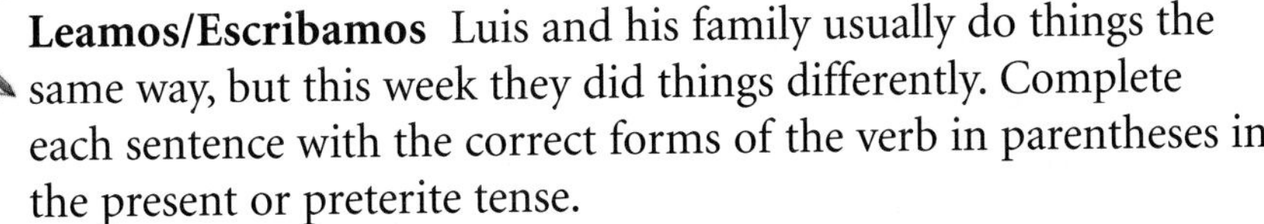

44 La familia de Luis

Leamos/Escribamos Luis and his family usually do things the same way, but this week they did things differently. Complete each sentence with the correct forms of the verb in parentheses in the present or preterite tense.

MODELO **Pili <u>se baña</u> por la mañana pero ayer <u>se bañó</u> por la noche.**

1. Papá _____ antes del desayuno, pero ayer no _____. (afeitarse)
2. Siempre _____ a las 8:00, pero el miércoles yo _____ a las seis para estudiar. (despertarse)
3. Ana y yo _____ a las 3:30, pero ayer _____ a las 5:00. (regresar)
4. Papá y mamá _____ la cena juntos, pero mamá trabajó tarde, así que solamente la _____ juntos el jueves y el viernes. (preparar)
5. Patricia, tú _____ temprano por lo general, pero anoche _____ después de la medianoche. (acostarse)

45 En mi familia

Hablemos Based on Activity 44, tell what you and your family usually do, and what you did differently this week. Use names from your family, and different verbs if you like.

MODELO **Generalmente me levanto a las 7:00, pero hoy me levanté a las 8:00.**

Comunicación

46 ¿Qué pasó?

Hablemos Con un(a) compañero(a), mira los dibujos y di adónde fueron Felipe y Cristina y qué hicieron. Luego, túrnense para crear una conversación entre ellos.

a.

b.

c.

Conexiones culturales

Conexión Historia

A **córdoba:** Nicaragua

B **peso:** México

C **lempira:** Honduras

1 Las figuras históricas

Many Latin American countries have pictures of important historical figures on their coins and paper bills, just as we have a picture of Abraham Lincoln on the five-dollar U.S. bill. Match the following people in Latin American history to the currencies that were named for them or that carry their pictures.

1. **Lempira,** the chief of the Lenca people, who fought heroically against the Spanish conquerors.
2. **Sor Juana Inés de la Cruz** (Juana de Asbaje), a nun who was a devoted scholar and poet in seventeenth-century Mexico.
3. **Francisco Hernández de Córdoba,** a Spanish explorer who founded the colonial cities of Granada and León.

2 ¡Te toca a ti!

Pretend your state is actually a country. Work with a partner to create money for your "country." Include drawings of famous people and symbols that are important in your state. Draw examples of both sides of a coin or the paper money. Use the Spanish words for numbers to write the value of your coin or paper money. Present the money you designed to the class.

Can your classmates identify your symbols and colors and explain what they mean?

Conexión Matemáticas

3 De compras

In Spain and most Spanish-speaking countries, you can shop in neighborhood shops that specialize in one type of food or item. Large stores are common in big cities. Smaller shops and open markets are still popular, however, and they're within walking distance from most homes. Imagine you have 5.75€ (euros) to spend on fruit at the local fruit stand **(la frutería).**

1. Decide which kinds of fruit to buy.
2. Calculate how much change you will get back.
3. Where would you go to buy fruit in your hometown?

Mercado San Miguel, Madrid, España

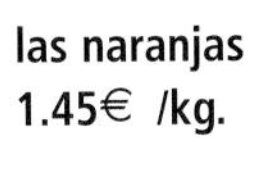

las fresas
2.50€ /kg.

las naranjas
1.45€ /kg.

las manzanas
1.80€ /kg.

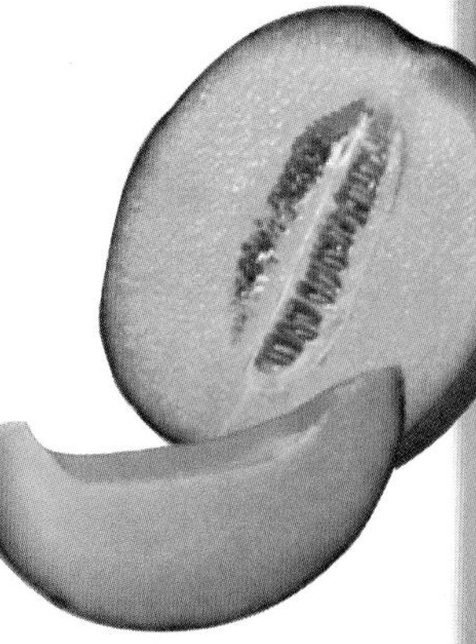

el melón
1.58€ /kg.

Novela en video

¿Quién será?

Episodio 8

ESTRATEGIA

Recognizing different points of view When the same story is told from different points of view, it is important to keep track of who is telling what. This is because the same events can be interpreted in a completely different way by everyone who experienced them. The truth probably lies somewhere between the different versions. As you read the **Novela** or watch the video, keep track of whose view is being expressed, Sofía's or Celeste's. What do you think really happened?

En México

Celeste habla con Sofía. Celeste quiere ir de compras a buscar ropa y zapatos para la fiesta del sábado.

1

Celeste Hola, Sofía. Necesito comprar una falda, una blusa y unos zapatos para la fiesta del sábado.

Sofía Está bien.

Celeste Perfecto. ¿Por qué no nos encontramos en Kulte a las diez y media?

Visit Holt Online
go.hrw.com
KEYWORD: EXP1B CH8
Online Edition

Novela en video

La versión de Sofía

Fui con Celeste a Kulte, una tienda de ropa.
2

Celeste ¿Qué te parece esta falda azul? ¿Me queda bien?

Sofía No te queda nada bien. Te debes probar otra.

Celeste Ah, qué bueno que estás de acuerdo. Es muy bonita. Me gusta muchísimo.

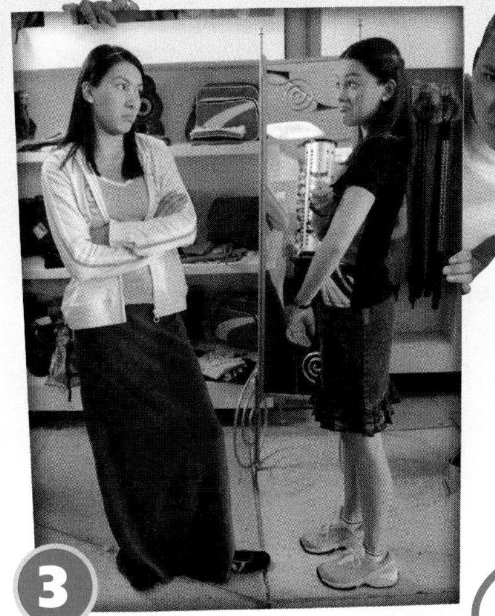

No me hizo caso. Compró una falda horrible. Luego, se probó una blusa morada.
3

Celeste ¿Te gusta esta blusa morada? ¿Me queda bien?

Sofía No. ¡Está pasada de moda! Y debes probarte otra talla.

Celeste ¡Me queda perfecta! Y está a la última moda, ¿no crees?

Traté de convencerla. Pero nada. Gastó su dinero en una blusa fea. Luego fuimos a la sección de zapatos.
4

Celeste ¿Qué piensas de estos zapatos? ¿Van bien con la blusa y la falda?

Sofía ¿Sabes qué? ¡Estás más loca que un zapato!

Celeste ¡Perfecto! Me voy a llevar estos zapatos. Ahora estoy lista para la fiesta del sábado. ¡Voy a estar a la última moda con mi nueva falda, blusa y zapatos!

A. Contesta

What is happening in the **Novela**? Check your understanding by answering the questions.

1. Why does Celeste call Sofía?

2. What does Sofía say about the skirt? the blouse? the shoes?

3. In Sofía's version, what does Celeste say about the things she bought?

La versión de Celeste

Fui con Sofía a Kulte. No me gustó mucho la falda azul, pero le gustó tanto a Sofía que la compré.
5

Celeste ¿Qué té parece esta falda azul? ¿Me queda bien?

Sofía ¡Te queda muy bien! ¡Muy bonita! Definitivamente debes comprarla.

Celeste ¿Estás segura? No sé.

Sofia ¡Te lo juro! ¡Te ves increíble!

Luego me probé una blusa morada. Gasté mi dinero en una blusa que no me queda bien.
6

Celeste ¿Te gusta esta blusa morada? ¿Me queda bien?

Sofía ¡Claro que sí! ¡Está a la última moda! Y es una ganga. ¡Mira el precio!

Celeste Pues, sí, tienes razón. Es muy barata. Pero...

Sofía ¿Pero qué? Hazme caso. Debes comprarla.

Luego fuimos a la sección de zapatos.
7

Celeste ¿Qué piensas de estos zapatos? ¿Van bien con la blusa y la falda?

Sofía ¡Amiga! ¡Estos zapatos son más bonitos que todos los zapatos en todo el mundo!

Celeste ¿De veras? Bueno, si te gustan a ti, los voy a comprar.

8

Celeste Sofía, tengo que regresar a Kulte. Tengo que devolver la falda, la blusa y los zapatos. ¿Vas conmigo?

Sofía Sí, pero ¿por qué tienes que devolver todo?

Celeste Mamá dice que me veo horrible en esa falda y esa blusa y que los zapatos son más horribles que la ropa. No sé por qué me dejaste comprarlos.

B. Contesta

1. In Celeste's version, what does Sofía say about the skirt? the blouse? the shoes?
2. According to Celeste, why does she end up buying the clothes and shoes?
3. What does Celeste's mother make her do?

Actividades

1 ¿Cómo lo diría?

Look through the story to find and write down Spanish words, phrases, and sentences that you could use to say the following.

1. It fits me well.
2. It's the latest style!
3. You should try on something else.
4. What do you think of this skirt?
5. It's a bargain!

2 ¡Opiniones!

The two girls don't seem to agree on Sofía's comments about the clothing that Celeste tried on. Look through the story to see how each girl remembers what Sofía said about each thing.

1. What advice does Sofía remember giving about . . .
   la falda?
   la blusa?
   los zapatos?
2. What advice from Sofía does Celeste remember hearing about . . .
   la falda?
   la blusa?
   los zapatos?

3 ¿Comprendes la Novela?

Check your understanding of the events in the story by answering these questions.

1. Based on what you found in Activity 2, what could have led to two such different interpretations of the same events?
2. How would you respond to Celeste's statement, **«No sé por qué me dejaste comprarlos»**?

Próximo episodio
Marcos is going to another country. Where is he going? What do you think?
PÁGINAS 206–209

Leamos y escribamos

ESTRATEGIA

para leer Visualizing what you read in a story helps you better understand it. As you read, create pictures in your mind of each scene or event. This will help you connect what you know to what you are reading and help you summarize the main events of the story.

A Antes de leer

Read the first paragraph of the story. Draw the picture that it brings to mind. What does this image tell you about the man and his servant? As you read the rest of the story, continue drawing pictures of how you imagine the events of each scene.

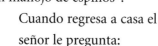

Una moneda[1] de ¡Ay!

En un pueblo, como muchos otros pueblos, vive un gran señor con muchos sirvientes. Pedro, el sirviente más nuevo, es un muchacho que al señor le parece un poco tonto. Para burlarse de él[2], lo llama, le da dos monedas y le dice:

—Pedro, vete al mercado y cómprame una moneda de uvas y otra de ¡Ay!

El pobre Pedro va al mercado y compra las uvas, pero cada vez que pregunta por la moneda de ¡Ay!, todos los vendedores se ríen de él[3].

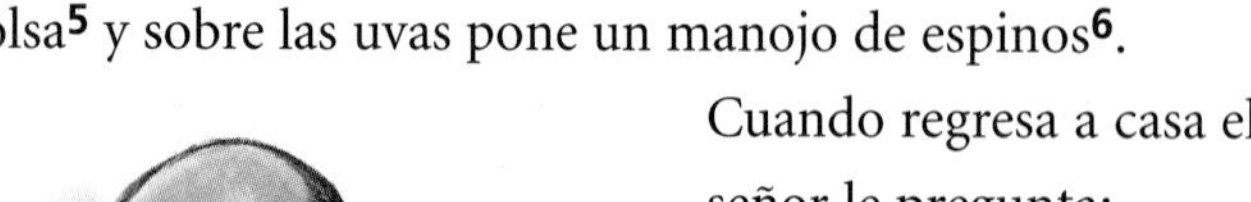

Finalmente Pedro se da cuenta[4] que el señor quiere burlarse de él. Entonces decide poner las uvas en una bolsa[5] y sobre las uvas pone un manojo de espinos[6].

Cuando regresa a casa el señor le pregunta:

—¿Fuiste al mercado?

—Sí, señor.

—¿Y lo traes todo?

—Sí, señor. Todo está en la bolsa.

El señor parece sorprendido[7]. Rápidamente mete la mano[8] en la bolsa y al tocar los espinos, exclama:

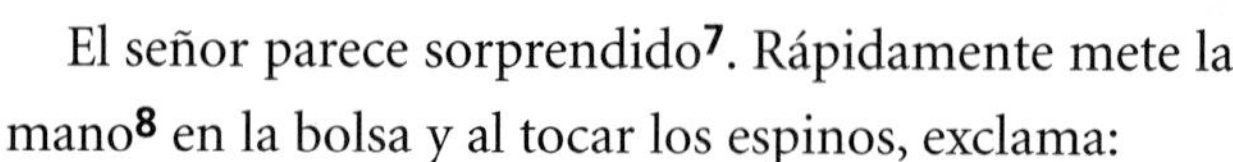

—¡Ay!

—Y debajo están las uvas— le dice Pedro.

1 coin 2 to make fun of him 3 the vendors laugh at him 4 he realizes
5 bag 6 handful of thorns 7 seems surprised 8 puts his hand in

B Comprensión

Contesta las siguientes preguntas con oraciones completas.

1. ¿Quién es Pedro?
2. ¿Qué debe comprar Pedro en el mercado?
3. ¿Por qué se ríen los vendedores de Pedro?
4. ¿Qué hay en la bolsa que Pedro le da al señor?
5. ¿Cómo reacciona el señor cuando Pedro le dice que trae todo?
6. ¿Qué hace el señor cuando mete la mano en la bolsa?

C Después de leer

Summarize the story using the drawings you made while reading it. Explain how you visualized each scene. What did each scene reveal about the characters? Did you find the ending of the story humorous? Why?

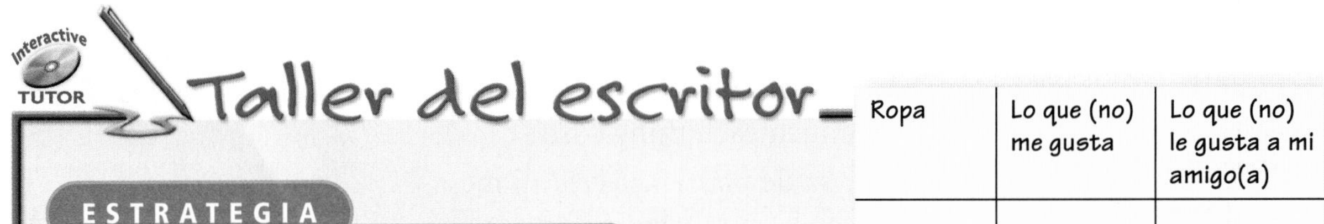

Ropa	Lo que (no) me gusta	Lo que (no) le gusta a mi amigo(a)

ESTRATEGIA

para escribir When you write about differing opinions, choose terms that show sharp, clear contrasts. Using charts can help you visualize and contrast differing points of view.

A mí me parece perfecto...

Imagine you are shopping for clothes with a friend. However, you can't agree about anything today! If you think something looks good and fits well, your friend says it looks awful. Write five things you're shopping for that you and your friend have different opinions about.

1 Antes de escribir

Make a chart. In one column, list at least five pieces of clothing. In the next column write what you like or don't like about each item. In the third column, write the differing opinions your friend has.

2 Escribir y revisar

Using your chart, write about your shopping trip. Include your and your friend's opinions about the clothes: how they fit, if they look good, or if they are in style. Include details to back up each opinion.

Read your draft at least two times, comparing it with your chart. Are the contrasting opinions clear? Check spelling and punctuation.

3 Publicar

Share your paragraph with the class. Ask your classmates to respond by giving their opinions or preferences regarding the clothing.

Prepárate para el examen

1 Tell what each item is, and what size and color you want or need.

2 Compare the prices of the following items with similar things you have at home. Begin with the correct form of **este(a).** Tell how much each thing costs.

1. mesa de plástico, $125/mi mesa
2. sofá de seda, $1.199/mi sofá
3. cama grande, $1.831/mi cama
4. cuatro plantas de seda, $45/mis plantas
5. refrigerador negro, ultra moderno, $2.057/mi refrigerador
6. teléfono azul y verde, $62/mi teléfono

3 Escoge la respuesta apropiada.

1. ¿Adónde fuiste el lunes por la noche?
2. Hola. ¿Está Andrés?
3. Compré aretes y un anillo.
4. Lo siento, no está. ¿Quieres dejarle un recado?
5. ¿Qué hiciste en la tienda de música?

a. Espera un momento. Ya te lo paso.
b. ¿A qué joyería fuiste?
c. Fui a la biblioteca a estudiar.
d. Escuché muchos discos compactos.
e. Sí, por favor, que me llame después.

1 Vocabulario 1
- asking for and giving opinions
- offering and asking for help in a store

pp. 132–137

2 Gramática 1
- **costar,** numbers to one million
- demonstrative adjectives and comparisons
- **quedar**

pp. 138–143

3 Vocabulario 2
- saying where you went and what you did
- talking on the phone

pp. 146–151

Visit Holt Online
go.hrw.com
KEYWORD: EXP1B CH8
Chapter Self-test

4 Complete Carolina's description of her day, using the preterite of the verbs in parentheses.

Hoy ___1___ (despertarse, yo) temprano para ir de compras con mi familia. ___2___ (ir, nosotros) al centro comercial nuevo. Le ___3___ (comprar, yo) una pulsera a mi abuela. Ignacio ___4___ (mirar) las vitrinas, nada más. Mamá y papá ___5___ (gastar) mucho dinero en DVDs. Por la tarde, mis padres ___6___ (tomar) un batido y Federico ___7___ (ir) al cine. Nosotros ___8___ (regresar) a casa a las seis. Todos ___9___ (acostarse) tarde.

4 Gramática 2
- preterite of **-ar** verbs
- preterite of **ir**
- preterite of **-ar** verbs with reflexive pronouns

pp. 152–157

5 Contesta las siguientes preguntas.

1. How do you refer to clothing and shoe sizes in Spanish-speaking countries?
2. What are **guayaberas** and where did they originate?
3. Where would you likely see customers bargaining with vendors? Where wouldn't you?

5 Cultura
- **Comparaciones** **pp. 144–145**
- **Notas culturales** **pp. 134, 140, 148, 152**
- **Geocultura** **pp. 126–129**

6 Escucha y escribe qué cosas te comprarías *(would buy)* y en qué tienda.

Conversación

7 Role-play the following conversation with a partner. Partner A and Partner B are in the mall, talking about shopping.

PARTNER A: Greet your partner and say you went shopping. Say you bought a sweater and tennis shoes.

PARTNER B: Tell your partner the sweater looks good on him or her, and that it's in style.

PARTNER A: Thank him or her. Ask what your partner thinks of your tennis shoes.

PARTNER B: Say they look good on your partner, but that you like black tennis shoes more. Ask if they cost a lot.

PARTNER A: Say yes, you paid a fortune. Ask if your partner is going to buy something.

PARTNER B: Tell your partner you want to buy some CDs. Ask if he or she wants to go with you.

PARTNER A: Say yes and suggest going to the food court later.

PARTNER B: Agree, and say it's lunch time. Say after lunch you want to go to the ice cream shop for a milkshake!

Gramática 1
- **costar** and numbers to one million
  pp. 138–139
- demonstrative adjectives and comparisons
  pp. 140–141
- **quedar**
  pp. 142–143

Repaso de Gramática 1

100	cien	600	seiscientos(as)
101	ciento uno(un)	700	setecientos(as)
102	ciento dos	800	ochocientos(as)
200	doscientos(as)	900	novecientos(as)
300	trescientos(as)	1.000	mil
400	cuatrocientos(as)	2.000	dos mil
500	quinientos(as)	1.000.000	un millón (de+*noun*)

singular subject — *plural subject*

La bolsa **cuesta** cien dólares. Las botas **cuestan** ciento veintiún dólares.

este/ese saco	**más**+*adj.*+**que**	**mejor(es)/peor(es) que**
estos/esos sacos	**tan**+*adj.*+**como**	
esta/esa blusa	**menos**+*adj.*+**que**	**menor(es)/mayor(es) que**
estas/esas blusas		

The verb **quedar** is used to say how something fits and is conjugated like **gustar: me/te/le/nos/os/les** **queda(n)**+*adjective/adverb.*

Gramática 2
- preterite of regular **-ar** verbs
  pp. 152–153
- preterite of **ir**
  pp. 154–155
- preterite of **-ar** verbs with reflexive pronouns
  pp. 156–157

Repaso de Gramática 2

The verb **comprar** has regular **preterite** forms; the verb **ir** is irregular.

compr**é**	compr**amos**
compr**aste**	compr**asteis**
compr**ó**	compr**aron**

fui	**fuimos**
fuiste	**fuisteis**
fue	**fueron**

The **preterite** is used to say what happened at a specific point in the past and to narrate a sequence of events. Verbs with **reflexive pronouns** in the **preterite** have the same preterite endings as other verbs.

Ayer **fui** al cine con mis amigos, **regresé** tarde a casa y **me acosté**.

Letra y sonido

El acento ortográfico

- Words ending in a vowel, **-n,** or **-s** are usually stressed on the next-to-last syllable. Exceptions have an accent mark over the stressed vowel:
  niño, joven, compras, semáforo, almacén, jóvenes
- Words ending in a consonant other than **-n,** or **-s** are usuallly stressed on the last syllable. Exceptions have an accent mark over the stressed vowel:
  papel, ciudad, repetir, ángel, lápiz, Héctor

Trabalenguas

El célebre cerebelo del cerebro celebrará con celeridad una celebérrima celebración.

Dictado

Escribe las oraciones.

Repaso de Vocabulario 1

Asking for and giving opinions

a la (última) moda	*in (the latest) style*
además	*besides*
barato(a)	*inexpensive*
caro(a)	*expensive*
¿Cómo me queda el/la...?	*How does the . . . fit me?*
costar (ue)	*to cost*
¡Es un robo!	*It's a rip-off.*
ese(a)(os)(as)	*that, those*
este(a)(os)(as)	*this, these*
feo(a)	*ugly*
la ganga	*bargain*
pasado(a) de moda	*out of style*
pequeño(a)	*small*
¿Qué te parece el/la...?	*What do you think of the . . . ?*
quedar bien/mal	*to fit well/badly*
Te queda muy bien.	*It looks good on you.*
tener (ie) razón	*to be right*

Colors . . . . See p. 133.

Asking for and offering help in a store

el abrigo	*(over)coat*
la blusa	*blouse*
la bolsa	*purse*
las botas	*boots*
los calcetines	*socks*
la camisa	*shirt*
la camiseta	*T-shirt*
cerrar (ie)	*to close*
la chaqueta	*jacket*
el/la cliente	*client, customer*
el color	*color*
de algodón/lana/seda	*(made of) cotton/wool/silk*
devolver (ue)	*to return something*
el/la dependiente	*salesclerk*
¿En qué le puedo servir (i)?	*How can I help you?*
la falda	*skirt*
llevar	*to wear*
Me gustaría...	*I would like . . .*
Nada más estoy mirando.	*I'm just looking.*
el número	*(shoe) size*
otro(a)	*other, another*
los pantalones (cortos/vaqueros)	*pants (shorts/jeans)*
un par de...	*a pair of . . .*
para hombres/mujeres/niños	*for men/women/children*
el saco	*sport coat*
las sandalias	*sandals*
el sombrero	*hat*
el suéter	*sweater*
la talla	*(clothing) size*
el teatro	*theater*
la tienda de ropa	*clothing store*
el traje de baño	*swimsuit*
usar	*to use, to wear*
el vestido	*dress*
los zapatos (de tenis)	*(tennis) shoes*

Repaso de Vocabulario 2

Saying where you went and what you did

ahorrar	*to save money*
el almacén	*department store*
el anillo	*ring*
anoche	*last night*
anteayer	*day before yesterday*
los aretes	*earrings*
los audífonos	*headphones*
ayer	*yesterday*
el batido	*milkshake*
comprar	*to buy*
el dinero	*money*
el disco compacto (en blanco)	*(blank) CD*
el DVD	*DVD*
gastar	*to spend*
la heladería	*ice cream shop*
la joyería	*jewelry store*
la juguetería	*toy store*
los juguetes	*toys*
la librería	*bookstore*
mirar las vitrinas	*to window-shop*
pagar (una fortuna)	*to pay (a fortune)*
la plaza de comida	*food court in a mall*
la pulsera	*bracelet*
la revista de tiras cómicas	*comic book*
la tarjeta (de cumpleaños)	*greeting card (birthday card)*
la tarjeta regalo	*gift card*
la tienda de...	*. . . store*
tomar un batido	*to have a milkshake*
vender (de todo)	*to sell (everything)*
la zapatería	*shoe store*

Talking on the phone . . . . See p. 150.

Repaso cumulativo

Integración

capítulos 1-8

1 Escucha el anuncio y escoge la respuesta más apropiada.

1. Los audífonos son ______.
   a. de la más alta calidad **b.** muy caros
2. Esta tienda vende ______.
   a. pocos videos **b.** muchos videos
3. Casa Electrónica tiene ______.
   a. muchas cosas caras **b.** pocas cosas caras
4. Casa Electrónica nunca ______.
   a. tiene descuentos **b.** cierra
5. Según el anuncio, vas a ______.
   a. ahorrar dinero **b.** pagar mucho

2 Basándote en el anuncio, haz comparaciones entre las siguientes cosas, usando **más ... que, menos ... que** y **tan ... como.**

1. sandalias para mujeres/sandalias para hombres
2. blusas de seda/blusas de algodón
3. sombreros para hombres/sombreros para mujeres
4. pulseras/anillos y aretes
5. blusas para mujeres/camisas para hombres

Visit Holt Online
go.hrw.com
KEYWORD: EXP1B CH8
Cumulative Self-test

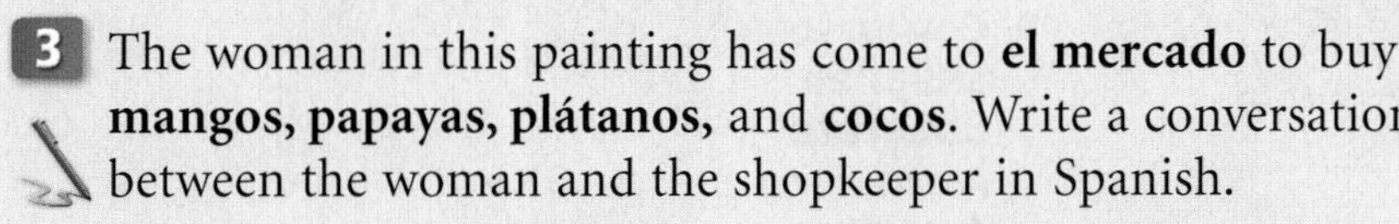

3 The woman in this painting has come to **el mercado** to buy **mangos, papayas, plátanos,** and **cocos.** Write a conversation between the woman and the shopkeeper in Spanish.

- The people greet each other.
- The shopkeeper asks how he can help.
- The woman asks prices of various items.
- The shopkeeper answers, then compares two items.
- The woman decides what to buy.
- They say goodbye.

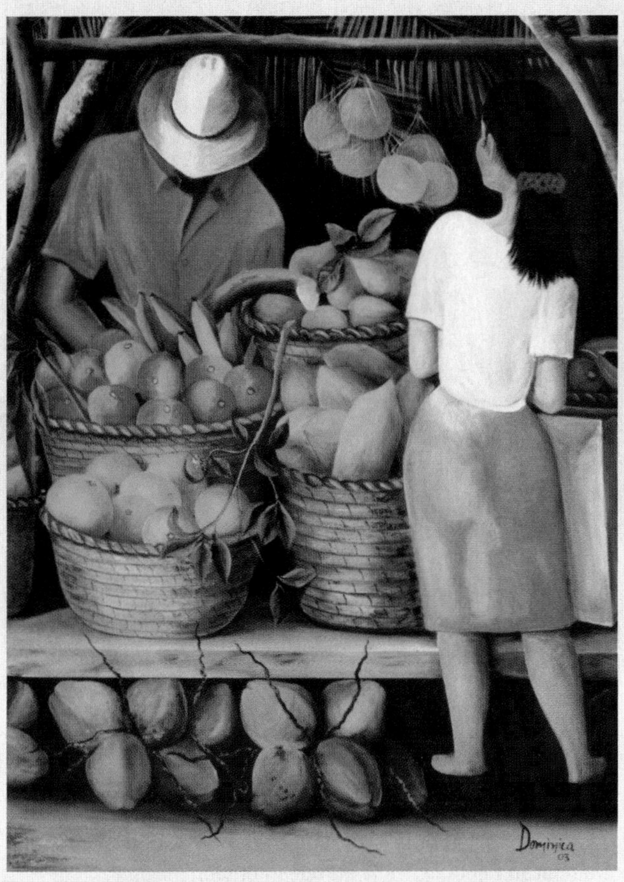

Mercado caribeño, de la Dra. Dominica Alcántara

4 Situación

In small groups, create a classroom department store. Each group sets up a different department: clothing, accessories, school supplies, furniture, etc. Make signs for your department that show

- the items for sale
- their prices
- any special sales

Then play the roles of shoppers and clerks in the store.

Capítulo 9

GeoVisión

► **Concurso anual en Cabarete** A windsurfing competition takes place every June near the town of Cabarete.

Geocultura
La República Dominicana

HAITÍ

▼ **Santo Domingo** The capital of the Dominican Republic, Santo Domingo, is located on the southern coast of the country at the mouth of the Ozama River.

Almanaque

Población
8.950.034

Capital
Santo Domingo

Gobierno
democracia representativa

Idioma oficial
español

Moneda
peso dominicano

Código Internet
www.[ ].do

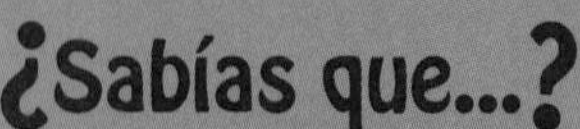

¿Sabías que...?

Pico Duarte, a mountain in the Dominican Republic's Cordillera Central, is 3,087 meters high. It is the highest mountain in the Caribbean.

▼ **Niños dominicanos** These children reflect the mixed ethnic makeup of the Dominican Republic: 16% European origin, 11% African origin, and 73% mixed.

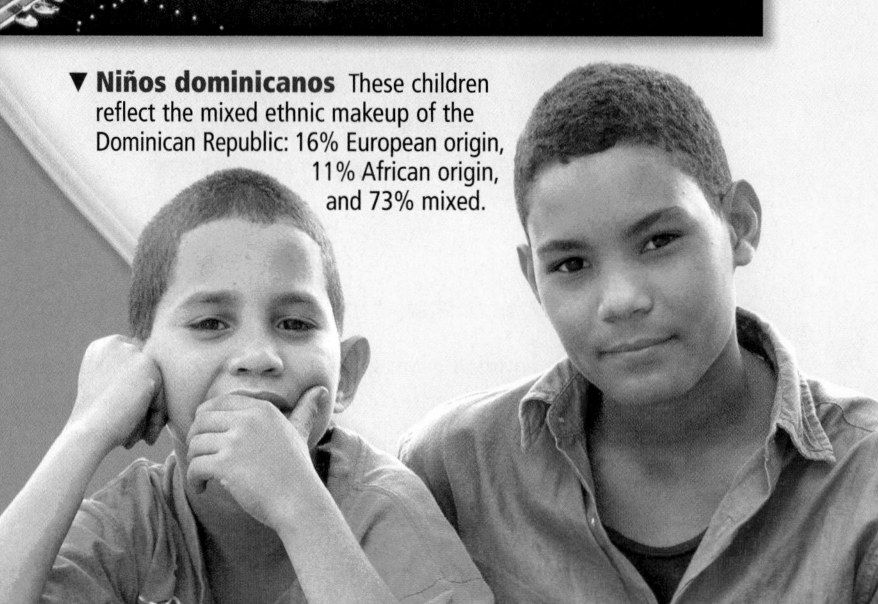

◄ **El Parque Nacional de los Haitises** This park is in the province of **Samaná**. You can see low hills called **mogotes** in the waters of the **Bahía de Samaná.**

► **El Pico Duarte** The **Pico Duarte** was named for Juan Pablo Duarte, a 19th-century revolutionary.

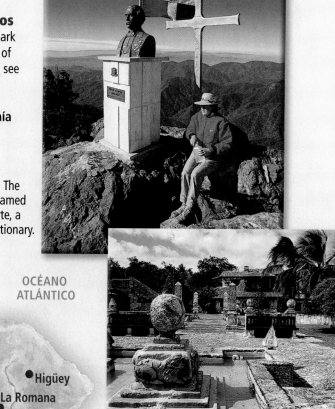

▲ **Altos de Chavón** This artists' village in the province of **La Romana** sits on the bluffs above the **Río Chavón.**

▼ **El Lago Enriquillo** The largest saltwater lake in the Caribbean is in the Dominican Republic near the border with Haiti. It lies 40 meters below sea level.

▲ **Las iguanas y los cocodrilos** American crocodiles and various species of iguanas live in Lake Enriquillo.

¿Qué tanto sabes?

What national park sits along the Bahía de Samaná?

A conocer la República Dominicana

La arquitectura

▲ **Casas de madera** Colorful wooden houses with sheet metal roofs are common in the Dominican Republic.

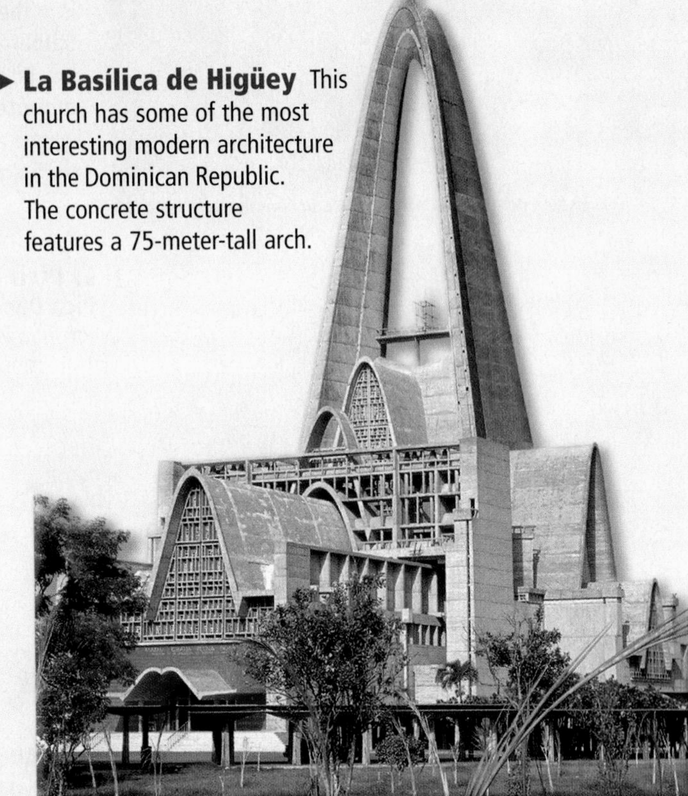

► **La Basílica de Higüey** This church has some of the most interesting modern architecture in the Dominican Republic. The concrete structure features a 75-meter-tall arch.

El arte

◄ ***El Once***
This painting is by the Dominican artist **Ramón Oviedo** (1924–). Oviedo is considered one of the most important modern painters in Latin America.

▼ **Mural cerámico** The Dominican artist Said Musa (1956–) is known for his many colorful murals. Musa created this public mural in Santo Domingo out of ceramic tile.

Visit Holt Online
go.hrw.com
KEYWORD: EXP1B CH9
Photo Tour

Interactive TUTOR

Las celebraciones

► **El Carnaval de Santo Domingo** In Santo Domingo, **Carnaval** is celebrated every February with parades and fantastic costumes.

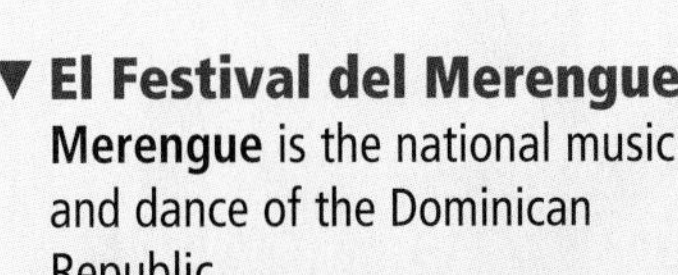

▼ **El Festival del Merengue** **Merengue** is the national music and dance of the Dominican Republic.

¿Sabías que...?

The Dominican Republic is smaller than West Virginia, yet this island nation has an enormous variety of ecosystems and wildlife. In what ways can you see that nature is enjoyed and protected in the Dominican Republic?

La comida

▲ **El sancocho** A hearty meat and vegetable stew, **sancocho** is made on special occasions in the Dominican Republic.

◄ **Puesto de yaniqueque** **Yaniqueque** stands are common on beaches of the Dominican Republic. Similar to johnnycakes, **yaniqueques** are round, flat pieces of fried dough.

Capítulo 9

¡Festejemos!

Objetivos

In Part 1 you will learn to:

- ask about plans
- ask about past holidays
- use the preterite of **-er** and **-ir** verbs
- use the preterite of **-ar** verbs (review)
- say what you plan to do using **pensar** with infinitives

In Part 2 you will learn to:

- ask about preparing for a party
- greet and introduce others
- say goodbye
- use direct object pronouns
- use **conocer** and personal **a**
- form and use the present progressive tense

¿Qué ves en la foto?

- **¿Dónde están estas personas?**
- **¿Qué día festivo están celebrando?**
- **¿Cómo se celebra el Día de la Independencia en tu país de origen?**

El Malecón, Santo Domingo

Objetivos
- Talking about plans
- Asking about past holidays

Vocabulario en acción 1

ExpresaVisión

Los días festivos

el Día de la Independencia

la Semana Santa

el Día de la Madre

el Día de los Enamorados

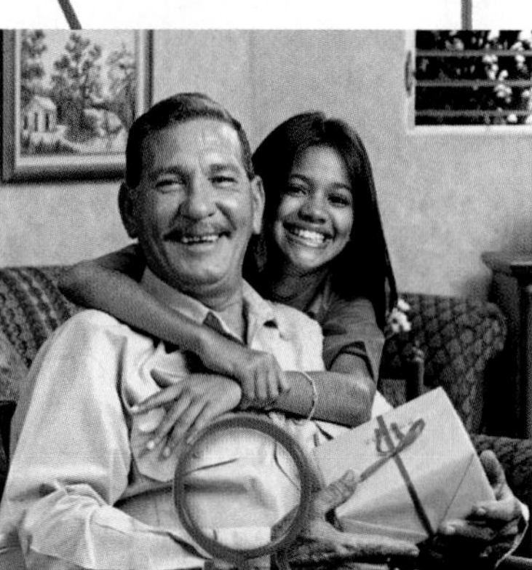

el Día del Padre

el Hanukah

la Navidad

la Nochevieja

el Día de Acción de Gracias

▶ **Vocabulario adicional** — Celebraciones, p. R11

Visit Holt Online
go.hrw.com
KEYWORD: EXP1B CH9
Vocabulario 1 practice

Vocabulario 1

recibir regalos

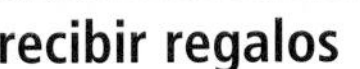

ver fuegos artificiales

abrir regalos

¿Cómo lo festejaron?

reunirse con (toda) la familia

mandar tarjetas

Más vocabulario...

el Año Nuevo	*New Year's Day*
celebrar	*to celebrate*
decorar la casa	*to decorate the house*
invitar	*to invite*
ir...	***to go . . .***
a misa	*to mass*
a la sinagoga	*to the synagogue*
al templo	*to the temple*

¡Exprésate!

To ask about plans	To respond
¿Qué vas a hacer el Día de la Independencia? *What are you going to do on Independence Day?*	**Pienso hacer una fiesta o tener un picnic.** *I plan to throw a party or have a picnic.*
¿Qué planes tienen para la Nochebuena? *What plans do you have for Christmas Eve?*	**Pensamos pasarla con mis abuelos, como siempre.** *We plan to spend it with my grandparents, as always.*

Interactive TUTOR

Vocabulario y gramática, pp. 53–55 — Online workbooks

Un desfile, Santo Domingo

1 Días festivos

Leamos/Hablemos Lee las siguientes oraciones y decide qué día festivo le corresponde a cada una.

1. Papá Noel trae muchos regalos.
2. Decoramos con los colores azul, blanco y rojo.
3. Muchas personas salen para una cena romántica.
4. Compramos algo especial para nuestra madre.
5. Muchas personas van a la sinagoga.
6. La gente va a misa a la medianoche.
7. Tenemos una cena familiar en noviembre.
8. Hacemos algo para nuestro papá.
9. La gente sale a ver fuegos artificiales.

2 ¿Qué hago?

Leamos Lee el correo electrónico de Jorge y las oraciones a continuación. Di si cada oración es **cierta** o **falsa.**

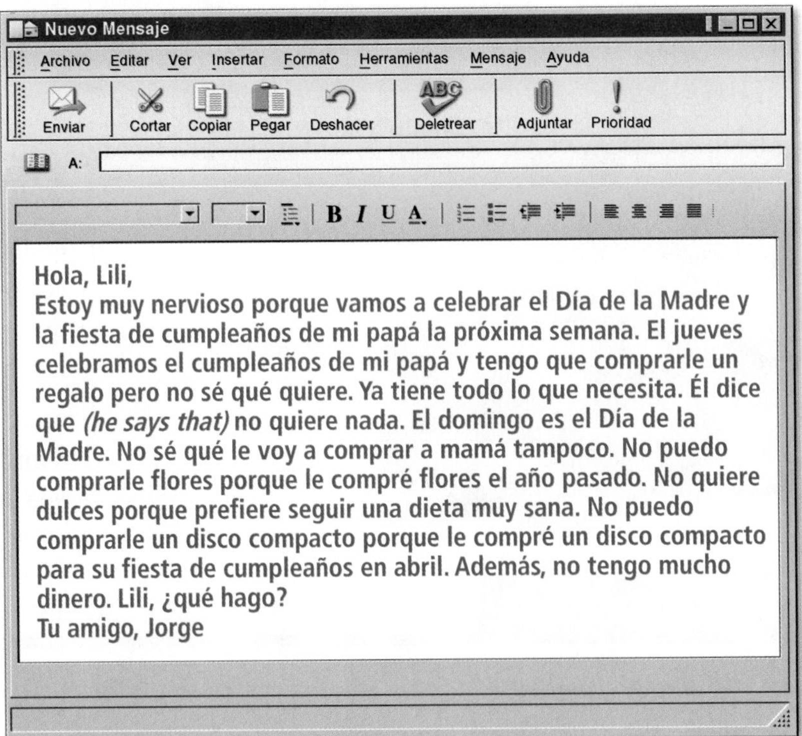

Hola, Lili,
Estoy muy nervioso porque vamos a celebrar el Día de la Madre y la fiesta de cumpleaños de mi papá la próxima semana. El jueves celebramos el cumpleaños de mi papá y tengo que comprarle un regalo pero no sé qué quiere. Ya tiene todo lo que necesita. Él dice que *(he says that)* no quiere nada. El domingo es el Día de la Madre. No sé qué le voy a comprar a mamá tampoco. No puedo comprarle flores porque le compré flores el año pasado. No quiere dulces porque prefiere seguir una dieta muy sana. No puedo comprarle un disco compacto porque le compré un disco compacto para su fiesta de cumpleaños en abril. Además, no tengo mucho dinero. Lili, ¿qué hago?
Tu amigo, Jorge

1. Jorge tiene todo listo para el cumpleaños de su papá y el Día de la Madre.
2. El papá de Jorge dice que no quiere nada para su cumpleaños.
3. Van a celebrar el cumpleaños del papá de Jorge el viernes.
4. Jorge piensa comprarle flores a su mamá para el Día de la Madre.
5. Jorge le compró un disco compacto a su mamá en abril.

3 Celebraciones

Escribamos Basándote en las fotos, describe cómo estas personas van a pasar los días festivos. Escribe por lo menos dos oraciones para cada foto.

MODELO **La familia celebra el Día de la Madre. Los hijos preparan comida especial para su madre.**

la familia

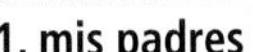

1. mis padres

2. mi familia y yo

3. mis hermanas

4. mis amigos

Comunicación

4 ¿Qué planes tienes para...?

Hablemos Work with three classmates to plan a party. Decide who you will invite, what kind of food you will have, and what music you will listen to. Also agree on a date, time, and place for the party. As you are talking about your plans, give your opinion using **me parece** or **(no) estoy de acuerdo.** Be prepared to present your plans to the class.

MODELO **—¿Qué tal si invitamos a todos nuestros compañeros de clase?**

—No estoy de acuerdo. Me parece mejor invitar a doce personas.

—Está bien, pero tenemos que invitar a...

5 La invitación

Escribamos With a partner, write an invitation to a party. The invitation should say what is being celebrated, the date, time, and place of the party as well as anything your guests should bring. Exchange invitations with another pair of classmates and write a response. Say whether you can go to the party and what you will bring. If you can't go to the party, say why.

¡Exprésate!

To ask about past holidays	To respond
¿Dónde pasaron la Navidad el año pasado? *Where did you spend Christmas last year?*	**La pasamos en casa de mis tíos.** *We spent it at my aunt and uncle's house.*
¿Qué tal estuvo? *How was it?*	**Estuvo a todo dar. Nos reunimos a comer.** *It was great. We got together to eat.*

Interactive TUTOR

Vocabulario y gramática, pp. 53–55 Online workbooks

El Día del Padre

6 ¿Qué celebraron?

Leamos Escoge la actividad que le corresponde a cada día festivo.

1. Mis hermanos cocinaron una cena especial para mamá. Ella descansó todo el día.
2. Los amigos mandaron muchas tarjetas, dulces y flores.
3. Nos reunimos con la familia para una cena especial.
4. Toda la familia le compró regalos a papá. Él descansó todo el día.
5. Fuimos a una fiesta y no nos acostamos hasta la una o las dos de la mañana.
6. La familia Rodríguez fue al parque para ver los fuegos artificiales.
7. Compramos regalos para todos y toda la familia fue a misa.

a. el Día de la Independencia
b. el Día del Padre
c. el Día de Acción de Gracias
d. la Navidad
e. el Día de la Madre
f. el Día de los Enamorados
g. la Nochevieja

7 Entre amigos

Leamos Pon en orden las oraciones de la siguiente conversación entre Lourdes y Manuel.

—¿Qué tal estuvo?
—¿Qué planes tienes para el Año Nuevo?
—Hola, Lourdes, ¿cómo estás? ¿Cómo pasaron la Navidad?
—Pues, la pasamos con mi familia en casa de los abuelos.
—¡Hola, Manuel!
—No sé, pero creo que lo voy a pasar con mis primos.
—Estuvo bien. Nos reunimos a decorar la casa, comer y abrir regalos.

8 ¿Pasado o futuro?

Escuchemos Escucha la conversación entre Luis y Rosa. Indica si cada cosa ya *(already)* ocurrió el Día de Acción de Gracias o va a ocurrir el día de la Navidad.

	ya ocurrió	va a ocurrir
1. ir a casa de los abuelos		
2. almorzar en un restaurante		
3. ir al cine		
4. pasar la noche en casa		
5. decorar la casa		
6. ir a misa		
7. abrir regalos y comer		
8. dormir en casa de los abuelos		

Nota cultural

On February 27th, Independence Day, Dominicans celebrate **Carnaval**. In Santo Domingo, children and adults gather to watch a parade along **El malecón**, one of the main streets. The parade includes floats, marching bands, dancers, and **diablos cojuelos.** These figures wear brightly-colored, horned masks and costumes covered with toys, mirrors, and shiny objects.

What celebrations, similar to the Dominican **Carnaval,** are you familiar with?

9 Mi día festivo preferido

Escribamos Write a short paragraph about your favorite holiday. Explain how you celebrate the holiday and who celebrates the holiday with you. Also explain why it is your favorite holiday.

MODELO **Mi día festivo preferido es el Día de Acción de Gracias. Es mi día favorito porque toda la familia va a la casa de mi abuela y...**

10 ¿Cómo lo van a pasar?

Hablemos Ask a classmate which holiday is his or her favorite, how he or she celebrates that day, and what plans he or she has for this year's celebration. Also ask your classmate why that holiday is his or her favorite. Then your classmate should ask you the same questions.

MODELO **—¿Cuál es tu día festivo preferido?**
—Es la Nochevieja.
—¿Cómo celebran la Nochevieja tú y tu familia?
—Primero salimos con nuestros tíos y primos y luego...
—¿Por qué es la Nochevieja tu día festivo favorito?
—Es mi día festivo favorito porque...

Objetivos

- Preterite of **-ar, -er,** and **-ir** verbs
- **Pensar** with **que** and **pensar** with infinitives

GramaVisión

Preterite of -er and -ir verbs

Interactive TUTOR

1 The **preterite** is used to talk about what happened at a specific point in the past. To form the **preterite** of **-er** and **-ir** verbs, add these endings to the verb's stem.

volver		escribir	
yo	volv**í**	yo	escrib**í**
tú	volv**iste**	tú	escrib**iste**
Ud., él, ella	volv**ió**	Ud., él, ella	escrib**ió**
nosotros(as)	volv**imos**	nosotros(as)	escrib**imos**
vosotros(as)	volv**isteis**	vosotros(as)	escrib**isteis**
Uds., ellos, ellas	volv**ieron**	Uds., ellos, ellas	escrib**ieron**

—¿**Recibieron** la tarjeta? —Sí, la **recibimos** ayer. Gracias.

2 Regular **-er** and **-ir** verbs have the same endings in the **preterite**. Stem-changing **-er** verbs don't have a stem change in the **preterite**.

Volví de la fiesta a las once.

3 The verb **ver** has regular **preterite** endings but without written accents.

yo	v**i**	nosotros(as)	v**imos**
tú	v**iste**	vosotros(as)	v**isteis**
Ud., él, ella	v**io**	Uds., ellos, ellas	v**ieron**

Vocabulario y gramática, pp. 56–58
Actividades, pp. 45–47

¿Te acuerdas?

To form the **preterite** of a regular **-ar** verb, add these endings to the verb's stem.

merend**é**	merend**amos**
merend**aste**	merend**asteis**
merend**ó**	merend**aron**

Stem-changing **-ar** verbs don't have stem changes in the **preterite**.

11 La Navidad de Pablo

Leamos Escoge el verbo correcto entre paréntesis.

Pablo y sus padres ___1___ (salimos/salieron) muy temprano para la casa de sus abuelos el día de Navidad, donde ___2___ (se reunieron/me reuní) con toda la familia. Pablo ___3___ (vimos/vio) a unos tíos que viven lejos. Primero todos ___4___ (comí/comieron) y Pablo ___5___ (bebiste/bebió) tres vasos de limonada. Después de la comida ellos ___6___ (abrimos/abrieron) los regalos y a las cuatro ___7___ (fuimos/fueron) a misa.

Visit Holt Online
go.hrw.com
KEYWORD: EXP1B CH9
Gramática 1 practice

Gramática 1

12 Ahora, ¿qué dice Pablo?

Escribamos Vuelve a escribir el párrafo de la Actividad 11 desde el punto de vista *(point of view)* de Pablo. ¿Qué dice él?

13 El Año Nuevo

Escribamos/Hablemos Mira las fotos y di quiénes hicieron estas cosas para celebrar el Año Nuevo según *(according to)* Marcos.

MODELO **comer en un restaurante**
Mis padres comieron en un restaurante.

mi hermano y yo

mis abuelos

mis padres

1. beber muchos refrescos
2. salir a un restaurante
3. beber café
4. comer pastel de chocolate
5. asistir a una fiesta
6. comer pizza
7. ver televisión
8. reunirse con la familia

Comunicación

14 La semana pasada

Hablemos Pregúntale a un(a) compañero(a) si hizo las cosas de la Actividad 13 la semana pasada.

MODELO **—¿Comiste en un restaurante?**
—Sí, comí en un restaurante la semana pasada.

15 ¿Qué hiciste?

Hablemos Use the phrases in the word box to write four questions for a classmate about how he or she celebrated several holidays last year. Take turns answering each other's questions.

escribir tarjetas	reunirse con la familia	recibir regalos
ver fuegos artificiales	salir a comer	asistir a una fiesta

Repaso The preterite

1 Compare the **preterite** forms of regular **-ar**, **-er**, and **-ir** verbs and the irregular verb **ir**.

	invitar	comer	salir	ir
yo	invit**é**	com**í**	sal**í**	**fui**
tú	invist**aste**	com**iste**	sal**iste**	**fuiste**
usted, él, ella	invit**ó**	com**ió**	sal**ió**	**fue**
nosotros(as)	invit**amos**	com**imos**	sal**imos**	**fuimos**
vosotros(as)	invit**asteis**	com**isteis**	sal**isteis**	**fuisteis**
ustedes, ellos, ellas	invit**aron**	com**ieron**	sal**ieron**	**fueron**

—¿**Saliste** con tus amigos?
Did you go out with your friends?

—Sí, **fuimos** a una fiesta.
Yes, we went to a party.

—¿A quiénes **invitaron** a la fiesta?
Who did they invite to the party?

—A todos. **Comimos** y **bailamos** mucho.
Everyone. We ate and danced a lot.

¿Te acuerdas?

Stem-changing **-ar** and **-er** verbs have no stem changes in the preterite.

El regalo c**o**stó veinte dólares.

No v**o**lví hasta *(until)* las once.

16 ¿Cuándo?

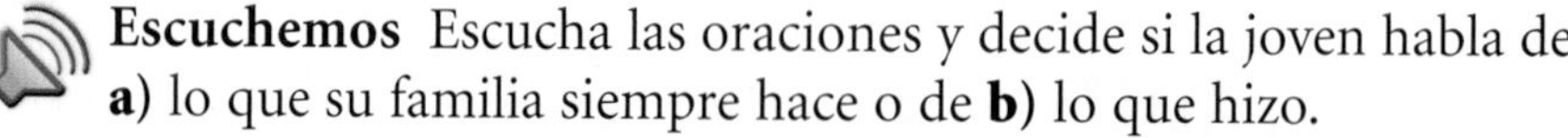

Escuchemos Escucha las oraciones y decide si la joven habla de **a**) lo que su familia siempre hace o de **b**) lo que hizo.

17 ¿Qué tal estuvo?

Escribamos Indica qué hicieron las siguientes personas en varias fiestas. Luego di qué tal estuvo cada fiesta—a todo dar o aburrida.

MODELO **nosotros (no salir hasta muy tarde)**
No salimos hasta muy tarde.
La fiesta estuvo a todo dar.

1. su tía (cantar ópera)
2. yo (bailar toda la noche)
3. nosotros (comer muy bien)
4. sólo *(only)* cuatro personas (ir a la fiesta)
5. Laura y José (jugar al ajedrez)
6. muchas personas interesantes (hablar conmigo)
7. nosotros (pasar una noche fenomenal)
8. todos (salir temprano de la fiesta)
9. yo (ver a muchos de mis amigos)
10. mis primos (escribir tarjetas de Navidad)

18 Padres especiales

Escribamos Escribe tres oraciones para cada foto y di cómo festejó cada familia el Día del Padre y el Día de la Madre.

MODELO **Pasaron el Día de la Madre con la abuela.**

el Día de la Madre

el Día del Padre

19 La agenda de Arturo

Leamos/Escribamos Use the information from Arturo's agenda to write at least seven sentences about what he did for each holiday. Then compare his activities with yours.

MODELO **El 4 de julio Arturo fue a la playa.**
No fui a la playa, pero sí comí en el parque.

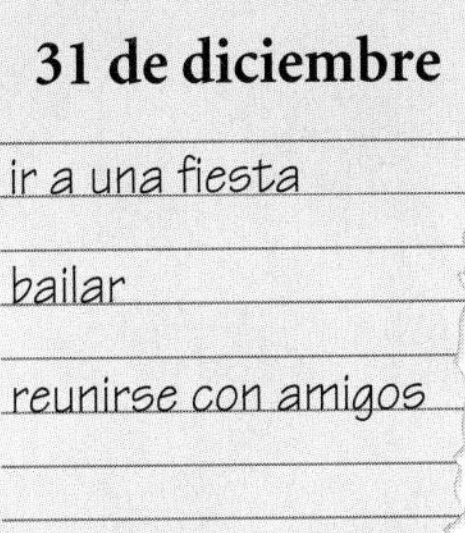

14 de febrero	4 de julio	25 de diciembre	31 de diciembre
mandar tarjetas	ir a la playa	abrir regalos	ir a una fiesta
abrir regalos	ver fuegos artificiales	reunirse con la familia	bailar
comer chocolates	comer en el parque	ir a la iglesia	reunirse con amigos

Comunicación

20 ¿Y tú?

Hablemos Pregúntale a tu compañero(a) cómo celebró los días festivos de la Actividad 19.

MODELO **—¿Recibiste muchas tarjetas para el Día de los Enamorados?**
—Recibí muchas tarjetas y unos regalos también.

Gramática 1

Pensar que and pensar with infinitives

1 The **e → ie** stem-changing verb **pensar** means *to think.* When it's followed by **que,** it means *to think that . . .*

yo **pie**nso	nosotros(as) pensamos
tu **pie**nsas	vosotros(as) pensáis
Ud., él, ella **pie**nsa	Uds., ellos(as) **pie**nsan

Pienso que los invitados van a hablar y bailar toda la noche.
I think that the guests are going to talk and dance all night.

2 **Pensar** can also be followed by an **infinitive** to say what *someone plans* to do or *intends* to do.

—¿Qué **piensan hacer** para celebrar el Año Nuevo?
What do you plan to do to celebrate New Year's Eve?

—**Pensamos ir** a esquiar.
We plan to go skiing.

Vocabulario y gramática, pp. 56–58
Actividades, pp. 45–47

Nota cultural

Celebrations call for special foods. In the Dominican Republic, a special food served during the Christmas season is **pasteles en hoja**. This dish is prepared by boiling and mashing green plantains. The mashed plantains are then spread onto plantain leaves. Next, the leaves are stuffed with ground beef or chicken. Finally, the stuffed leaves are folded, tied with string, and placed in a pot of boiling water.

Which other cultures have dishes similar to this? Is there a similar dish in your culture?

Pasteles en hoja, plato típico de la República Dominicana

21 Este año pienso...

Leamos/Escribamos Completa cada resolución de Año Nuevo *(New Year's resolution)* de manera lógica. Usa el verbo **pensar** y las siguientes palabras en tus respuestas.

relajarse más	**seguir una dieta más sana**
gastar menos en regalos	**tomar una clase de francés**
volver a la universidad	**hacer más ejercicio**
ir a la casa de los abuelos	**pasar más tiempo en casa**

MODELO **Voy a comer más verduras.**
Pienso seguir una dieta más sana.

1. Mi madre va a estudiar mucho.
2. Mi hermano y yo vamos a mantenernos en mejor forma.
3. Mi padre va a tomar menos café y no va a trabajar hasta tarde.
4. Vamos a reunirnos con todos mis tíos para la Navidad.
5. Mi madre va a estudiar francés.
6. Mis padres van a ahorrar dinero este año.
7. No voy a salir con mis amigos todos los sábados.
8. Mi hermana mayor no va a trabajar tanto.
9. Voy a pasar más tiempo con mis abuelos.

22 El Día de la Independencia

Escribamos/Hablemos Mira los dibujos e indica cómo todos piensan pasar el 4 de julio. Luego usa **pienso que** para dar tu opinión sobre los planes.

MODELO **Pienso ir a la playa con mis amigos. Pienso que va a ser muy divertido.**

yo

1. mis amigos y yo

2. unos amigos

3. mis padres

4. mi hermana

5. por la noche, mis padres y yo

6. mis abuelos

Comunicación

23 ¡Ven a mi fiesta!

Hablemos With a classmate, talk about a party you are planning to have. You should talk about the reason for the party, where it will be, the guests, music, and food. You and your classmate can use phrases from the word box to ask questions and to respond.

Pienso que...	(No) estoy de acuerdo.	Prefiero...
fenomenal	pésimo(a)	divertido(a)
(No) me gusta(n).	¡Buena idea!	delicioso(a)

Cultura

VideoCultura

Comparaciones

Carnaval en la República Dominicana

¿Qué días festivos se celebran en tu país?

En los países hispanohablantes, los días festivos y los festivales son muy importantes. A veces los festivales son religiosos, y a veces son de sabor nacional o regional. De todos modos, toda la comunidad participa, y es común cerrar los colegios, tiendas y otros negocios para celebrar. Estas personas hablan de los días festivos en su país y de la manera en que se celebran. ¿Son días festivos que celebras también? ¿Los celebras igual que ellos? Si son festivales que no celebras, ¿te acuerdas de otros que sí celebras?

Waldemar

Santo Domingo, la República Dominicana

Waldemar talks about his favorite holiday, **Semana Santa.** What is your favorite holiday and how do you celebrate it?

¿Me puedes decir cuáles son dos o tres días festivos que se celebran en República Dominicana, y en qué fechas son?

Celebramos la Semana Santa, que es la segunda semana de abril. Celebramos el Día de la Madre, catorce de mayo. Y también celebramos las Navidades.

¿Cuál es tu día festivo favorito?

Me gusta mucho la Semana Santa.

¿Qué significa para ti la Semana Santa?

Es una semana muy espiritual.

¿Cómo pasaste la Semana Santa el año pasado?

Muy común. Como todo el mundo, fuimos a la iglesia mucho. Pasé mucho tiempo con mi familia.

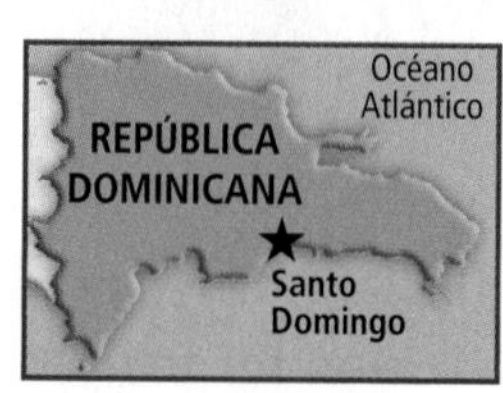

Visit Holt Online
go.hrw.com
KEYWORD: EXP1B CH9
Online Edition

Diana
El Paso, Texas

Diana shares a special meal with her family at Christmas. How do your holiday celebrations compare with hers?

¿Me puedes decir dos o tres días festivos que se celebran aquí en El Paso?

Claro, aquí en El Paso festejamos el Día de la Independencia de Estados Unidos, que es el cuatro de julio. También festejamos la Navidad, que es el veinticinco de diciembre, y el Día de Gracias, que es el último jueves de noviembre.

¿Qué día festivo es tu favorito?

Mi día festivo favorito es la Navidad.

¿Cómo pasaste la Navidad el año pasado?

Toda mi familia nos sentamos en la casa de los abuelos, y comimos pavo.

Para comprender

1. ¿Cuáles son tres días festivos que se celebran en la República Dominicana?
2. ¿Dónde pasó Diana la Navidad el año pasado?
3. ¿En qué día se celebra el Día de Acción de Gracias en Estados Unidos?
4. ¿Adónde fueron Waldemar y su familia durante la Semana Santa?

Para pensar y hablar

Waldemar and Diana say that their favorite holidays are **Semana Santa** and **la Navidad.** Why do you think they chose those holidays as their favorites? Is the way they spend their holidays similar? What are your favorite holidays? Why are those days important to you?

Comunidad

¿Cómo celebramos?

Individual countries often have unique holidays as well as holidays shared with people from other countries. Use resources from the library or the Internet to write a short report on a Latin American or Spanish holiday. Include the following information and present the report to the class.

- the name and date of the holiday
- special foods or activities associated with the holiday
- the history or origin of the holiday
- a song or poem related to the holiday

Fiesta de cumpleaños

Objetivos

- Asking about preparing for a party
- Greeting, introducing others, and saying goodbye

Vocabulario en acción 2

ExpresaVisión

De fiesta en Santo Domingo

mandar invitaciones

colgar (ue) decoraciones, decorar

Entremeses

las galletas

las empanadas

las papitas

los dulces

los pasteles en hoja

el ponche

▶ **Vocabulario adicional** — Regalos, p. R14

Visit Holt Online
go.hrw.com
KEYWORD: EXP1B CH9
Vocabulario 2 practice

Los invitados van a...

Más vocabulario...

el aniversario	*anniversary*
la boda	*wedding*
el cumpleaños	*birthday*
el día de tu santo	*your saint's day*
la fiesta sorpresa	*surprise party*
la graduación	*graduation*
la quinceañera	*girl's fifteenth birthday*

También se puede decir...

In the Dominican Republic, finger foods are called **bocadillos** or **picaderas,** but they may also be called **tapas** in Spain, **botanas** in Mexico, **pasapalos** in Venezuela, or **bocas** in Costa Rica.

Some Spanish speakers in Mexico say **platicar** instead of **charlar.** Most Latin Americans prefer **conversar** or **hablar.**

¡Exprésate!

Interactive TUTOR

To ask about preparing for a party	To respond
¿Está todo listo para la fiesta? ¿Ya terminaste con los preparativos? *Is everything ready for the party? Did you already finish the preparations?*	**Sí. Anoche compré las flores y preparé el ponche.** *Yes. Last night I bought the flowers and made the punch.*
¿Qué están haciendo los jóvenes ahora? *What are the young people doing now?*	**Están colgando la piñata.** *They are hanging the piñata.*

Vocabulario y gramática, pp. 59–61 Online workbooks

Nota cultural

In many Spanish-speaking countries, a girl's fifteenth birthday is recognized with a special celebration. In some countries, this party is called a **quinceañera**. However, in the Dominican Republic, the word refers to the girl herself and not just the party. While the idea behind the custom has changed over time, **quinceañera** parties are still common in the United States among Spanish-speaking families, as well as in other countries.

What is similar or different about coming-of-age parties or celebrations where you live?

Quinceañera y su corte

24 ¡Vamos a festejar!

Leamos/Hablemos Completa las oraciones con la(s) palabra(s) apropiada(s).

decoraciones	ponche	está listo	invitados	fiesta sorpresa
empanadas	piñata	chistes	cumpleaños	pasteles en hoja

1. Hoy es el ═══ de mi primo Paco.
2. Esta noche hay una ═══. Va a ser muy divertida.
3. Todo ═══ para la fiesta.
4. Anteayer mi mamá, mis hermanos y yo preparamos los ═══.
5. Esta mañana limpiamos la casa y luego colgamos las ═══.
6. Ahora mi papá está colgando la ═══ en el patio.
7. En unas horas, los ═══ van a llegar a nuestra casa.
8. En la fiesta, vamos a beber ═══ y comer muchas ═══.
9. Voy a contar muchos ═══ también.

25 ¿Cuál palabra?

Leamos Read each list of words and phrases for holiday activities and decide which word or phrase does not belong with the others.

1. preparar el ponche/ir a la iglesia/colgar la piñata
2. ir a misa/contar chistes/celebrar el día de tu santo
3. mandar tarjetas y flores/celebrar El Día de los Enamorados/enseñar fotos
4. ir a la quinceañera/pasar el rato solo(a)/mandar invitaciones
5. mandar tarjetas/ir a la iglesia/asistir a la boda
6. celebrar la graduación/comprar regalos/ver fuegos artificiales

26 ¡Ya las compré!

Leamos/Escribamos Miguel is worried about the preparations for the party. Answer his questions by telling him that the preparations have already been done.

MODELO **—¿Compró las galletas Carlos?**
—Sí, ya las compró.

1. ¿Mandaste las invitaciones?
2. ¿Colgaron las decoraciones Lili y Ana?
3. ¿Compraron el pastel tú y Sara?
4. ¿Colgó la piñata María?
5. ¿Prepararon los tamales tus tíos?
6. ¿Terminaste con los preparativos?

27 La fiesta de Mila

Escribamos/Hablemos Contesta las siguientes preguntas basándote en el dibujo.

1. ¿Qué ocasión especial festejaron?
2. ¿Qué preparativos hicieron *(did they make)* antes de la fiesta?
3. ¿Qué tal estuvo la fiesta?
4. ¿Qué pasó en la fiesta?

28 Historia de una fiesta

Escribamos/Hablemos With two classmates, write a story about the preparations for a party, the party itself, and what happened after the party. Each member of the group should write one section of the story. Compare each part of the story carefully so that it makes sense when you read the three parts together. Be prepared to present your narrative to the class.

MODELO **Antes de la fiesta compramos muchas cosas. Fuimos a la tienda y...**

El día de la fiesta empezó a llover. Los invitados llegaron tarde y...

Después de la fiesta limpiamos la casa. Empezamos en la cocina y...

Vocabulario 2

¡Exprésate!

To greet, introduce others, and say goodbye	To respond
¡Qué gusto verte! *It's great to see you!*	**¡Tanto tiempo sin verte!** *Long time, no see!*
¿Qué hay de nuevo? *What's new?*	**Lo de siempre.** *Same as usual.*
Te presento a mis padres. *I'd like you to meet my parents.*	**Tanto gusto. ¡Feliz aniversario!** *So nice to meet you. Happy anniversary!*
Chao, te llamo más tarde. *Bye, I'll call you later.*	**Vale. Que te vaya bien.** *Okay. Hope things go well for you.* **Cuídate.** *Take care.*

Interactive TUTOR

Vocabulario y gramática, pp. 59–61 Online workbooks

29 Saludos, despedidas y presentaciones

Escuchemos Indica si cada expresión es **a)** un saludo *(a greeting)*, **b)** una despedida *(a farewell)*, o **c)** una presentación *(an introduction)*.

30 ¡Qué gusto verte!

Leamos Escoge la mejor respuesta para cada oración.

1. Voy a llegar tarde. No puedo hablar ahora.
2. Hasta luego.
3. Te presento a mi hermano.
4. Hoy es nuestro aniversario.
5. ¿Qué hay de nuevo?
6. Después de dos años, volví de África.

a. Lo de siempre.
b. ¡Feliz aniversario!
c. Chao, te llamo más tarde.
d. Que te vaya bien.
e. ¡Tanto tiempo sin verte!
f. Tanto gusto.

31 ¿Qué dices?

Leamos/Hablemos Decide qué expresiones de **¡Exprésate!** puedes usar en estas situaciones.

1. Ves a un amigo después de tres años.
2. Acaban de presentarte a dos amigos.
3. Estás con tus padres y ves a un amigo que no los conoce.
4. Vas a hablar por teléfono con un amigo más tarde.
5. Un amigo va a la República Dominicana por dos años.
6. Estás muy contento(a) de ver a un amigo.
7. Un amigo quiere saber qué hiciste ayer pero no hiciste nada nuevo.
8. Tu hermana va a pasar un año en China.

32 Te presento a...

Leamos Lili and José haven't seen each other for a while. Complete the conversation with appropriate phrases from **¡Exprésate!**

JOSÉ Hola, Lili. ¡Tanto ___1___!

LILI ¡José! ¡Qué gusto verte! ¿Qué hay ___2___?

JOSÉ ___3___.

LILI José, ___4___ a mi mamá.

JOSÉ ___5___, señora.

MAMÁ Igualmente.

LILI José, ¿quieres venir a una fiesta mañana?

JOSÉ Lo siento. No puedo ir. Mañana voy a la casa de mis abuelos.

LILI Vale. ___6___.

Comunicación

33 ¿Qué dicen?

Escribamos/Hablemos Work with a partner. Choose two photos and write conversations based on each photo. Be prepared to role-play each conversation for the class.

1

2

3

4

34 Una reunión

Escribamos/Hablemos In groups of three role-play the following situation. Three years from now you meet a middle school friend at a party. You have come to the party with a new friend from high school. Introduce your new friend. Talk with both friends about the party and about what you are doing now in high school. Be prepared to present your role-play to the class.

Objetivos
- Direct object pronouns
- **Conocer** and personal **a**
- Present progressive

GramaVisión

Direct object pronouns

1 Direct objects are people or things that receive the action of a verb. To avoid repetition, the **direct object pronouns** can take their place.

Subject	Direct Object		Subject	Direct Object	
yo	**me**	*me*	nosotros(as)	**nos**	*us*
tú	**te**	*you (s.)*	vosotros(as)	**os**	*you (pl.)*
usted (m.)	**lo**	*you (s.)*	ustedes (m.)	**los**	*you (pl.)*
usted (f.)	**la**	*you (s.)*	ustedes (f.)	**las**	*you (pl.)*
él	**lo**	*him*	ellos	**los**	*them*
ella	**la**	*her*	ellas	**las**	*them*

***la* stands for Paula**

—¿Invitaste a **Paula?** —Sí, **la** invité. Ella viene.
Did you invite Paula? Yes, I invited her. She's coming.

2 When answering a question, remember to change the **direct object pronoun**, if necessary.

object me changes to te

—¿**Me** vas a llamar? —Sí, **te** llamo más tarde.
Are you going to call me? Yes, I'll call you later.

¿Te acuerdas?

The **direct object pronouns lo** *(him, it)*, **la** *(her, it)*, **los** *(them)* and **las** *(them)* can stand for things as well as people.

—¿Ya compraste **las flores?**

—Sí, ya **las** compré.

Vocabulario y gramática, pp. 62–64
Actividades, pp. 49–51

35 Invitaciones

Escribamos Indica a qué celebración invitaste a las siguientes personas. Sigue el modelo.

MODELO **La invité a la quinceañera.**

Ana

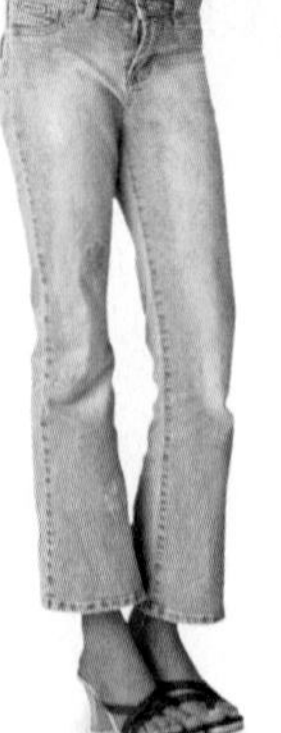

1. a mis abuelos

2. a mi profesora

3. a mis amigas

4. a mi primo

Visit Holt Online
go.hrw.com
KEYWORD: EXP1B CH9
Gramática 2 practice

36 Una fiesta sorpresa

Escribamos/Hablemos Contesta las preguntas con un pronombre de complemento directo *(direct object pronoun).*

¿Se te olvidó? Pronoun placement, p. 60

MODELO **Vas a llevar a *tu hermano* a la fiesta, ¿verdad? (sí)**
Sí, voy a llevarlo. (Sí, lo voy a llevar.)

1. ¿*Me* vas a llamar antes de la fiesta, ¿verdad? (sí)
2. José no debe ver *a los invitados* antes de entrar, ¿verdad? (no)
3. ¿Debo poner *los regalos* en la mesa del patio? (sí)
4. ¿Invitaste *a los estudiantes de su clase?* (sí)
5. ¿Él vio *las decoraciones?* (no)
6. ¿Tus padres *te* ayudaron a preparar todo? (sí)
7. ¿Tu hermano menor *nos* va a interrumpir durante los preparativos? (no)
8. ¿*Me* necesitas para mañana? (no)

37 ¡No nos fastidies!

Escribamos/Hablemos Usa mandatos *(commands)* y un pronombre de complemento directo para decirle a cada persona lo que debe o no debe hacer.

¿Se te olvidó? Object pronouns and commands, p. 110

MODELO **Hablas con tus amigos y tu hermano los interrumpe.**
¡No nos interrumpas!

1. Un amigo que habla español nunca te ayuda a estudiar.
2. Hablas en secreto con un amigo y tu hermano los escucha.
3. El hermano menor de un amigo es antipático y tu amigo siempre lo trae cuando ustedes salen.
4. Tu mejor amigo no te llama.
5. Quieres comprar un regalo de cumpleaños para tu hermana y tu amigo la invita a ir de compras con ustedes.

Nota cultural

In most Spanish-speaking countries, including the Dominican Republic, dancing is an important part of any party. All kinds of music are played, food is served, and parties often do not end until the early morning hours. Spanish-speaking and Latin American countries have given us some of the most popular dances, including **merengue, salsa, samba, cha-cha-chá, tango, rumba,** and **cumbia.**

Are these dances popular where you live?

Jóvenes bailando en la playa Boca Chica, República Dominicana

38 Planes para una fiesta

Hablemos In pairs, talk about plans for a party. When will you have the party? Say who is going to help you with the preparations. What are you going to serve? What are you going to need and where are you going to put everything?

MODELO **—¿Cuándo quieres hacer tu fiesta de cumpleaños?**
—Quiero hacerla en dos semanas.

Conocer and personal a

1 The verb **conocer** is used to say you know people or meet them, or that you are familiar with a place or a thing. It is irregular in the **yo** form.

yo	cono**zco**	nosotros(as)	conocemos
tú	conoces	vosotros(as)	conocéis
Ud., él, ella	conoce	Uds., ellos, ellas	conocen

—Aquí viene mi prima Claudia. ¿Quieres conocerla?
—Ya la **conozco**.

2 When a name or noun referring to a person is the **direct object** of **conocer** or other verbs, the word **a** comes before it. This **a** has no translation.

—¿**Conoces a mi hermano**?
—Sí, **conozco a toda tu familia**.

3 The preposition **a** combines with the definite article **el** to form the contraction **al.**

—¿Conoces **al** señor Álvarez?

Vocabulario y gramática, pp. 62–64
Actividades, pp. 49–51

39 ¿Conoces sus obras?

Escribamos Indica si conoces o no las obras *(works)* de estos hispanos famosos. Usa un pronombre de complemento directo.

MODELO **Sí, la conozco.**
(No, no la conozco.)

la música de Andrés Segovia

1. las películas de Antonio Banderas

2. los libros de Isabel Allende

3. las canciones de Shakira

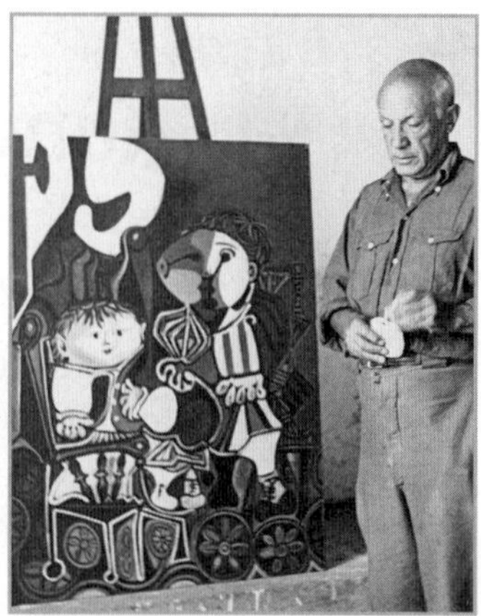

4. las obras de Pablo Picasso

40 Presentaciones

Leamos Completa la siguiente conversación con las formas correctas de **conocer**, los pronombres de complemento directo o la palabra **a**.

SONIA Mario y Daniel, ¡qué gusto verlos! ¿ __1__ a mi hermano Carlos?

DANIEL No, no lo __2__.

SONIA Carlos, te presento __3__ mis amigos Mario y Daniel. Mario y Daniel, les presento __4__ mi hermano Carlos.

CARLOS Mario, ¿no eres el primo de Alberto Martínez?

MARIO Sí, soy su primo. ¿ __5__ conoces?

CARLOS Sí, lo __6__ muy bien. Está en mi clase de historia y a veces jugamos al tenis después de clases.

Un supermercado en la República Dominicana

41 ¿Se conocen?

Leamos/Escribamos Lee cada oración. Indica si estas personas conocen a las personas o las cosas entre paréntesis. Repite la respuesta usando un pronombre de complemento directo.

MODELO **Mis padres siempre invitan a mi mejor amigo a nuestra casa. (mi mejor amigo)**
Mis padres conocen bien a mi mejor amigo.
Mis padres lo conocen bien.

1. Juan habla con Sara todos los días. (Sara)
2. Mi tía sabe dónde están las tiendas, los restaurantes, el colegio, el correo y el cine. (la ciudad)
3. Mis abuelos quieren venir a mi colegio pero no saben dónde está. (el pueblo)
4. Mi mejor amigo viene a mi casa los fines de semana. (mi casa)
5. Mi madre quiere hablar con mi profesor de español pero no sabe cómo se llama. (mi profesor de español)
6. Lola está en mi clase de inglés. Es muy simpática. (Lola)

42 Un encuentro

Hablemos Imagine that you are at a party. In groups of four, take turns introducing two of your classmates to another person. You can use Activity 40 as model for your conversation.

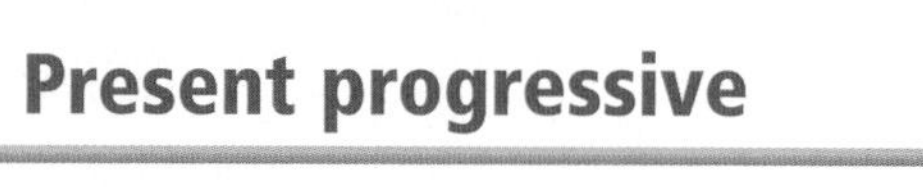

Present progressive

En inglés

In English, the present progressive is used for something happening now, regularly or in the future.

Everyone *is celebrating.*

We *are spending* a lot of time together.

Tomorrow I *am leaving* for La Paz.

In Spanish, the present progressive is used for something happening now or regularly. For events in the future the simple present can be used.

Todos **están cantando.**

Estamos pasando mucho tiempo juntos.

Mañana **salgo** para La Paz.

In English you can also use the simple present for future events. Give two examples.

1 To say what is happening right now, use the **present progressive**. To form the **present progressive**, combine a conjugated form of **estar** with the present participle. Form the present participle by replacing **-ar** with **-ando** and **-er** or **-ir** with **-iendo**.

cantar → cant**ando**

comer → com**iendo**

Rosa **está cantando.** *Rosa is singing.*

Estamos comiendo. *We are eating.*

2 When the stem of an **-er** or **-ir** verb ends in a vowel, form the present participle by changing **i** of **-iendo** to **y** (-yendo).

leer → le**y**endo

¿**Estás leyendo**? *Are you reading?*

3 The participles of stem-changing **-ir** verbs like **pedir, dormir,** and **servir** change **o** → **u** and **e** → **i**. There are no stem changes for **-ar** and **-er** verbs.

dormir → d**u**rmiendo   servir → s**i**rviendo

4 The verbs **ir** and **venir** are not usually used in the present progressive. Use the simple present tense instead.

—¿**Vienes** a la fiesta?	*Are you coming to the party?*
—No, **voy** a la biblioteca.	*No, I'm going to the library.*

5 **Direct object** and **reflexive pronouns** can go before the conjugated form of **estar** or can be attached to the end of the present participle. When you attach the direct object or reflexive pronoun to the end of the present participle, place an accent mark on the stressed vowel.

¿La tarea? **La estoy** haciendo. (Estoy haciéndo**la**)

¿Mis hijos? **Se están** bañando. (Están bañándo**se**.)

Vocabulario y gramática, pp. 62–64
Actividades, pp. 49–51

43 ¿Qué están haciendo?

Escuchemos Escucha las oraciones sobre la fiesta de Patricia y Roberto. Escoge las preguntas que le correspondan según el contexto.

a. ¿Qué están haciendo ustedes?

b. ¿Qué están haciendo los invitados?

c. ¿Qué está haciendo tu madre?

44 ¿Dónde están?

Escribamos/Hablemos Indica qué están haciendo las siguientes personas según el contexto. Menciona varias posibilidades.

MODELO **Consuelo está en su cuarto.**
Está durmiendo. Está estudiando.

1. Lupe está en la clase.
2. Juan y Carlos están en el parque.
3. Laura y José están en una fiesta de cumpleaños.
4. Mi hermana y yo estamos en la cocina.
5. Estás en una tienda.
6. Tu primo y tú están en un restaurante.

Comunicación

45 Pantomimas

Hablemos Each student should act out one of the following actions without speaking. The class tries to guess what he or she is doing.

hablar por teléfono	abrir un regalo	escribir una tarjeta
lavarse los dientes	secarse el pelo	maquillarse
peinarse	servir comida	acostarse

46 Una fiesta

Hablemos With a classmate, describe the party. Use the first picture to talk about what happened before the party, the second to talk about what is happening, and the third to say what the people are planning to do after the party.

Conexiones culturales

1 El Día del Árbol

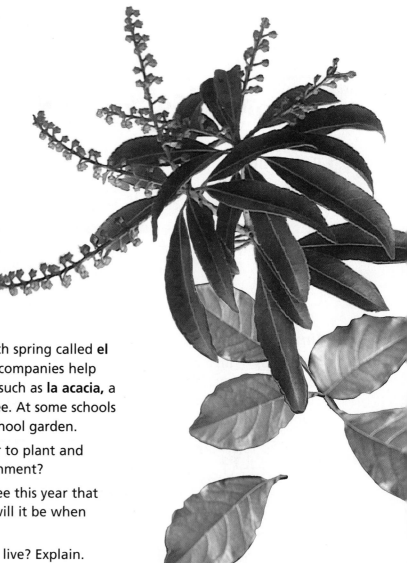

In Venezuela people celebrate a holiday each spring called **el Día del Árbol.** It's a day when students and companies help beautify their community by planting trees such as **la acacia,** a kind of flowering tree, or **la palma,** palm tree. At some schools students plant fruit trees and flowers in a school garden.

1. What kind of tree would you prefer to plant and why? How do trees help the environment?
2. If you plant a four-foot-tall palm tree this year that grows nine inches a year, how tall will it be when you're 18? when you are 50?
3. Is there a similar holiday where you live? Explain.

Conexión Literatura

2 La invitación

Look at the following poem. See if you can guess what the poem is about before you begin reading. Make sure to use reading strategies such as thinking about the topic, looking for cognates, and looking for words you've already learned.

Sube a mi tronco
El árbol gigantesco te invita
El que bebe agua cristalina y canta aire azul
¡Ven! Sube a mis hombros, juega en mis brazos
¡Ven! Conoce el mundo desde un océano lejano
Descansa con la música verde de mis hojas
Baila conmigo el flamenco de mis flores
Y come la fruta rica del bosque
¡VEN!
SUBE
¡VEN!
SUBE
¡VEN!

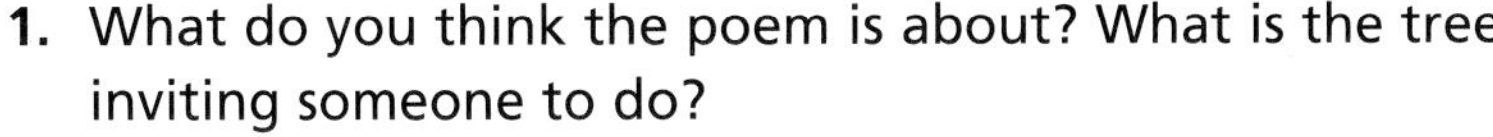

1. What do you think the poem is about? What is the tree inviting someone to do?
2. Write your own poem about your favorite park or your favorite holiday celebration. Play with the shape as shown in the poem above, and make your letters illustrate what you're describing.

Novela en video

¿Quién será?

Episodio 9

ESTRATEGIA

Predicting When you plan an event, many things can go wrong. Before you read the **Novela** or watch the video, write a list of things that need to be done before a party. Write them in a logical sequence, then think about one or two things on your list that could go wrong. Compare your list with things mentioned in this episode. Based on the photos, predict what you think might go wrong in this episode. Read the **Novela** or watch the video to see how close your prediction was.

En Puerto Rico

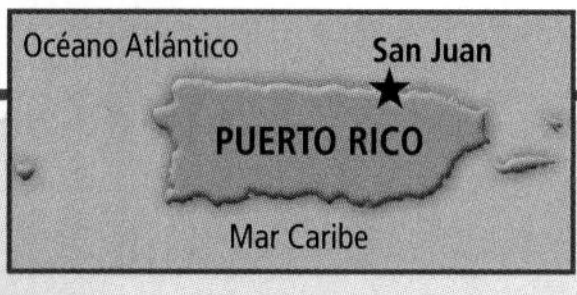

Nicolás hace los preparativos para la fiesta de cumpleaños de Mateo. Quiere la ayuda de su hermana Irene.

1

Nicolás ¿Qué estás haciendo Irene?

Irene Estoy decorando la terraza.

Nicolás Yo hago eso. Si quieres ayudar, anda a la cocina. Abre la lata de atún y prepara el dip. ¿De acuerdo?

Irene Bien, Nicolás.

2

Mamá Oye Irene, me parece que Picasso tiene hambre. ¿Quieres ponerle comida?

Irene Está bien, mamá.

3

4

Julia Hola Nicolás, ¿cómo te va? ¿Tú conoces a Mari?

Nicolás Claro que te conozco. ¿Qué tal, Mari? Esperen un momento. Voy a traer la comida.

Visit Holt Online

KEYWORD: EXP1B CH9
Online Edition

5

Nicolás Bueno, por fin llegaste Mateo, el invitado de honor. Feliz cumpleaños. Este año va a ser una fiesta muy buena.

Mateo Mejor que la del año pasado.

Nicolás ¿Qué pasó el año pasado?

6

Mateo Julia mandó las invitaciones a todos, pero en la invitación no escribió en la casa de Nicolás. Escribió en la casa de Julia.

Nicolás Julia, Mateo y yo nos reunimos aquí, pero todos los invitados se reunieron en la casa de Julia.

7

Mamá Nicolás, ¿cómo va todo?

Nicolás Muy bien, mamá. Todos están en la terraza. Están hablando. Acabo de poner la comida.

Mamá Muy bien. Voy a la casa de los abuelos por un rato. Te llamo más tarde, ¿eh?

Nicolás Gracias mamá.

8

Nicolás No puede ser. Ya la están comiendo.

A. Contesta

1. What special occasion are the young people about to celebrate?
2. What does Nicolás want Irene to do?
3. What is the cat's name in the story?
4. What does Mamá ask Irene to do?
5. Where does Mamá go?

9

Mateo Nicolás, ¿qué estás haciendo?
Nicolás Nada. ¿Por qué me lo preguntas?

10

Nicolás ¡¿Le pusiste comida de gato al dip?!
Irene ¿Qué dices? No, saqué una lata de atún del gabinete.
Nicolás Pensé que le pusiste comida de gato.

En España

La profesora considera a los candidatos.

11

Profesora Nueve candidatos. Sólo falta uno y luego puedo tomar mi decisión final.

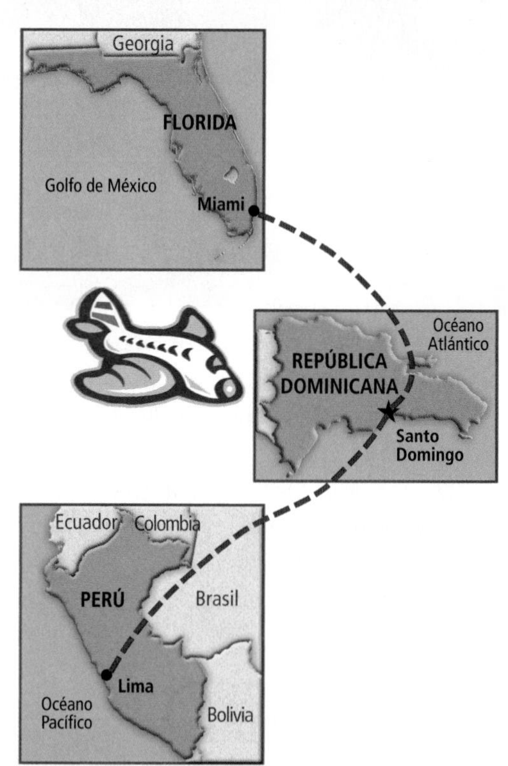

B. Contesta

1. What did Irene put in the dip?
2. What is **la profesora** looking forward to?

Actividades

1 ¿Quién lo dijo?

Look at the story to help you remember who said each statement.

1. ¿Quieres ponerle comida?
2. Acabo de poner la comida.
3. ¡Ay! ¿Qué cosa? ¡No puede ser!
4. Estoy decorando la terraza.
5. Nicolás, ¿qué estás haciendo?

2 ¡Qué lío!

Mira la **Novela** para poner las oraciones en el orden correcto.

1. Julia y Mari llegaron a la fiesta.
2. Irene le puso *(gave)* comida a Picasso.
3. Nicolás pensó que los amigos comieron comida de gato.
4. Mamá salió para la casa de los abuelos.

3 ¿Comprendes la Novela?

Check your understanding of the events in the story by answering these questions.

1. What went wrong at Mateo's party last year?
2. Why is Nicolás so upset? What does he think happened?
3. Who straightens out the misunderstanding? What does she tell Nicolás?
4. Why does Nicolás look uneasy when Mateo asks him what he is doing?
5. What did you predict would happen?
6. Are the two things that went wrong realistic? Has anything like this ever happened to you?

Próximo episodio
La profesora is finally going to reveal what the ten candidates are for. Can you predict what will happen in the final episode?

PÁGINAS 252–255

Leamos y escribamos

ESTRATEGIA

para leer You can guess the meaning of many words by looking for context and grammatical clues. Look for the words you understand around an unknown word to determine its meaning. Also try to guess the meaning of the word by determining what part of speech it is (noun, verb, adjective, etc.) and by looking at its root, prefix, and suffix.

A Antes de leer

Use the strategy to determine the meaning of the title of this song and the words in boldface. What clues helped you to determine the meanings?

Las mañanitas

Éstas son las mañanitas
que **cantaba** el Rey David;
a las muchachas bonitas
se las cantamos aquí.

Despierta mi bien despierta,
mira que ya **amaneció**.
Ya los pajaritos cantan,
la luna ya se metió[1].

Qué linda está la mañana
en que vengo a saludarte,
venimos todos con gusto
y placer[2] a **felicitarte**.

Canción de cumpleaños

Celebro tu cumpleaños
tan pronto veo **asomar** el sol
y en este día glorioso
pido tu dicha[3] al Señor,
porque lo he considerado[4]
como el regalo mejor.

Toma mi abrazo[5] que yo te doy,
y mucha felicidad.

1 already set 2 pleasure 3 happiness
4 I have regarded it 5 hug

Visit Holt Online
go.hrw.com
KEYWORD: EXP1B CH9
Online Edition

B Comprensión

Contesta las siguientes preguntas con oraciones completas.

1. ¿Qué se celebra con estas dos canciones?
2. ¿Qué hace en este momento la persona a quién se le dedican *Las mañanitas?*
3. ¿Cómo se describe el día de la celebración en las dos canciones?
4. ¿Por qué vienen las personas a cantar la serenata?
5. En la segunda canción, ¿qué se considera el "regalo mejor"?

C Después de leer

Can you think of other occasions that might be celebrated with a serenade? How do the songs compare to others you have heard to celebrate birthdays?

ESTRATEGIA

para escribir Descriptions with interesting details can improve your writing. After choosing a topic, brainstorm adjectives and adverbs that will liven up the description or narrative.

¡Juy, qué desastre!

Last year you and your brothers planned a surprise party for your parents' anniversary. It went so well that you decided to do it again, but things aren't going as well this year. No one made the punch, so the guests are thirsty, and the dog is eating from people's plates. Your older brother couldn't come, but he's sent you an instant message asking for a report. Write back, comparing this party to last year's.

1 Antes de escribir

What were the highlights of last year's party? Which disasters from this year's party will you mention? Brainstorm and organize some descriptive details about each party using a cluster diagram.

2 Escribir y revisar

Use your cluster diagram to compare and contrast this year's party with last year's. Use details from the diagram to organize the comparison. Read your draft twice and check for spelling, punctuation, and verb usage. Did you use the past tense to describe last year's party and the present progressive to talk about what's going on now? Then exchange papers with a classmate for a peer edit.

3 Publicar

Read the description of the party to the class. Have the other students give you advice about how to save the party.

Capítulo 9
Repaso

Prepárate para el examen

Interactive TUTOR

1 Vocabulario 1
- talking about plans
- talking about past holidays

pp. 178–183

1 Mira las fotos y decide qué día festivo representa cada foto. Luego di cómo se celebra el día donde vives y qué planes tienes.

1. 2. 3.

4. 5. 6.

2 Gramática 1
- preterite of **-ar, -er,** and **-ir** verbs
- **pensar que** and **pensar** with infinitives

pp. 184–189

2 Completa las oraciones con el verbo correcto en el pretérito.

—Hola, Vero. ¿Cómo estás? ¿Qué hiciste ayer?

—Bueno, como sabes, ayer fue el Día de la Madre. Por la mañana, yo __1__ (preparar/colgar) el desayuno para mi mamá. José y Beto __2__ (empezar/limpiar) y __3__ (decorar/comer) la sala. Por la tarde, nosotros __4__ (volver/ir) al parque para tener un picnic. Y tú, ¿cómo __5__ (pasar/mandar) el día?

—Yo __6__ (ir/invitar) a la iglesia con mi familia. Cuando (nosotros) __7__ (volver/merendar) a casa, mi mamá __8__ (pensar/abrir) sus regalos.

3 Vocabulario 2
- asking about preparing for a party
- greetings, introductions, and goodbyes

pp. 192–197

3 Completa las oraciones con las palabras apropiadas.

1. Hoy es la ____ de Pablo y Carla. Es en la iglesia San Juan.
2. Hay más de cien ____ porque ____ muchas invitaciones.
3. Después de la ceremonia hay una ____.
4. Vamos a comer pastel y beber mucho ____.
5. En un año, ellos van a festejar su primer ____.
6. Ellos nos van a enseñar ____ de la ceremonia.

Visit Holt Online
go.hrw.com
KEYWORD: EXP1B CH9
Chapter Self-test

4 Completa la siguiente conversación.

—¿Conoces __1__ Juan Antonio Machado?
—No, no lo __2__. ¿Quién es?
—Es mi primo. Muchas veces él __3__ ayuda con mi tarea de historia. __4__ puede ayudar a ti también si quieres.
—Buena idea, gracias.
—¿Qué __5__ estudiando ustedes ahora en historia?
—__6__ (Estar) estudiando la Guerra Civil.
—No te preocupes. Juan __7__ va a ayudar (a nosotros).

4 Gramática 2
- direct object pronouns
- **conocer** and personal **a**
- present progressive

pp. 198–203

5 Answer the following questions.

1. Name some celebrations in the Spanish-speaking world.
2. What are **pasteles en hoja**? When are they eaten?
3. What is a **quinceañera?** Is there a similar event in the United States?

5 Cultura
- **Comparaciones** **pp. 190–191**
- **Notas culturales** **pp. 183, 188, 194, 199**
- **Geocultura** **pp. 172–175**

6 Escucha mientras *(while)* Rita habla de una fiesta. Luego contesta las preguntas.

Conversación

7 Role-play the following conversation with a partner. Partner A and Partner B are friends talking about New Year's Eve celebrations.

PARTNER A:	Ask what your partner did on New Year's Eve last year.
PARTNER B:	Say you went to a party. Ask your partner what he or she did.
PARTNER A:	Say you spent New Year's Eve at home watching TV. Ask what your partner plans to do this year.
PARTNER B:	Say you're having a party and invite your partner.
PARTNER A:	Say thanks and ask if you can help or bring some food.
PARTNER B:	Say you already have the food, but you need help decorating.
PARTNER A:	Tell your partner you can come around 7:00.
PARTNER B:	Ask your partner to come at 6:00 because the guests will arrive at 7:30.

Gramática 1
- preterite of **-ar, -er,** and **-ir** verbs **pp. 184–187**
- **pensar que** and **pensar** with infinitives **pp. 188–189**

Repaso de Gramática 1

invitar		comer		salir	
invit**é**	invit**amos**	com**í**	com**imos**	sal**í**	sal**imos**
invit**aste**	invit**asteis**	com**iste**	com**isteis**	sal**iste**	sal**isteis**
invit**ó**	invit**aron**	com**ió**	com**ieron**	sal**ió**	sal**ieron**

The verb **ver** has regular **-er** endings but without written accents.

The verb **pensar** followed by **que** means *to think (that)*. When it's followed by an **infinitive,** it means *to plan* or *to intend.*

Pienso que debes comprar un regalo.
Pienso comprar un regalo.

Gramática 2
- direct object pronouns **pp. 198–199**
- **conocer** and personal **a** **pp. 200–201**
- present progressive **pp. 202–203**

Repaso de Gramática 2

me	*me*	**nos**	*us*
te	*you (familiar)*	**os**	*you (familiar)*
lo	*him, you (formal)*	**los**	*them, you (formal)*
la	*her, you (formal)*	**las**	*them, you (formal)*

When the **direct object** of a verb like **conocer** *(to meet, to know, to be familiar with)* is a person, use the personal **a**.

No **conozco a Juan**.

The **present progressive** tense is formed by using a form of the verb **estar** and a **present participle** ending in either **-ando** for **-ar** verbs or **-iendo** for **-er** and **-ir** verbs.

Estamos celebrando el cumpleaños de mi hermano.

Raquel **está escribiendo** una carta.

Letra y sonido a e i o u

Vocales fuertes (a, e, o) y débiles (i, u)

- Two **vocales fuertes** form two syllables: Rafael, teatro, traer, video, toalla
- One **vocal fuerte** and one accented **vocal débil** also form two syllables: día, tío, grúa, maíz
- One **vocal fuerte** and one unaccented **vocal débil** form one syllable called a *diphtong*, where **i** sounds like *y* and **u** sounds like *w:* piano, salió, cuando, nuevo, bailar, auto, seis

Trabalenguas

Cómo quieres que te quiera
Si el que quiero que me quiera
No me quiere como quiero que me quiera.

Dictado

Escribe las oraciones.

Repaso de Vocabulario 1

To talk about plans

el Año Nuevo	*New Year's Day*
celebrar	*to celebrate*
como siempre	*as always*
decorar la casa	*to decorate the house*
el Día de Acción de Gracias	*Thanksgiving Day*
el Día de la Independencia	*Independence Day*
el Día de la Madre	*Mother's Day*
el Día de los Enamorados	*Valentine's Day*
el Día del Padre	*Father's Day*
el día festivo	*holiday*
hacer una fiesta	*to have a party*
el Hanukah	*Hanukkah*
invitar	*to invite*
la Navidad	*Christmas*
la Nochebuena	*Christmas Eve*
la Nochevieja	*New Year's Eve*
Pensamos...	*We plan to . . .*
¿Qué planes tienen para...?	*What plans do you have for . . .?*
la Semana Santa	*Holy Week*
tener (ie) un picnic	*to have a picnic*

To talk about past holidays

abrir regalos	*to open gifts*
el año pasado	*last year*
los días festivos	*holidays*
Estuvo a todo dar.	*It was great.*
festejar	*to celebrate*
La pasamos en casa de...	*We spent it at . . .'s house.*
mandar tarjetas	*to send cards*
la misa	*mass*
pasar	*to spend*
¿Qué tal estuvo?	*How was it?*
recibir regalos	*to receive gifts*
reunirse con (toda) la familia	*to get together with the (whole) family*
la sinagoga	*synagogue*
el templo	*temple*
ver fuegos artificiales	*to see fireworks*

Repaso de Vocabulario 2

To ask about preparing for a party

ahora	*now*
el aniversario	*anniversary*
anoche	*last night*
la boda	*wedding*
charlar	*to talk, chat*
colgar (ue)	*to hang (up)*
contar (ue) chistes	*to tell jokes*
el cumpleaños	*birthday*
las decoraciones	*decorations*
el día de tu santo	*your saint's day*
los dulces	*candy, sweets*
las empanadas	*turnover-like pastries*
enseñar fotos	*to show photos*
los entremeses	*appetizers*
¿Está todo listo para la fiesta?	*Is everything ready for the party?*
la fiesta sorpresa	*surprise party*
las flores	*flowers*
las galletas	*cookies*
la graduación	*graduation*
las invitaciones	*invitations*
los invitados	*guests*
los jóvenes	*young people*
mandar	*to send*
las papitas	*potato chips*
los pasteles en hoja	*Dominican tamales*
la piñata	*piñata*
el ponche	*punch*
los preparativos	*preparations*
¿Qué están haciendo?	*What are they doing?*
la quinceañera	*girl's fifteenth birthday*
terminar	*to finish*
ya	*already*

To greet, introduce others, and say goodbye

Chao, te llamo más tarde.	*Bye, I'll call you later.*
conocer (a)	*to know, to meet, to be familiar with*
Cuídate.	*Take care.*
¡Feliz aniversario!	*Happy anniversary!*
Lo de siempre.	*Same as usual.*
¡Qué gusto verte!	*It's great to see you!*
¿Qué hay de nuevo?	*What's new?*
Tanto gusto.	*So nice to meet you.*
¡Tanto tiempo sin verte!	*Long time, no see!*
Te presento a...	*I'd like you to meet . . .*
Vale. Que te vaya bien.	*Okay. Hope things go well for you.*

Repaso cumulativo

Integración
capítulos 1-9

1 Escucha las descripciones y escoge la foto correspondiente.

2 Lee el anuncio y luego contesta las preguntas con **a) cierta** o **b) falsa**.

¿VAS A FESTEJAR?
¡Servicio rápido!
"Llámanos para organizar tus bodas, quinceañeras y cumpleaños."
Bizcochos
Tostones
Arroz con pollo
Dulces de leche
Especializados en comida dominicana
¡Siempre a tiempo!
Piensa en Fiesta Lala para tus celebraciones. Más de 25 años de experiencia. –Sra. Lala Quiñones
Fiesta Lala
Avenida Cruz 300
teléfono: 290-0623
servicio todos los días

1. La especialidad de Fiesta Lala es comida mexicana.
2. Fiesta Lala puede ayudar con tus celebraciones de lunes a domingo.
3. La señora Quiñones tiene poca experiencia.
4. Fiesta Lala puede organizar la boda de tu hermana.
5. Fiesta Lala sólo ayuda con las fiestas de cumpleaños.

Visit Holt Online
go.hrw.com
KEYWORD: EXP1B CH9
Cumulative Self-test

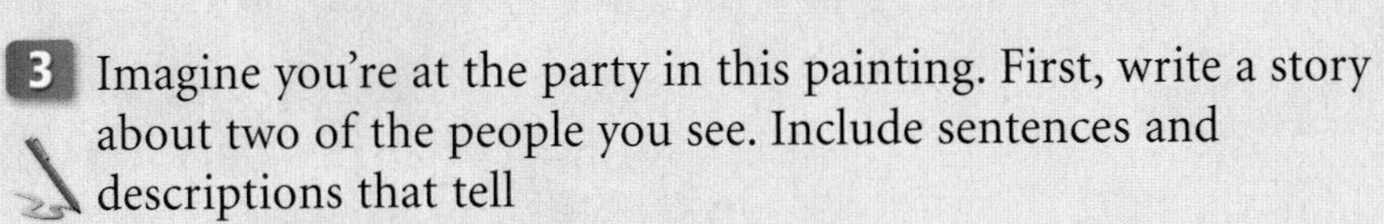

3 Imagine you're at the party in this painting. First, write a story about two of the people you see. Include sentences and descriptions that tell

- the names of the people
- which holiday they're celebrating
- what they're doing now
- what each did earlier to prepare for the party

Then, with a partner role-play a conversation two people in the painting might have.

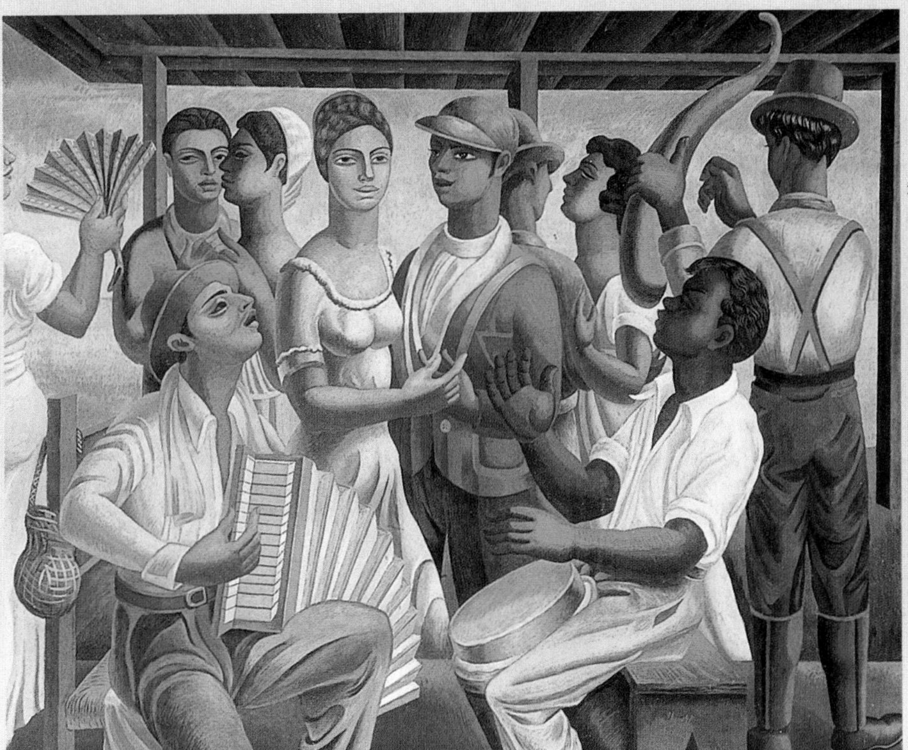

52 x 68cm (20.5" x 27") oil on cardboard, 1937; Bellapart Museum, Santo Domingo, Dominican Republic

***Merengue,* de Jaime Colson (1901–1975)**

4 **Situación**

You have just arrived at a birthday party for a Spanish-speaking friend. You have lots of questions about the party. Take turns with a partner playing the roles of the guest and the friend celebrating his or her birthday.

- Say "Happy Birthday" to your friend.
- Ask who did the decorating.
- Find out who prepared the food.
- Ask if there is a **piñata**.
- Find out what everyone is going to do at this party.

Capítulo 10

GeoVisión

Geocultura Perú

▲ **El río Amazonas** The Amazon River begins as a small mountain stream in the Andes of southern Peru. It then flows across the Peruvian rain forest and Brazil into the Atlantic Ocean.

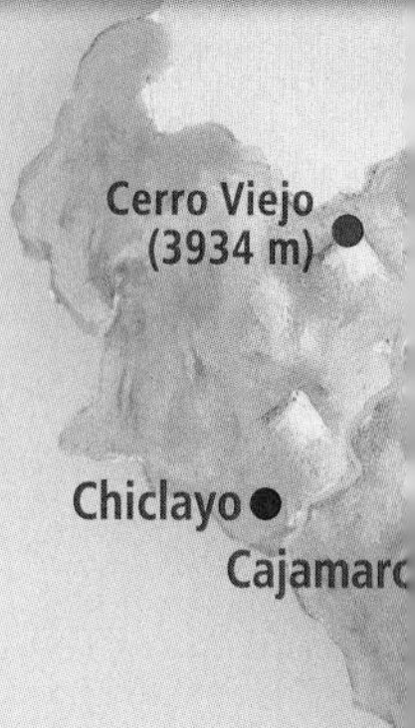

Cerro Viejo (3934 m)

Chiclayo

Cajamarc

▼ **Lima** The capital lies on the coast in one of the driest regions of Peru. Here you can see **Miraflores,** the commercial district of Lima.

Almanaque

Población
27.925.628

Capital
Lima

Gobierno
república constitucional

Idiomas
español, quechua, aymara

Moneda
nuevo sol

Código Internet
www.[ ].pe

▼ **Jóvenes peruanos** These dancers are wearing costumes from the northern coast of Peru.

¿Sabías que...?

The Incas built a road network that was approximately 40,000 kilometers long. This system allowed for fast and efficient communication throughout the Incan Empire.

◄ **Los Andes** The Andes Mountains make up a large part of Peru. Some of the highest peaks are more than 6,000 meters high.

► **Pisac** In the Andean town of Pisac, life is very different than in Lima. This outdoor market reflects Incan traditions carried on by the Quechua people.

▼ **El Parque Nacional del Manu** This park is in the rain forest of southeastern Peru. Manu is the most wildlife-dense rain forest in the world. Much of its wildlife is endangered, including predators like this jaguar.

◄ **El lago Titicaca** At an altitude of 3,810 meters, Lake Titicaca is the highest lake in the world that can support shipping. Boats called **balsas de totora** are made of reeds that grow on the lakeshore.

¿Qué tanto sabes?

What are the three major languages of Peru?

A conocer Perú

La arquitectura

▲ **Machu Picchu** Located on a mountaintop near Cuzco, this city was abandoned by the Incas about 500 years ago. It was rediscovered in 1911 and is one of the most important archaeological sites in Peru.

▲ **Cuzco** The Spanish-built **Iglesia de Santo Domingo** sits on a massive Incan stone foundation. In the city of Cuzco, Spanish and Incan architecture are often found in the same building.

El arte

▲ **Los tejidos** Quechua people in the Andes region are famous for weaving and knitting colorful, intricate fabrics that are used for clothing. The finest material is made from alpaca wool.

▼ **Las famosas líneas de Nazca** The famous Nazca Lines are found in the desert near the southern coast of Peru. The lines form giant birds, people, and geometric designs that can only be seen clearly from the air.

Visit Holt Online

go.hrw.com

KEYWORD: EXP1B CH10

Photo Tour

Las celebraciones

► **El Concurso Nacional de Marinera** A dance contest and festival is held every January in the coastal city of Trujillo. The festival celebrates **la marinera,** the national dance of Peru.

¿Sabías que...?

The walls of Incan buildings are made of heavy stones fitted together without mortar. The stones are so well cut that you cannot even fit a credit card into the seams. Why do you think many of these walls are still standing today?

► **El Concurso Nacional del Caballo Peruano de Paso** This horse show and competition centers on the Peruvian **Paso,** known as one of the finest horse breeds in the world.

La comida

◄ **Ají** This type of chili pepper is a common ingredient in Peruvian food. Hot peppers are native to South America and were introduced to Europe, Africa, and Asia through Spanish explorers.

► **El ceviche** **Ceviche** is made of raw fish cured with lemon juice, onion, and **ají.** **Cevicherías,** restaurants that serve **ceviche,** are popular in Peru.

Capítulo 10

¡A viajar!

Objetivos

In Part 1 you will learn to:

- ask for and give information
- remind and reassure someone
- use the preterite to talk about the past (review)
- form the preterite of verbs ending in **-car, -gar,** and **-zar**
- use **hacer** in the preterite

In Part 2 you will learn to:

- talk about a trip
- express hopes and wishes
- use the informal commands of verbs with spelling changes and irregular forms
- correctly place direct object pronouns (review)
- use verbs followed by infinitives (review)

¿Qué ves en la foto?

- **¿Dónde están estos jóvenes?**
- **¿Qué están haciendo?**
- **¿Adónde te gustaría ir de excursión?**

Ruinas incaicas en Ollantaytambo, Cuzco

Objetivos
- Asking for and giving information
- Reminding and reassuring

Vocabulario en acción 1

ExpresaVisión

En el aeropuerto de Lima, Perú

Acabo de desembarcar. ¿Dónde puedo **recoger las maletas?**
Allí, en **el reclamo de equipaje.**

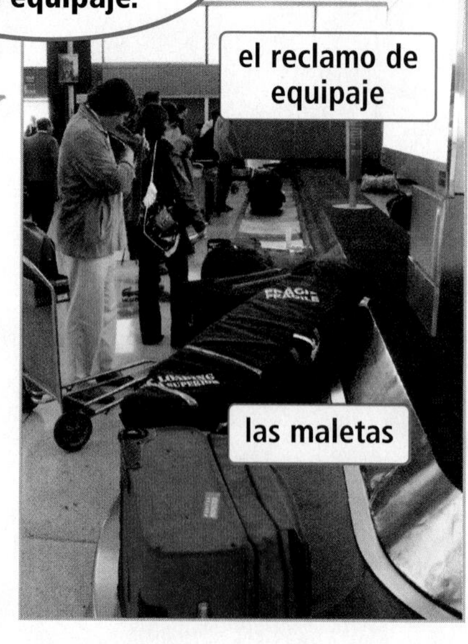

Visit Holt Online
go.hrw.com
KEYWORD: EXP1B CH10
Vocabulario 1 practice

la bolsa

la billetera

el boleto de avión

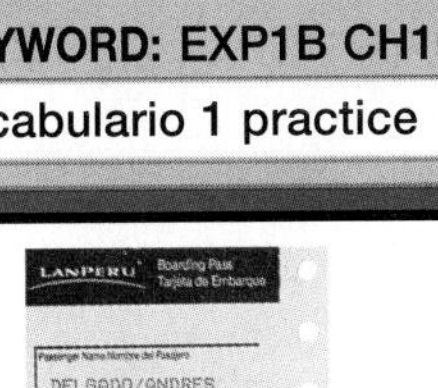

la tarjeta de embarque

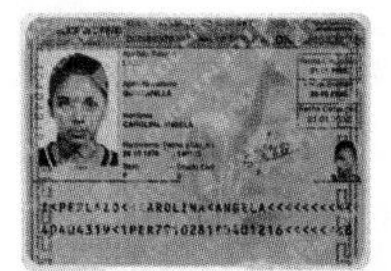

el carnet de identidad

el pasaporte

Vocabulario 1

Más vocabulario...

cambiar dinero	*to change money*
comenzar (ie) un viaje	*to begin a trip*
encontrarse (ue) con (alguien)	*to meet up with (someone)*
hacer un viaje	*to take a trip*
irse	*to leave*
la llegada	*arrival*
la salida	*departure*
sentarse (ie)	*to sit down*
los servicios	*restrooms*

También se puede decir...

Some Latin American speakers say **la valija** instead of **la maleta.**

In Latin America, you will hear **chequear el equipaje** instead of **facturar el equipaje.**

El boleto is sometimes called **el billete, el ticket, la boleta, el tiquete,** or **el pasaje.**

¡Exprésate!

To ask for information	To give information
¿Me puede decir dónde está la oficina de cambio? *Can you tell me where the money exchange is?*	**Está a la vuelta.** *It's around the corner.*
¿Sabe usted a qué hora sale/llega el vuelo 954? *Do you know at what time Flight 954 leaves/arrives?*	**Lo puede ver allí en esa pantalla.** *You can see it there on that monitor.* **Sí, sale/llega a las cuatro en punto.** *Yes, it leaves/arrives at four on the dot.*
¿Dónde se puede conseguir un mapa? *Where can I get a map?*	**Lo siento, no sé.** *I'm sorry, I don't know.*

Interactive TUTOR

Vocabulario y gramática, pp. 65–67 · Online workbooks

▶ Vocabulario adicional — Vacaciones, p. R15

1 ¿Dónde están?

Escuchemos Mira las fotos y escucha las conversaciones. Decide qué foto corresponde a cada conversación.

A

B

C

D

2 Definiciones

Leamos/Escribamos Completa las oraciones.

reclamo	**embarque**	**seguridad**	**vuelo**	**salida**
cola	**cambio**	**avión**	**aeropuerto**	**perder**

1. Un ═══ es el lugar adonde llegan y de donde salen los aviones.
2. Una ═══ es una línea de personas que esperan.
3. Necesitas una tarjeta de ═══ para abordar un ═══.
4. En la pantalla está el número del ═══ y la hora de la ═══.
5. El agente abre el equipaje en el control de ═══.
6. Puedes cambiar dólares por soles en la oficina de ═══.
7. Puedes recoger tus maletas en el ═══ de equipaje.
8. Si llegas tarde puedes ═══ tu vuelo.

Nota cultural

The Uros Islands on Lake Titicaca are man-made and constructed of *totora*, a reed-like grass that grows on the lake's bed. Though walking on the surface is like walking on a water bed, there are reed houses, schools, churches, and even a post office. The Uros people also make reed boats to travel to the mainland.

What do you think life is like on these islands?

Islas de los Uros en el lago Titicaca

3 Conversaciones

Leamos/Escribamos Completa las conversaciones con base en las fotos de la Actividad 1.

1. —¿Sabe usted dónde están ═══?
   —Sí, cómo no. Están ═══.
2. —¿Me puede decir a qué hora llega ═══ 179?
   —Lo siento, ═══. Pero lo puede ver allí en esa ═══.
3. —¿Dónde puedo ═══ el equipaje?
   —Tiene que ir a ese ═══ y hacer ═══.
4. —¿Sabe usted dónde ═══ la aduana?
   —Lo ═══, no sé.

4 ¿Para el viaje?

Leamos Complete these travel sentences by matching words in the first column with an appropriate ending in the second column.

1. Para abordar un avión...
2. En la pantalla...
3. Necesitas un boleto...
4. Los pasajeros...
5. Se pueden recoger las maletas...

a. se pueden ver las salidas y llegadas.
b. hacen cola en el mostrador para hablar con el agente.
c. en el reclamo de equipaje.
d. necesitas una tarjeta de embarque.
e. para hacer un viaje en avión.

Comunicación

5 De excursión

Hablemos Imagine your Spanish class is taking a trip to Peru! With a partner, take turns role-playing conversations you might have with an airport employee. Here are some topics to cover.

- What time does Flight 316 leave?
- Where do I check my bags?
- Where can I get a boarding pass?
- Where are the restrooms?
- Where can I get a map?
- Where can I pick up my bags?
- Where is the money exchange?

En el aeropuerto internacional de Lima

6 Consejos del profesor

Escribamos/Hablemos Your teacher is telling you what you need to do to get ready for the class trip. Work with a partner to complete the instructions by turning the cues below into informal commands. Then take turns telling each other what to do.

MODELO **cambiar/dinero** **Cambia el dinero en el aeropuerto.**

1. comprar/un boleto de avión
2. traer/el carnet de identidad y el pasaporte
3. hacer cola/el mostrador
4. facturar/el equipaje con el agente
5. esperar/la sala de espera
6. abordar /con la tarjeta de embarque
7. no perder/el vuelo

¡Exprésate!

To remind and reassure

¿Ya sacaste el dinero? *Did you already get the money?*	**Sí, ya lo saqué.** *Yes, I already got it.* **No, todavía no. Debo pasar por el cajero automático.** *No, not yet. I need to go by the automatic teller machine.*
¿Ya hiciste la maleta? *Did you already pack your suitcase?*	**No, todavía tengo que hacerla.** *No, I still have to pack it.*
¡Ay, dejé la cámara en casa! *Oh, I left the camera at home!*	**No te preocupes. Puedes comprar una cámara desechable en cualquier tienda.** *Don't worry. You can buy a disposable camera at any store.*

Interactive TUTOR

Vocabulario y gramática, pp. 65–67 Online workbooks

Una familia en Lima

7 El viaje de Gabriela

Leamos Gabriela has been visiting her grandparents in Lima, and is now saying goodbye to return to her school in the U.S. Complete their conversation using the best choice of words.

preocupes	hiciste	tengo	dejé
sale	sacaste	cajero	pasaporte

ABUELO ¿Encontraste tu __1__?
GABRIELA Sí, abuelo, lo __2__ en mi bolsa.
ABUELO ¿Y ya __3__ el dinero que necesitas?
GABRIELA No, todavía no. Debo pasar por el __4__ automático.
ABUELA ¿__5__ bien las maletas?
GABRIELA Sí, tengo todo mi equipaje.
ABUELA ¿Tienes tu cámara?
GABRIELA No te __6__, abuelita, no la __7__ en casa. La tengo en mi maleta.
ABUELO Bueno. El vuelo __8__ a las dos. Tenemos que salir para el aeropuerto.

8 ¿Qué más?

Escribamos On a separate piece of paper, make two columns. In the first column, write the things that Gabriela has already done. In the other, list the tasks she still has to do before the airplane takes off.

9 Una lista

Leamos/Escribamos Leticia has checked off the things she has already done to get ready for her trip to Peru. Read her list and write sentences that tell what she already did and what she still has to do.

Cosas por hacer:

sacar la tarjeta de embarque
√ encontrar el pasaporte
√ sacar dinero
√ comprar el boleto
facturar el equipaje
comprar revistas para el viaje

Comunicación

10 ¿Ya lo hiciste?

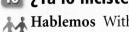

Hablemos With a partner play the roles of Leticia and her parent. The parent will ask Leticia if she has done the things on the list in Activity 9, and Leticia will answer.

MODELO MADRE O PADRE **¿Ya sacaste el dinero?**
LETICIA **Sí, pasé por el cajero automático ayer.**

11 ¿Me puede decir...?

Hablemos With a partner, take turns playing the roles of an airport information clerk and Spanish-speaking passengers in the following situations. Remember to be polite!

MODELO PASAJERA **¿Me puede decir dónde puedo comprar un mapa?**
TÚ **Sí, señora. Lo puede comprar en la tienda a la vuelta.**

1. A man has arrived from Chile and asks where the money exchange is. Give him directions.
2. A woman is looking for flight 394 to Mexico City. Point out the monitor to her.
3. Another traveler left his glasses at home and needs help reading the monitor. Help him find the flight number, when it leaves, and the gate it leaves from.
4. A woman from Venezuela is looking for the baggage claim and customs. Tell her where she should get in line.

Objetivos
- Review of the preterite
- Preterite of **-car, -gar,** and **-zar** verbs
- Preterite of **hacer**

GramaVisión

Repaso The preterite

Interactive TUTOR

1 Use the **preterite** to talk about what happened at a specific point in the past and to narrate a sequence of events in the past.

Me levanté temprano, **comí** el desayuno y **fui** al aeropuerto.

2 You know how to form the preterite of all regular verbs. Remember that **-ar** and **-er** verbs do not have stem changes in the preterite.

	esperar	perder	abrir
yo	esper**é**	perd**í**	abr**í**
tú	esper**aste**	perd**iste**	abr**iste**
Ud., él, ella	esper**ó**	perd**ió**	abr**ió**
nosotros(as)	esper**amos**	perd**imos**	abr**imos**
vosotros(as)	esper**asteis**	perd**isteis**	abr**isteis**
Uds., ellos, ellas	esper**aron**	perd**ieron**	abr**ieron**

Esperamos una hora. *We waited an hour.*
Perdí mi boleto. *I lost my ticket.*

Vocabulario y gramática, pp. 68–70
Actividades, pp. 55–57

To say where someone *went*, use **ir** *(to go)* in the preterite.

fui	fuimos
fuiste	fuisteis
fue	fueron

12 ¡Qué viaje más difícil!

Escuchemos Jesse acaba de regresar de un viaje difícil. Escucha lo que dice y completa las oraciones con la respuesta correcta.

1. A las 8:00, Jesse ═══.
   a. llegó al aeropuerto en taxi **b.** salió de la casa
2. Jesse regresó a casa porque ═══.
   a. dejó el boleto allí **b.** olvidó sus lentes
3. Al llegar al aeropuerto, Jesse ═══.
   a. compró un libro **b.** se encontró con sus amigos
4. En el control de seguridad, los agentes ═══.
   a. facturaron el equipaje **b.** abrieron las maletas
5. Juan regresó al mostrador porque ═══.
   a. recogió el equipaje **b.** perdió la tarjeta de embarque
6. Al fin, Carlos y Jesse ═══.
   a. abordaron el avión **b.** perdieron el vuelo

Visit Holt Online
go.hrw.com
KEYWORD: EXP1B CH10
Gramática 1 practice

Gramática 1

13 ¿Qué pasó?

Escribamos/Hablemos Imagina que eres Daniela. Indica qué pasó el día en que tu familia y tú comenzaron su viaje.

MODELO (yo) **Me levanté temprano.**

yo

1. nosotros

2. mi padre

3. mis padres

4. el agente

5. los agentes

6. yo

Comunicación

14 Un buen viaje

Hablemos In groups of three, act out the following situation. An exchange student calls his parents after he arrives in Lima, Peru. The parents ask questions about the trip and the student answers. Take turns playing the different roles, and use the verbs listed below.

MODELO **—¿Esperaste mucho tiempo antes de abordar?**
—No, no esperé mucho.

dejar	abordar	esperar	abrir
recoger	ir al mostrador	perder	encontrarse

Preterite of -car, -gar, -zar verbs

1 Verbs ending in **-car**, **-gar**, and **-zar** have a spelling change in the **yo** form in the preterite.

In **-car** verbs, the **c** changes to **qu**. In **-gar** verbs, the **g** changes to **gu**. In **-zar** verbs, the **z** changes to **c**.

sacar	**llegar**	**comenzar**
sa**qu**é	lle**gu**é	comen**c**é
sa**c**aste	lle**g**aste	comen**z**aste
sa**c**ó	lle**g**ó	comen**z**ó
sa**c**amos	lle**g**amos	comen**z**amos
sa**c**asteis	lle**g**asteis	comen**z**asteis
sa**c**aron	lle**g**aron	comen**z**aron

Comencé a las 8:00. **Llegué** al aeropuerto y **saqué** dinero.
I started at 8:00. I arrived at the airport and got money.

Vocabulario y gramática, pp. 68–70
Actividades, pp. 55–57

15 Cuando viajo...

Escuchemos Indica si Carmen habla de **a**) lo que siempre hace cuando viaja *(travels)* o de **b**) lo que hizo *(did)* la última vez que viajó.

16 La tarjeta postal

Leamos/Escribamos Completa la tarjeta postal que recibió Liliana con la forma correcta del pretérito de los verbos.

encontrar	**comenzar**	**buscar**	**llegar**	**almorzar**
comprar	**pagar**	**facturar**	**sacar**	**ir**

Hola Liliana,

Ya sabes que __1__ el día a las 7:00 y que __2__ al aeropuerto en taxi. Cuando __3__, fui directamente al mostrador donde __4__ el boleto y __5__ el equipaje. Después, __6__ un mapa en la librería y __7__ dinero del cajero automático. __8__ un sándwich y __9__ una tienda para comprarte un regalo, pero no __10__ nada. Voy a buscarte algo en Cuzco.

Con cariño,
Tía Juana

Liliana Castillo
Avenida 57 # 68-10
Bogotá, Colombia
Sur América

17 ¿Quién?

Escribamos/Hablemos Escribe oraciones y di quién hizo las siguientes cosas.

MODELO **llegar al aeropuerto**
Olivia llegó al aeropuerto a las siete.

Olivia

llegar al aeropuerto	levantarse	sacar dinero
pagar el boleto	buscar los servicios	almorzar en un restaurante

1. Ana

2. Felipe

3. Maricela y yo

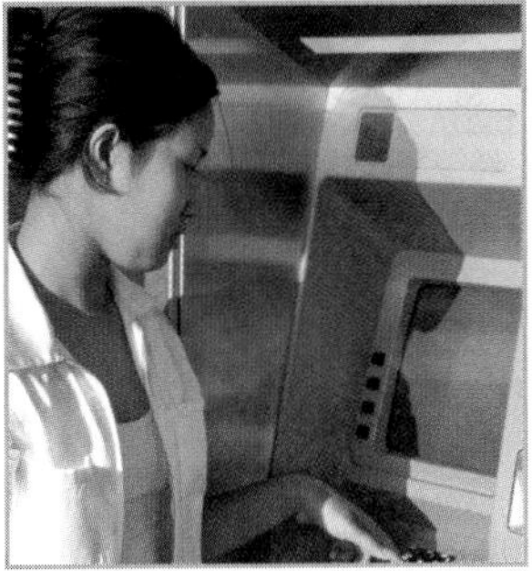
4. yo

5. Ricardo y Elena

6. yo

Comunicación

18 La fiesta de despedida

Hablemos Last night there was a going away party for a friend who is moving, but you couldn't go. Ask a classmate what happened at the party, using the verbs given below.

colgar decoraciones	comenzar la fiesta	llegar	jugar juegos de mesa
tocar instrumentos	contar chistes	bailar	preparar la comida

Gramática 1

Preterite of hacer

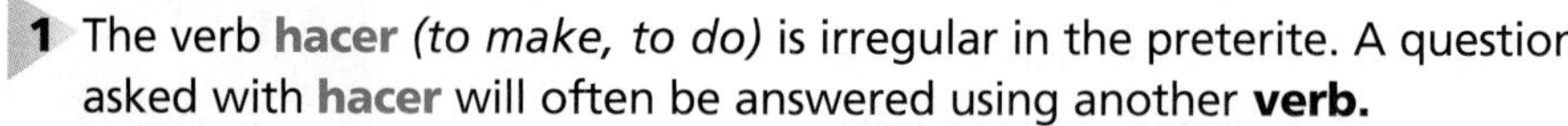

1 The verb **hacer** *(to make, to do)* is irregular in the preterite. A question asked with **hacer** will often be answered using another **verb.**

yo	**hice**	nosotros(as)	**hicimos**
tú	**hiciste**	vosotros(as)	**hicisteis**
Ud., él, ella	**hizo**	Uds., ellos, ellas	**hicieron**

—¿Qué **hiciste** ayer? *What did you do yesterday?*
—**Fui** a la oficina de correos. *I went to the post office.*

2 To form the preterite of weather expressions with **hace**, replace **hace** with **hizo**. Use the preterite to say what the weather was like over a specific period or when telling how long conditions lasted. Use **nevó** for *it snowed* and **llovió** for *it rained.*

—¿Qué tiempo **hizo** ayer? —**Llovió** todo el día.

El año pasado nunca **nevó**.

Vocabulario y gramática, pp. 68–70
Actividades, pp. 55–57

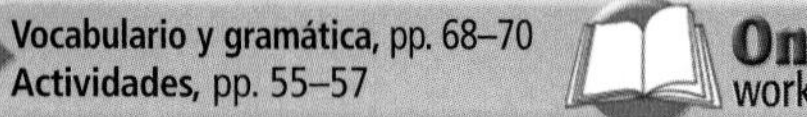

Nota cultural

The Incas called *quinoa* the Mother Grain. Every year the emperor planted the first seeds and on solstice, priests made quinoa offerings to Inti, the Sun. The Incan armies, which frequently marched for days at a time, ate war balls, a mix of quinoa and fat. Quinoa is still eaten in Peru and is imported to the United States for its high nutritional value.

How do you think quinoa is used in recipes?

19 Antes de comenzar el viaje

Leamos Lee lo que dice Pablo e indica si **a**) habla de sí mismo *(himself),* **b**) de sus padres, **c**) de él y sus amigos o **d**) del tiempo.

1. Antes de comenzar el viaje hicimos una fiesta en el Club Naval.
2. Hice planes para encontrarme con ellos al volver.
3. No hicieron las maletas hasta muy tarde.
4. Hice las maletas anteayer.
5. Hizo fresco e hizo sol.
6. Al llegar al aeropuerto, hicieron cola delante del mostrador.

20 ¿Qué hicieron ustedes?

Escribamos Indica si estas cosas pasaron o no la última vez que hiciste un viaje con tu familia en carro.

MODELO **mi madre/hacer las maletas**
Mi madre (no) hizo las maletas.

1. (yo)/hacer la maleta
2. mi hermano/hacer las camas antes de irnos
3. mis amigos/hacer una fiesta antes del viaje
4. (yo)/hacer la tarea en el carro
5. mis padres/hacer sándwiches y nosotros/comer en el carro
6. hacer buen tiempo
7. hacer frío

Comunicación

21 De vacaciones

Hablemos With a partner, take turns asking and answering what the weather was like and what these people did last week.

MODELO **—¿Qué tiempo hizo el lunes?**
—Hizo calor y mucho sol.
—¿Qué hicieron Alicia y tú?
—Jugamos al tenis.

lunes/Alicia y yo

1. lunes/yo

2. martes/mis hermanas

3. miércoles/mi madre

4. jueves/mi padre

5. viernes/María y Jorge

6. sábado/mis amigos y yo

7. sábado/mi hermano

8. domingo/mis padres

22 El fin de semana pasado

Hablemos In groups of three, take turns using the expressions in the word box to ask who did these activities last weekend.

MODELO **—¿Hiciste un viaje el fin de semana pasado?**
—Sí, hice un viaje./No, no hice un viaje.

hacer un viaje	hacer cola en una tienda
hacer planes para salir con amigos	hacer la tarea de español
hacer el almuerzo para llevar al colegio	hacer la cama

Gramática 1

Cultura

VideoCultura

Terminal de autobuses, Lima, Perú

¿Adónde fuiste y qué hiciste la última vez que viajaste?

En Estados Unidos, la mayoría de la gente tiene carros, y es muy común viajar en coche. Si es un viaje de larga distancia, mucha gente va en avión. En Perú, es más común viajar en autobús, aunque *(although)* es posible ir en avión o en tren. Estas personas hablan de su último viaje y de lo que hicieron. ¿Cómo viajaron? ¿Qué hicieron al llegar a su destino *(destination)*? ¿Hacen las mismas cosas que tú haces cuando viajas? Compara sus viajes a tus propias experiencias.

Lisette
Lima, Perú

Lisette talks about the places she visits on vacation. Do you like to travel or stay at home during vacations?

Cuando vas de vacaciones, ¿en qué medio de transporte viajas?

Bueno, cuando voy de vacaciones, a mí me encanta viajar en ómnibus porque en el camino veo los paisajes y los animales.

¿Qué haces cuando vas de vacaciones?

Cuando voy de vacaciones, voy [y] visito los lugares turísticos que me han recomendado.

¿Adónde fuiste de vacaciones la última vez?

Bueno, fui a Cajamarca.

¿Fuiste sola o fuiste con tu familia?

Fui con mi familia.

¿Qué hicieron allí?

Más que todo fuimos a visitar los lugares turísticos y a algunos familiares.

Visit Holt Online
go.hrw.com
KEYWORD: EXP1B CH10
Online Edition

Cultura

Paola
Lima, Perú

Paola visits her relatives during her vacation. Do you visit friends or relatives when you have a vacation?

Cuando vas de vacaciones, ¿en qué medio de transporte viajas?

Voy en bus mirando los paisajes.

¿Qué haces cuando vas de vacaciones?

Cuando voy de vacaciones, visito a mi familia, a mis amigos y los lugares turísticos.

¿Adónde fuiste de vacaciones la última vez?

Fui al departamento de Ica.

¿Fuiste sola o fuiste con tu familia?

Fui con mi familia.

¿Qué hicieron allí?

Visitamos a mi abuelita, primos, amigos y los lugares turísticos.

Para comprender

1. ¿Cómo le gusta viajar a Lisette?
2. ¿Qué hizo Lisette en su último viaje?
3. ¿Con quién viajó Paola a Ica?
4. ¿Qué hicieron Paola y su familia en su último viaje?
5. ¿Qué hacen Lisette y Paola cuando viajan en bus?

Para pensar y hablar

Both Lisette and Paola travel their country by bus. Do people in your community normally take the bus or other ground transportation when they travel somewhere? What other forms of transportation are common? What are two advantages of ground as opposed to air travel? What are two disadvantages?

Comunidad

Spanish: Your World Passport

Plan an imaginary class trip to a country where Spanish is spoken. In small groups, research and present the following.

- Find the address of the tourism office for the selected country and write a letter in Spanish requesting tourist information.
- Each person finds out about one national or regional attraction to visit and writes a short paragraph in Spanish about it.
- Create a poster that shows typical foods or other attractions of the country.
- Display the completed posters and paragraphs in the classroom.

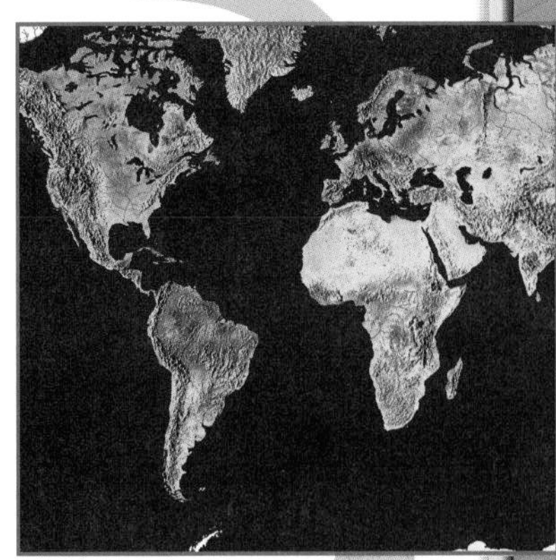

Mapa del mundo

Objetivos
- Talking about a trip
- Expressing hopes and wishes

Vocabulario en acción 2

LIMA AIRPORT
AERO
Video/DVD

ExpresaVisión

De vacaciones

Durante las vacaciones **paseamos en lancha** en **el lago.**
¡Qué divertido!

acampar

pasear en canoa

esquiar en el agua

ir de excursión

ir de pesca

pasear en bote de vela en el lago

Lugares de interés en Perú

el museo

el centro

el zoológico

el parque de diversiones

▶ **Vocabulario adicional — Vacaciones,** p. R15

Recorrí la ciudad en **autobús.** Luego **tomé el tren** a **las ruinas.**

Medios de transporte

el metro

el tren

el taxi

el autobús

el barco

También se puede decir...

Mexicans call *the bus* **el camión**. In Puerto Rico and the Dominican Republic, they say **la guagua.** You'll hear **el colectivo** in Bolivia, Peru, and Ecuador. Venezuelans may say **el bus, la buseta,** or **el porpuesto.**

Más vocabulario...

Expresiones

¡Ah, tuviste suerte!	*You were lucky!*
¡Qué bien!	*How great!*
¡Qué fantástico!	*How fantastic!*
¡Qué lástima!	*What a shame!*
¡Qué mala suerte!	*What bad luck!*

Actividades

quedarse en un hotel	*to stay at a hotel*
recorrer la ciudad/el país/la isla	*to tour the city/the country/the island*
tomar el sol	*to sunbathe*

¡Exprésate!

To talk about a trip

Interactive TUTOR

¿Qué tal el viaje? *How was the trip?*	**¡Fue estupendo!/¡Fue horrible!** *It was great!/It was horrible!*
¿Adónde fueron? *Where did you go?*	**Fuimos al campo y subimos a la montaña El Misti.** *We went to the countryside and went up Misti mountain.*
¿Qué hicieron? *What did you do?*	**Conocimos las ruinas y sacamos muchas fotos.** *We visited the ruins (for the first time) and took lots of pictures.* **Luego pasamos por la oficina de correos y por fin regresamos al hotel.** *Afterwards we stopped at the post office and finally we came back to the hotel.*

Vocabulario y gramática, pp. 71–73 — Online workbooks

Nota cultural

Starting in Cuzco, the train to Machu Picchu zigzags up the mountain to about 12,500 feet above sea level before starting its 7000-foot descent into the Urubamba Valley. In Peru passengers can request oxygen because trains may climb above 15,000 feet. Though meals are served on some trains, most travelers carry food with them and purchase a drink on board.

How does this compare to train travel where you live?

Pasajeros con destino a Machu Picchu, listos para abordar el tren

23 ¿Qué dices?

Escuchemos Escucha los comentarios y escoge la mejor respuesta.

1. **a.** ¡Qué lástima! **b.** ¡Qué bien!
2. **a.** ¡Qué mala suerte! **b.** ¡Ah, tuviste suerte!
3. **a.** ¡Qué lástima! **b.** ¡Qué divertido!
4. **a.** ¡Qué bien! **b.** ¡Qué lástima!
5. **a.** ¡Qué horrible! **b.** ¡Qué fantástico!
6. **a.** ¡Qué mala suerte! **b.** ¡Ah, tuviste suerte!

24 En la isla

Leamos Para las siguientes oraciones, escoge la persona del dibujo que hizo cada actividad.

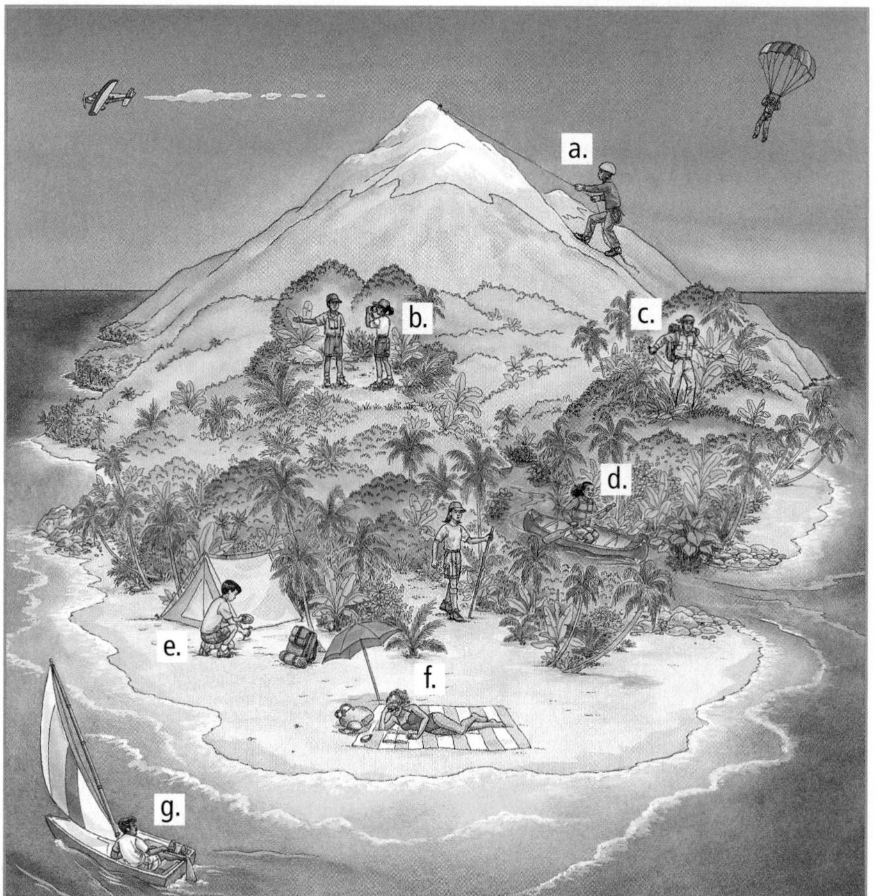

1. Tomó el sol en la playa.
2. Sacó una foto de su amigo.
3. Acampó en la playa. ¡Qué bien!
4. Recorrió la isla con su mochila.
5. Subió a la montaña. ¡Qué divertido!
6. Paseó en bote de vela en el agua.
7. Paseó en canoa. ¡Qué fantástico!

25 El viaje de Carlos

Leamos/Escribamos Lee la tarjeta de Carlos. Después, usa las expresiones **primero**, **luego** y **por fin** y combina las palabras dadas para formar oraciones completas.

Querida Carla,

Aquí estoy en Perú. Es un país estupendo. Ayer me levanté temprano y desayuné en el hotel. Salí del hotel y fui al centro en autobús. Fui a una tienda para comprar una cámara y después recorrí el centro. Luego, almorcé en un restaurante. Después del almuerzo, tomé otro autobús y fui a las ruinas. Subí a la montaña y saqué muchas fotos. Regresé al hotel, cené en el restaurante de al lado y me acosté temprano. ¡Qué día tan magnífico!

Abrazos,
Carlos

MODELO **desayunar/salir/levantarse**
Primero, se levantó, luego desayunó y por fin salió.

1. ir al centro/comprar una cámara/ir a una tienda
2. recorrer el centro/almorzar/llegar al centro
3. sacar fotos/tomar el autobús a las ruinas/subir a la montaña
4. tomar el autobús al hotel/regresar a la ciudad/salir de las ruinas
5. acostarse/cenar en un restaurante/ponerse el piyama

Comunicación

26 Un viaje fantástico

Hablemos Talk with a partner about a real vacation you have taken or make up details of an imaginary vacation. First tell where you went and how you got there (plane, train, bus, or boat). Then your partner will ask questions to find out how the trip was, and what you saw and did there.

MODELO **—Fui a Puerto Rico en barco.**
—¿Qué tal el viaje? ¿Qué hiciste?
—El viaje fue bueno.

¡Exprésate!

To express hopes and wishes	
Algún día me gustaría viajar a Perú. *Some day I would like to travel to Peru.*	**Quiero conocer las ruinas de Machu Picchu.** *I want to see the ruins at Machu Picchu.*
Si tengo suerte, voy a visitar México. *If I'm lucky, I'm going to visit Mexico.*	**Espero ver las pirámides.** *I hope to see the pyramids.*

Interactive TUTOR

Vocabulario y gramática, pp. 71–73

Online workbooks

27 Me gustaría viajar

Leamos Paco y Ana están hablando de los viajes que quieren hacer. Completa su conversación con las palabras del cuadro.

sacar	suerte	recorrer	ir
hacer	Quiero	museo	Algún
ruinas	conocer	Qué	espero

Paco ___1___ día me gustaría ___2___ un viaje a Perú. Quiero ___3___ las montañas e ___4___ de excursión. Espero ver las ___5___ de Machu Picchu. Voy a ___6___ muchas fotos.

Ana Si tengo ___7___ voy a viajar a España. ___8___ ver el famoso ___9___ de arte en Madrid, El Prado. También ___10___ viajar por metro. Voy a ___11___ toda la ciudad en metro. ¡___12___ fantástico!

28 Espero...

Escribamos/Hablemos Reacciona a estas actividades con una expresión de **¡Exprésate!**

MODELO **Me gustaría ir de excursión. Espero ver...**

1

2

3

4

Comunicación

29 El viaje de tus sueños

Hablemos Interview a classmate about his or her dream vacation. Ask where your partner wants to go, and what he or she wants/hopes to do and see there. Then switch roles and tell your partner about your own dream vacation.

30 Hacer planes

Hablemos/Escribamos Work with two or three classmates to plan a school trip. Decide where you would like to go and how you want to travel. Talk about what you want to see and do there. On a sheet of paper, summarize the main points of your trip and be prepared to present them to the class.

MODELO **Algún día, nos gustaría viajar a...**
Queremos conocer...
Si tenemos suerte, vamos a...
Esperamos ver...

Objetivos
- Informal commands
- Direct object pronouns
- Verbs followed by infinitives

GramaVisión

Informal commands of spelling-change and irregular verbs

Interactive TUTOR

1 Verbs ending in **-ger, -guir, -car, -gar,** and **-zar** have spelling changes in some command forms.

	affirmative	negative
	g changes to j	
-ger	reco**g**e	no reco**j**as
	gu changes to g	
-guir	si**gu**e	no si**g**as
	c changes to qu	
-car	bus**c**a	no bus**qu**es
	g changes to gu	
-gar	lle**g**a	no lle**gu**es
	z changes to c	
-zar	empie**z**a	no empie**c**es

Llega temprano al aeropuerto y **busca** a tus amigos.
No llegues tarde.

2 Some verbs have irregular informal command forms.

	affirmative	negative
hacer	haz	no hagas
ir	ve	no vayas
poner	pon	no pongas
salir	sal	no salgas
ser	sé	no seas
tener	ten	no tengas
venir	ven	no vengas

Ve al aeropuerto en taxi. **No dejes** nada en el taxi.

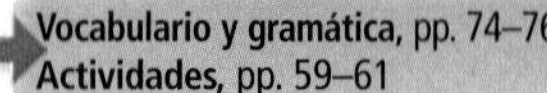
Vocabulario y gramática, pp. 74–76
Actividades, pp. 59–61

¿Te acuerdas?

Do you remember how to form affirmative informal commands?

tú piensas → piens**a**

tú comes → com**e**

tú escribes → escrib**e**

Here's how to form negative informal commands.

yo pienso → no piens**es**

yo como → no com**as**

yo escribo → no escrib**as**

yo vengo → no veng**as**

31 ¿Es lógico?

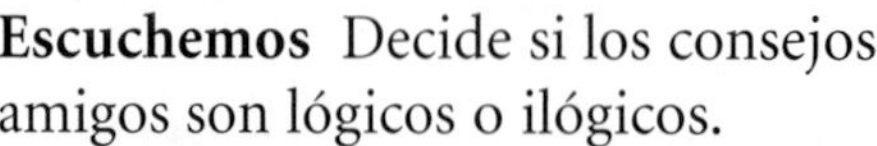

Escuchemos Decide si los consejos que Enrique les da a sus amigos son lógicos o ilógicos.

32 Consejos para los compañeros de viajes

Escribamos/Hablemos You are on vacation with friends who don't know what to do. Read what they say and make up one affirmative command and one negative command for each comment.

MODELO **—Salimos para Perú en tres horas y estoy lista.**
—¡Sal inmediatamente! No llegues tarde al aeropuerto.

desembarcar del avión sin nosotros	ir de excursión
ponerse el traje de baño	ser puntual *(punctual)*
buscar un café Internet	salir inmediatamente
hacer cola en la aduana	comenzar el viaje tarde
ir al centro	tener miedo

1. Por fin llegamos a Lima. ¿Qué hago ahora en el aeropuerto?
2. Quiero ver las ruinas mañana, pero el autobús sale muy temprano.
3. No quiero recorrer el centro. Hace calor y quiero tomar el sol.
4. Mi hermana quiere esquiar en el agua. Tengo miedo.
5. Nuestros compañeros quieren jugar a los videojuegos esta tarde, pero no tengo ganas. Prefiero acampar.
6. No tengo mucho dinero y tenemos planes para comer en un restaurante caro.
7. Quiero leer mi correo electrónico, pero no hay un computador en mi cuarto.

Las ruinas de Machu Picchu, Perú

Gramática 2

33 ¡Ayúdame, por favor!

Hablemos Based on the photos, act out the following situation. Your partner is going on vacation and doesn't know what to do. Answer his or her questions and give some appropriate advice.

MODELO **—¿Cuándo hago la maleta?**
—Hazla un día antes de viajar. No lleves mucha ropa.

Repaso Direct object pronouns

1 **Direct object pronouns** can go before the conjugated verb or be attached to the end of an infinitive.

—¿Ya conoces **la ciudad**?	*Do you already know the city?*
—No, todavía no **la** conozco.	*No, I don't know it yet.*
—¿Quieres recorrer**la** conmigo?	*Do you want to tour it with me?*

2 In affirmative commands, attach the **pronoun** to the end of the verb. Don't forget to add an accent mark when needed. In negative commands, place the **pronoun** before the conjugated verb.

Llháma**me** después de tu viaje, pero no **me** llames muy tarde.
Call me after your trip, but don't call me very late.

¿Te acuerdas?

Use these pronouns in the place of direct object nouns.

me	**nos**
te	**os**
lo	**los**
la	**las**

Vocabulario y gramática, pp. 74–76
Actividades, pp. 59–61

34 Para el viaje

Escuchemos Héctor habla de lo que va a hacer mientras está de vacaciones con su familia. Escucha las oraciones y decide de qué o de quién habla: **a**) su padre, **b**) su tarjeta de embarque, **c**) sus hermanas, **d**) sus libros de texto.

35 ¡Vamos al centro!

Leamos/Escribamos Completa las oraciones de la conversación entre dos amigos que están viajando juntos.

me	te	lo	la	los	las

—Mañana voy a visitar la ciudad. Voy a recorrer __1__ en autobús. Tengo ganas de visitar los museos del centro. ¿Quieres visitar __2__ conmigo?
—Sí, pero necesito dinero para la visita.
—Sáca __3__ del cajero automático aquí en el hotel.
—También tengo que mandar estas tarjetas. Puedo mandar __4__ mañana del correo del centro, ¿no?
—Pues, ¿por qué no __5__ mandas desde el hotel? Oye, ¿tienes hambre? Me gustaría invitar __6__ a cenar conmigo.
—¡Con mucho gusto! ¿Quieres comer en el restaurante del hotel? No __7__ conozco.
—Es bueno, pero me gustaría probar la cocina regional. ¿Qué tal si __8__ probamos en el restaurante de al lado?

36 ¿Conoces tu ciudad?

Hablemos Haz oraciones diciendo si conoces estos lugares o no.

MODELO **el centro**
Lo conozco (muy) bien.

1. el zoológico
2. los museos
3. el centro comercial más cerca de tu casa
4. la piscina más cerca de tu colegio
5. el lago más cerca de tu ciudad
6. las tiendas del centro

37 Manito, llévame contigo

Hablemos Tu hermanito te hace muchas preguntas. Contesta las preguntas usando pronombres de complemento directo.

MODELO **—¿Piensas visitar las ruinas de Machu Picchu? (sí)**
—Sí, las voy a visitar. (Sí, voy a visitarlas.)

1. ¿Vas a visitar el Parque Nacional Manu? (sí)
2. ¿Me vas a llamar todos los días? (no)
3. ¿Vas a ver a los abuelos? (sí)
4. ¿Te puedo ayudar con las maletas? (sí)
5. ¿Vas a llevar tu cámara desechable? (sí)
6. Me vas a llevar contigo, ¿verdad? (no)

Peru's Manu rainforest has more than 1,000 species of birds and 300 species of trees. Many indigenous tribes also live there. Today Manu is a Biosphere Reserve composed of three parts: the Manu National Park, protecting the natural flora and fauna; the Manu Reserve Zone, for research and tourism; and the Manu Cultural Zone, for human settlement.

Research animal or plant life in the forest and present your findings to the class.

Comunicación

38 Las vacaciones de Araceli

Hablemos Ask a partner about the vacation that Araceli is going to take. Your partner should answer using direct object pronouns.

MODELO **—¿Cuándo va a hacer la maleta?**
—Ya la hizo anoche.

Repaso Verbs followed by infinitives

1 You can use certain **verbs** followed by **infinitives** to express what someone *wants, hopes,* or *plans* to do.

me (te, le...) gustaría + **infinitive**	*. . . would like to . . .*
me (te, le...) gustaría más + **infinitive**	*. . . would prefer to . . .*
querer (ie) + **infinitive**	*to want to . . .*
esperar + **infinitive**	*to hope to . . .*
pensar (ie) + **infinitive**	*to plan (intend) to . . .*

Me gustaría **ir** al lago.	*I'd like to go to the lake.*
Quiero **pasear** en bote.	*I want to go boating.*
Espero **salir** con amigos.	*I hope to go out with friends.*
Pienso **hacer** un viaje este año.	*I plan to take a trip this year.*

2 Remember to use **tener que** to talk about what someone *has to* do.

tener que + **infinitive** *to have to . . ., must . . .*

Me gustaría ir de vacaciones, pero **tengo que** **trabajar**.
I'd like to go on vacation, but I have to work.

Vocabulario y gramática, pp. 74–76
Actividades, pp. 59–61

39 Proyectos

Escribamos/Hablemos Escribe oraciones e indica cuáles actividades Roberto quiere hacer y cuáles tiene que hacer.

MODELO **viajar al Perú/estudiar**
Quiere viajar a Perú. Tiene que estudiar.

1. acampar/trabajar
2. esquiar/limpiar el baño
3. hacer la tarea/ir al lago
4. tomar el sol/hacer la maleta
5. escribir cartas/salir con amigos

Isla Tequile en el Lago Titicaca, Perú

40 Lo que pensamos hacer es...

Leamos/Escribamos Completa el párrafo con la forma correcta del verbo que corresponde según el contexto.

Mi hermana mayor y su esposo ___1___ (pensar/le gustaría) ir a Alaska para las vacaciones. ___2___ (Tener ganas/Esperar) de ir de pesca y acampar. A mi padre ___3___ (querer/le gustaría) acompañarlos pero mi madre ___4___ (le gustaría/querer) viajar a Perú. El problema es que ella ___5___ (tener que/tener ganas) trabajar y no tiene tiempo para viajar. En mi caso, (yo) ___6___ (tener que/esperar) hacer un viaje a España algún día.

41 Planes

Escribamos Rosalinda habla de sus planes. Combina palabras de cada cuadro para hacer seis oraciones.

mis padres y yo	querer	ver los animales	en el lago
yo	esperar	pasear en bote	en el zoológico
mi hermana mayor	pensar	ir de excursión	al correo
mis abuelos	tener que	esquiar	en las montañas
¿Y tú?		llevar las tarjetas	en el centro
		visitar el museo	en el hotel

Comunicación

42 Un día

Hablemos Con un(a) compañero(a), túrnense para contestar estas preguntas.

MODELO **—Un día me gustaría visitar Lima. ¿Y tú?**
—A mí me gustaría más visitar Barcelona.

1. ¿Qué ciudad te gustaría visitar un día?
2. ¿Cómo quieres ir a esa ciudad?
3. ¿Con quién quieres hacer el viaje?
4. ¿Cuántos días quieres quedarte?
5. ¿Piensas acampar, quedarte en un hotel, o quedarte en la casa de un(a) amigo(a)?
6. ¿Qué piensas hacer en esa ciudad?

43 ¿Qué quieren hacer? ¿Qué deben hacer?

Hablemos Con un(a) compañero(a), mira los dibujos y dramatiza la conversación entre Ana y Luis.

Gramática 2

Conexiones culturales

1 De vacaciones en Puerto Rico

Many people in San Juan take vacations in **La Parguera,** a fishing village along **la Bahía Fosforescente,** or Phosphorescent Bay, on the southwest coast. Millions of tiny organisms (known as algae or dinoflagellates) glow in the water of this bay. Use Spanish resources from the Internet or the library to find out why these organisms produce light. When would a visitor be most likely to see the phosphorescent glow? Why?

a. on a moonless night with lots of big waves

b. in the middle of a stormy day

c. on a full moon night with calm water

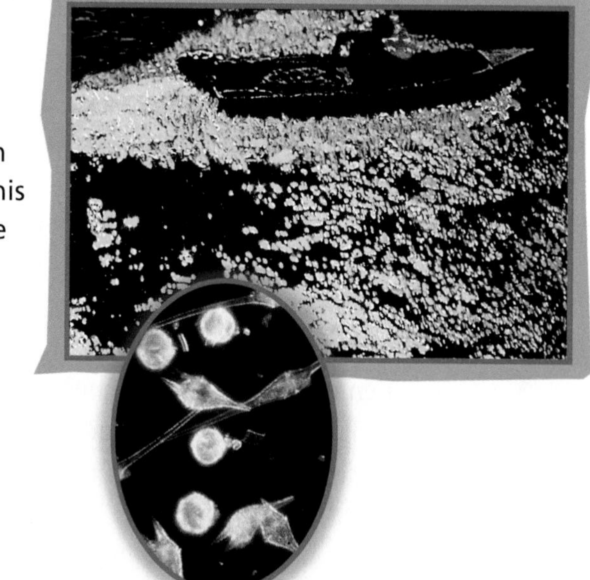

2 La luminiscencia

These glowing sea algae are *luminescent,* which means they give off light but not heat. All of the following generate light. Which are luminescent?

a. a star **b.** a lightbulb **c.** a firefly **d.** a candle

Visit Holt Online
go.hrw.com
KEYWORD: EXP1B CH10
Online Edition

Conexión Astronomía

Many Puerto Ricans and tourists enjoy visiting the Arecibo Observatory, the largest and most sensitive single-dish radio telescope in the world. It is located ten miles south of the city of Arecibo. Galaxies, erupting stars, clouds of gas, pulsars, and quasars give off radio waves that are invisible to the naked eye, but that can be seen using radio telescopes. The Arecibo Observatory also uses planetary radar to study planets, moons, asteroids, and comets in our solar system. This is done by sending a powerful beam of radio energy at the object and analyzing the information about the radio echo that is reflected back to the Arecibo telescope.

Observatorio de Arecibo, Puerto Rico

3 El radar

Radio waves are used to study distant objects in our solar system because they can be used to "see" objects through clouds, darkness, and at a great distance. Radio waves were used by the Arecibo Observatory to map Venus. This use of radio waves is also known as radar. What other uses for radar do you know about?

4 Palabras científicas

Use a dictionary to find the Spanish words for *planet, asteroid, solar system, moon,* and *radar.* Most of these words are similar to the English words. Why do you think these words are similar?

5 ¡Qué grande!

The spherical reflector of the Arecibo radio telescope is 305 meters in diameter (measurement across). Calculate the diameter in feet. (Hint: 1 meter = 3.28 feet)

Novela en video

¿Quién será?

Episodio 10

ESTRATEGIA

Summarizing Before you read the **Novela** or watch the final episode of **¿Quién será?,** go back and summarize what has happened in the previous nine episodes. Pick only the most important moments that you think will help you understand the final episode. Write one or two sentences summarizing what happened in each episode. Do you see a pattern in your summary? Which characters appear the most often? Does summarizing in this way help you predict what might happen in the finale?

En España

Francia
Portugal
★ Madrid
ESPAÑA
Mar Mediterráneo
Marruecos
Argelia

La profesora está lista para tomar la decisión. ¿Quién será?

1

Profesora Castillo
Ahora sí, ya están los diez candidatos. Dos deben recibir una beca para venir a estudiar en Madrid. Voy a tener que pensarlo muy bien.

Más tarde...Sofía y Nicolás reciben un e-mail.

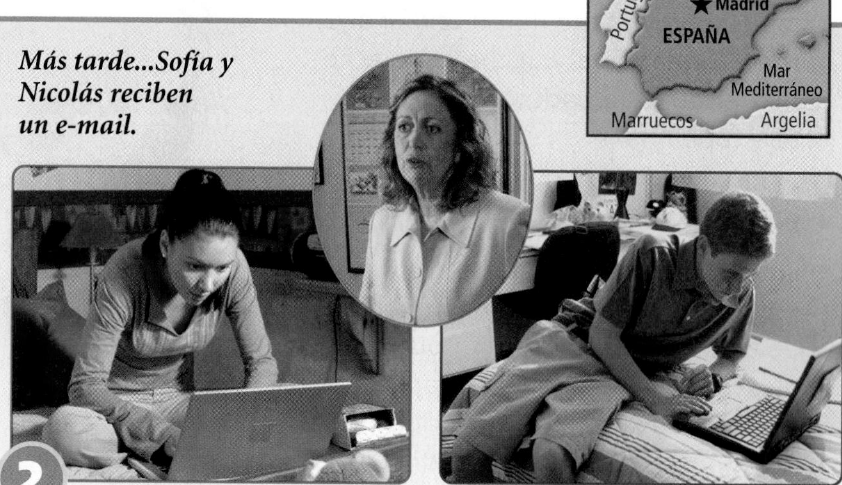

2

Profesora Castillo Soy Aurelia Castillo Velasco. Soy la directora de la fundación para cultivar las relaciones entre las culturas de habla hispana. Mi asistente y yo identificamos a diez candidatos para las dos becas que vamos a otorgar este año.

A. CONTESTA

1. What is **la profesora** going to have to think about?
2. What kind of organization does she represent?
3. What will the candidates win?

Novela en video

En México

Es mi placer informarte de que vas a recibir una beca para estudiar en Madrid por un año.

¡Enhorabuena! Me da mucho gusto ver a alguien de tu inteligencia y dedicación conseguir tus sueños. Será un placer conocerte.

En Puerto Rico

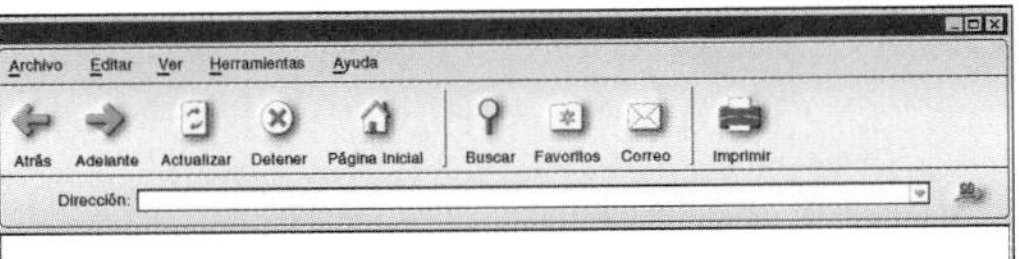

Es mi placer informarte de que vas a recibir una beca para estudiar en Madrid por un año.

¡Enhorabuena! Me da mucho gusto ver a alguien de tu inteligencia y dedicación conseguir tus sueños. Será un placer conocerte.

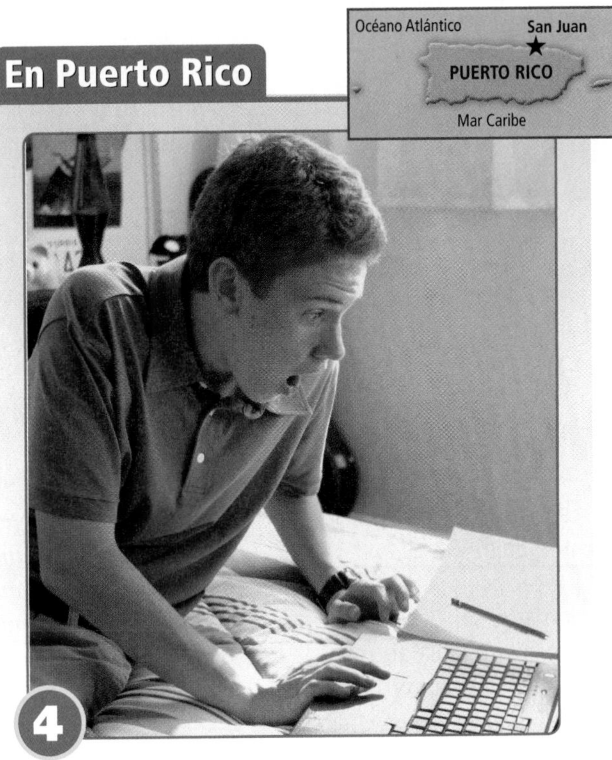

B. Contesta

1. What kind of scholarship has Sofía likely received?
2. What kind of scholarship has Nicolás likely received?

En México

5

Sofía ¿Lo pueden creer? Yo, ¿estudiando danza en Madrid?

Sra. Corona ¡Hija! ¡Qué bien! ¡Estoy muy orgullosa de ti!

Sofía Gracias, mamá. Van a venir a visitarme, ¿verdad?

Sr. Corona Claro que sí, hija. Me encantaría conocer Madrid.

En Puerto Rico

6

Nicolás ¿Lo pueden creer? Yo, ¿estudiando dibujo en Madrid?

Sra. Ortega ¡Hijo! ¡Qué bien! ¡Estoy muy orgullosa de ti!

Nicolás Gracias, mamá. Van a venir a visitarme, ¿verdad?

Sr. Ortega Claro que sí, hijo. Me encantaría conocer Madrid.

En España

En Perú

7

Profesora Castillo Marcos, ¡buen trabajo! Debes tomar unas vacaciones, viajar a una isla, tomar el sol, descansar… ¡Diviértete! Yo te llamo cuando estemos listos para empezar la investigación para el año próximo.

8

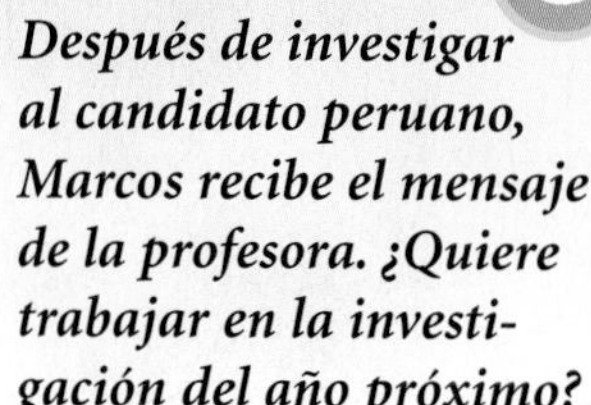

Después de investigar al candidato peruano, Marcos recibe el mensaje de la profesora. ¿Quiere trabajar en la investigación del año próximo?

9

C. Contesta

1. What do both sets of parents agree to do?
2. What does **la profesora** suggest that Marcos do now?
3. Do you think Marcos is interested in working on another project like this again?

Actividades

1 ¿Quién lo dijo?

Look at the story to help you remember who said each.

1. Voy a tener que pensarlo muy bien.
2. Yo, ¿estudiando danza en Madrid?
3. ¡Hija! ¡Estoy muy orgullosa de ti!
4. ¿Lo pueden creer? Yo, ¿estudiando dibujo en Madrid?
5. Claro que sí, hijo. Me encantaría conocer Madrid.
6. Será un placer conocerte.

2 ¡Qué lío!

Di si cada oración es **cierta** o **falsa.**

1. Marcos es el director de la fundación.
2. Sofía va a recibir una beca para estudiar baile en Madrid por dos años.
3. Nicolás va a recibir una beca para estudiar dibujo en Madrid por un año.
4. La Sra. Corona no quiere visitar a Sofía en Madrid.
5. Al Sr. Ortega le gustaría conocer Madrid.

3 ¿Comprendes la Novela?

Check your understanding of the story.

1. Who is **la profesora?**
2. What was Marcos's role in the whole process?
3. Do the two students have similar reactions to the news? What is their reaction?
4. How did the parents of the two students react? Is this the reaction you might have expected?
5. Think about the ten episodes. Was there an episode when you suspected that Sofía and Nicolás were the winners? Explain when that happened.

Episodio final:
Now that you know what the ten candidates were for and which two of them won, can you understand the title of the video? Did the title ever help you predict what was going to happen?

Leamos y escribamos

ESTRATEGIA

para leer When you read a brochure, it is important to read with a purpose. You need to decide first what kind of information you want. If you want an overview, then a quick, general reading may be all that is necessary. If you need specific information, however, a close reading will be required.

A Antes de leer

Read the title and subtitles of the following brochure. What kind of information does it contain? What specific facts would you expect to find under each subtitle?

¡Bienvenidos a la ciudad de Lima!

Aeropuerto Internacional Chávez

Transporte El servicio de transporte del aeropuerto a la ciudad y viceversa, se realiza por medio del[1] transporte público. Las compañías de taxis estacionan[2] sus vehículos en un área limitada, frente a la salida de las terminales nacional e internacional. La mayoría de hoteles cuentan con su propio[3] servicio de transporte.

Bancos

La moneda nacional de Perú es el nuevo sol. En los pasillos encontrará cajeros automáticos, los cuales aceptan tarjetas de crédito en moneda nacional y extranjera[4]. Las casas de cambio se encuentran en el pasillo principal[5] y en la zona de vuelos internacionales.

Información turística

En diversos lugares del aeropuerto encontrará módulos[6] con información sobre el arrendamiento[7] de coches, restaurantes, sitios turísticos de interés y una guía telefónica a los hoteles principales.

Otros servicios

En los pasillos encontrará teléfonos públicos que funcionan con monedas y tarjetas, las cuales se pueden conseguir en los diferentes quioscos[8] situados por todo el aeropuerto. Si necesita guardar[9] su equipaje por horas o por días, puede hacer uso del servicio de guardianía de equipajes, localizado en el pasillo principal.

1 by means of **2** park **3** have their own **4** foreign **5** main corridor **6** modules **7** rental **8** kiosk, stand **9** store

Visit Holt Online
go.hrw.com
KEYWORD: EXP1B CH10
Online Edition

B Comprensión

Basándote en la lectura, decide si las oraciones son **ciertas** o **falsas.** Corrige las oraciones falsas.

1. Los cajeros automáticos no aceptan tarjetas de crédito.
2. Todas las casas de cambio están en la zona internacional.
3. Los taxis se encuentran en frente de las terminales nacionales e internacionales.
4. Hay información sobre los hoteles, las atracciones turísticas y el transporte público en los módulos de información.
5. Puedes dejar tu equipaje por un fin de semana en la guardianía de equipajes.

C Después de leer

Which services in the brochure might travelers arriving in Peru use? Do you think these same services are available in airports in the United States and other countries?

Taller del escritor

ESTRATEGIA

para escribir When writing about a series of events, use words such as **primero, luego, después,** and **por fin** to combine sentences.

Cartas del extranjero

You are writing home to friends to tell them about your first few days traveling abroad. Tell where you went and include five or six events that made your trip interesting, narrating them in order. End by mentioning your plans for the next day.

1 Antes de escribir

Make a list of the events you will report. Then brainstorm some phrases that will link them together logically **(primero, luego, después, por fin).**

2 Escribir y revisar

Begin your letter with a greeting, then tell about your trip, focusing mainly on actions and events. Work in the linking phrases, being careful not to lose any clarity.

Exchange letters with a classmate. Read each other's letters checking for appropriate use of transitions and correct use of grammar, spelling, and punctuation.

3 Publicar

Write your letter on a large piece of paper or posterboard. On the other side illustrate one of the places you visited. Put your paper or posterboard up on the bulletin board. Which trip sounds most interesting to you?

Capítulo 10
Repaso

Prepárate para el examen

Interactive TUTOR

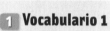

1 **Vocabulario 1**
- asking for and giving information
- reminding and reassuring

pp. 224–229

1 Di lo que tienes que hacer según las cosas o lugares dados *(given)*.

1

2

3

4

5

6
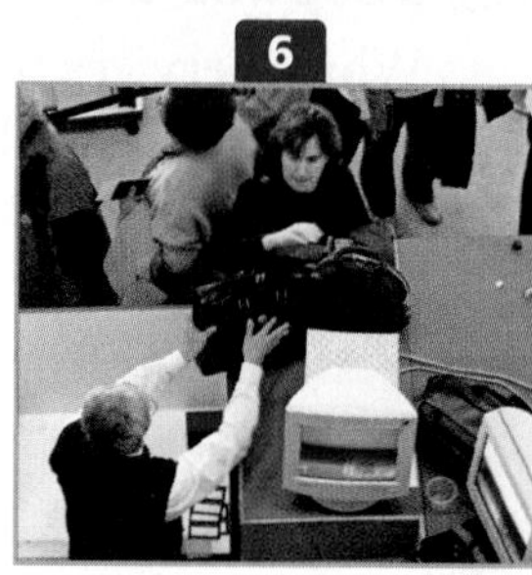

2 **Gramática 1**
- review of the preterite
- preterite of **-car, -gar, -zar** verbs
- preterite of **hacer**

pp. 230–235

2 Luis le escribió una carta a su prima Ana sobre su viaje. Completa su carta con el pretérito de los verbos según el contexto.

Querida Ana,

Por fin estoy en Lima. ¡El viaje fue horrible! __1__ (Pasar/Ir) en taxi hasta el aeropuerto y __2__ (salir/llegar) allí temprano, a las seis de la tarde. __3__ (Hacer/Ir) cola en el mostrador. __4__ (Ver/Comprar) el boleto y la agente __5__ (facturar/hacer) la maleta. También __6__ (sacar/salir) la tarjeta de embarque. __7__ (Ir/Pasear) a la sala de espera. Entonces __8__ (comenzar/comprar) a nevar. ¡Por eso no __9__ (abordar/salir) el avión hasta las once. ¡Qué viaje más largo!
Escribe pronto.

Tu primo, Luis

3 **Vocabulario 2**
- talking about a trip
- expressing hopes and wishes

pp. 238–243

3 Escoge la respuesta que mejor completa cada oración.

1. Quiero ir de compras. Vamos al (correo/centro).
2. Fuimos a las ruinas, pero llovió. ¡Fue (estupendo/horrible)!
3. Quiero ir al lago. ¿Qué tal si (paseamos en lancha/vamos al centro)?
4. Perdí el autobús. ¡Qué (bien/mala suerte)!
5. Ana quiere ir a las islas Bermudas. Quiere ir en (barco/taxi).

Visit Holt Online
go.hrw.com
KEYWORD: EXP1B CH10
Chapter Self-test

4 Complete the following conversation with an informal command, a direct object pronoun, or an infinitive.

—¿Conoces al profesor Augustino?

—No, no __1__ conozco. ¿Cómo es?

—Es interesante, pero tenemos que __2__ (estudiar) mucho. Hoy tengo que __3__ (leer) tres capítulos.

—Bueno, __4__ (empezar) a __5__ (leer) los capítulos.

—No tengo ganas de leer __6__. Tengo sueño.

—Pues, __7__ (descansar) y __8__ (leer) más tarde.

4 Gramática 2
- informal commands of spelling-change and irregular verbs
- review of direct object pronouns
- review of verbs followed by infinitives

pp. 244–249

5 Contesta las siguientes preguntas.

1. What material is used to build houses on the Uros Islands?
2. Name one unusual feature of trains in Perú.
3. How is the Manu rainforest in Perú divided?

5 Cultura
- **Comparaciones** **pp. 236–237**
- **Notas culturales** **pp. 226, 234, 240, 247**
- **Geocultura** **pp. 218–221**

6 Escucha las siguientes oraciones. Decide si cada persona **a**) da un mandato, **b**) describe algo en el pasado o, **c**) busca información.

Conversación

7 Role-play the following phone conversation with a partner. Partner A is a student in Lima, and Partner B is a cousin coming from Miami for a vacation.

PARTNER A: Greet your cousin. Ask when his or her flight arrives.

PARTNER B: Give your partner the flight information. Ask where you can exchange money.

PARTNER A: Say there's a money exchange in the airport. Ask what your cousin wants to do while in Lima.

PARTNER B: Say you want to tour the city. Ask if you should take a bus or a taxi to go on a tour.

PARTNER A: Recommend taking a bus since taxis are expensive.

PARTNER B: Say you also hope to see Machu Picchu. Ask how to get there from Lima.

PARTNER A: Say your partner should take a train to Aguas Calientes and then take a bus to Machu Picchu.

PARTNER B: Say you plan to go on the Tuesday after you arrive.

Gramática 1
- review of the preterite
 pp. 230–231
- preterite of **-car, -gar, -zar** verbs
 pp. 232–233
- preterite of **hacer**
 pp. 234–235

Repaso de Gramática 1

For the regular preterite forms of **-ar, -er,** and **-ir** verbs, see page 230. The preterite of **-car**, **-gar**, and **-zar** verbs have spelling changes.

sa**c**ar: yo sa**qu**é   lle**g**ar: yo lle**gu**é   comen**z**ar: yo comen**c**é

hacer			
yo	**hice**	nosotros(as)	**hicimos**
tú	**hiciste**	vosotros(as)	**hicisteis**
Ud., él, ella	**hizo**	Uds., ellos, ellas	**hicieron**

Gramática 2
- informal commands of spelling-change and irregular verbs
 pp. 244–245
- review of direct object pronouns
 pp. 246–247
- review of verbs followed by infinitives
 pp. 248–249

Repaso de Gramática 2

informal commands		
	affirmative	**negative**
-ger	reco**g**e	no reco**j**as
-guir	si**gu**e	no si**g**as
-car	bus**c**a	no bus**qu**es
-gar	lle**g**a	no lle**gu**es
-zar	empie**z**a	no empie**c**es

For a review of informal commands of irregular verbs, see page 244.
For a review of **direct object pronoun** placement, see page 246.
Use these **verbs** followed by **infinitives** to say what someone *wants, hopes, plans,* or *has* to do.

esperar + infinitive
querer (ie) + infinitive
me (te, le...) gustaría (más) + infinitive
pensar (ie) + infinitive
tener que + infinitive

Letra y sonido c p q t

Las consonantes c, p, q, t
- The letters **c, p, q, t** are not pronounced with a puff of air as in English *cat, pen, ten, quit:* **p**a**p**a, **p**atinar, **p**ar**q**ue, **c**ar**p**e**t**a, **q**ueso, **C**uz**c**o
- The letter **t** is pronounced with the tip of the tongue right behind the teeth: **t**ía, **t**oalla, tris**t**e, **t**raje, **t**engo, **t**arde

Trabalenguas
Pablito clavó un clavito. ¿Qué clavito clavó Pablito?

Dictado
Escribe las oraciones.

Repaso de Vocabulario 1

Asking for information

abordar	*to board*
la aduana	*customs*
el aeropuerto	*airport*
el (la) agente	*agent*
allí	*there*
el avión	*airplane*
la billetera	*wallet*
el boleto de avión	*plane ticket*
la bolsa	*travel bag, purse*
cambiar dinero	*to change money*
el carnet de identidad	*identity card*
comenzar (ie) un viaje	*to begin a trip*
conseguir (i)	*to get*
el control de seguridad	*security checkpoint*
desembarcar	*to disembark, to deplane*
¿Dónde se puede...?	*Where can one . . . ?*
encontrarse (ue) con	*to meet up with*
esperar	*to wait*
Está(n) a la vuelta.	*It's (They're) around the corner.*
facturar el equipaje	*to check luggage*
hacer cola	*to wait in line*
hacer un viaje	*to take a trip*
irse	*to leave*
la llegada	*arrival*
Lo siento, no sé.	*I'm sorry, I don't know.*
la maleta	*suitcase*
el mapa	*map*
¿Me puede decir...?	*Can you tell me . . . ?*
el mostrador	*counter*
la oficina de cambio	*money exchange*
la pantalla	*monitor, screen*
el (la) pasajero(a)	*passenger*
el pasaporte	*passport*
perder (ie)	*to miss, to lose*
la puerta	*gate*
el reclamo de equipaje	*baggage claim*
recoger	*to pick up*
la sala de espera	*waiting room*
la salida	*departure*
sentarse (ie)	*to sit down*
los servicios	*restrooms*
la tarjeta de embarque	*boarding pass*
el vuelo	*flight*

Reminding and reassuring. . . . . *See p. 228.*

Repaso de Vocabulario 2

Talking about a trip

acampar	*to camp*
¡Ah, tuviste suerte!	*You were lucky!*
el autobús	*bus*
el barco	*boat*
la canoa	*canoe*
el centro	*downtown*
durante	*during*
esquiar en el agua	*to water-ski*
¡Fue estupendo!	*It was great!*
¡Fue horrible!	*It was horrible!*
ir de excursión	*to go hiking*
ir de pesca	*to go fishing*
la isla	*island*
el lago	*lake*
la lancha	*motorboat*
los lugares de interés	*places of interest*
los medios de transporte	*types of transportation*
el metro	*subway*
el museo	*museum*
la oficina de correos	*post office*
el país	*country*
el parque de diversiones	*amusement park*
pasar por	*to stop at/by*
pasear en bote de vela	*to go out in a sailboat*
por fin	*finally*
¡Qué bien!	*How great!*
¡Qué divertido!	*How fun!*
¡Qué fantástico!	*How fantastic!*
¡Qué lástima!	*What a shame!*
¡Qué mala suerte!	*What bad luck!*
quedarse en un hotel	*to stay in a hotel*
recorrer	*to tour*
las ruinas	*ruins*
sacar fotos	*to take pictures*
subir a la montaña	*to climb a mountain*
el taxi	*taxi*
tomar el sol	*to sunbathe*
tomar el tren	*to take the train*
el tren	*train*
las vacaciones	*vacation*
viajar	*to travel*
el viaje	*trip*
el zoológico	*zoo*

Expressing hopes and wishes . . . . *See p. 242.*

Repaso cumulativo

Integración

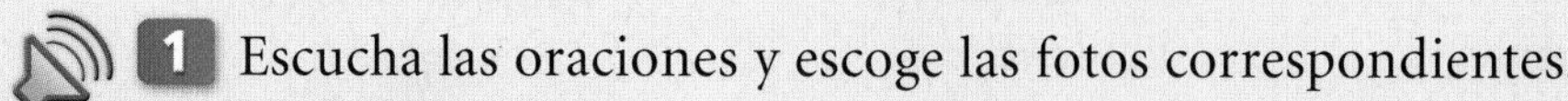

1 Escucha las oraciones y escoge las fotos correspondientes.

A

B

C

D

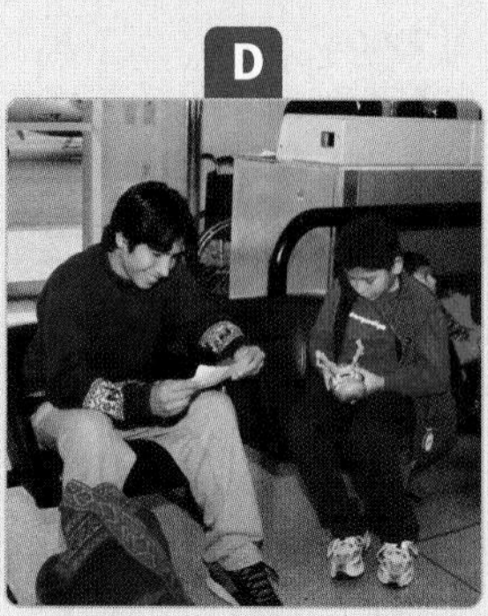

2 Hay cinco personas que buscan información sobre vuelos. Con base en la información de la pantalla, contesta las preguntas.

LLEGADAS INTERNACIONALES

HORAS	AEROLÍNEA	VUELO	ORIGEN	DESTINO	PUERTA
9:00	IBERIA	350	DALLAS	CUZCO	7
18:00	MEXICANA	119	SAN ANTONIO	LIMA	9
15:00	DELTA	230	NUEVA YORK	LIMA	11

SALIDAS INTERNACIONALES

HORAS	AEROLÍNEA	VUELO	ORIGEN	DESTINO	PUERTA
12:00	IBERIA	112	LIMA	NUEVA YORK	2
13:00	MEXICANA	256	LIMA	CIUDAD DE MÉXICO	5
8:00	DELTA	987	CUZCO	MIAMI	10

1. Nora quiere saber el número del vuelo de su amiga que llega a las 3:00 de la tarde de Nueva York.
2. Riqui tiene que recoger a su mamá que llega de Dallas. ¿A qué puerta va?
3. Susana viaja a Cuzco. ¿En qué aerolínea y vuelo viaja?
4. Tomás quiere saber a qué hora sale el vuelo para Nueva York.
5. Rosa pregunta cuántos vuelos hay entre Lima y Estados Unidos.

Visit Holt Online
go.hrw.com
KEYWORD: EXP1B CH10
Cumulative Self-test

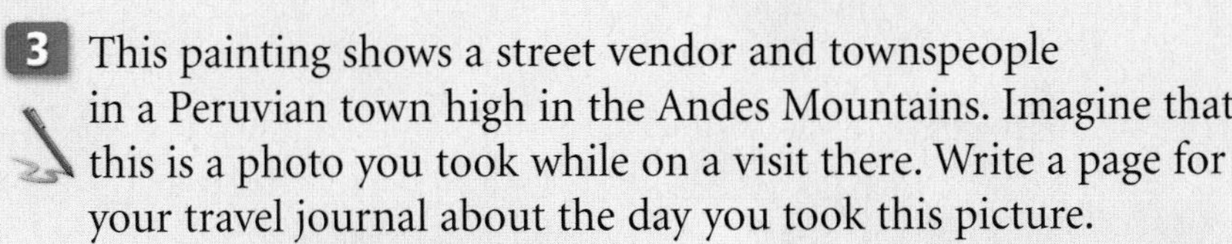

3 This painting shows a street vendor and townspeople in a Peruvian town high in the Andes Mountains. Imagine that this is a photo you took while on a visit there. Write a page for your travel journal about the day you took this picture.

- Tell how you traveled.
- What was the weather like?
- What did you see?
- Which foods did you eat?
- Where did you stay?

Exchange your journal entry with a classmate. After reading each other's description, ask a follow-up question of each other.

28h x 36w, oil; Columbine Galleries, Loveland CO

La vendedora de anticuchos, **de Juan de la Cruz Machicado**

4 Situación

Set up two tourist agencies in your classroom with two travel agents in each one. Make signs and posters in Spanish for different places to visit. Other students will play tourists who come in and ask about

- places they can visit
- prices
- necessary travel documents
- travel methods and schedules

The travel agents will answer with appropriate information and ask what the tourists hope to see and do on their trips.

Literatura y variedades
Leyendas indígenas de América
Poesía del Caribe
México lindo
Fábulas españolas
Cuentos juveniles
CHILE entre montaña y mar

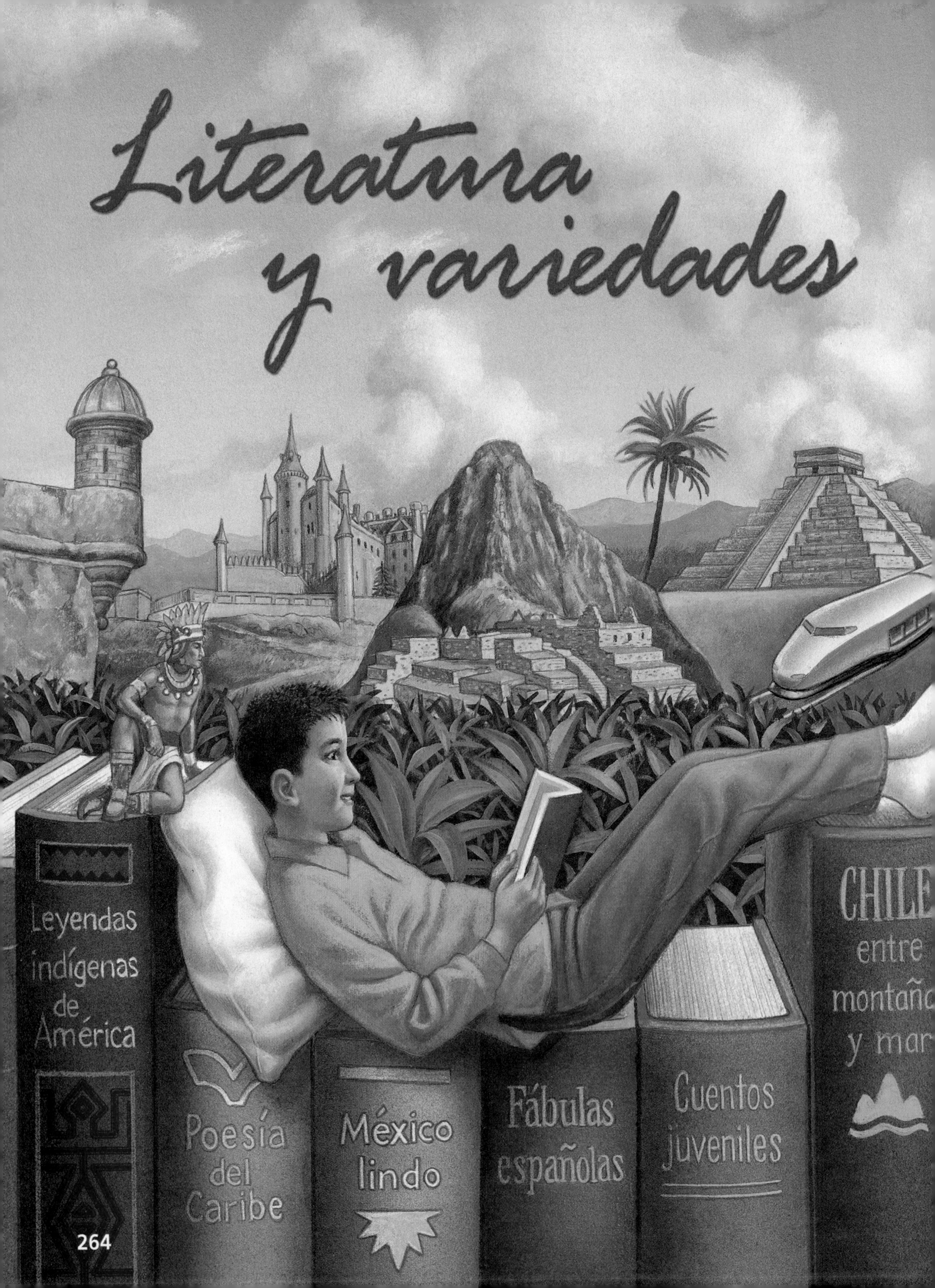

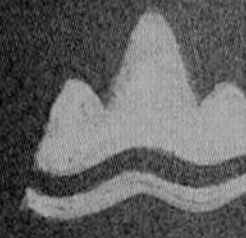

Las maravillas de la naturaleza
España a través de su arte

Visit Holt Online
go.hrw.com
Online Edition

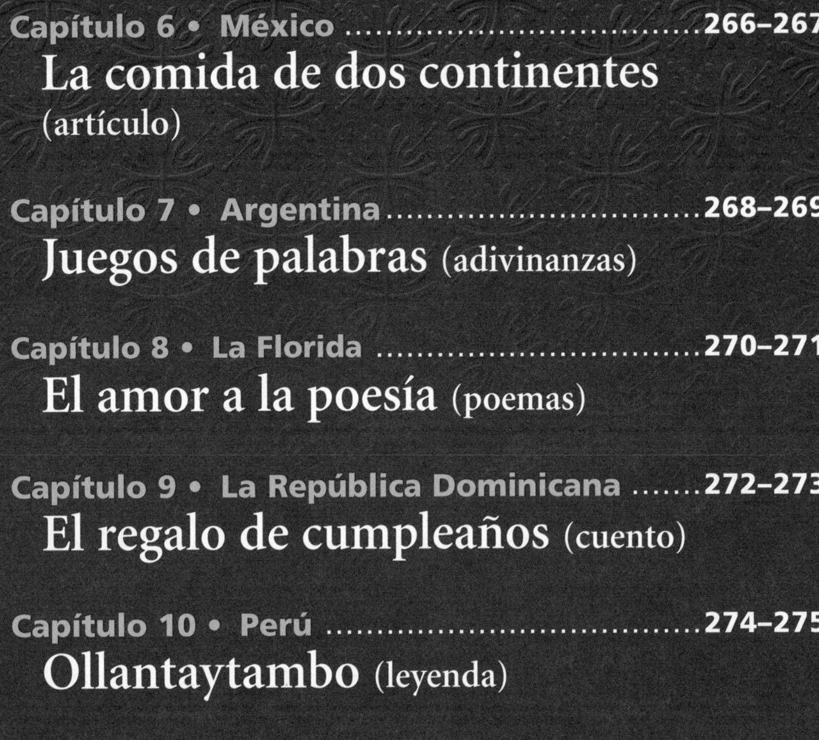

La comida de dos continentes

Much of the food that is consumed around the world today is made from ingredients that came originally from the Americas. Tomatoes, chocolate, corn, chile peppers, vanilla, pears, and potatoes are some of the foods that the Spanish conquistadors presented to the kings of Europe. Read the following article in order to learn more about the history of four of these foods.

ESTRATEGIA

When reading a text, look first for the main idea of each paragraph. After that, read carefully all the details that support the main idea. This wlll help you better understand the text.

El tomate

El tomate es originalmente de México. Cuentan[1] que cuando los exploradores llevan el tomate a Europa en el siglo XVI, ¡nadie lo quiere comer! Por su color rojo tan fuerte, todos piensan que es una fruta venenosa. Los exploradores aseguran que lo pueden comer sin problema y la gente poco a poco empieza a probarlo[2].

En la actualidad[3], el tomate es un ingrediente básico en la preparación de platos[4] alrededor del mundo.

El chocolate: ¿para beber o comerciar?

El chocolate es original de América Central. En México, los aztecas lo usaban *(used)* con varios propósitos[5]. Antes del trabajo, los hombres lo tomaban por la mañana, hervido[6] con miel, agua y vainilla, y otra vez, por la tarde, después de la comida. Para el Gran Moctezuma, líder de los aztecas, el chocolate era *(was)* su bebida diaria y además, un elemento importante en los ritos, en las ceremonias y para comerciar[7].

1 they say 2 to taste it 3 today 4 dishes 5 purposes 6 boiled 7 to trade

El maíz: sustancia del hombre

Se dice que el maíz empieza a cultivarse[1] en América desde hace 10,000 años. Todos los miembros de la cultura maya comen maíz, desde el esclavo[2] hasta el rey. El *Popol Vuh,* libro religioso de los mayas, cuenta que el hombre mismo[3] se hace de[4] maíz. Cuando los exploradores españoles vienen a México prueban el maíz por primera vez en forma de tortillas y tamales.

Hoy en día, el maíz constituye un 20% de las calorías consumidas mundialmente[5]. En Estados Unidos se produce el 45% del maíz del mundo (mucho de éste destinado al ganado[6]) y en el continente de África el maíz es el grano que más se cultiva.

Los chiles: el picante del mundo[7]

Los chiles, sin duda, son el ingrediente más representativo de la comida mexicana en el mundo. En México hay más de cien variedades de chiles con nombres y sabores[8] diferentes. Algunos de los chiles más típicos son el serrano, el chipotle, el guajillo y el habanero, nativo de Yucatán y ¡muy picante!

Los grupos indígenas usan el chile para añadir sabor a los frijoles, las salsas, los arroces[9] y los moles.[10] Aunque el uso del chile no es tan popular entre los europeos, la llegada de éste a Asia cambia la cocina de la región para siempre. Hoy día se consumen más chiles en Tailandia que en cualquier otro país del mundo.

1 to grow **2** slave **3** man himself **4** is made of **5** worldwide **6** livestock
7 world's hot spice **8** tastes **9** rice dishes **10** sauces

Después de leer

1. Al principio, ¿por qué creen los europeos que el tomate es venenoso?
2. ¿Qué usos tienen los aztecas para el chocolate?
3. ¿Cómo preparan los aztecas su chocolate?
4. ¿De qué está hecho el hombre según los mayas?
5. ¿En qué región del mundo se consume la mayor cantidad de chiles?

Argentina

Juegos de palabras

In Argentina, as in many places, word games are one of the favorite types of entertainment among children and adults. Here, two Argentinian authors present four easy riddles about common, everyday things. The first one and the last one are from the book ***Adivinanzas** (Riddles)* by Carlos Silveyra, teacher and author. The other two are riddles from the book ***Los rimaqué*** by Ruth Kaufman, who is also a teacher. See if you can guess the riddles.

ESTRATEGIA

Read the riddles aloud and think about the images that occur to you. Creating visual images in your mind will help you understand the text.

1. Dos buenas piernas tenemos
y no podemos andar,
pero el hombre sin nosotros
no se puede presentar.

2. Poquitos rincones[1]
encuentro en los mapas
que no haya tocado[2]
mi cuerpo de plata[3].
Bajo con las lluvias
acaricio el suelo[4]
y en pocas semanas
¡de nuevo en el cielo[5]!
A un solo lugar
jamás he llegado[6]
por más que mil veces
lo haya intentado[7].
Le ruego[8] a las nubes
le suplico[9] al viento
¿por qué nadie quiere
llevarme al desierto?

1 corners
2 has not touched
3 silver
4 I touch the ground
5 sky
6 have never arrived
7 have tried
8 I beg
9 I implore

¡Yo primero,
yo primero!
ZZZZZ

3 Se ponen las nubes
redondas y negras
de la tierra[1] sube
olor a tormenta[2].
Un fuerte estallido[3]
y volamos los dos:
hermanos mellizos[4]
relámpago[5] y yo.
Si juntos salimos
a andar por el mundo
¿por qué llego yo
siempre segundo?

1 earth **2** storm **3** crackling
4 twins **5** lightning

4 Siempre quietas[6],
siempre inquietas[7],
dormidas de día,
de noche despiertas[8].

6 still **7** restless **8** awake

Después de leer

1. En la primera adivinanza, ¿qué necesita el hombre?
2. ¿Adónde vuelven las lluvias que bajan a la tierra según la segunda adivinanza?
3. La segunda adivinanza habla de poca agua en un lugar. ¿Cuál es?
4. En la tercera, ¿cuál es el compañero del relámpago?
5. En la cuarta, ¿qué dice sobre el día y la noche?

La Florida

El amor a la poesía

Maricel Mayor Marsán was born in Cuba but has spent most of her life living as an exile in the United States. She studied history and political science at the International University of Florida and discovered that she wanted to dedicate herself to writing. Even though she writes short stories and theatrical works, her true passion is poetry. She has published five books of poetry, including ***Un corazón dividido*** (1998), where she speaks of being bilingual and the difficulties of belonging to two cultures. Marsán lives in Miami.

ESTRATEGIA

In order to understand the main idea of a text, it is important to examine in detail each part. In poetry, for example, it is necessary to read and understand each stanza before deciding what the main idea of the poem is.

Apuntes° de un hogar° posmoderno

Yo como a las siete,
tú comes a las ocho,
el niño come a las seis
y la niña come a las nueve.
Queremos ser felices a toda costa°,
todos vemos televisión separados
en nuestras respectivas habitaciones
siempre a la misma hora,
siempre a las diez.

Title: Notes
home
5 no matter what

Un corazón dividido

El mío es un corazón de dudas°,
esfuerzos° que luchan entre el aquí y el allá.
Es el grito° continuo de mi ser interior.
Es "estar aquí" en sustancia°
pero el "estar allá" siguiéndote° a todas partes.
Es como una canción sin ritmo definido
que se va contigo sin terminar la tonada°.

Es ser una y otra a la vez.
Es ser una queriendo ser la otra
y la otra deseando ser la primera.
Es saber muy poco acerca
de aquellas cosas en las cuales crees.
Es saber menos acerca
de otras cosas que quieres expresar
pero tienes miedo reclamar°.
Es la transpiración de mi olor° caribeño
encima de la superficie de mi gel° norteamericano.

Es solamente mi corazón que late°
rápido e incesante
como las corrientes constantes del Golfo de México.

Es mi corazón dividido
secando° los finales del tiempo
como el agua de esas corrientes
sobre el Estrecho de la Florida.

---

1 doubts
2 efforts
3 scream
4 physically
5 following you
7 tune
15 to demand
16 *fig.* my soul
17 *fig.* my shell
18 beats
22 drying

Después de leer

1. En el primer poema, ¿qué es lo que más quieren los miembros de la familia?
2. En el segundo poema, ¿dónde crees que está el "allá" referido en las líneas dos y cinco?
3. ¿Quién crees que es "la una" y "la otra"?
4. ¿Por qué crees que su corazón está dividido? Explica tu respuesta.

La República Dominicana

El regalo de cumpleaños

Diógenes Valdez is a Dominican author who has written many acclaimed novels and short stories. In this story, the mother of David, a young Dominican, has spent years working in New York. In a letter to his mother, David tells her that everyone thinks that he should have more fun, that it is not good to be so sad, and that he must learn to smile. Read his mother's response and discover what the best gift is that she can give him.

ESTRATEGIA

In order to better understand a story, think about the culture that it represents. What do you know about the Dominican culture that can help you?

Querida mamá:

La abuela me ha dicho[1] que vendrás[2] pronto. Sé que dice esto para verme feliz, porque me paso mucho rato mirando tu fotografía y a veces los ojos se me llenan de lágrimas[3]. Comprendo que te fuiste a Nueva York a trabajar porque aquí cuesta mucho conseguir[4] un empleo.

En casa todos estamos bien, únicamente me preocupa[5] la abuela. Se pasa todo el día diciéndome que me divierta, que salga con los amigos, pero yo no siento deseos de hacerlo. Ha llegado a decirme que hace tiempo que no me ve sonreír[6], que parezco un niño viejo.

Sé que Nueva York es una gran ciudad y que allá se consigue de todo. Quiero que me traigas una sonrisa[7]. Estoy cansado de que me digan que no parezco feliz, sólo porque no sé sonreír.

Te quiere, tu hijo

David

Querido hijo:

Creo que tengo buenas noticias para ti. Voy a regresar pronto y aunque me pides algo que es difícil de conseguir[8], voy a hacer todo lo posible para complacerte[9]. Sé que costará mucho el conseguir esa sonrisa, pero puedes estar tranquilo. Espero estar contigo el mismo día de tu cumpleaños.

Tu madre que no te olvida,

Rebeca

1 has told me
2 you will come
3 tears
4 to get
5 I worry about
6 to smile
7 a smile
8 to get
9 to make you happy

Hoy es sábado 15 de agosto. Es el día del cumpleaños de David. En el aeropuerto, el niño mira los aviones[1] que despegan o aterrizan[2]. No se siente nervioso, ni emocionado. Contempla a su madre y tiene la esperanza de que en la cartera[3], envuelta primorosamente[4], venga esa sonrisa. La ve salir y un nudo[5] se le forma en la garganta. Ella corre a abrazarlo[6] y por un momento David se olvida de todo.

¡Mamá!—exclama David.

¡Hijo mío! —responde la madre.

¿Has traído[7] mi sonrisa? —se atreve a preguntarle.

Ella abre la cartera y le entrega un paquetito primorosamente envuelto.

¡Aquí está!—le dice—¡Ábrelo!

David lo toma entre sus manos temblorosas[8] y con los ojos llenos de lágrimas, responde:

¡Tengo miedo de hacerlo!

David comienza a abrir el pequeño paquete. Las manos le tiemblan cuando le quita la envoltura[9]. Abre la cajita, pero dentro tan sólo hay un papelito cuidadosamente doblado. Lo abre y lee:

"Querido hijo:

Mamá ha venido a quedarse definitivamente. Ya nunca más volverá a marcharse[10]."

Entonces David abrió los ojos y abrazó a su madre nuevamente. Sin darse cuenta comenzó[11] a sonreír.

1 airplanes
2 take off or land
3 purse
4 carefully wrapped
5 knot
6 to hug him
7 Have you brought
8 shaking
9 takes off the wrapping
10 She will never go away again
11 he began

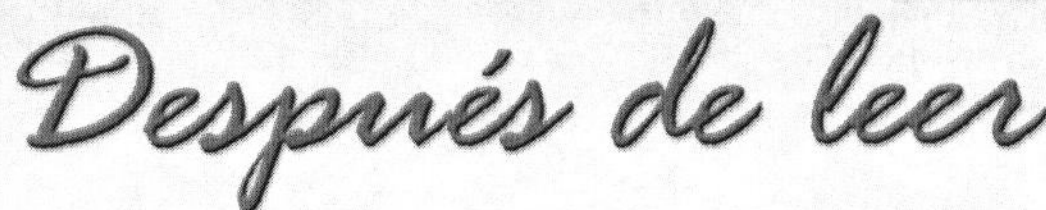

1. ¿Por qué se fue a Nueva York la madre de David?
2. Según la abuela, ¿por qué debe divertirse David más? ¿A quién se parece?
3. ¿Qué le pide David a su madre?
4. En su carta, ¿cuándo dice que va a venir la madre de David?
5. ¿Cuál es el regalo que la madre le trae? Explica.

Ollantaytambo

The Incan warrior Ollanta was made immortal thanks to the famous Peruvian writer Juan Espinoza Medrano, who wrote the drama *Ollantay* during the colonial period. Many years later, in 1780, the story was presented to the public with great success. Read about the Incan people and this famous warrior for whom the legend is named.

ESTRATEGIA

Making predictions helps prepare you to read a passage. Read the first four lines of the text and, thinking about other legends that you know, try to guess what is going to happen in this Inca legend.

Ollantay es el mejor guerrero[1] del imperio inca. Conquista regiones de la selva y lleva riquezas[2] al Inca Pachacútec.

Su casco de oro[3] le distingue como el más valiente. Todos lo admiran pero su corazón es de la princesa Cusi Coyllur.

Cuando Pachacútec se entera del amor entre el guerrero y la princesa se pone rojo de ira[4]. Castiga[5] a Ollantay y encierra a la princesa en una cueva[6].

Un día Ollantay se escapa y se convierte en jefe de los pueblos de los Andes. Gana todos los combates contra Rumiñahui, el general de Pachacútec.

Rumiñahui busca venganza[7]. Durante una fiesta emborracha[8] a los hombres de Ollantay y los hace prisioneros. El guerrero está ahora en manos del malvado Rumiñahui.

Pero en Cuzco hay un nuevo Inca, Tupac Yupanqui. Tupac es bueno y justo. Cusi Coyllur y Ollantay se casan al fin y viven en Tambo, una magnífica ciudad de piedra[9], levantada[10] al pie de la selva.

1 warrior 2 riches 3 golden helmet 4 rage 5 He punishes 6 cave 7 revenge 8 he intoxicates 9 rock 10 raised

Datos geográficos

Ollantaytambo es un pueblo de la provincia de Urubamba, muy cerca de las famosas ruinas de Machu Picchu, al sur del Perú. En este pueblo todo ha permanecido[1] intacto y en sus casas siguen viviendo[2] los descendientes de sus primeros ocupantes. Allí se encuentra una antigua fortaleza inca, uno de los mejores ejemplos de la asombrosa[3] arquitectura de esta civilización. Muchas de las piedras en su construción, de más de 96 toneladas[4], fueron transportadas desde lugares lejanos, pero aún no se sabe cómo.

1 has remained **2** continue to live **3** astonishing **4** tons

Después de leer

1. ¿De quién está enamorado Ollantay?
2. ¿Qué hace el Inca Pachacútec al saber de ese amor?
3. ¿Qué hace Ollantay cuando se escapa de Pachacútec?
4. ¿Cómo se salva Ollantay del malvado Rumiñahui?
5. ¿Por qué es famoso hoy en día el pueblo Ollantaytambo?
6. ¿Cuál es el misterio de la construcción?

Páginas de referencia

La Península Ibérica

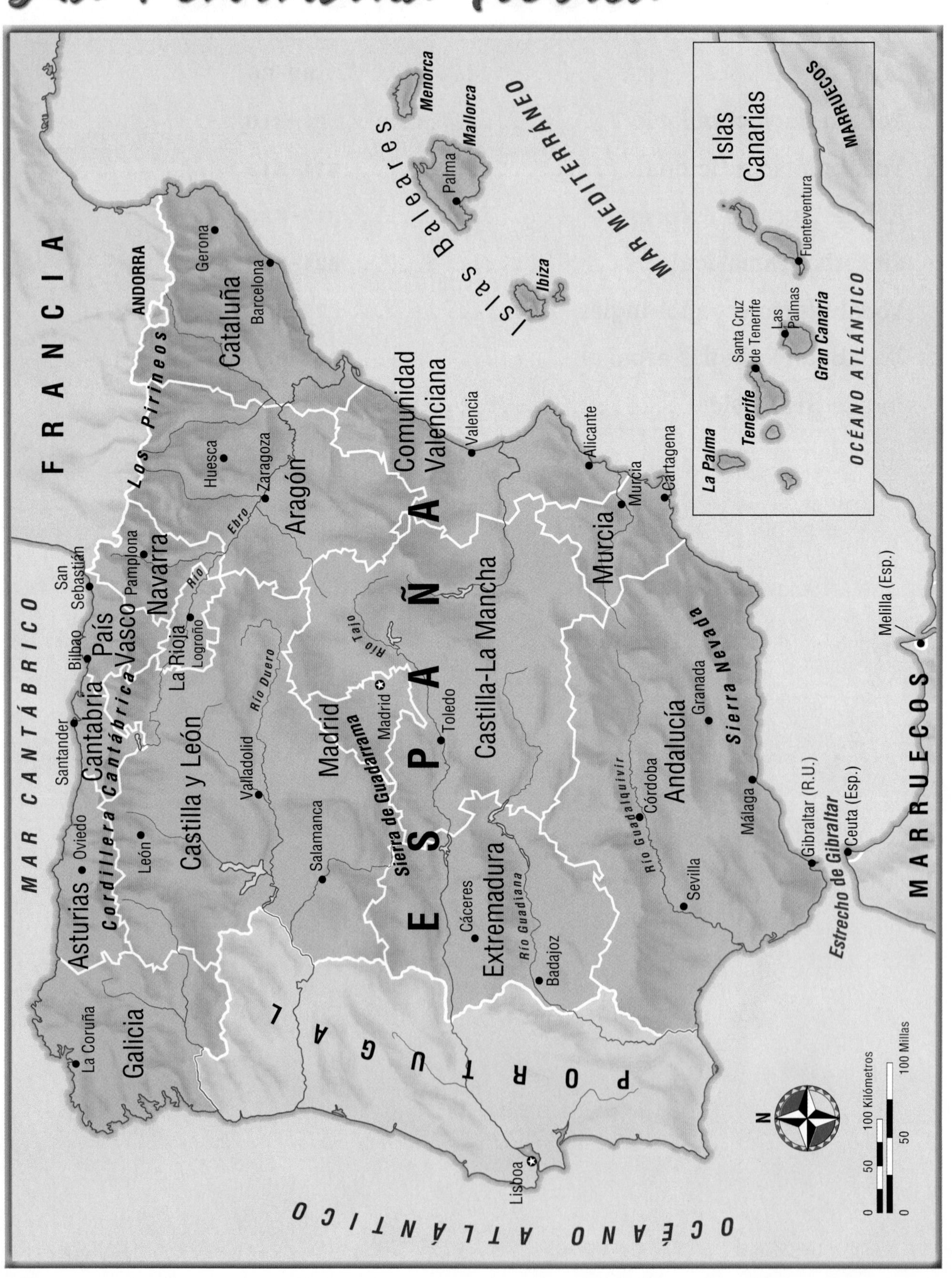

México

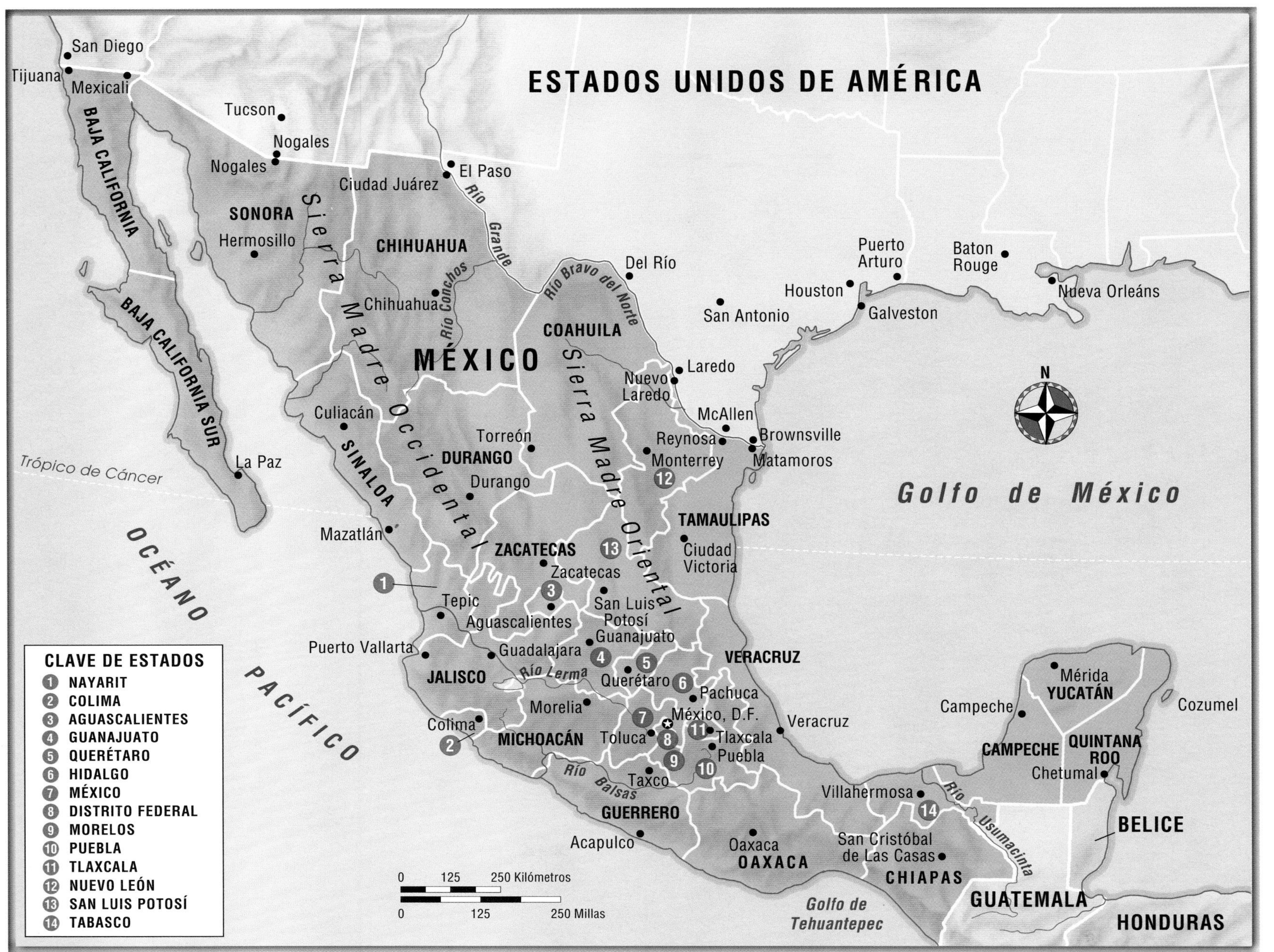

ESTADOS UNIDOS DE AMÉRICA
MÉXICO
Golfo de México
OCÉANO PACÍFICO
BELICE
GUATEMALA
HONDURAS
N
Golfo de Tehuantepec
Trópico de Cáncer
Sierra Madre Occidental
Sierra Madre Oriental
Río Grande
Río Bravo del Norte
Río Conchos
Río Lerma
Río Balsas
Río Usumacinta
BAJA CALIFORNIA
BAJA CALIFORNIA SUR
SONORA
CHIHUAHUA
COAHUILA
SINALOA
DURANGO
ZACATECAS
TAMAULIPAS
JALISCO
MICHOACÁN
GUERRERO
OAXACA
CHIAPAS
VERACRUZ
CAMPECHE
YUCATÁN
QUINTANA ROO
San Diego
Tijuana
Mexicali
Tucson
Nogales
Nogales
Hermosillo
La Paz
Ciudad Juárez
El Paso
Chihuahua
Culiacán
Mazatlán
Torreón
Durango
Del Río
Nuevo Laredo
Laredo
Monterrey
Reynosa
McAllen
Brownsville
Matamoros
San Antonio
Houston
Galveston
Puerto Arturo
Baton Rouge
Nueva Orleáns
Ciudad Victoria
Zacatecas
San Luis Potosí
Aguascalientes
Guanajuato
Querétaro
Pachuca
México, D.F.
Tlaxcala
Puebla
Toluca
Taxco
Tepic
Guadalajara
Morelia
Colima
Puerto Vallarta
Acapulco
Oaxaca
Veracruz
Villahermosa
San Cristóbal de Las Casas
Campeche
Mérida
Chetumal
Cozumel
0 125 250 Kilómetros
0 125 250 Millas
CLAVE DE ESTADOS
1 NAYARIT
2 COLIMA
3 AGUASCALIENTES
4 GUANAJUATO
5 QUERÉTARO
6 HIDALGO
7 MÉXICO
8 DISTRITO FEDERAL
9 MORELOS
10 PUEBLA
11 TLAXCALA
12 NUEVO LEÓN
13 SAN LUIS POTOSÍ
14 TABASCO

Estados Unidos de América

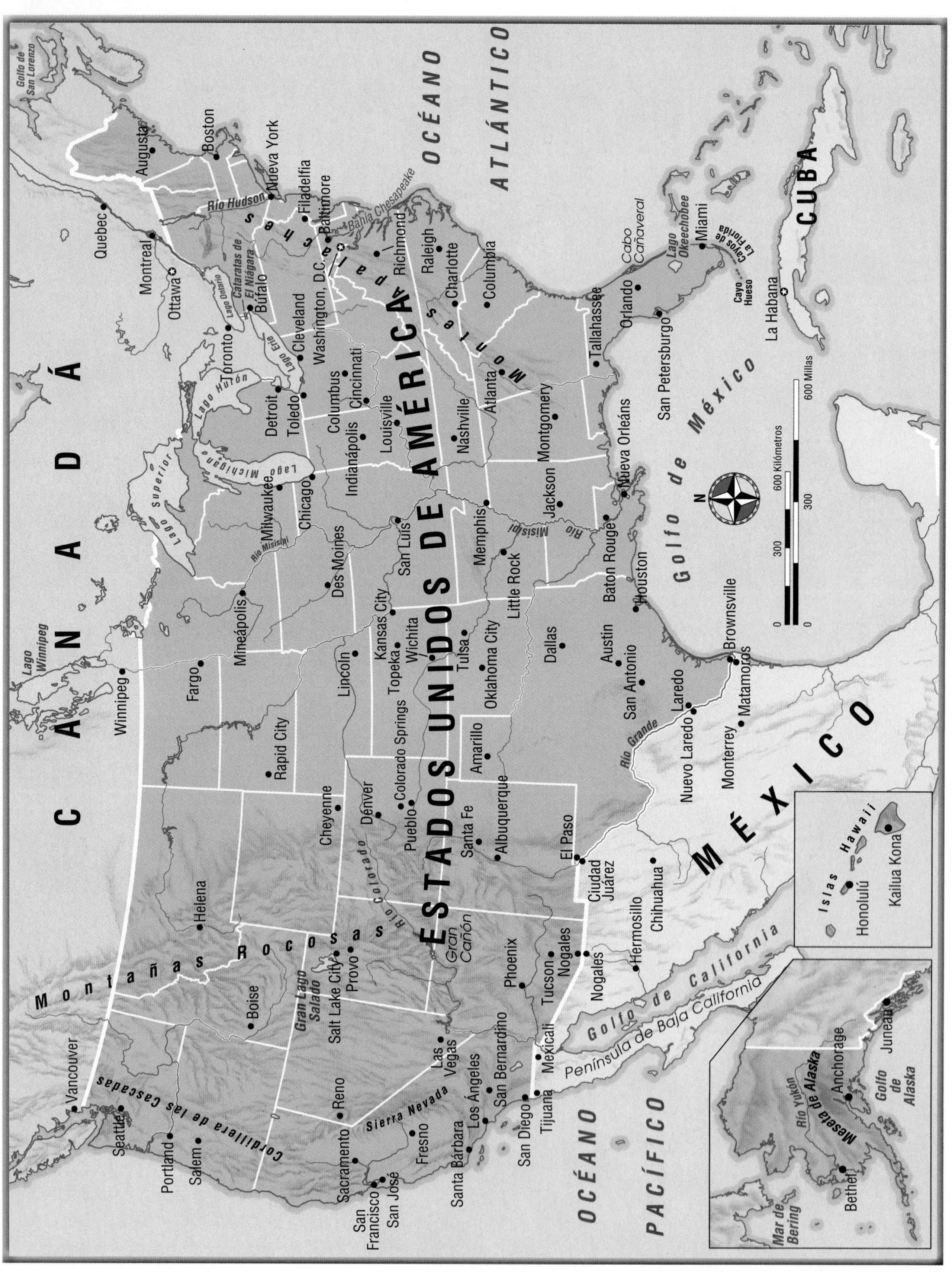

América Central y las Antillas

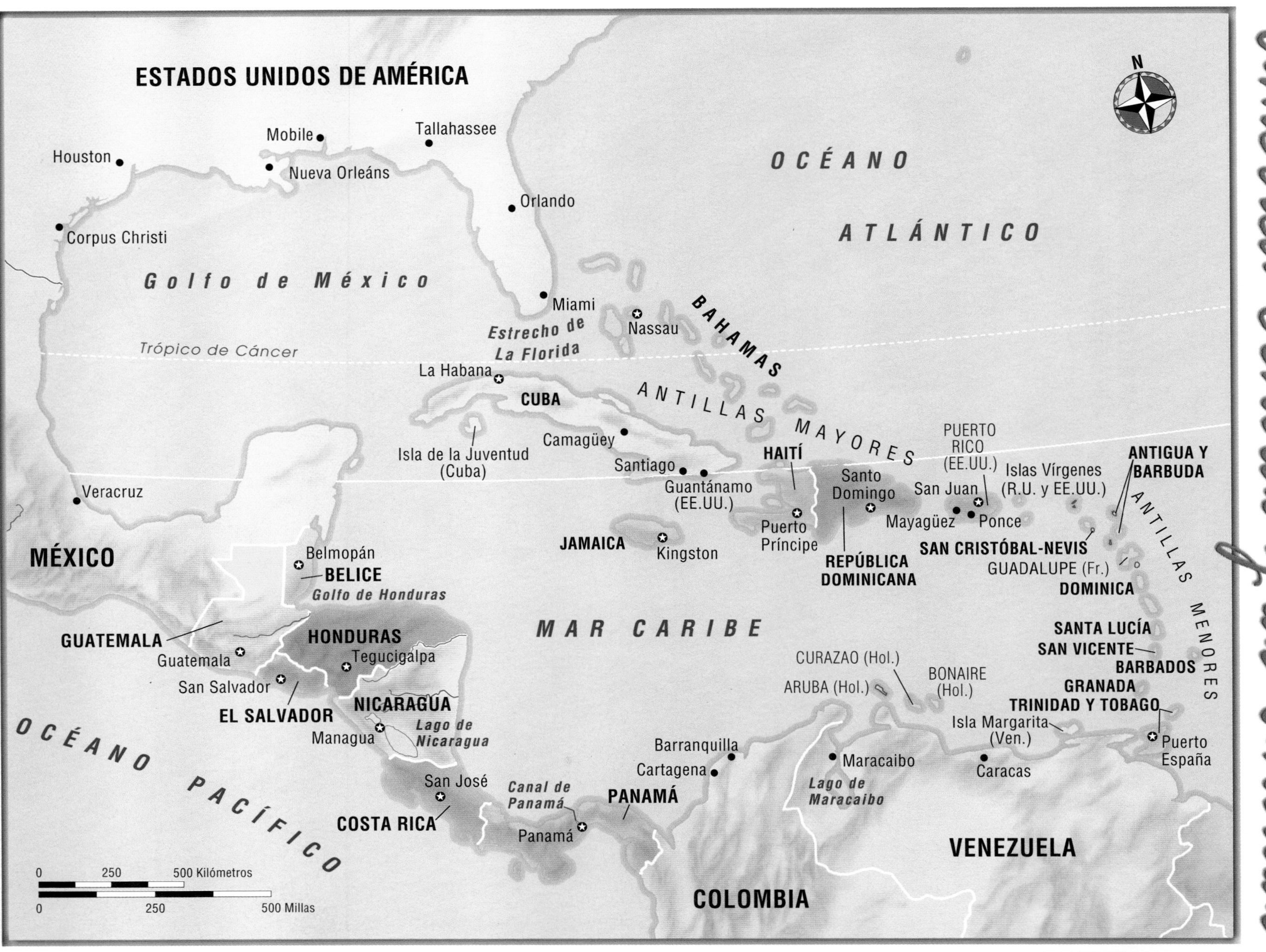

ESTADOS UNIDOS DE AMÉRICA
Houston
Mobile
Tallahassee
Nueva Orleáns
Orlando
Corpus Christi
OCÉANO ATLÁNTICO
Golfo de México
Miami
Nassau
BAHAMAS
Estrecho de La Florida
Trópico de Cáncer
La Habana
CUBA
ANTILLAS MAYORES
Isla de la Juventud (Cuba)
Camagüey
Santiago
Guantánamo (EE.UU.)
HAITÍ
Puerto Príncipe
Santo Domingo
REPÚBLICA DOMINICANA
PUERTO RICO (EE.UU.)
San Juan
Mayagüez
Ponce
Islas Vírgenes (R.U. y EE.UU.)
ANTIGUA Y BARBUDA
ANTILLAS MENORES
SAN CRISTÓBAL-NEVIS
GUADALUPE (Fr.)
DOMINICA
Veracruz
MÉXICO
JAMAICA
Kingston
Belmopán
BELICE
Golfo de Honduras
MAR CARIBE
SANTA LUCÍA
SAN VICENTE
BARBADOS
GRANADA
TRINIDAD Y TOBAGO
GUATEMALA
Guatemala
HONDURAS
Tegucigalpa
San Salvador
EL SALVADOR
NICARAGUA
Managua
Lago de Nicaragua
CURAZAO (Hol.)
ARUBA (Hol.)
BONAIRE (Hol.)
Isla Margarita (Ven.)
Puerto España
OCÉANO PACÍFICO
Barranquilla
Cartagena
Maracaibo
Lago de Maracaibo
Caracas
San José
Canal de Panamá
PANAMÁ
COSTA RICA
Panamá
VENEZUELA
COLOMBIA
0 250 500 Kilómetros
0 250 500 Millas

América del Sur

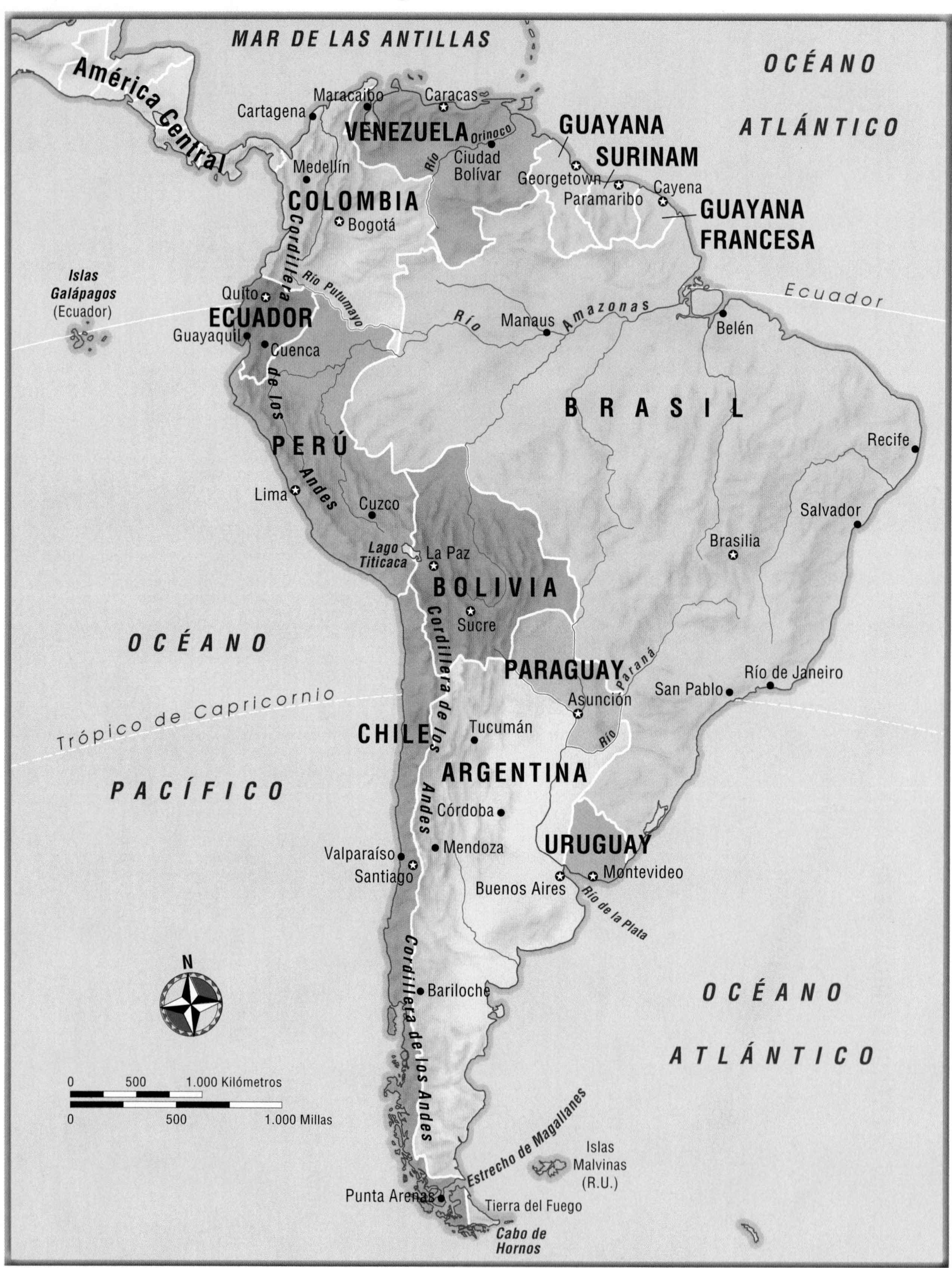

MAR DE LAS ANTILLAS
OCÉANO ATLÁNTICO
América Central
Cartagena
Maracaibo
Caracas
VENEZUELA
Orinoco
Río
Ciudad Bolívar
GUAYANA
SURINAM
Georgetown
Paramaribo
Cayena
GUAYANA FRANCESA
Medellín
COLOMBIA
Bogotá
Cordillera de los Andes
Río Putumayo
Islas Galápagos (Ecuador)
Quito
ECUADOR
Guayaquil
Cuenca
Ecuador
Río Amazonas
Manaus
Belén
BRASIL
PERÚ
Recife
Lima
Cuzco
Salvador
Lago Titicaca
La Paz
Brasilia
BOLIVIA
Sucre
OCÉANO PACÍFICO
PARAGUAY
Paraná
Asunción
Río de Janeiro
San Pablo
Trópico de Capricornio
CHILE
Tucumán
Río
ARGENTINA
Córdoba
URUGUAY
Valparaíso
Mendoza
Santiago
Montevideo
Buenos Aires
Río de la Plata
N
Bariloche
OCÉANO ATLÁNTICO
0 500 1.000 Kilómetros
0 500 1.000 Millas
Estrecho de Magallanes
Islas Malvinas (R.U.)
Punta Arenas
Tierra del Fuego
Cabo de Hornos

Repaso de Vocabulario

This list includes words introduced in *¡Exprésate!* Level 1A, Chapters 1–5. If you can't find the words you need here, try the Spanish–English and English–Spanish vocabulary sections beginning on page R29. You will also want to reference the review of functional expressions, beginning on page R17.

¿Adónde vamos? *(Where do we go?)*

el auditorio	*auditorium*
el baile	*dance*
la biblioteca	*library*
la cafetería	*cafeteria*
la casa de...	*. . .'s house*
el centro comercial	*shopping mall*
el cine	*movie theater*
el club de...	*the . . . club*
el colegio	*school*
el concierto	*concert*
el ensayo	*rehearsal*
el entrenamiento	*practice*
la fiesta	*party*
el gimnasio	*gym*
la iglesia	*church*
el parque	*park*
el partido de...	*the . . .(sports) game*
la piscina	*swimming pool*
la playa	*beach*
la reunión	*meeting*

Pasatiempos *(Pastimes)*

alquilar videos	*to rent videos*
bailar	*to dance*
cantar	*to sing*
comer	*to eat*
correr	*to run*
descansar	*to rest*
dibujar	*to draw*
escribir cartas	*to write letters*
escuchar música	*to listen to music*
estudiar	*to study*
hablar por teléfono	*to talk on the phone*
hacer la tarea	*to do homework*
ir de compras	*to go shopping*
leer	*to read*
montar en bicicleta	*to ride a bike*
nadar	*to swim*
navegar por Internet	*to surf the Internet*
pasear	*to take a walk*
patinar	*to skate*
salir con amigos	*to go out with friends*
tocar el piano	*to play the piano*
trabajar	*to work*
ver televisión	*to watch TV*

La casa/el apartamento *(House/Apartment)*

el baño	*bathroom*
el carro	*car*
la cocina	*kitchen*
el comedor	*dining room*
el escritorio	*desk*
el garaje	*garage*
el gato	*cat*
la habitación	*bedroom*
el jardín	*garden*
la mesa	*table*
el perro	*dog*
las plantas	*plants*
la puerta	*door*
la sala	*living room*
la silla	*chair*
el sofá	*couch*
la ventana	*window*

La comida *(Food)*

el almuerzo	*lunch*
la comida china (mexicana, italiana)	*Chinese (Mexican, Italian) food*
las frutas	*fruit*
las hamburguesas	*hamburgers*
el helado	*ice cream*
la pizza	*pizza*
las verduras	*vegetables*

Las cosas para el colegio *(Things for school)*

el bolígrafo	*pen*
la calculadora	*calculator*
la carpeta	*folder*
la computadora	*computer*
el cuaderno	*notebook*
el diccionario	*dictionary*
el lápiz/los lápices	*pencil/pencils*
la mochila	*backpack*
el papel	*paper*
la regla	*ruler*
el reloj	*watch/clock*

Calendario *(Calendar)*

abril	*April*
agosto	*August*
los días de la semana	*days of the week*
diciembre	*December*
los domingos	*on Sundays*
enero	*January*
febrero	*February*
los fines de semana	*on weekends*
el invierno	*Winter*
los jueves	*on Thursdays*
junio	*June*
julio	*July*
los lunes	*on Mondays*
los martes	*on Tuesdays*
marzo	*March*
mayo	*May*
los meses del año	*months of the year*
los miércoles	*on Wednesdays*
noviembre	*November*
octubre	*October*
el otoño	*Fall*
la primavera	*Spring*
la próxima semana	*next week*
los sábados	*on Saturdays*
septiembre	*September*
el verano	*Summer*
los viernes	*on Fridays*

¿Cuándo y con qué frecuencia? *(When and How often?)*

a tiempo	*on time*
a veces	*sometimes*
después de...	*after . . .*
luego	*then, next*
mañana	*tomorrow*
nunca	*never*
por la mañana	*in the morning*
por la noche	*at night*
por la tarde	*in the afternoon*
siempre	*always*
tarde	*late*
temprano	*early*
todos los días	*every day*

Los deportes y juegos (*Sports and Games*)

el ajedrez	*chess*
el básquetbol	*basketball*
el béisbol	*baseball*
el fútbol	*soccer*
el fútbol americano	*football*
los juegos de mesa	*table games*
los videojuegos	*video games*
el volibol	*volleyball*

Descripciones (*Descriptions*)

alto(a)	*tall*
antipático(a)	*unfriendly*
bajo(a)	*short (height)*
bonito(a)	*pretty*
bueno(a)	*good*
callado(a)	*quiet*
canoso(a)	*grey-haired*
castaño(a)	*dark brown*
ciego(a)	*blind*
cómico(a)	*funny*
corto(a)	*short (length)*
delgado(a)	*thin*
fácil	*easy*
gordo(a)	*fat*
grande	*big*
guapo(a)	*handsome*
inteligente	*smart*
interesante	*interesting*
joven	*young*
largo(a)	*long*
mayor	*older*
menor	*younger*
moreno(a)	*dark-haired, dark-skinned*
pelirrojo(a)	*red-haired*
pequeño(a)	*small, little*
perezoso(a)	*lazy*
pésimo(a)	*awful*
rubio(a)	*blonde*
simpático(a)	*nice*
sordo(a)	*deaf*
viejo(a)	*old*

La familia (*Family*)

la abuela	*grandmother*
el abuelo	*grandfather*
el gato	*cat*
la hermana	*sister*
el hermano	*brother*
la hija	*daughter*
el hijo	*son*
la madre/mamá	*mother/mom*
la nieta	*granddaughter*
el nieto	*grandson*
el padre/papá	*father/dad*
el perro	*dog*
la prima	*female cousin*
el primo	*male cousin*
la sobrina	*niece*
el sobrino	*nephew*
la tía	*aunt*
el tío	*uncle*

Los gustos (*Things we like*)

los amigos	*friends*
los animales	*animals*
los libros (de aventura, amor)	*(adventure, romance) books*
la música (de...)	*music (by . . .)*
películas	*movies*
las revistas	*magazines*

Las materias *(School subjects)*

el alemán	*German*
el arte	*art*
la biología	*biology*
las ciencias	*science*
la computación	*computer class*
la educación física	*physical education*
el español	*Spanish*
el francés	*French*
la historia	*history*
el inglés	*English*
las matemáticas	*math*
la química	*chemistry*
el salón de clase	*classroom*
el taller	*workshop*

Números 0–100 *(Numbers 0–100)*

cero	*zero*
uno	*one*
dos	*two*
tres	*three*
cuatro	*four*
cinco	*five*
seis	*six*
siete	*seven*
ocho	*eight*
nueve	*nine*
diez	*ten*
once	*eleven*
doce	*twelve*
trece	*thirteen*
catorce	*fourteen*
quince	*fifteen*
dieciséis	*sixteen*
diecisiete	*seventeen*
dieciocho	*eighteen*
diecinueve	*nineteen*
veinte	*twenty*
veintiuno	*twenty-one*
veintidós	*twenty-two*
veintitrés	*twenty-three*
veinticuatro	*twenty-four*
veinticinco	*twenty-five*
veintiséis	*twenty-six*
veintisiete	*twenty-seven*
veintiocho	*twenty-eight*
veintinueve	*twenty-nine*
treinta	*thirty*
treinta y uno	*thirty-one*
treinta y dos	*thirty-two*
...	
cuarenta	*forty*
cincuenta	*fifty*
sesenta	*sixty*
setenta	*seventy*
ochenta	*eighty*
noventa	*ninety*
cien	*one hundred*

Los quehaceres *(Chores)*

arreglar el cuarto	*to pick up your room*
ayudar en casa	*to help out at home*
cocinar	*to cook*
cortar el césped	*to cut the grass*
cuidar a los niños	*to take care of children*
hacer la cama	*to make the bed*
lavar los platos	*to wash the dishes*
limpiar	*to clean*
pasar la aspiradora	*to run the vacuum*
sacar la basura	*to take out the trash*

Vocabulario adicional

This list includes additional vocabulary that you may want to use to personalize activities. If you can't find a word you need here, try the Spanish-English and English-Spanish vocabulary sections, beginning on page R29.

Materias *(School Subjects)*

el álgebra	*algebra*
el cálculo	*calculus*
la contabilidad	*accounting*
la física	*physics*
la geometría	*geometry*
el italiano	*Italian*
el japonés	*Japanese*
el latín	*Latin*
la literatura	*literature*
el ruso	*Russian*

Celebraciones *(Celebrations)*

el bautizo	*baptism*
la canción	*song*
El Día de los Reyes	*Three Kings Day*
la Pascua Florida	*Easter*
las Pascuas	*Christmas*
el Ramadán	*Ramadan*
Rosh Hashaná	*Rosh Hashanah*

Comida *(Food)*

el ají picante (el chile)	*hot pepper*
el aguacate	*avocado*
las arvejas	*peas*
el azúcar	*sugar*
la banana (el guineo)	*banana*
el batido	*milkshake*
la cereza	*cherry*
la coliflor	*cauliflower*
el champiñón (el hongo)	*mushroom*
los condimentos	*seasonings*
los fideos	*noodles*
el filete de pescado	*fish fillet*
la lechuga	*lettuce*
la mayonesa	*mayonnaise*
el melón	*cantaloupe*
la mostaza	*mustard*
la pimienta	*pepper*
la piña	*pineapple*
el plátano	*plantain*
la sal	*salt*
el yogur	*yogurt*

Computadoras *(Computers)*

arrastrar	*to drag*
la búsqueda	*search*
buscar	*to search*
comenzar la sesión	*to log on*
la contraseña, el código	*password*
el disco duro	*hard drive*
en línea	*online*
grabar	*to save*
hacer clic	*to click*
la impresora	*printer*
imprimir	*to print*
el marcapáginas, el separador	*bookmark*
el ordenador	*computer*
la página Web inicial	*homepage*
el ratón	*mouse*
el reproductor de MP3	*MP3 player*
la Red	*the Net*
subir archivos	*to upload files*
la tecla de aceptación	*return key*
la tecla de borrar, la tecla correctora	*delete key*
el teclado	*keyboard*
terminar la sesión	*to log off*
la unidad de CD-ROM	*CD-ROM drive*
el Web, la Telaraña Mundial	*World Wide Web*

De compras *(Shopping)*

cobrar	*to charge*
el dinero en efectivo	*cash*
el descuento	*discount*
en venta	*for sale*
la rebaja	*sale, sale price*
regatear	*to bargain*
la tarjeta de crédito	*credit card*
la tarjeta débito	*debit card*
el (la) vendedor, -ora	*salesperson*

Deportes y pasatiempos *(Sports and Hobbies)*

el anuario	*yearbook*
las artes marciales	*martial arts*
la astronomía	*astronomy*
el ballet	*ballet*
el boxeo	*boxing*
coleccionar sellos (monedas, muñecas)	*to collect stamps (coins, dolls)*
coser	*to sew*
el drama	*drama*
la fotografía	*photography*
la gimnasia	*gymnastics*
jugar a las cartas	*to play cards*
jugar a las damas	*to play checkers*
la orquesta	*orchestra*
el patinaje en línea, (sobre hielo)	*inline (ice) skating*

En el cine o el teatro *(At the Movies or Theater)*

el actor	*actor*
actuar	*to act*
la actriz	*actress*
aplaudir	*to applaud*
la butaca	*box seat*
la escena	*scene*
el escenario	*stage*
el espectáculo	*performance, show*
la estrella	*star*
la pantalla	*screen*
el telón	*curtain*

En el consultorio *(At the Clinic)*

la alergia	*allergy*
el antibiótico	*antibiotic*
ponerle a alguien una inyección	*to give someone a shot*
el dolor	*pain*
los escalofríos	*chills*
estornudar	*to sneeze*
la gripe	*flu*
la medicina	*medicine*
las pastillas, las píldoras	*pills, tablets*
el síntoma	*symptom*
la tos	*cough*
toser	*to cough*

En el zoológico *(At the Zoo)*

el ave, las aves	*bird, birds*
el canguro	*kangaroo*
la cebra	*zebra*
el cocodrilo	*crocodile*
el delfín	*dolphin*
el elefante	*elephant*
el gorila	*gorilla*
el hipopótamo	*hippopotamus*
la jirafa	*giraffe*
el león	*lion*
la foca	*seal*
el mono, el chango	*monkey*
el oso	*bear*
el oso polar	*polar bear*
el pingüino	*penguin*
la serpiente	*snake*
el tigre	*tiger*

En la casa *(Around the House)*

la alfombra	*rug, carpet*
el ático	*attic*
el balcón	*balcony*
las cortinas	*curtains*
el despertador	*alarm clock*
las escaleras	*stairs*
el espejo	*mirror*
el estante	*bookcase, shelf*
el fregadero	*kitchen sink*
la galería	*porch*
la lámpara	*lamp*
el lavamanos	*bathroom sink*
la lavadora	*washing machine*
la mesita de noche	*nightstand*
los muebles	*furniture*
la secadora	*dryer*

el sillón	*easy chair*
el sótano	*basement*
el timbre	*doorbell*
el tocador	*dresser*

En las afueras y en la ciudad (*Places around Town*)

la autopista	*highway*
el banco	*bank*
la esquina	*street corner*
la estación de autobuses (trenes)	*bus (train) station*
la fábrica	*factory*
la ferretería	*hardware store*
la farmacia	*drugstore*
la gasolinera	*gas station*
el hospital	*hospital*
la mezquita	*mosque*
el mercado	*market*
la oficina	*office*
la parada de autobuses	*bus stop*
la peluquería	*barbershop*
el puente	*bridge*
el rascacielos	*skyscraper*
el salón de belleza	*beauty salon*
el semáforo	*traffic light*
el supermercado	*supermarket*

Instrumentos musicales (*Musical Instruments*)

el acordeón	*accordion*
el arpa, las arpas	*harp*
la armónica	*harmonica*
el bajo	*bass*
la batería	*drum set*
el clarinete	*clarinet*
la flauta dulce	*recorder*
la flauta	*flute*
la guitarra	*guitar*
la mandolina	*mandolin*
las maracas	*maracas*
el oboe	*oboe*
el saxofón	*saxophone*
el sintetizador	*synthesizer*
el tambor	*drum*
el trombón	*trombone*
la trompeta	*trumpet*
la tuba	*tuba*
la tumbadora	*conga drum*
la viola	*viola*
el violín	*violin*

La familia (*Family*)

el (la) ahijado(a)	*godson, goddaughter*
el (la) bisabuelo(a)	*great-grandfather, great-grandmother*
el (la) biznieto(a)	*great-grandson, great-granddaughter*
el (la) cuñado(a)	*brother-in-law, sister-in-law*
el (la) hijastro(a)	*stepson, stepdaughter*
la madrina	*godmother*
la madrastra	*stepmother*
la nuera	*daughter-in-law*
el padrino	*godfather*
el padrastro	*stepfather*
el (la) suegro(a)	*father-in-law, mother-in-law*
el yerno	*son-in-law*

Palabras descriptivas (Descriptive Words)

amistoso(a)	*friendly*
la barba	*beard*
bien educado(a)	*well-mannered*
el bigote	*moustache*
calvo(a)	*bald*
la estatura	*height*
flaco(a)	*skinny*
lindo(a)	*pretty*
las pecas	*freckles*
las patillas	*sideburns*
el pelo lacio	*straight hair*
el pelo rizado	*curly hair*
pesar	*to weigh*
tranquilo(a)	*quiet*

Partes del cuerpo (Parts of the Body)

la barbilla	*chin*
las cejas	*eyebrows*
la cintura	*waist*
el codo	*elbow*
la frente	*forehead*
los labios	*lips*
la muñeca	*wrist*
el muslo	*thigh*
las pestañas	*eyelashes*
la rodilla	*knee*
la sien	*temple*
el tobillo	*ankle*
la uña	*nail*

Profesiones (Professions)

el (la) abogado(a)	*lawyer*
el (la) arquitecto(a)	*architect*
el (la) bombero(a)	*firefighter*
el (la) cartero(a)	*mail carrier*
el (la) cocinero(a)	*cook*
el (la) conductor, -ora	*driver*
el (la) constructor, -ora	*builder*
el (la) decorador, -ora	*interior decorator*
el (la) dentista	*dentist*
el (la) detective	*detective*
el (la) enfermero(a)	*nurse*
el (la) escritor, -ora	*writer*
el hombre (la mujer) de negocios	*businessman, businesswoman*
el (la) ingeniero(a)	*engineer*
el (la) médico(a)	*doctor*
el (la) piloto(a)	*pilot*
el (la) (mujer) policía	*police officer*
el (la) secretario(a)	*secretary*

Regalos (Gifts)

la agenda	*agenda, daily planner*
el álbum	*album*
el animal de peluche	*stuffed animal*
los bombones	*chocolates*
el calendario	*calendar*
los claveles	*carnations*
la colonia	*cologne*
las flores	*flowers*
el llavero	*key chain*
el perfume	*perfume*
el rompecabezas	*puzzle*
las rosas	*roses*

Ropa (Clothes)

la bata	*robe*
la bufanda	*scarf*
el chaleco	*vest*
las chancletas	*flip-flops*
la corbata	*tie*
los guantes	*gloves*
las medias	*socks, stockings, hose*
las pantuflas, las zapatillas	*slippers*
el pañuelo	*handkerchief*
el paraguas	*umbrella*
la ropa interior	*underwear*
los tacones, los zapatos de tacón	*high heels*

Temas de actualidad (Current Issues)

el bosque tropical	*rain forest*
la contaminación	*pollution*
el crimen	*crime*
los derechos humanos	*human rights*
la economía	*economy*
la educación	*education*
la guerra	*war*

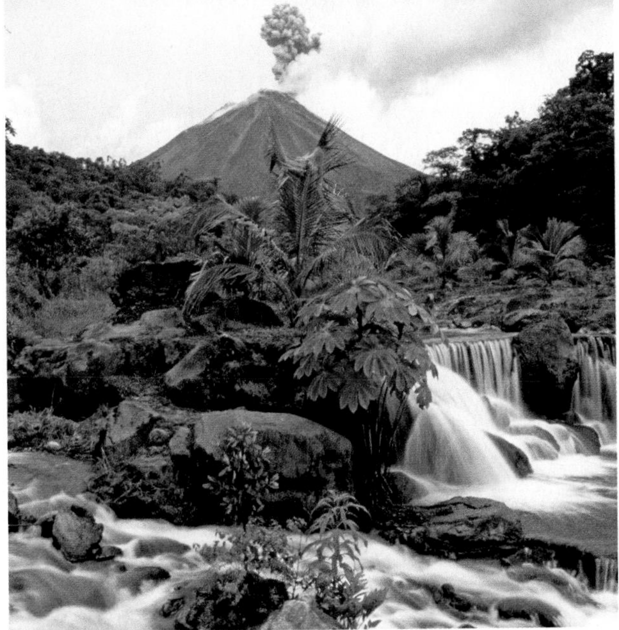

el medio ambiente	*environment*
el mundo	*world*
las noticias	*news*
la paz	*peace*
la política	*politics*
la tecnología	*technology*
la violencia	*violence*

Vacaciones *(Vacation)*

la agencia de viajes	*travel agency*
el andén	*train platform*
el asiento	*seat*
los cheques de viajero	*traveler's checks*
hacer una reservación	*to make a reservation*
el horario	*schedule, timetable*
el mar	*sea*
la parada	*stop*
el pasillo	*aisle*
reservado(a)	*reserved*
la ventanilla	*window*
la visa	*visa*
visitar los lugares de interés	*to sightsee*
volar	*to fly*

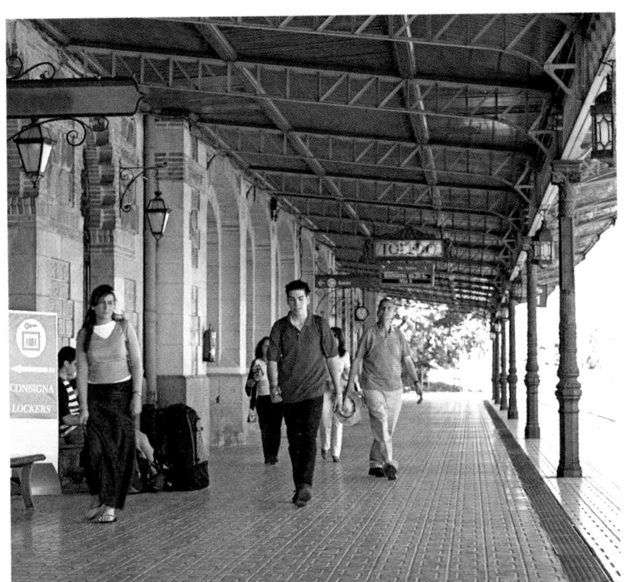

Refranes *(Proverbs)*

Más vale pájaro en mano que cien volando.
A bird in the hand is worth two in the bush.

Hijo no tenemos y nombre le ponemos.
Don't count your chickens before they're hatched.

Quien primero viene, primero tiene.
The early bird catches the worm.

Más vale tarde que nunca.
Better late than never.

El hábito no hace al monje.
Clothes don't make the man.

Más ven cuatro ojos que dos.
Two heads are better than one.

Querer es poder.
Where there's a will, there's a way.

Ojos que no ven, corazón que no siente.
Out of sight, out of mind.

No todo lo que brilla es oro.
All that glitters is not gold.

Caras vemos, corazones no sabemos.
You can't judge a book by its cover.

Donde una puerta se cierra, otra se abre.
Every cloud has a silver lining.

En boca cerrada no entran moscas.
Silence is golden.

Dime con quién andas y te diré quién eres.
Birds of a feather flock together.

Al mal tiempo buena cara.
When life gives you lemons, make lemonade.

Antes que te cases mira lo que haces.
Look before you leap.

Expresiones de ¡Exprésate!

Functions are the ways in which you use a language for particular purposes. In specific situations, such as in a restaurant, in a grocery store, or at school, you will want to communicate with those around you. In order to do that, you have to "function" in Spanish: you place an order, make a purchase, or talk about your class schedule.

Here is a list of the functions presented in ***¡Exprésate! 1A*** for Chapters 1–5 and in this book for Chapters 6–10 with the Spanish expressions you'll need to communicate in a wide range of situations. Following each function is the chapter and page number from the book where it is introduced.

Socializing

Greetings
Ch. 1, p. 8

Buenos días, señor.
Buenas noches, señora.
Buenas tardes, señorita.

Saying Goodbye
Ch. 1, p. 8

Adiós.
Tengo que irme.
Hasta luego.
Buenas noches.
Hasta mañana.
Nos vemos.
Hasta pronto.

Asking how someone is and saying how you are
Ch. 1, p. 8

Hola, ¿cómo estás?
¿Cómo está usted?
¿Qué tal?
Estoy bien/regular/mal.
¿Y usted?
Más o menos. ¿Y tú?

Introducing people
Ch. 1, p. 10

Éste(a) es... Es un(a) compañero(a) de clase.
Ésta es... (Ella) es mi profesora de...
Encantado(a).
Mucho gusto.
Igualmente.
Éste es... (Él) es mi profesor de...

Inviting others to do something
Ch. 4, p. 158

¿Qué tal si vamos a...?
No sé. ¿Sabes qué? No tengo ganas.
Vienes conmigo a..., ¿no?
¡Claro que sí! Tengo mucha hambre.
Hay un concierto. Vas a ir, ¿verdad?
No, no voy a ir. Tengo que...

Talking on the phone
Ch. 8, p. 150

Aló/Bueno/Diga.
Hola. ¿Está...?
¿De parte de quién?
Habla...
Lo siento, no está. ¿Quieres dejarle un recado?
Sí, por favor, que me llame después.
No, gracias. Llamo más tarde.
Espera un momento, ya te lo (la) paso.

Greeting, introducing others, and saying goodbye
Ch. 9, p. 196

¡Qué gusto verte!
¿Qué hay de nuevo?
Te presento a...
¡Feliz...!
Cuídate.
¡Tanto tiempo sin verte!
Lo de siempre.
Tanto gusto.
Chao, te llamo más tarde.
Vale. Que te vaya bien.

Exchanging Information

Asking and giving names
Ch. 1, p. 6

¿Cómo te llamas?
¿Cómo se llama usted?
Me llamo... ¿Y tú?
Soy...
¿Quién es...?
Él (Ella) es...
¿Cómo se llama él (ella)?
Él (Ella) se llama...

Saying where you and others are from
Ch. 1, p. 11

¿De dónde eres?
Soy de...
Es de...
¿De dónde es usted?
¿De dónde es...?

Asking and giving phone numbers
Ch. 1, p. 19

¿Cuál es tu teléfono?
Es tres-dos-cinco-uno-dos-tres-uno.
¿Cuál es el teléfono de...?
Es...

Saying what time it is
Ch. 1, p. 20
¿Qué hora es?
Son las seis y cuarto de la mañana.
Es la una en punto.
Son las... y trece de la tarde.
Son las... y media de la tarde.
Son las... menos cuarto.
Son las... menos diez de la noche.
Es mediodía.
Es medianoche.

Asking and giving the date and the day
Ch. 1, p. 21
¿Qué fecha es hoy?
Es el primero (dos, tres...) de enero.
¿Qué día es hoy?
Hoy es...

Asking how words are spelled and giving e-mail addresses
Ch. 1, p. 23
¿Cómo se escribe...?
Se escribe...
¿Cuál es tu correo electrónico?
Es...
¿Cuál es el correo electrónico de...?
Es eme punto ge-o-ene-zeta-a-ele-o arroba ere-e-de punto hache-ere-uve doble punto a-ere.

Describing people
Ch. 2, p. 49
¿Cómo es...?
... es moreno(a). También es... y un poco...
¿Cómo eres? ¿Eres cómico(a)?
Sí, soy bastante cómico(a).

Asking and saying how old someone is
Ch. 2, p. 52
¿Cuántos años tienes?
Tengo ... años.
¿Cuántos años tiene...?
... tiene ... años.
¿Cuándo es tu cumpleaños?
Es el 6 de mayo.
¿Cuándo es el cumpleaños de...?
Es el...

Describing things
Ch. 2, p. 66
¿Cómo es...?
Es muy...
Es bastante...
Es...
Es algo...

Talking about what you and others want to do
Ch. 3, p. 98
¿Qué quieres hacer hoy?
Ni idea.
¿Quieres ir a... conmigo?
Está bien.
No, gracias. No quiero ir a... hoy.

Talking about everyday activities
Ch. 3, p. 109
¿Qué haces los fines de semana?
Los sábados, cuando hace buen tiempo, voy...
¿Adónde vas...?
¿Qué hace... cuando hace mal tiempo?
Le gusta...
No va a ninguna parte.

Asking and saying how often
Ch. 3, p. 112
¿Con qué frecuencia vas a...?
Casi nunca. No me gusta...
¿Te gusta...?
Sí. Después de clases, casi siempre vamos a...
A veces vamos también a...

Talking about what you and others have or need
Ch. 4, p. 141
¿Necesitas algo para el colegio?
Sí, necesito muchas cosas.
No, no necesito nada.
¿Necesitas...?
Sí, necesito...
¿Tienes...?
Sí, tengo un montón.
No, no tengo.

Talking about classes
Ch. 4, p. 144
¿Qué clases tienes...?
Primero tengo... y después tengo...
¿Cuál es tu materia preferida?
Mi materia preferida es... Es fácil.
No me gusta la clase de... porque es difícil.

Talking about plans
Ch. 4, p. 155
¿Vas a ir a... en... el... por la...?
No, no voy a ir. El... tengo...
¿Qué vas a hacer el... próximo?
Por la tarde voy a... y después voy a ir a... Luego voy a...
¿A qué hora vas a llegar a...?
Voy a llegar temprano (a tiempo). No me gusta llegar tarde.

Describing people and family relationships
Ch. 5, p. 187
¿Cuántas personas hay en tu familia?
En mi familia somos... personas: mi...
¿Cómo son tus hermanos?
Todos usamos lentes. Somos... y tenemos... Mi... está en una silla de ruedas.
¿Cómo es tu...?
Es... Es una persona... y muy... Él (Ella) y mi... tienen... hijos pero no tienen...

Describing where someone lives
Ch. 5, p. 201
¿Dónde viven ustedes?
Vivimos en un apartamento. Está en un edificio grande de... pisos.
¿Cuál es tu dirección?
Mi dirección es calle..., número...
¿Cómo es tu casa?
Es bastante... Tiene... habitaciones, ...

Talking about your responsibilities
Ch. 5, p. 204
¿Qué haces para ayudar en casa?
A veces tengo que..., pero me parece bien. No es gran cosa.
¿Quién hace los quehaceres?
A menudo tengo que...
A... nunca le toca... Me parece injusto.
¿Qué te toca hacer a ti?
A mí siempre me toca... ¡Qué lata!

Commenting on food
Ch. 6, pp. 40–41
¿Qué vas a pedir?
¿Qué prefieres pedir para...?
Para tomar, puedes pedir...
En la mesa hay...
¿Qué tal si pruebas...? Son muy buenos(as) aquí.
¡Ay, no! Nunca pido... No me gusta.
Aquí preparan muy bien (mal)...
(No) estoy de acuerdo.
¡Qué ricos(as) están...!
Sí, me encantan.
¿Qué tal está(n)...?
Está(n) un poco...

Talking about meals
Ch. 6, p. 55
¿Qué desayunas?
Siempre desayuno...
¿Qué quieres hoy de almuerzo?
¿Qué tal si almorzamos...?
¿Qué hay de cena? Tengo mucha hambre.
Vamos a cenar...

Talking about your daily routine
Ch. 7, pp. 86–87
Por la mañana, tengo que...
Por la tarde, después de..., voy a...
Por la noche, necesito...
¿Estás listo(a)? ¿Qué te falta hacer?
¡Ay, no! Acabo de levantarme. Tengo que... antes de...
¿Qué tienes que hacer?
Tengo que..., pero no encuentro...

Talking about staying fit and healthy
Ch. 7, p. 90
¿Cómo te mantienes en forma?
... y... Entreno...
¿Qué haces para relajarte?
... También... o...

Offering and asking for help in a store
Ch. 8, p.136
¿En qué le puedo servir?
Busco...
Nada más estoy mirando.
¿Qué número/talla usa?
Uso el/la...
¿Cómo le queda(n)...?
Me queda(n) bien/mal.
Necesito una talla más grande/pequeña.
¿A qué hora cierra la tienda?
Cierra a las...

Saying where you went and what you did
Ch. 8, p. 147
¿Adónde fuiste ayer/anteayer/anoche?
Fui a... a buscar... (y compré)...
¿Qué hiciste el fin de semana pasado?
Pagué una fortuna por...

Talking about your plans
Ch. 9, p. 179
¿Qué vas a hacer...?
Pienso... o...
¿Qué planes tienen para...?
Pensamos pasarlo(la) con..., como siempre.

Talking about past holidays
Ch. 9, p. 182
¿Dónde pasaron... el año pasado?
Lo (la) pasamos en casa de...
¿Qué tal estuvo?
Estuvo a todo dar. Nos reunimos a...

Preparing for a party
Ch. 9, p. 193
¿Está todo listo para la fiesta?
¿Ya terminaste con los preparativos?
Sí. Anoche compré... y preparé...
¿Qué están haciendo...?
Están colgando...

Asking for and giving information
Ch. 10, pp. 224–225
¿Dónde puedo...?
Allí, en el...
Me puede decir dónde está(n)...?
Está(n) a la vuelta.
¿Sabe Ud. a qué hora sale/llega el vuelo...?
Lo puede ver allí en esa pantalla.
Sí, sale/llega a las...
¿Dónde se puede conseguir...?
Lo siento, no sé.

Reminding and reassuring
Ch. 10, p. 228
¿Ya sacaste el dinero?
Sí, ya lo saqué.
No, todavía no. Debo pasar por el cajero automático.
¿Ya hiciste la maleta?
No, todavía tengo que hacerla.
¡Ay, dejé... en casa!
No te preocupes. Puedes comprar... en cualquier tienda.

Talking about a trip
Ch. 10, pp. 238–239
¿Qué hiciste durante las vacaciones?
¡Qué divertido!
Recorrí la ciudad en... Luego, tomé... a...
¿Qué tal el viaje?
¡Fue estupendo!
¡Fue horrible!
¿Adónde fueron?
Fuimos a...
¿Qué hicieron?
Conocimos... y sacamos muchas fotos.
Luego pasamos por... y por fin...

Expressing Attitudes and Opinions

Talking about what you and others like
Ch. 2, p. 63

¿Te gusta(n)...?	Sí, me gusta(n) mucho.
No, no me gusta(n).	¿Te gusta(n) más... o...?
Me gusta(n) más...	Me da igual.

Talking about what you and others like to do
Ch. 3, pp. 94–95

A mis amigos y a mí nos gusta...	¿A... les gusta...? A mí me gusta...
¿Qué te gusta hacer?	Sí, porque les gusta...

Asking for and giving opinions
Ch. 8, p. 133
¿Qué te parece el (la)...?
Me parece... y cuesta mucho. ¡Es un robo!
¿Cómo me queda el (la)...?
Te queda muy bien. Y está a la (última) moda.
¿Y el (la)...? Cuesta... dólares.
¡Qué caro(a)! Además, está pasado(a) de moda.
El (La)... es una ganga, ¿verdad?
Tienes razón. Es muy barato(a).

Expressing hopes and wishes
Ch. 10, p. 242

Algún día me gustaría...	Espero ver...
Si tengo suerte, voy a...	Quiero conocer...

Expressing Feelings and Emotions

Talking about how you feel
Ch. 7, p. 101
Para cuidarte la salud, debes...
Te veo mal.
Es que estoy enfermo(a). Tengo catarro.
¿Qué te pasa? ¿Te duele algo?
Me siento (un poco)... y me duele(n)...
¿Qué tiene...?
Le duele(n)...

Persuading

Taking someone's order and requesting something
Ch. 6, p. 44

¿Qué desea (usted)?	¿Desea algo de postre?
Quisiera...	Sí, ¿me trae...?
¿Y para tomar?	¿Algo más?
Para tomar, quiero...	¿Nos trae..., por favor?

Offering help and giving instructions
Ch. 6, p. 58
¿Necesitas ayuda?
Sí, saca... y ponlo(la) en el horno/ el microondas.
¿Puedo ayudar?
Saca... del refrigerador.
¿Por qué no preparas...?
¿Pongo la mesa?
Sí, ponla, por favor.

Giving advice
Ch. 7, p. 104
¿Sabes qué? Comes muy mal. No debes comer tanto dulce ni grasa.
Para cuidarte mejor, debes... ¿Por qué no... más temprano?
No debes...

Síntesis gramatical

NOUNS AND ARTICLES

Gender of Nouns

In Spanish, nouns (words that name a person, place, or thing) are grouped into two classes or genders: masculine and feminine. All nouns, both persons and objects, fall into one of these groups. Most nouns that end in **-o** are masculine, and most nouns that end in **-a, -ción, -tad,** and **-dad** are feminine. Some nouns, such as **estudiante** and **cliente,** can be either masculine or feminine.

Masculine Nouns	Feminine Nouns
libro	casa
chico	universidad
cuaderno	situación
bolígrafo	mesa
vestido	libertad

FORMATION OF PLURAL NOUNS

	Add **-s** to nouns that end in a vowel.		Add **-es** to nouns that end in a consonant.		With nouns that end in **-z,** the **-z** changes to a **-c**.	
SINGULAR	libro	casa	profesor	papel	vez	lápiz
PLURAL	libro**s**	casa**s**	profesor**es**	papel**es**	ve**ces**	lápi**ces**

Definite Articles

There are words that signal the gender of the noun. One of these is the *definite article.* In English, there is one definite article: *the.* In Spanish, there are four: **el, la, los, las.**

SUMMARY OF DEFINITE ARTICLES

	Masculine	Feminine
SINGULAR	**el** chico	**la** chica
PLURAL	**los** chicos	**las** chicas

CONTRACTIONS

a + el → **al**
de + el → **del**

Indefinite Articles

Another group of words that are used with nouns are the *indefinite articles:* **un, una,** (*a* or *an*) and **unos, unas** (*some* or *a few*).

	Masculine	Feminine
SINGULAR	**un** chico	**una** chica
PLURAL	**unos** chicos	**unas** chicas

Pronouns

Subject Pronouns	Direct Object Pronouns	Indirect Object Pronouns	Objects of Prepositions	Reflexive Pronouns
yo	**me**	**me**	**mí**	**me**
tú	**te**	**te**	**ti**	**te**
él, ella, usted	**lo, la**	**le**	**él, ella, usted**	**se**
nosotros, nosotras	**nos**	**nos**	**nosotros, nosotras**	**nos**
vosotros, vosotras	**os**	**os**	**vosotros, vosotras**	**os**
ellos, ellas, ustedes	**los, las**	**les**	**ellos, ellas, ustedes**	**se**

ADJECTIVES

Adjectives are words that describe nouns. The adjective must agree in gender (masculine or feminine) and number (singular or plural) with the noun it modifies. Adjectives that end in **-e** or a consonant only agree in number.

		Masculine	Feminine
Adjectives that end in **-o** or **-a**	SINGULAR	chico alt**o**	chica alt**a**
	PLURAL	chicos alt**os**	chicas alt**as**
Adjectives that end in **-e**	SINGULAR	chico inteligent**e**	chica inteligent**e**
	PLURAL	chicos inteligent**es**	chicas inteligent**es**
Adjectives that end in a consonant	SINGULAR	examen difícil	clase difícil
	PLURAL	exámenes difíci**les**	clases difíci**les**

Demonstrative Adjectives

	Masculine	Feminine		Masculine	Feminine
SINGULAR	**este** chico	**esta** chica	SINGULAR	**ese** chico	**esa** chica
PLURAL	**estos** chicos	**estas** chicas	PLURAL	**esos** chicos	**esas** chicas

When demonstratives are used as pronouns, they match the gender and number of the noun they replace and are written with an accent mark: **éste, éstos, ésta, éstas, ése, ésos, ésa, ésas.**

Possessive Adjectives

These words also modify nouns and show ownership or relationship between people (*my* car, *his* book, *her* mother).

Singular		Plural	
Masculine	Feminine	Masculine	Feminine
mi libro	**mi** casa	**mis** libros	**mis** casas
tu libro	**tu** casa	**tus** libros	**tus** casas
su libro	**su** casa	**sus** libros	**sus** casas
nuestro libro	**nuestra** casa	**nuestros** libros	**nuestras** casas
vuestro libro	**vuestra** casa	**vuestros** libros	**vuestras** casas

Comparatives

Comparatives are used to compare people or things. With comparisons of inequality, the same structure is used with adjectives, adverbs, or nouns. With comparisons of equality, **tan** is used with adjectives and adverbs, and **tanto/a/os/as** with nouns.

COMPARISONS OF INEQUALITY

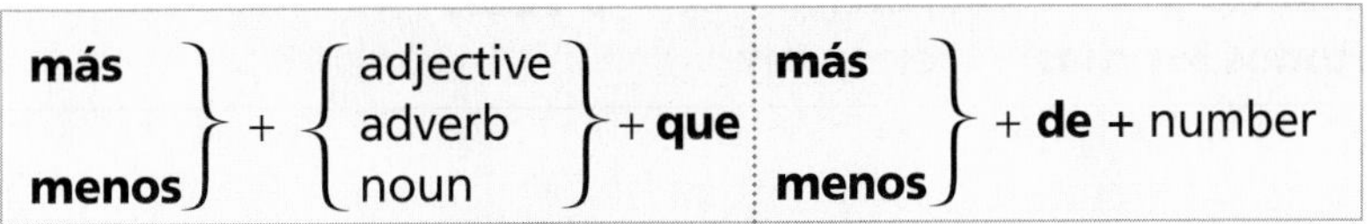

más / menos + adjective / adverb / noun + que
más / menos + de + number

COMPARISONS OF EQUALITY

tan + adjective or adverb + **como**
tanto/a/os/as + noun + **como**

These adjectives have irregular comparative forms.

bueno(a) *good*	malo(a) *bad*	joven *young*	viejo(a) *old*
mejor(es) *better*	**peor(es)** *worse*	**menor(es)** *younger*	**mayor(es)** *older*

Ordinal Numbers

Ordinal numbers are used to express ordered sequences. They agree in number and gender with the noun they modify. The ordinal numbers **primero** and **tercero** drop the final **o** before a singular, masculine noun. Ordinal numbers are seldom used after 10. Cardinal numbers are used instead: **Alfonso XIII, Alfonso Trece.**

1st	**primero/a**	**5th**	**quinto/a**	**9th**	**noveno/a**
2nd	**segundo/a**	**6th**	**sexto/a**	**10th**	**décimo/a**
3rd	**tercero/a**	**7th**	**séptimo/a**		
4th	**cuarto/a**	**8th**	**octavo/a**		

Affirmative and Negative Expressions

Affirmative	Negative
algo	**nada**
alguien	**nadie**
alguno (algún), -a	**ninguno (ningún), -a**
o ... o	**ni ... ni**
siempre	**nunca**

Interrogative words

¿Adónde?	**¿Cuándo?**	**¿De dónde?**	**¿Qué?**
¿Cómo?	**¿Cuánto(a)?**	**¿Dónde?**	**¿Quién(es)?**
¿Cuál(es)?	**¿Cuántos(as)?**	**¿Por qué?**	

Adverbs

Adverbs make the meaning of a verb, an adjective, or another adverb more definite. These are some common adverbs of frequency.

siempre	*always*	**casi nunca**	*almost never*
nunca	*never*	**a veces**	*sometimes*
todos los días	*every day*		

Prepositions

Prepositions are words that show the relationship of a noun or pronoun to another word. These are common prepositions in Spanish.

a	*to*	**delante de**	*before*	**hacia**	*toward*
al lado de	*next to*	**desde**	*from*	**hasta**	*until*
antes de	*before*	**detrás de**	*behind*	**para**	*for, in order to*
con	*with*	**en**	*in, on*	**por**	*for, by*
de	*of, from*	**encima de**	*over, on top of*	**sin**	*without*
debajo de	*under*				

VERBS

Present Tense of Regular Verbs

In Spanish, we use a formula to conjugate regular verbs. The endings change in each person, but the stem of the verb remains the same.

Infinitive	habl**ar**		com**er**		escrib**ir**	
Present	habl**o**	habl**amos**	com**o**	com**emos**	escrib**o**	escrib**imos**
	habl**as**	habl**áis**	com**es**	com**éis**	escrib**es**	escrib**ís**
	habl**a**	habl**an**	com**e**	com**en**	escrib**e**	escrib**en**

Verbs with Irregular *yo* Forms

hacer		poner		saber		salir		traer	
hago	hacemos	**pongo**	ponemos	**sé**	sabemos	**salgo**	salimos	**traigo**	traemos
haces	hacéis	pones	ponéis	sabes	sabéis	sales	salís	traes	traéis
hace	hacen	pone	ponen	sabe	saben	sale	salen	trae	traen

tener		venir		ver		conocer	
tengo	tenemos	**vengo**	venimos	**veo**	vemos	**conozco**	conocemos
tienes	tenéis	vienes	venís	ves	veis	conoces	conocéis
tiene	tienen	viene	vienen	ve	ven	conoce	conocen

Verbs with Irregular Forms

ser		estar		ir	
soy	somos	estoy	estamos	voy	vamos
eres	sois	estás	estáis	vas	vais
es	son	está	están	va	van

Present Progressive

The present progressive in English is formed by using the verb *to be* plus the *-ing* form of another verb. In Spanish, the present progressive is formed by using the verb **estar** plus the -**ndo** form of another verb.

-ar verbs	**-er** and **-ir** verbs
hablar → estoy habl**ando**	comer → está com**iendo**
trabajar → estás trabaj**ando**	escribir → estamos escrib**iendo**

For **-er** and **-ir** verbs with a stem that ends in a vowel, the **-iendo** changes to **-yendo:**
leer → están le**yendo**

Stem-Changing Verbs

In Spanish, some verbs have an irregular stem in the present tense. The final vowel of the stem changes from **e → ie, o → ue, u → ue,** and **e → i** in all forms except **nosotros** and **vosotros**.

e → ie		o → ue		u → ue		e → i	
preferir		**poder**		**jugar**		**pedir**	
pref**ie**ro	preferimos	p**ue**do	podemos	j**ue**go	jugamos	p**i**do	pedimos
pref**ie**res	preferís	p**ue**des	podéis	j**ue**gas	jugáis	p**i**des	pedís
pref**ie**re	pref**ie**ren	p**ue**de	p**ue**den	j**ue**ga	j**ue**gan	p**i**de	p**i**den

Some **e → ie** stem-changing verbs are:		Some **o → ue** stem-changing verbs are:		Some **e → i** stem-changing verbs are:
empezar	**venir**	**almorzar**	**dormir**	**vestirse**
pensar	**merendar**	**llover**	**probar**	**servir**
querer	**calentar**	**encontrar**	**acostarse**	
nevar	**tener**	**volver**	**costar**	

The Verbs *gustar* and *encantar*

The verb endings for **gustar** and **encantar** always agree with what is liked or loved. The indirect object pronouns always precede the verb forms.

gustar (to like)		encantar (to really like or love)	
one thing:	more than one:	one thing:	more than one:
me / **te** / **le** / **nos** / **os** / **les** } **gusta**	**me** / **te** / **le** / **nos** / **os** / **les** } **gustan**	**me** / **te** / **le** / **nos** / **os** / **les** } **encanta**	**me** / **te** / **le** / **nos** / **os** / **les** } **encantan**

Verbs with Reflexive Pronouns

If the subject and object of a verb are the same, include the reflexive pronoun with the verb.

lavarse		ponerse		vestirse	
me lavo	**nos** lavamos	**me** pongo	**nos** ponemos	**me** visto	**nos** vestimos
te lavas	**os** laváis	**te** pones	**os** ponéis	**te** vistes	**os** vestís
se lava	**se** lavan	**se** pone	**se** ponen	**se** viste	**se** visten

Here are other verbs with reflexive pronouns.

acostarse	**bañarse**	**maquillarse**	**secarse**
afeitarse	**levantarse**	**peinarse**	**sentirse**

Preterite of Regular, Irregular, and Spelling-Change Verbs

The preterite is used to talk about what happened at a specific point in time.

Infinitive	Preterite of Regular Verbs	
habl**ar**	habl**é**	habl**amos**
	habl**aste**	habl**asteis**
	habl**ó**	habl**aron**
com**er**	com**í**	com**imos**
	com**iste**	com**isteis**
	com**ió**	com**ieron**
escrib**ir**	escrib**í**	escrib**imos**
	escrib**iste**	escrib**isteis**
	escrib**ió**	escrib**ieron**

hacer	ir	ser	ver
hice	fui	fui	vi
hiciste	fuiste	fuiste	viste
hizo	fue	fue	vio
hicimos	fuimos	fuimos	vimos
hicisteis	fuisteis	fuisteis	visteis
hicieron	fueron	fueron	vieron

sacar	llegar	comenzar
saqué	llegué	comencé
sacaste	llegaste	comenzaste
sacó	llegó	comenzó
sacamos	llegamos	comenzamos
sacasteis	llegasteis	comenzasteis
sacaron	llegaron	comenzaron

Imperative Mood

The imperative is used to tell people to do things. Its forms are sometimes referred to as *commands.* Regular affirmative commands are formed by dropping the **s** from the end of the **tú** form of the verb. For negative commands, switch the **-as** ending to **-es** and the **-es** ending to **-as.**

(tú) hablas → habla (no hables)	you speak → speak (don't speak)
(tú) escribes → escribe (no escribas)	you write → write (don't write)
(tú) pides → pide (no pidas)	you ask for → ask for (don't ask for)

Some verbs have irregular **tú** imperative forms.

tener → ten (no tengas)	ser → sé (no seas)
venir → ven (no vengas)	hacer → haz (no hagas)
poner → pon (no pongas)	salir → sal (no salgas)
ir → ve (no vayas)	decir → di (no digas)

The Verbs *ser* and *estar*

Both **ser** and **estar** mean *to be*, but they differ in their uses.

Use **ser:**

1. with nouns to identify and define the subject
   La mejor estudiante de la clase es Katia.
2. with **de** to indicate place of origin, ownership, or material
   Carmen es de Venezuela.
   Este libro es de mi abuela.
   La blusa es de algodón.
3. to describe identifying characteristics, such as physical and personality traits, nationality, religion, and profession
   Mi tío es profesor. Es simpático e inteligente.
4. to express the time, date, season, or where an event is taking place
   Hoy es sábado y la fiesta es a las ocho.

Use **estar:**

1. to indicate location or position of the subject
   Lima está en Perú.
2. to describe a condition that is subject to change
   Maricarmen está triste.
3. with the present participle (**-ndo** form) to describe an action in progress
   Mario está escribiendo un poema.
4. to convey the idea of *to look, to feel, to seem, to taste*
   Tu hermano está muy guapo hoy.
   La sopa está deliciosa.

Common Expressions

EXPRESSIONS WITH *TENER*

tener ... años	*to be . . . years old*	**tener (mucha) prisa**	*to be in a (big) hurry*
tener mucho calor	*to be very hot*	**tener que**	*to have to*
tener ganas de...	*to feel like . . .*	**tener (la) razón**	*to be right*
tener mucho frío	*to be very cold*	**tener mucha sed**	*to be very thirsty*
tener mucha hambre	*to be very hungry*	**tener mucho sueño**	*to be very sleepy*
tener mucho miedo	*to be very afraid*	**tener mucha suerte**	*to be very lucky*

EXPRESSIONS OF TIME

To ask how long someone has been doing something, use:
¿Cuánto tiempo hace que + present tense?

To say how long someone has been doing something, use:
Hace + quantity of time + **que** + present tense.
Hace **seis meses** que **vivo en Los Ángeles.**
You can also use:
present tense + **desde hace** + quantity of time
Vivo en Los Ángeles desde hace **seis meses.**

WEATHER EXPRESSIONS

Hace muy buen tiempo.	*The weather is very nice.*
Hace mucho calor.	*It's very hot.*
Hace fresco.	*It's cool.*
Hace mucho frío.	*It's very cold.*
Hace muy mal tiempo.	*The weather is very bad.*
Hace mucho sol.	*It's very sunny.*
Hace mucho viento.	*It's very windy.*
But:	
Está lloviendo mucho.	*It's raining a lot.*
Hay mucha neblina.	*It's very foggy.*
Está nevando.	*It's snowing.*
Está nublado.	*It's overcast.*

Vocabulario español-inglés

This vocabulary includes almost all words in the textbook, both active (for production) and passive (for recognition only). An entry in **boldface** type indicates that the word or phrase is active. Active words and phrases are practiced in the chapter and are listed on the **Repaso de gramática** and **Repaso de vocabulario** pages at the end of each chapter. You are expected to know and be able to use active vocabulary.

All other words are for recognition only. These words are found in exercises, in optional and visual material, in **Instrucciones** on pages xviii–xix, in **Geocultura,** which is referenced by chapter (1G), **Comparaciones, Leamos y escribamos, También se puede decir,** and **Literatura y variedades.** You can usually understand the meaning of these words and phrases from the context or you can look them up in this vocabulary index. Many words have more than one definition; the definitions given here correspond to the way the words are used in ***¡Exprésate!.***

Nouns are listed with definite articles and plural forms when the plural forms aren't formed according to general rules. The number after each entry refers to the chapter where the word or phrase first appears or where it becomes an active vocabulary word. This vocabulary index follows the rules of the **Real Academia,** with **ch** and **ll** in the same sequence as in the English alphabet.

Stem changes are indicated in parentheses after the verb: **poder (ue).**

a *to,* 3; *on,* 4; *at,* 8; a base de *based on,* 6; a continuación *that follows,* 7; a finales *at the end,* 10G; **a la (última) moda** *in the (latest) style,* 8; a la vez *at the same time,* 8; **a la vuelta** *around the corner,* 10; **A ...les gusta...** *They like to . . .,* 3; **a menudo** *often,* 5; **¿A qué hora vas a...?** *What time are you going to . . .?,* 4; **a tiempo** *on time,* 4; **a todo dar** *great,* 9; **Estuvo a todo dar.** *It was great.,* 9; a través de *through,* 5G; **a veces** *sometimes,* 3
abordar *to board,* 10
abrazar *to hug,* 9
el abrazo *hug,* 9
el abrigo *(over)coat,* 8
abril *April,* 1
abrir *to open,* 4; **abrir regalos** *to open gifts,* 9
la abuela *grandmother,* 5
el abuelo *grandfather,* 5
los abuelos *grandparents,* 5
aburrido(a) *boring,* 2; **estar aburrido(a)** *to be bored,* 7
acabar de *to just (have done something),* 7
acampar *to camp,* 3
acariciar *to caress,* 7
la acción *action,* 2
el aceite de oliva *olive oil,* 1G
el acento *accent,* 1; el acento ortográfico *written accent,* 8
acerca de *about,* 8
acompañar *to go with,* 6; *to accompany,* 1G; estar acompañada *to be accompanied,* 3
acordarse (ue) *to remember,* 9
acostarse (ue) *to go to bed,* 7
la actividad *activity,* 3
activo(a) *active,* 2
la actualidad *present time,* 6
el acuerdo *agreement;* **Estoy de acuerdo.** *I agree.,* 6; **No estoy de acuerdo.** *I disagree.,* 6
adaptado(a) *adapted,* 5G
además *besides,* 8
Adiós. *Good-bye.,* 1
adivinar *to guess,* 2
el adjetivo *adjective,* 5
la admiración *admiration,* 1
admirar *to admire,* 10
el adolescente *adolescent,* 3
¿adónde? *where?,* 8; **¿Adónde fuiste?** *Where did you go?,* 8; **¿Adónde vas...?** *Where do you go . . .?,* 3
la aduana *customs,* 10
el adulto *adult,* 7
los aeróbicos *aerobics,* 7; hacer aeróbicos *to do aerobics,* 7
el aeropuerto *airport,* 10
afeitarse *to shave,* 7
afuera *outside,* 3
las afueras *suburbs,* 5
la agencia inmobiliaria *real estate agency,* 5
el agente, la agente *agent,* 10
agitar *to shake,* 3
agosto *August,* 1
el agua (f.) *water,* 6
el águila (f.) *eagle,* 7
ahí *there,* 4
ahora *now,* 9
ahorrar *to save money,* 8
el aire *air,* 3; el aire central *central air conditioning,* 5; el aire libre *open air,* 8
el ajedrez *chess,* 2
el ají *hot pepper,* 10G
el ajo *garlic,* 6
ajustado(a) *tight-fitting,* 8
al (a + el) *to, to the,* 3; *upon,* 6; al fin *finally,* 10; **al lado de** *next to,* 5
la alberca *swimming pool,* 3
alcanzar *to reach,* 7G
la alcoba *bedroom,* 5
alegre *happy,* 2
el alemán *German,* 4
el alfabeto *alphabet,* 1
algo *something, anything,* 4; **algo +** adjective *kind of +* adjective, 2
el algodón *cotton,* 8; **de algodón** *made of cotton,* 8
algún día *some day,* 10
algunas *some,* 2
el alimento *food,* 6
alistarse *to get ready,* 7

allá *there,* 8
allí *there,* 10
el almacén *department store,* 8
el almanaque *almanac,* 1G
almorzar *to have lunch,* 5
el almuerzo *lunch,* 4
Aló *Hello. (telephone greeting),* 8
el alpinismo *mountain climbing,* 7
alquilar *to rent,* 3; **alquilar videos** *to rent videos,* 3
alrededor *around,* 6
el altiplano *high plateau,* 10G
alto(a) *tall,* 2
la altura *height,* 6G
amanecer *to dawn,* 9
el amarillo *yellow,* 1G
amarillo(a) *yellow,* 8
el ambiente *atmosphere,* 5G
amigable *friendly,* 2
el amigo(a) *friend,* 1; **mi mejor amigo(a)** *my best friend,* 1
el amor *love,* 8; **de amor** *romance,* 2
amueblado(a) *furnished,* 5
analítico(a) *analytical,* 2
anaranjado(a) *orange,* 8
ancho *width,* 5G; *wide,* 8
andar *to walk, to go,* 2; andar en bicicleta *to ride a bike,* 3; Dime con quien andas y te diré quien eres. *A person is known by the company he/she keeps.,* 2
andino(a) *of the Andes,* 7G
el anfibio *amphibian,* 2G
la anguila *eel,* 7
el ángulo *angle,* 7
el anillo *ring,* 8
el animal *animal,* 2
el aniversario *anniversary,* 9
el año year, 2; **el Año Nuevo** *New Year,* 9; **el año pasado** *last year,* 9; **¿Cuántos años tiene...?** *How old is...?,* 2; **¿Cuántos años tienes?** *How old are you?,* 2
anoche *last night,* 9
anteayer *day before yesterday,* 8
anterior *previous,* 9
antes *before,* 1; **antes de** *before,* 7; de antes *from before,* 4
antiguo(a) *old,* 6G
antipático(a) *unfriendly,* 2
añadir *to add,* 6
aparecer *to appear,* 6
el apartamento *apartment,* 5
apasionado(a) *passionate,* 2
apellido *last name,* 2
apetecer *to appeal,* 6
aplicar *to apply,* 2
aportar *to contribute,* 8G
aprender *to learn,* 1
apropiado(a) *appropriate,* 7
aproximadamente *approximately,* 2
los apuntes *notes,* 8
aquella *that,* 6
aquello *that,* 4

aquí *here,* 6
árabe *Arab,* 5G
el árbol *tree,* 1; la copa del árbol *top of the tree,* 4G
los aretes *earrings,* 8
la argamasa *mortar,* 10G
argentino(a) *Argentine,* 7
árido(a) *dry,* 10G
la armonía *harmony,* 2
armonizar *to harmonize,* 7G
el arquitecto *architect,* 3G
arquitectónico(a) *architectural,* 10G
la arquitectura *architecture,* 2G
arreglar *to clean up,* 5; **arreglar el cuarto** *to clean the room,* 5
el arrendamiento *rental,* 10
la arroba @, 1
el arroz *rice,* 6
el arte *art,* 4; las artes plásticas *sculpture,* 2
la artesanía *crafts,* 4
el artista, la artista *artist,* 1
artístico(a) *artistic,* 2
asegurar *to reassure,* 6
el asentamiento *colony, settlement,* 8G
el aseo *restroom,* 10
así *like this;* así que *so,* 8; Así es, *That's how it is.,* 2
asistente *assistant,* 10
asistir a *to attend,* 4
asomar *to peak out,* 9
el asterisco *asterisk,* 7
atlético(a) *athletic,* 2
el atole *Mexican drink made of cornmeal, milk or water, and flavoring,* 6
atraer *to attract,* 1G
atravesar *to cross,* 10G
atreverse *to dare,* 9
el atún *tuna fish,* 6
los audífonos *headphones,* 8
el auditorio *auditorium,* 4
aun *even,* 2
aún *still,* 10
aunque *even though,* 6
el autobús *bus,* 10
el autor *author,* 7
el autorretrato *self-portrait,* 6G
avanzado(a) *advanced,* 10G
el ave (pl. las aves) *bird,* 4G
la aventura *adventure,* 2
averiguar *to find out,* 10
el avión *airplane,* 10; por avión *by plane,* 10
¡Ay no! *Oh, no!,* 6
¡ay! *ouch!,* 8
ayer *yesterday,* 8
el aymara indigenous *language in Peru,* 10G
la ayuda *help,* 6
ayudar *to help,* 5; **ayudar en casa** *to help out at home,* 5; estamos ayudando *we are helping,* 3

el azúcar *sugar,* 6
el azul *blue,* 1G
azul *blue,* 5

B

la bahía *bay,* 8G
bailar *to dance,* 3; bailando *dancing,* 1; ponerse a bailar *to start dancing,* 3
la bailarina *dancer (fem.),* 3
el baile *dance,* 3
bajar *to descend,* 7; **bajar archivos** *to download files,* 3; **bajar de peso** *to lose weight,* 7
bajo(a) *short,* 2
balanceado(a) *balanced,* 6
el balcón *balcony,* 5
balear *to shoot,* 5
el ballet *ballet,* 1
el baloncesto *basketball,* 3
bañarse *to bathe,* 7
la bandeja *platter,* 7G
la bandera *banner,* 9
el bandido *bandit,* 5
el baño *bathroom,* 5; *restroom,* 10
barato(a) *inexpensive,* 8
la barbacoa *barbecue,* 3G
el barco *boat,* 10; el barquito *little boat,* 5
la barranca *cliff,* 6G
el barrio *neighborhood,* 7G
básico(a) *basic,* 6
el básquetbol *basketball,* 3
basta *it's enough,* 5
bastante + adjective *quite, pretty* + adjective, 2
la basura *trash,* 5; **sacar la basura** *to take out the trash,* 5
la batalla *battle,* 3G
el batido *milkshake,* 8
el bebé, la bebé *baby,* 1
beber *to drink,* 4; **beber ponche** *to drink punch,* 9
la bebida *drink,* 6
la beca *scholarship,* 10
el béisbol *baseball,* 3
bello(a) *beautiful,* 2G
la biblioteca *library,* 4
la bicicleta *bike,* 3; **montar en bicicleta** *to ride a bike,* 3
bien *all right, fine,* 1; *really,* 2; bien dicho *well said,* 6; **Está bien.** *All right.,* 3; **Estoy bien.** *I'm fine.,* 1; **Me parece bien.** *It's all right with me.,* 5; **quedar bien** *to fit well,* 8; **Que te vaya bien.** *Hope things go well for you.,* 9
bienvenido *welcome,* 10
el billete *ticket,* 10

la billetera *wallet,* 10
la biología *biology,* 4
blanco(a) *white,* 8; **en blanco** *blank,* 8
el blanquillo *egg,* 6
la blusa *blouse,* 8
la boca *mouth,* 7
el bocadillo *sandwich* (Spain), 6, *finger food* (Dom. Rep.), 9
el bocadito *small servings of food,* 7G
las bocas *finger food* (Costa Rica), 9
la boda *wedding,* 9
la boleta *ticket,* 10
el boleto de avión *plane ticket,* 10
el bolígrafo *pen,* 4
la bolsa *purse,* 8; *bag,* 8; *travel bag,* 10
la bomba *music and dance style,* 2G
la bombilla *straw used for sipping* ***mate,*** 7
bonito(a) *pretty,* 2
el borde *edge,* 7G
el borrador *rough draft,* 1
el bosque *forest,* 2G; el bosque húmedo *rain forest,* 4G
la botana *finger food* (Mex.), 9
botar *to throw out,* 5
las botas *boots,* 8
el bote *boat,* 9G; **el bote de vela** *sailboat,* 10; **pasear en bote de vela** *to go out in a sailboat,* 10
el brazo *arm,* 7
brillar *to shine,* 7
brindar *to offer,* 5
el bróculi *broccoli,* 6
bueno(a) *good,* 2; **Buenas noches.** *Good evening., Good night.,* 1; **Buenas tardes.** *Good afternoon.,* 1; **Buenos días.** *Good morning.,* 1
Bueno. *Hello. (telephone greeting),* 8
burlarse de *to make fun of,* 8
el burro *donkey,* 1
buscar *to look for,* 7; **buscar un pasatiempo** *to find a hobby,* 7; búsquenme *look for me,* 3

el caballo de paso *horse with high-stepping gait,* 10G
caber *to fit,* 10G
la cabeza *head,* 7
el cacao *cocoa,* 6G
cada *each,* xxii; cada uno(a) *each one,* 6; cada vez *each time,* 8
el café *coffee,* 6; *brown,* 1G; **el café con leche** *coffee with milk,* 6; **de color café** *brown,* 5
la cafetería *cafeteria,* 4; *coffee shop,* 6
la caída de agua *waterfall,* 7G
el caimán *caiman (reptile),* 7G
la caja *box,* 9
el cajero automático *automatic teller machine,* 10
la calabaza *squash, pumpkin,* 6G; la calabacita *gourd used for* ***mate*** *tea,* 7G
los calcetines *socks,* 8; **un par de calcetines** *a pair of socks,* 8
la calculadora *calculator,* 4
la calefacción *heating,* 5; la calefacción central *central heating,* 5
el calendario *calendar,* 1
calentar (ie) *to heat up,* 6
caliente *hot,* 6
callado(a) *quiet,* 5
la calle *street,* 5
el calor *heat,* 3; **Hace calor.** *It's hot.,* 3; **tener calor** *to be hot,* 7
la caloría *calorie,* 6
la cama *bed,* 5; **hacer la cama** *to make the bed,* 5
la cámara *camera,* 10; **la cámara desechable** *disposable camera,* 10
el camarero *waiter,* 6
cambiar *to change,* 4
cambiar dinero *to change money,* 10
el cambio *change,* 9
caminar *to walk,* 7
el camino *path,* 10G
el camión *bus (Mex.),* 10
la camisa *shirt,* 8
la camiseta *T-shirt,* 8; la camiseta deportiva *sport shirt,* 8
el camote *sweet potato,* 4G
el campo *countryside,* 5
la canción *song,* 8
candidato(a) *candidate,* 4
la canoa *canoe,* 10
el cañón *canyon,* 6G
canoso(a) *gray-haired,* 5
cansado(a) *tired,* 7; **estar cansado(a)** *to be tired,* 7
cantar *to sing,* 3; cantaba *he sang,* 9
el cantar *singing,* 2
la cantidad *amount,* 2; *quantity,* 6; las cantidades *large numbers,* 6
el canto *song,* 1G
la capilla *chapel,* 3G
la capital *capital,* 1G
el capítulo *chapter,* 1
la cara *face,* 7; cara de tortilla *tortilla face,* 1
el carácter *character,* 5
la característica *characteristic,* 6
caracterizar *to characterize,* 5G
la cárcel *jail,* 8
caribeño(a) *Caribbean,* 4G
el cariño *affection; (addressing someone) dear,* 3; con cariño *affectionately,* 10
la carne *meat, beef,* 6; la carne de res *beef,* 6; la carne molida *ground beef,* 6
el carnet de identidad *ID,* 10
caro(a) *expensive,* 8
la carpeta *folder,* 4
la carreta *cart,* 4G
el carro *car,* 2
la carroza *float,* 9G
la carta *letter,* 3
la casa *house,* 5; **ayudar en casa** *to help at home,* 5; **la casa de...** *...'s house,* 3; **decorar la casa** *to decorate the house,* 9
el casabe *flat, dry bread made from manioc,* 9G
casarse *to get married,* 10
la cascada *waterfall,* 2G
la cáscara *shell,* 2G
casi *almost,* 3; **casi nunca** *almost never,* 3; **casi siempre** *almost always,* 3
el caso *case,* 2
castaño(a) *dark brown,* 5
las castañuelas *castanets,* 1G
el castellano *Spanish,* 1G
el castillo *castle,* 2G
el catalán *language from Catalonia, Spain,* 1G
el catálogo *catalog,* 8
la catarata *cataract, waterfall,* 7G
la catedral *cathedral,* 1G
catorce *fourteen,* 1
el cayo *key,* 8G
el cazador *hunter,* 7G
la cebolla *onion,* 10G
celebérrimo(a) *most famous,* 8
la celebración *celebration,* 1
celebrar *to celebrate,* 9; celebrará *will celebrate,* 8; se celebra *is celebrated,* 2G
célebre *famous,* 8
celeridad *speed,* 8
celta *Celtic,* 1G
la cena *dinner,* 6
cenar *to eat dinner,* 6
el centro *downtown,* 10; *center,* 3G
el centro comercial *mall,* 3
el cepillo de dientes *toothbrush,* 7
la cerámica *pottery,* 4
cerca de *close to, near,* 5
cercano(a) *close,* 5
los cereales *cereal,* 6
el cerebelo *cerebellum,* 8
el cerebro *brain,* 8
la ceremonia *ceremony,* 6
cero *zero,* 1
cerrado(a) *closed,* 1
cerrar (ie) *to close,* 8
el césped *grass,* 5
la cesta de paja *straw basket,* 8G
el ceviche *dish made with seafood, lemon, and seasonings,* 10G

chao *Bye,* 9
la chaqueta *jacket,* 8
charlar *to talk, to chat,* 9
el chayote *type of squash,* 4G
la chica *girl,* 8
chicano(a) *Mexican that has emigrated to the United States,* 3G
el chile *pepper,* chile en nogada *peppers in walnut and spice sauce,* 6
el chileno *Chilean,* 5
la chimenea *fireplace,* 5
el chiste *joke,* 9
el choclo *corn on the cob,* 5G
el chocolate *chocolate,* 6; *hot chocolate,* 6
el churro *sugar-coated fritter,* 6
el ciclismo *cycling,* 1
ciego(a) *blind,* 5
el cielo *heaven,* 3
cien *one hundred,* 2
la ciencia ficción *science fiction,* 2
las ciencias *science,* 4; **...de ciencias** *science . . .,*1
el científico *scientist,* 6
ciento un(o) *one hundred one,* 8
cierto(a) *true,* xxii
la cifra *number,* 8
la cima *mountain top,* 7G
cinco *five,* 1
cincuenta *fifty,* 2
el cine *movie theater,* 3
el cinturón *belt,* 8
el círculo *circle,* 3
el citrón *lemon,* 6
la ciudad *city,* 5
¡Claro que sí! *Of course!,* 4
claro(a) *clear,* 6G
la clase *class,* 3; **después de clases** *after class,* 3; **la clase de baile** *dance class,* 4
clasificar *to classify,* 6
clavar *to nail,* 10
el clavo *nail,* 10
el cliente, la cliente *client,* 8
el club de... *the . . . club,* 4
el cobre *copper,* 6G
cocer *to cook,* 3
el coche *car,* 10
la cocina *kitchen,* 5; *cooking,* 3G
cocinar *to cook,* 5
el coco *coconut,* 2G
el cocodrilo *crocodile,* 8G
el código *code,* 2G
cohabitar *to live together,* 8G
la cola *line,* 10
el colectivo *bus* (Bol., Perú, Ecuador), 10
el colegio *school,* 3
colgar *to hang,* 9
la colina *hill,* 9G
la colonia *colony,* 7G
el colonizador *colonist,* 6G
el color *color,* 8
el colorido *coloring,* 7G
colorido(a) *colorful,* 4G
la columna *column,* xxii
los combates *battles,* 10
la combinación *combination,* 1
combinar *to combine,* 5G
el comedor *dining room,* 5
comenzar (ie) *to start,* 10; **comenzar un viaje** *to begin a trip,* 10; comiencen *begin,* 8
comer *to eat,* 3; se comen *are eaten,* 2G
el comercio *commerce,* 3G
el comestible *food,* 3
cómico(a) *funny,* 2
la comida *food,* 2, *lunch,* 6; **la comida china (italiana, mexicana)** *Chinese (Italian, Mexican) food,* 2; la comida típica *traditional food,* 6
como *like,* 2; as, 9; **como siempre** *as always,* 9
cómo *how?, what?,* 1; **¿Cómo eres?** *What are you like?,* 2; **¿Cómo es...?** *What is . . . like?,* 2; **¿Cómo está(s)?** *How are you?,* 1; **¿Cómo me quedan...?** *How does . . . look?,* 8; **¿Cómo se escribe...?** *How do you spell . . .?,* 1; **¿Cómo se llama?** *What's his (her/your) name?,* 1; **¿Cómo te llamas?** *What's your name? (fam.),* 1
la compañera de clase *classmate (female),* 1; **una compañera de clase** *a (female) classmate,* 1
el compañero de clase *classmate (male),* 1; **un compañero de clase** *a (male) classmate,* 1
la comparación *comparison,* 1
comparar *to compare,* 8
compasivo(a) *compassionate,* 6
el complemento directo *direct object,* 6
completar *to complete,* xxii
completo *complete,* 6; por completo *completely,* 6
comprar *to buy,* 8; comprarías *you would buy,* 8
las compras *shopping,* 2; estar de compras *to be on a shopping trip,* 8; **ir de compras** *to go shopping,* 3
la comprensión *comprehension,* 10
comprender *to understand,* 2; nos comprendemos *we understand each other,* 2
la computación *computer science,* 4
la computadora *computer,* 4
común *common,* 9
comunicar *to communicate,* 5
la comunidad *community,* 1
con *with,* 3; con base en *based on,* xxii; **con mis amigos** *with my friends,* 3; **con mi familia** *with my family,* 3; con motivo de *on the occasion of,* 9; **¿Con qué frecuencia vas...?** *How often do you go . . .?,* 3; con relación a *in relation to,* 5
el concierto *concert,* 4
el concurso *competition,* 9G
el condominio *condominium,* 5
conectar *to connect,* 8G
confundido(a) *confused,* 4
confundir *to confuse,* 10
el conjunto *musical group,* 3G
conmemorar *commemorate,* 3G
conmigo *with me,* 3
conocer (a) *to know (someone) or be familiar with a place,* 9; **conocimos...** *we visited . . .,* 10; **Quiero conocer...** *I want to see . . .,* 10; se conoce *is known,* 2G
conocido(a) *known,* 2G
el conocimiento *knowledge,* 7
conquistar *to conquer,* 10
conseguir (i) *to get,* 10
el consejo *advice,* 7
conservar *to preserve,* 2G
considerar *to consider,* 2; *to regard,* 9
constituir *to make up,* 6
construir *to build,* 3G; construye *construct,* 10; fue construido *was built,* 3G
el consultorio médico *doctor's office,* 7
consumir *to consume,* 6; se consumen *are consumed,* 6
el consumo *consumption,* 6
contar *to count,* 1; *to tell,* 4; contando *counting,* 1; **contar (ue) chistes** *to tell jokes,* 9; contar con *to count on,* 10; cuenta *tells,* 6; cuentan *it is told,* 6
contemplar *to contemplate,* 9
contemporáneo *contemporary,* 1G
contener (ie) *to contain,* 10G; que contengan *that contain,* 10
contento(a) *happy,* 7; **estar contento(a)** *to be happy,* 7
contestar *to answer,* xxii
contigo *with you,* 3
el continente *continent,* 6
continuo *continual,* 8
contra *against,* 10
al contrario *to the contrary,* 6
la contribución *contribution,* 2G
contribuir *to contribute,* 8G
el control de seguridad *security checkpoint,* 10
controlar *to control,* 3G
el convento *convent,* 3G
la conversación *conversation,* xxii
convertirse *to become,* 10
el coquí *small tree frog,* 2G
el corazón *heart,* 7G
la cordillera *mountain range,* 2G
el coro *chorus,* 2
correcto(a) *right, correct,* xxii
corregir *to correct,* xxii

el correo electrónico *e-mail address,* 1; **¿Cuál es el correo electrónico de...?** *What is . . .'s e-mail address?,* 1; **¿Cuál es tu correo electrónico?** *What's your e-mail address?,* 1
correr *to run,* 3
la correspondencia *correspondence,* 1
corresponder *to correspond,* xxii; le corresponde *it falls to him,* 5; que le correspondan *that correspond to it,* 9
correspondiente *corresponding,* 8
la corriente *current,* 8
cortar *to cut,* 6; **cortar el césped** *to cut the grass,* 5
la Corte Suprema *Supreme Court,* 6
corto(a) *short,* 5
la cosa *thing,* 4; **necesito muchas cosas** *I need lots of things,* 4; **no es gran cosa** *it's not a big deal,* 5
coser *to sew,* 4
la costa *coast,* 3G
costar (ue) *to cost,* 8; costará *will cost,* 9
costeño(a) *coastal,* 10G
la costumbre *custom,* 5G
la creación *creation,* 3
crear *to create,* 7; creado por *created by,* 7G; fue creado *was created,* 3G
la creatividad *creativity,* 6G
creativo(a) *creative,* 2
crecer *to grow,* 9G; crecí *I grew up,* 3
creer *to believe,* 6; *to think,* 9
la crema *cream,* 6
la criatura *child,* 3
crudo *raw,* 10G
el cuaderno *notebook,* 4
la cuadra *block,* 5
cual: los cuales *which,* 10
el cuadro *box, chart,* xxii; *painting,* 1
¿cuál? *what?, which?,* 4; **¿Cuál es el correo electrónico de...?** *What is . . .'s e-mail address?,* 1; **¿Cuál es el teléfono de...?** *What's . . . telephone number?,* 1; **¿Cuál es tu correo electrónico?** *What's your e-mail address?,* 1; **¿Cuál es tu materia preferida?** *What's your favorite subject?,* 4; **¿Cuál es tu teléfono?** *What's your telephone number?,* 1
cualquier *any,* 10
cualquiera *whichever,* 6G
cuando *when,* 3
¿cuándo? *when?,* 2; **¿Cuándo es el cumpleaños de...?** *When is . . .'s birthday?,* 2; **¿Cuándo es tu cumpleaños?** *When is your birthday?,* 2
¿cuánto(a)? *how much?,* 4
¡cuántos! *so many!,* 4
¿cuántos(as)? *How many . . .?,* 2; **¿Cuántos años tiene... ?** *How old is . . .?,* 2; **¿Cuántos años tienes?** *How old are you?,* 2
cuarenta *forty,* 2
cuarto *quarter,* 4; **menos cuarto** *a quarter to (the hour),* 4; **y cuarto** *quarter past,* 1
el cuarto *room,* 5; **arreglar el cuarto** *to pick up the room,* 5
cuatro *four,* 1
cuatrocientos *four hundred,* 8
cubierto(a) *covered,* 3
la cuchara *spoon,* 6
el cuchillo *knife,* 6
el cuello *neck,* 7
la cuenta *bill,* 6
el cuento *story,* 4
el cuerno *horn,* 2G
el cuerpo *body,* 7
el cuerpo de bomberos *fire department,* 2G
cuesta(n)... *cost(s) . . .,* 8
la cueva *cave,* 1G
el cuidado *care,* 1; ten cuidado *take care,* 6
cuidadosamente *carefully,* 9
cuidar *to take care of,* 5; **cuidar a mis hermanos** *take care of my brothers and sisters,* 5
cuidarse *to take care of oneself,* 7; **cuidarse la salud** *to take care of one's health,* 7; **Para cuidarte la salud debes...** *To take care of your health, you should . . .,* 7; **Para cuidarte mejor, debes...** *To take better care of yourself, you should . . .,* 7; **Cuídate.** *Take care.,* 9
culinario(a) *culinary,* 6
cultivar *to cultivate,* 6
el cultivo *crop,* 4G
la cultura *culture,* 1
el cumpleaños *birthday,* 9; **¿Cuándo es el cumpleaños de...?** *When is . . .'s birthday?,* 2; **¿Cuándo es tu cumpleaños?** *When is your birthday?,* 2; **el cumpleaños de...** *birthday of . . .,* 2; **la tarjeta de cumpleaños** *birthday card,* 8
curioso(a) *odd, unusual,* 1
la curva *curve,* 3G

dado(a) *given,* 7
la danza *dance,* 1G
dar *to give,* 7; le dan *they give,* 7; **no des** *don't give,* 7; se da *is held,* 8G
darse cuenta *to realize,* 8
el dato *fact,* 10
de *of, from, in, by,* 1; *made of,* 8; **...de ciencias** *science . . .,* 1; **de color café** *brown,* 5; **¿De dónde eres?** *Where are you from? (fam.),* 1; **¿De dónde es usted?** *Where are you from? (formal),* 1; **¿De dónde es...?** *Where is . . . from?,* 1; de...en... *from . . . to . . .,* 8; **... de español** *Spanish . . .,* 1; **de la mañana** *in the morning,* A.M., 1; **de la noche** *at night,* P.M., 1; **de la tarde** *in the afternoon, evening,* P.M. 1; de nuevo *again,* 7; de nada *you're welcome,* xxii; **¿De parte de quién?** *Who's calling?,* 8; ¿de quién? *about whom?,* 1; de todo *everything,* 8; de todo tipo *all kinds,* 8; de todos modos *in any event,* 8; de veras *really,* 8
debajo *underneath,* 8; **debajo de** *underneath,* 5
deber *should,* 6; ¿Debo...? *Should I . . .?,* 8; **No debes...** *You shouldn't . . .,* 7; se debe hacer *should be done,* 6
los deberes *chores,* 5; *responsibilities,* 5
debido a *due to,* 7G
el decibel *decibel,* 2
decidir *to decide,* xxii
decir *to say,* 3; bien dicho *well said,* 6; di *say,* 4; dice *says,* 3; diciéndome *telling me,* 9; me han dicho *they have told me,* 6; se dicen adiós *they say goodbye,* 3; si lo hubiera dicho *if I had said it,* 6; te diré *I'll tell you,* 2; yo he dicho *I have said,* 6
declarar *to declare,* 6
la decoración *decoration,* 9
decorar *to decorate,* 9; **decorar la casa** *to decorate the house,* 9
dedicado(a) a *dedicated to,* 2G
dedicar *to dedicate,* 4; es dedicada *is dedicated,* 5; dedicación dedication, 10; se dedica is dedicated, 2G
el dedo *finger,* 7; *toe,* 4G
deducir *to deduce,* 7
la definición *definition,* 10
definido(a) *defined,* 8
definitivamente *definitely,* 8; *permanently,* 9
dejar *to allow,* 3; *to leave,* 10; **dejar un recado** *to leave a message,* 8
dejar de + infinitive *to stop doing something,* 7; **dejar de fumar** *to stop smoking,* 7
del (de + el) *of the,* 2
delante de *in front of,* 5
delgado(a) *thin,* 5
delicioso(a) *delicious,* 2
demasiado(a) *too much,* 7

demostrar (ue) *to show,* 10G
dentro *inside,* 9
el departamento *apartment (México),* 5; *district (Perú),* 10
el dependiente, la dependiente *salesclerk,* 8
los deportes *sports,* 2
deportivo(a) (adj) *sports,* 8
la derecha *right,* 1
el desarrollo *development,* 7G
el desastre *disaster,* 9
desayunar *to eat breakfast,* 6
el desayuno *breakfast,* 6
descansar *to rest,* 3
el descendiente *descendent,* 10
describir *to describe,* 5
descubrir *to discover,* 8; fue descubierto *was discovered,* 7G
desde *since,* 4; *from,* 10; ¿desde cuándo? *since when?,* 4; desde hace *since,* 6; desde joven *since her youth,* 8; desde luego *of course,* 7
desear *to want, to wish for, to desire,* 6; deseando *wanting to,* 8
desechable *disposable,* 10
desembarcar *to disembark, to deplane,* 10
desembocar *to flow,* 10G
el deseo *desire,* 9
desesperado(a) *desperate,* 6
el desfile *parade, procession,* 4G
el desierto *desert,* 5G
la despedida *farewell,* 9; la fiesta de despedida *goodbye party,* 10
despertarse (ie) *to wake,* 7
despierto(a) *awake,* 7
después *after,* 3; *afterwards,* 4; **después de** *after,* 7; **después de clases** *after class,* 3
destinado(a) *destined,* 6
el destino *destination,* 10
el detalle *detail,* 7
determinar *to determine,* 7
detrás de *behind,* 5
devolver (ue) *to return something,* 8
di *say,* 8
el día *day,* 1; **algún día** *some day,* 10; **el Día de Acción de Gracias** *Thanksgiving Day,* 9; **el Día de la Independencia** *Independence Day,* 9; **el Día de la Madre** *Mother's Day,* 9; **el día de la semana** *day of the week,* 1; **el Día de los Enamorados** *Valentine's Day,* 9; **el Día del Padre** *Father's Day,* 9; **el día de tu santo** *your saint's day,* 9; **el día festivo** *holiday,* 9; **¿Qué día es hoy?** *What day is today?,* 1
diablado(a) *devilish,* 5G
el diablo *devil,* 7G
el diálogo *dialog,* xxii
diario(a) *daily,* 3G
dibujar *to draw,* 3
el dibujo *drawing,* xxii
el diccionario *dictionary,* 4
dice (inf. decir) *(he/she) says,* 4
la dicha *happiness,* 9
diciembre *December,* 1
el dictado *dictation,* 1
diecinueve *nineteen,* 1
dieciocho *eighteen,* 1
dieciséis sixteen, 1
diecisiete *seventeen,* 1
los dientes *teeth,* 7
la dieta *diet,* 7; **seguir una dieta sana** *to eat a balanced diet,* 7
diez *ten,* 1
diferente *different,* 2
difícil *difficult,* 4; **Es difícil.** *It's difficult.,* 4
Diga. Hello. *(telephone greeting),* 8
el dinero *money,* 8
el dinosaurio *dinosaur,* 1
el dios *god,* 6; gracias a Dios *thank goodness,* 6
la dirección *address,* 5; **Mi dirección es...** *My address is . . .,* 5
directamente *directly,* 4
director (-a) *director,* 10
el directorio de teléfono *phone book,* 1
disciplinado(a) *disciplined,* 2
el disco *record,* 8
el disco compacto *compact disc,* 8; **el disco compacto en blanco** *blank compact disc,* 8
diseñar *to design,* 3G; fue diseñado(a) *was designed,* 3G
el diseño *design,* 5G
el disfraz *costume,* 9G
disfrazar *to wear a costume,* 4G
disfrutar *to enjoy,* 2G
disponible *available,* 7
dispuesto(a) *willing,* 6G
la distancia *distance,* 10
distinguirse *to distinguish oneself,* 10
distinto(a) *different,* 6G
la diversión *fun,* 2
diverso(a) *diverse,* 6
divertido(a) *fun,* 2; **¡Qué divertido!** *What fun!,* 10
divertirse *to have fun,* 1; diviértanse *have a good time* (pl.), 1; que me divierta *to have fun,* 9
doblado(a) *folded,* 9
doble *double,* 5
doce *twelve,* 1
el documento *document,* 1
el dólar *dollar,* 8
doler (ue) *to hurt,* 7; **Me duele(n)...** *My . . . hurt(s).,* 7; **¿Te duele algo?** *Does something hurt?,* 7; **Le duele...** *His (Her) . . . hurts.,* 7
el domingo *Sunday,* 1; **los domingos** *on Sundays,* 3
dominicano(a) *Dominican,* 9
donde *where,* 8; *to the house of,* 9
¿dónde? *where?,* 5; **¿Dónde se puede...?** *Where can I . . .?,* 10
dorado(a) *golden,* 2
dormido(a) *asleep,* 7
dormir (ue) *to sleep,* 5; **dormir la seista** *to take a nap,* 7; **dormir lo suficiente** *to get enough sleep,* 7
el dormitorio *bedroom,* 5
dos *two,* 1
dos mil *two thousand,* 8
dos millones (de) *two million,* 8
doscientos *two hundred,* 8
dramatizar *to dramatize, to role-play,* xxii
la duda *doubt,* 6; sin duda *without a doubt,* 6
dulce *sweet,* 7
el dulce *candy,* 9
la duración *duration,* 7
durante *during,* 10; *throughout,* 6G
durar *to last,* 10G
el durazno *peach*
el DVD *DVD,* 8

e *and,* 5
la economía *economy,* 3G; la economía doméstica *home economics,* 6G
la edad *age,* 2G; de más edad *the oldest,* 5
el edificio *building,* 5; **el edificio de... pisos** *. . . story building,* 5
la educación física *physical education,* 4
eficaz *efficient,* 10G
eficiente *efficient,* 2
el ejemplo *example,* 3G
el ejercicio *exercise,* 3; **hacer ejercicio** *to exercise,* 3
el *the* (masc.), 2
él he, 1; **Él es...** *He is . . .,* 1; **Él se llama...** *His name is . . .,* 1
el elefante *elephant,* 1
la elegancia *elegance,* 5G
elegante *elegant,* 2
el elemento *element,* 1
elevar *to raise,* 5G
la elite *elite,* 6
ella *she,* 1; A ella le gusta + infinitive *She likes to . . .,* 3; **Ella es...** *She is . . .,* 1; ella misma *herself,* 6; **Ella se llama...** *Her name is . . .,* 1
ellas *they (f.),* 1
ellos *they (m.),* 1
el elote *corn on the cob (Mexico),* 6
emitir *to emit,* 2
emocionado(a) *excited,* 9
la empanada *turnover-like pastry,* 9
el emparedado *sandwich,* 6

empezar (ie) *to start,* 5
el empleado, la empleada *employee,* 7
el empleo *job,* 9
emplumado(a) *feathered,* 6
en *on, in, at,* 1; en frente *in front,* 3G; **en blanco** *blank,* 8; en las cuales *about which,* 8; en negrilla *bold,* 9; **en punto** *on the dot,* 1; en que *in which,* 8; **¿En que le puedo servir?** *Can I help you?,* 8
enamorado(a) *in love,* 10
Encantado(a). *Pleased to meet you., Nice to meet you.,* 1
encantar (me encanta(n)) *to really like, to love,* 6
encerrar *to lock up,* 10
encima de *on top of, above,* 5
encontrar (ue) *to find,* 7; encontrará *will find,* 10; se encuentra *is/it's located* 1G; se encuentran *they can be found,* 6
encontrarse con alguien *to meet up with someone,* 10
energético(a) *energetic,* 2
la energía *energy,* 2
enero *January,* 1
la enfermera *nurse,* 5
enfermo(a) *sick,* 7
enfrente *in front,* 10
enhorabuena *congratulations,* 10
enojado(a) *angry,* 7
enojarse *to get angry,* 7
enrollado(a) *rolled up,* 3
la ensalada *salad,* 6
el ensayo *rehearsal,* 3
enseñar *to show, to teach,* 4
enseñar fotos *to show photos,* 9
entender *to understand,* 5
enterarse *to find out,* 10
entonces *then,* 4
entrar *to enter,* 4
entre *between,* 2; *in, within,* 6; *among,* 7
entregar *to hand over,* 9
los entremeses *appetizers,* 9
la entrenadora *trainer,* 7
el entrenamiento *practice,* 3
entrenar(se) *to work out,* 7
la entrevista *interview,* 2
entrevistar *to interview,* 2
enviar *to send,* 1
la envoltura *wrapping,* 9
la época *era,* 6; la época colonial *Spanish colonial era,* 2G
el equipaje *luggage,* 10
el equipo *equipment,* 3G; *team,* 9G; el equipo de transporte *transportation equipment,* 3G
¿Eres...? *Are you . . .?,* 2
la erupción *eruption,* 6G
Es... *He (She, It) is . . .,* 2; **Es algo divertido.** *It's kind of fun.,* 2; **Es bastante bueno.** *It's quite good.,* 2; **Es de...** *He (She) is from . . .,* 1; **Es delicioso.** *It's delicious.,* 2; **Es el... de...** *It's the . . . of . . .,* 2; **Es facíl/difícil** *It's easy/hard,* 4; **Es el primero (dos, tres) de...** *It's the first (second, third) of . . .,* 1; **Es la una.** *It is one o'clock.,* 1; **Es pésimo.** *It's awful.,* 2; **Es que...** *It's because; It's just that . . .,* 7; **¡Es un robo!** *It's a rip-off!,* 8
ese(a) *that,* 5
escapar *to escape,* 5
la escena *scene,* 3
escoger *to pick,* 9; *to choose,* 6
escolar *school (adj.),* 4
esconder *to hide,* 4
escribir *to write,* 1; **¿Cómo se escribe...?** *How do you spell . . .?,* 1; escribamos *let's write,* 1; **escribir cartas** *to write letters,* 3; **Se escribe...** *It's spelled . . .,* 1
el escritor, la escritora *writer,* 1
el escritorio *desk,* 5
escuchar *to listen,* 3; **escuchar música** *to listen to music,* 3; escuchemos *let's listen,* 1; has escuchado *have you heard,* 2; he escuchado *I have heard,* 2
la escuela *school,* 2; la escuela primaria *elementary school,* 5; la escuela secundaria *high school,* 9
el escultor *sculptor,* 4G
la escultura *sculpture,* 2G
ese(a) *that,* 8
eso *that,* 2
esos(as) *those,* 8
espacial *space,* 8G
la espalda *back,* 7
el español *Spanish,* 1
el español *Spaniard,* 6
esparcir *to spread,* 3; está esparciendo *is spreading,* 3
la especia *spice,* 8G
la especialidad *specialty,* 6
la especie *species,* 2G
específico(a) *specific,* 10
los espejuelos *glasses,* 5
la esperanza *hope,* 9
esperar *to wait,* 8; *to hope,* 10; *to expect,* 10; **Espera un momento.** *Hold on a moment.,* 8; **Espero ver...** *I hope to see . . .,* 10
las espinacas *spinach,* 6
el espino *thorn,* 8
espiritual *spiritual,* 9
espontáneo(a) *spontaneous,* 2
la esposa *wife,* 9
el esposo *husband,* 5
esquiar *to ski,* 10; **esquiar en el agua** *to water-ski,* 10
Está a la vuelta. *It's around the corner.,* 10
ésta, éste *this (pron.),*1; **Ésta es.../la señora...** *This is . . . /Mrs. . . .,* 1; **Éste es.../el señor...** *This is . . . /Mr. . . .,* 1
establecer *to establish,* 8G, fue establecido *was established,* 8G
el establecimiento *colony,* 8G
estacionar *to park,* 10
el estadio *stadium,* 4
el estado *state,* 2G
los Estados Unidos *United States,* 1;
estadounidense *pertaining to the United States,* 7
estar *to be,* 1; **¿Cómo está(s)?** *How are you?,* 1; **¿Está...?** *Is . . . there?,* 8; **Está bien.** *All right.,* 3; **Está nublado.** *It's cloudy.,* 3; **Está (un poco) salado(a).** *It's (a little) salty.,* 6; **estar aburrido(a)** *to be bored,* 7; **estar bien** *to be (doing) fine,* 7; **estar cansado(a)** *to be tired,* 7; **estar contento(a)** *to be happy,* 7; **estar mal** *to be (doing) badly,* 7; **estar enfermo(a)** *to be sick,* 7; **estar enojado(a)** *to be angry,* 7; **estar en una silla de ruedas** *to be in a wheelchair,* 5; **estar listo(a)** *to be ready,* 7; **estar nervioso(a)** *to be nervous,* 7; **estar triste** *to be sad,* 7; **¿Está todo listo?** *Is everything ready?,* 9; **Estoy bien, gracias.** *I'm fine, thanks.,*1; **Estoy de acuerdo.** *I agree.,* 6; **Estoy mal.** *I'm not so good.,* 1; **Estoy regular.** *I'm all right.,* 1; **No está.** *He/She is not here.,* 8; **no estés** *don't be,* 7; **Estuvo a todo dar.** *It was great.,* 9; **No estoy de acuerdo.** *I disagree.,* 6
estas, estos *these (adj.),* 8
la estatua *statue,* 5G
éste *this (pron.),* 6
este(a) *this,* 8; **este fin de semana** *this weekend,* 4
el estilo *style,* 3G
estirarse *to stretch,* 7
el estómago *stomach,* 7
el Estrecho de la Florida *Strait of Florida,* 8
la estrella *star,* 5
el estrés *stress,* 7
estricto(a) *strict,* 4
el estruendo *noise,* 10
el estudiante, la estudiante *student,* 1; el estudiante de intercambio *exchange student,* 10
estudiar *to study,* 3
los estudios *studies,* 5; los estudios sociales *social studies,* 4
estupendo(a) *great,* 10; **fue estupendo** *it was great,* 10
la etapa *stage,* 2
el europeo *European,* 6G
el evento deportivo *sporting event,* 1
el examen *test,* 4; **presentar el examen de...** *to take a . . . test,* 4
exclamar *to exclaim,* 9
exclusivamente *exclusively,* 4
la excursión *hike,* 10; **ir de excursión** *to go on a hike,* 10
la excursión turística *to go on a trip,* 1

exigente *strict,* 5
existir *to exist,* 7
el éxito *success,* 10
la experiencia *experience,* 6
el explorador *explorer,* 5G
exponer *to display,* 4G
el exportador *exporter,* 8G
exportar *to export,* 1G
la exposición *exposition,* 5G, exhibition, 10G
expresar *to express,* 6G
la expresión *expression,* xxii; *saying,* 2
extender *to cover,* 3G; se extiende *it extends,* 5G
la extensión *length,* 10G
extranjero(a) *foreign,* 10
el extranjero *abroad,* 10
extraño(a) *strange,* 7G
extremo(a) *far,* 7G
extrovertido(a) *outgoing,* 2

fabuloso(a) *fabulous,* 6
fácil *easy,* 4; **Es fácil.** *It's easy.,* 4
facturar *to check,* 10; **facturar el equipaje** *to check luggage,* 10
la falda *skirt,* 8
falso(a) *false,* xxii
faltar *to be missing,* 1; nos faltan *we're missing,* 3
la fama *fame,* 5G
la familia *family,* 3; **En mi familia somos...** *There are . . . people in my family.,* 5; la Familia Real *Royal Family,* 1
familiar *pertaining to the family,* 7
famoso(a) *famous,* 2
fascinar *to love, to like very much,* 2
fastidiar *to annoy,* 9
favorito(a) *favorite,* 1
febrero *February,* 1
la fecha *date,* 1
la felicidad *happiness,* 9
felicitar *to congratulate,* 9
el felino *cat,* 10G
feliz (pl. felices) *happy,* 8; **¡Feliz...!** *Happy (Merry) . . .,* 9
fenomenal *awesome,* 2
feo(a) *ugly*
festejar to celebrate, 9
festivo *holiday* (adj), 9
la fibra de vidrio *fiberglass,* 3G
la fiesta *party,* 2; la fiesta patria *national holiday,* 5G; la fiesta patronal *feast celebrating the patron saint,* 4G; **la fiesta sorpresa** *surprise party,* 9; **hacer una fiesta** *to have a party,* 9
la figurita *shape, figurine,* 4
fijarse *to notice,* 7
el fin *end,* 9; al fin *finally,* 10
el fin de semana *weekend,* 3; **este fin de semana** *this weekend,* 4; **los fines de semana** *weekends,* 3
finales: a finales *at the end,* 10G
finalmente *finally,* 8
financiar *to finance,* 5
fino(a) *fine,* 2G
el flan *flan, custard,* 6
las flautas *rolled tortillas that are stuffed and fried,* 9
la flor *flower,* 1
las flores *flowers,* 9
las fogatas *campfires,* 3
el folleto *pamphlet,* 7
la forma *form,* xxii
formaba *formed*
la formación geológica *geological formation,* 7G
formar *to form,* 3
formidable *great,* 2
la fortaleza *fortress,* 10
la fortuna *fortune,* 8
la foto *photo,* xxii; **enseñar fotos** *to show photos,* 9; **sacar fotos** *to take photos,* 10
la fotografía *photograph,* 8
el fragmento *excerpt,* 5
el francés *French,* 4
la frase *phrase,* 8; *sentence,* 9
la frecuencia *frequency,* 8; con frecuencia *often,* 8; **¿Con qué frecuencia vas...?** *How often do you go?,* 3
frecuentado(a) *visited,* 1G
frente *front;* al frente *to the front,* xxii; en frente *in front,* 3G
el fresco cool, 3; **Hace fresco.** *It's cool.,* 3
el frijol *bean,* 2G
frío(a) *cold,* 6; **Hace frío.** *It's cold.,* 3; **tener frío** *to be cold,* 7
la frontera *border,* 7G
la fruta *fruit,* 2; la fruta cítrica *citrus fruit,* 8G
el fuego *fire,* 3
¡Fue estupendo! *It was great!,* 10
los fuegos artificiales *fireworks,* 9; **ver los fuegos artificiales** *to see fireworks,* 9
fuera *outside,* 7G
fuera (inf. ser) *was,* 6G
fuerte *loud,* 2; *strong,* 3G
fumar *to smoke,* 7; **dejar de fumar** *to stop smoking,* 7
el funcionalismo *functional architectural style,* 6G
funcionar *to work,* 10
fundado(a) *founded,* 2G
el fútbol *soccer,* 3
el fútbol americano *football,* 3
el futuro *future,* 3
futuro(a) *future,* 5

el gabinete *cabinet,* 9
las gafas *glasses,* 5
el gallego *romance language from Galicia, Spain,* 1G
la galleta *cookie,* 9
la gana *desire;* **tener ganas de** + infinitive *to feel like doing something,* 4
la ganadería *cattle raising,* 7G
el ganado *cattle,* 3G
ganar *to win,* 5G
la ganga *bargain,* 8
el garaje *garage,* 5
la garganta *throat,* 7
la garita *sentry box,* 2G
gastar *to spend,* 8
el gato, la gata *cat,* 5
el gazpacho *cold tomato soup*
la generación *generation,* 5
generalmente *generally,* 8
el género *genre,* 8G
generoso(a) *generous,* 6
la gente *people,* 3
la geografía *geography,* 1
geográfico(a) *geographical,* 10
geometriá *geometry,* 4
gigante *giant,* 6
el gimnasio *gym,* 3
el glaciar *glacier,* 5G
la gloria *heaven,* 3
glorioso *glorious,* 9
el gobierno *government,* 1G
el Golfo de México *Gulf of Mexico,* 8G
gordo(a) *fat,* 5
la gorra *cap,* 7
gótico(a) *gothic,* 3G
la grabación *recording,* 1
gracias *thank you,* 1, **Estoy bien, gracias.** *I'm fine, thanks,* 1; **No, gracias.** *No, thanks.,* 8
gracioso(a) *witty,* 2
la graduación *graduation,* 9
gran *big,* 5; *great,* 5; *large,* 3
la granada *pomegranate,* 6
grande *big, large,* 5
el grano *grain,* 6
la grasa *fat,* 7
gratuito *free,* 1
gris *gray,* 8
gritar *to yell,* 7
la grúa *tow truck,* 9
el grupo *group,* 6
la guagua *bus (P.R., Dom. Rep.),* 10
los guandules *pigeon peas,* 6
guapo(a) *good-looking,* 2
guardar *to store,* 10
la guayabera *man's short-sleeved shirt,* 8
la guerra *war,* 7
la guía telefónica *telephone directory,* 10

guiar *to guide,* 10; *to drive,* 10
el güiro *percussive instrument played by scratching with a stick across a rough surface,* 3
el guiso *stew,* 6
la guitarra *guitar,* 2; la guitarra eléctrica *electric guitar,* 2
gustar *to like,* 2; **A ellos/ellas les gusta...** *They like . . .,* 3; **Le gusta...** *He/She likes . . .,* 3; **Me gusta(n)...** *I like . . .,* 2; **Me gusta(n)... mucho.** *I like . . . a lot.,* 2; me gustaba *I liked,* 4; **Me gusta(n) más...** *I like . . . more.,* 2; **Me gustaría...** *I would like . . .,* 8; **Me gustaría más...** *I would prefer . . .,* 10; Me ha gustado... *I have liked . . .,* 4; **No, no me gusta(n)...** *No, I don't like . . .,* 2; **¿Te gusta(n)...?** *Do you like . . .?,* 2; **¿Te gusta(n) más... o...?** *Do you like . . . or . . . more?,* 2
el gusto *pleasure,* 9
los gustos *likes,* 2

haber *to have;* hubo *there was,* 10
las habichuelas *beans,* 2G
la habitación *bedroom,* 5
habitar *to inhabit,* 7G
el habla *speech,* 8
hablar *to talk, to speak,* 3; **Habla...** *. . . speaking (on the telephone),* 8; **hablar por teléfono** *to talk on the phone,* 3; hablemos *let's talk,* 1
hacer (-go) *to make, to do,* 4; **estamos haciendo** *we are making/doing,* 9; están haciendo *are making,* 3; **Hace buen (mal) tiempo.** *The weather is nice (bad).,* 3; **Hace calor.** *It's hot.,* 3; **Hace fresco.** *It's cool.,* 3; **Hace frío.** *It's cold.,* 3; Hace más de... años *It's more than . . . years ago,* 7G; **Hace sol.** *It's sunny.,* 3; Hace tanto... que... *It's so . . . that . . .,* 3; Hace tiempo. *It's been a long time.,* 9; **Hace viento.** *It's windy.,* 3; **hacer cola** *to wait in line,* 10; **hacer ejercicio** *to exercise,* 3; **hacer la cama** *to make the bed,* 5; **hacer la maleta** *to pack your suitcase,* 10; **hacer la tarea** *to do homework,* 3; **hacer los quehaceres** *to do the chores,* 5; **hacer una fiesta** *to have a party,* 9; **hacer un viaje** *to take a trip,* 10; **hacer yoga** *to do yoga,* 7; hacían *they made,* 4; **haz** *make, do,* 6; hizo *he/she did,* 9; **no hagas** *don't do,* 10; **¿Qué están haciendo?** *What are they doing?,* 9; qué hicieron *what they did,* 9; **¿Qué hiciste?** *What did you do?,* 8; se hace *is made,* 6
hallar *to find,* 7G
el hambre *hunger,* 4; **tener hambre** *to be hungry,* 4
la hamburguesa *hamburger,* 2
el Hanukah *Hanukkah,* 9
hasta *until,* 5; *up to,* 5; **Hasta luego.** *See you later.,* 1; **Hasta mañana.** *See you tomorrow.,* 1; **Hasta pronto.** *See you soon.,* 1
hay (inf. **haber**) *there is, there are,* 4; **Hay un(a)...** *There's a . . .,* 4
haz *make, do,* 6; Hazme caso. *Pay attention to me.,* 8
hecho(a) *made,* 2G
la heladería *ice cream shop,* 8
el helado *ice cream,* 2
la hembra *female,* 2
el hemisferio *hemisphere,* 7G
la herencia inheritance; la herencia alemana *German cultural tradition,* 7G; la herencia española *Spanish cultural tradition,* 10G
la hermana *sister,* 5
el hermano *brother,* 5
los hermanos *brothers, brothers and sisters,* 5
el héroe *hero,* 4G
la hierba *grass,* 8G; la hierba fina *herb,* 8G
la hija *daughter,* 5
el hijo *son,* 5
los hijos *sons, children,* 5
el hipo *hiccup,* 3; estar con hipo *to have hiccups,* 3
el hipopótamo *hippopotamus,* 1
hispano(a) *Hispanic,* 1
hispanohablante *Spanish-speaking,* 6
la historia *history,* 4
el hogar *home,* 3G
las hojas de maíz *cornhusks,* 3
hola *hi, hello* 1
el hombre *man,* 8; el hombre de negocios *businessman,* 5, los hombres *men, humans,* 6; **para hombres** *for men,* 8
el hombro *shoulder,* 7
el homenaje *tribute,* 1G
hondo(a) *deep,* 8G
el honor *honor,* 3
la hora *hour,* 1; **¿A qué hora vas a...?** *What time are you going to . . .?,* 4; **¿Qué hora es?** *What time is it?,* 1
el horario *schedule,* 3
la horchata mexicana *sweet rice drink,* 6
la hormiga *ant,* 6
el horno *oven,* 6
horrible *horrible,* 2; **¡Fue horrible!** *It was horrible!,* 10
el hotel *hotel,* 10; **quedarse en un hotel** *to stay in a hotel,* 10
hoy *today,* 1; hoy en día *nowadays,* 6G; **Hoy es...** *Today is . . .,* 1; **¿Qué día es hoy?** *What day is today?,* 1
el huevo *egg,* 6
húmedo(a) *damp;* el bosque húmedo *rainforest,* 4G
el huracán *hurricane,* 3

la idea *idea,* 6; la idea principal *main idea,* 6
el idioma *language,* 1G; idioma oficial *official language,* 1G
identificar *to identify,* 10
la iglesia *church,* 3
igual que *same as,* 2
igualmente *equally,* 8
Igualmente. *Likewise.,* 1
la iguana *iguana,* 1
ilustrar *to illustrate,* 5
imaginar *to imagine,* 2
el imperativo *imperative,* 9
el imperio *empire,* 10G
imponente *imposing,* 6
importado(a) *imported,* 5G
la importancia *importance,* 6
impresionante *impressive,* 7G
incaico(a) *Incan,* 10G
incesante *without stopping,* 8
inclusive *including,* 8
incluso *including,* 8G
incomparable *incomparable,* 5
la independencia *independence,* 6G
independiente *independent,* 2
indicar *to indicate,* xxii
indígena *indigenous,* 6G
la influencia *influence,* 1G
Inglaterra *England,* 7G
el inglés *English,* 4
injusto *unfair,* 5; **Me parece injusto.** *It seems unfair to me.,* 5
inmediato(a) *immediate,* 10G
inmenso(a) *immense,* 6
el inmigrante *immigrant,* 7G
inmigrar *to immigrate,* 7G
el insecto *insect,* 2
inseparable *inseparable,* 3
inspirar *to inspire,* 1G

el instrumento *instrument,* 8G
intacto(a) *intact,* 10
intelectual *intellectual,* 2
inteligente *intelligent,* 2
la intensidad *intensity,* 7
el interés *of interest,* 10
interesante *interesting,* 2
internacional *international,* 6
interrumpir *to interrupt,* 4
el invasor *invader,* 4G
inventar *to invent,* 4
el inventario *inventory,* 8
inventivo(a) *inventive,* 2
la investigación *research,* 4G
el invierno *winter,* 3
inviolable *inviolable,* 5
la invitación *invitation,* 9; **mandar invitaciones** *to send invitations,* 9
el invitado *guest,* 9; el invitado de honor *guest of honor,* 9
invitar *to invite,* 9
ir *to go,* 2; **¿Adónde fuiste?** *Where did you go?,* 8; fue *went,* 8; fuimos *we went,* 8; **ir+ a +** infinitive *to be going to (do something),* 4; **ir de compras** *to go shopping,* 3; **ir de excursión** *to go hiking,* 10; **ir de pesca** *to go fishing,* 10; **ir al cine** *to go to the movies,* 3; **no vayas** *don't go,* 7; **Quiero ir...** *I want to go . . .,* 2; se va *leaves,* 6; **¿Vas a...?** *Are you going to . . .?,* 4; **Vas a ir, ¿verdad?** *You're going to go, aren't you?,* 4; **ve** go, 6
irse *to leave,* 10
la isla *island,* 10
italiano(a) *Italian,* 6
la izquierda *left*

el jabón *soap,* 7
el jamón *ham,* 6
el jardín *garden,* 5
el jefe *chief,* 10
el jersey *sweater,* 8
la jirafa *giraffe,* 1
joven *young,* 5
el joven, la joven *young person,* 9; **los jóvenes** *young people,* 9
la joyería *jewelry store,* 8
el juego *game, 3;* **el juego de mesa** *board game,* 3; el juego de palabras *word game,* 7
el jueves *Thursday,* 1; **los jueves** *on Thursdays,* 3
el jugador *player,* 2G
jugar (ue) *to play,* 3
el jugo *juice,* 6; **el jugo de** *. . . juice,* 6
el juguete *toy,* 8
la juguetería *toy store,* 8
el juicio *judgment,* 6
julio *July,* 1
junio *June,* 1
juntos(as) *together,* 1
justo(a) *fair, just,* 10

el karate *karate,* 1
el kilómetro *kilometer,* 3
el kiosko *stand or stall,* 9G

la *the* (fem. article), 2
la *you, it,* (pronoun), 6; *you,* 9
las labores *chores,* 5
el lado: por todos lados *everywhere,* 8G
el lago *lake,* 10
la lágrima *tear,* 9
la lana *wool,* 8; **de lana** *made of wool,* 8
la lancha *motorboat,* 10; **pasear en lancha** *to go out in a motorboat,* 10
el lápiz (pl. **los lápices**) *pencil,* 4
largo(a) *long,* 5
las *the* (pl. fem. article), 2
las *you, them* (pronoun), 6
la lástima *pity,* 8; ¡Qué lástima! *What a shame!,* 8
la lata *can,* 9
latinoamericano(a) *Latin American,* 1
lavar *to wash,* 5; **lavar los platos** *to do the dishes,* 5
lavarse *to wash,* 7; **lavarse los dientes** *to brush your teeth,* 7
le *to/for him, her, you,* 2
la leche *milk,* 6
leer *to read,* 3; al leer *upon reading,* 6; antes de leer *before reading,* 1; leamos *let's read,* 1; leer en voz alta *to read aloud,* 6; se leen *are read,* 5; **leer revistas y novelas** *to read magazines and novels,* 3
el legado *legacy,* 8G
lejano(a) *distant,* 10
lejos *far,* 9; **lejos de** *far from,* 5la lengua *language,* 9
los lentes *glasses,* 5; **usar lentes** *to wear glasses,* 5
lento(a) *slow,* 4G
el león *lion,* 1
les *to/for you* (pl.), *them,* 2
levantar *to lift,* 7; **levantar pesas** *to lift weights,* 7
levantarse *to get up,* 7
la leyenda *legend,* 10
libre *free,* 6G
la librería *bookstore,* 8
el libro *book,* 2; **el libro de amor** *romance book,* 2; **el libro de aventuras** *adventure book,* 2
el líder, la líder *leader,* 2
el limón *lemon,* 6
limpiar *to clean,* 5; limpio(a) *clean,* 5
lindo(a) *beautiful, pretty,* 6
listo(a) *ready,* 7; **estar listo(a)** *to be ready,* 7; **¿Está todo listo?** *Is everything ready?,* 9
llamado(a) *called,* 9G
llamar *to call,* 9; **llamar por teléfono** *to make a phone call,* 8; **Llamo más tarde.** *I'll call back later.,* 8; **Te llamo más tarde.** *I'll call you later.,* 9
la llegada *arrival,* 10
llegar *to arrive, to get there,* 4; al llegar *upon arriving,* 6; ha llegado *she has come,* 9
llenar *to fill up,* 3
lleno(a) *full,* 9
llevar *to wear,* 8; *to take,* 6; lo llevó *took it,* 6G; lleva años trabajando *he has been working for years,* 9
llevarse *to get along,* 2
llover (ue) *to rain,* 3; **llueve (mucho)** *it rains (a lot),* 3
lo *him, it,* 6; *you,* 9; **lo siento** *I'm sorry,* 8
lo: lo de siempre *same as usual,* 9; lo que *what,* 6; lo que pasa *what is happening,* xxii
loco *crazy,* 5
lógico(a) *logical,* 2
el lonche *lunch (Southwest U.S.),* 6
los *the* (pl. masc.), 2
los *you, them* (pronoun), 6
luchar *to struggle,* 8; *to fight,* 4G
luego *then, later,* 4
el lugar *place,* 1G
los lugares de interés *places of interest,* 10
la luna *moon,* 9
lunes *Monday,* 3; **los lunes** *on Mondays,* 3
la luz *light,* 7G

el macho *male,* 2
la madera *wood,* 5G
la madre *mother,* 5
madrina *godmother,* 1
el maestro *master,* 7G
magnífico(a) *magnificent,* 4
el maíz *corn,* 6
majestuoso(a) *majestic,* 9G
mal *bad;* **Estoy mal.** *I'm not so good.,* 1; **Te veo mal.** *You don't look so well.,* 7
la maleta *suitcase,* 10
malo(a) *bad,* 2
malvado(a) *evil,* 10
la mamá *mom,* 5
el mamífero *mammal,* 4G
la mañana *morning,* 4; **de la mañana** *in the morning,* A.M., 1; **por la mañana** *in the morning,* 4
mañana *tomorrow,* 4; **Hasta mañana.** *See you tomorrow.,* 1
mandar *to send,* 9; **mandar invitaciones** *to send invitations,* 9; **mandar tarjetas** *to send cards,* 9
el mandato *command,* 6
manejar *to manage,* 7
la manera *way,* 9
la mano *hand,* 7
el manojo *bunch,* 8
mantener *to preserve, to keep,* 6
mantenerse (ie) en forma *to stay in shape,* 7
la manzana *apple,* 6
el mapa *map,* 10
el maquillaje *makeup,* 7
maquillarse *to put on makeup,* 7
marcado(a) *marked,* 7
marcar *to set, to dial,* 1
marcharse *to leave,* 9
el marisco *shellfish,* 5G
marítimo(a) *maritime,* 3G
marrón *brown,* 2; los ojos marrones *brown eyes,* 5
el martes *Tuesday,* 1; **los martes** *on Tuesdays,* 3
marzo *March,* 1
más *more,* 2; **Más o menos.** *So-so.,* 1; **más que** *more than,* 8; **más... que** more *. . . than,* 8
la masa *dough,* 3
la máscara *mask,* 2G
la mascarada *masquerade,* 4G
el mate *Argentinean and Paraguayan tea,* 7
las matemáticas *mathematics,* 4
la materia *subject,* 4; las materias obligatorias *required subjects,* 4; las materias opcionales *elective,* 4
matutino(a) *(in the) morning,* 4
mayo *May,* 1
mayor(es) *older,* 5; *greater,* 3G
la mayoría *majority,* 4G
la mazorca *corn on the cob,* 6
me *to/for me,* 2; **Me da igual.** *It's all the same to me.,* 2; **Me duele(n)...** *My . . . hurt(s),* 7; **Me gusta(n)...** *I like . . .,* 2; **Me gusta(n) más...** *I like . . . more.,* 2; **Me gusta(n)... mucho.** *I like . . . a lot.,* 2; **Me llamo...** *My name is . . .,* 1; **No, no me gusta(n)...** *No, I don't like . . .,* 2; **Me parece bien.** *It's all right with me.,* 5; **Me parece injusto.** *It seems unfair to me.,* 5
me *me,* 9
mecánico *mechanic,* 5
la medalla *medal,* 5G
mediano(a) *medium,* 4
la medianoche *midnight,* 1
médico(a) *medical,* 7
medio(a) *half,* 4; **y media** *half past,* 1
los medios de transporte *means of transportation,* 10
el mediodía *midday, noon,* 1
medir (i) *to measure,* 5G
mejor(es) *better, best,* 7
el melocotón *peach,* 6
menor(es) *younger,* 5
menos *less,* 8; **menos cuarto** *a quarter to . . .,* 1; **menos que** *less than,* 8; **menos... que** *less . . .than,* 8
el mensaje *message,* 7G
la mente *mind,* 4
el mercado *market,* 6; el mercado al aire libre *open-air market,* 8
merendar (ie) *to have a snack,* 5
el merengue *music and dance style,* 9G
la merienda *snack,* 6
la mesa *table,* 5; **poner la mesa** *to set the table,* 6
los meses del año *months of the year,* 1
meter *to put in,* 8
meterse *to set,* 9
metódico(a) *methodical,* 2
el metro *meter,* 1G
el metro *subway,* 10
mezclar *to mix,* 6; mezcla *mixture,* 6
la mezquita *mosque,* 1G
mí *me,* 5; **A mí me gusta** + infinitive *I like to . . .,* 3; **A mí siempre me toca...** *I always have to . . .,* 5
mi(s) *my,* 1; **mi materia preferida es...** *my favorite subject is . . .,* 4; **mi mejor amigo(a)** *my best friend,* 1; **mi profesor(-a)** *my teacher,* 1
el microondas *microwave,* 6
la miel *honey,* 6
el miembro *member,* 3
mientras *while,* 6
el miércoles *Wednesday,* 1; **los miércoles** *on Wednesdays,* 3
mil *one thousand,* 8; miles *thousands,* 2
la milla cuadrada *square mile,* 3
un millón (de) *one million,* 8; **dos millones (de)** *two million,* 8
mío *mine,* 8
mirar *to look,* 9; **Nada más estoy mirando.** *I'm just looking.,* 8; **mirar las vitrinas** *to window-shop,* 8
la misa *Mass,* 9
la misión *mission,* 3G
mismo(a) *same,* 6
el misterio *mystery,* 2
misterioso(a) *mysterious,* 2
la mitad *half,* 6G
la mochila *backpack,* 4
la moda *style, fashion,* 8; **a la última moda** *in the latest fashion,* 8; muy de moda *very fashionable,* 8; **pasado(a) de moda** *out of style,* 8
modelar *to shape,* 4
moderno(a) *modern,* 7
el módulo *module,* 10
el mogote *knoll,* 9G
el mole *sauce made with chiles and flavored with chocolate,* 6
el molino *windmill,* 1G
el momento *moment,* 6; **Espera un momento.** *Hold on a moment.,* 8
la monarquía parlamentaria *constitutional monarchy,* 1G
la moneda *currency,* 2; *coin,* 8
el mono *monkey,* 4G
la montaña *mountain,* 10; **subir a la montaña** *to go up a mountain,* 10
montañoso(a) *mountainous,* 7G
montar a caballo *to ride a horse,* 3G
montar en bicicleta *to ride a bike,* 3
un montón *a ton,* 4
el monumento *monument,* 1G
el morado *purple,* 1G
morado(a) *purple,* 8
moreno(a) *dark-haired; dark-skinned,* 2
morir (ue) *to die,* 5; murió *died,* 5
el moro *rice and beans,* 9G
el mosaico *mosaic,* 6G
el mosquito *mosquito,* 2
el mostrador *counter,* 10
mostrar (ue) *to show,* 1G
el movimiento *movement,* 4G
la muchacha *girl,* 1
el muchacho *boy,* 1
mucho *a lot (of),* 2; *much,* 4; **Mucho gusto.** *Pleased/Nice to meet you.,* 1
muchos(as) *a lot of, many,* 4
mudarse *to move,* 8G
mudéjar *Moslem,* 5G
la muerte *death,* 4G

la mujer *woman,* 8; **la mujer de negocios** *business woman,* 5; **para mujeres** *for women,* 8
mundialmente *worldwide,* 6
el mundo *world,* 1G; todo el mundo *everybody,* 9
el mural *mural painting,* 6G
la muralla *wall, rampart,* 1G
el museo *museum,* 10
la música *music,* 2; **la música de...** *music of/by . . .,* 2; la música clásica *classical music,* 2G
el músico *musician,* 2
muy *very,* 2

nacer *to be born,* 7G; había nacido *had been born,* 7G; nacido(a) *born,* 8G
nacional *national,* 1
nada *nothing,* 4; *not anything,* 5
Nada más estoy mirando. *I'm just looking.,* 8
nadar *to swim,* 3
nadie *nobody, not anybody,* 5
la naranja *orange,* 6
el naranjo *orange tree,* 8G
la nariz *nose,* 7
la natación *swimming,* 7
nativo(a) *native,* 6
la naturaleza *nature,* 2
la navaja *razor,* 7
navegar *to sail,* 5; *to navigate,* 10; **navegar por Internet** *to surf the Internet,* 3
la Navidad *Christmas,* 9
la necesidad *necessity,* 7
necesitar *to need,* 4; **¿Necesitas algo?** *Do you need anything?,* 4; **Necesito muchas cosas.** *I need a lot of things.,* 4; **No, no necesito nada.** *No, I don't need anything.,* 4
negarse *to refuse,* 5
negociable *negotiable,* 5
el negocio *business,* 9
negro(a) *black,* 5
nervioso(a) *nervous,* 7
nevar (ie) *to snow,* 3
ni *neither, nor,* 7; **Ni idea.** *I have no idea.,* 3
el nido *nest,* 1
la nieta *granddaughter,* 5
el nieto *grandson,* 5
los nietos *grandsons, grandchildren,* 5
nieva *it snows,* 3
la niña *girl,* 1
ninguno(a) *no, none,* 10G; **ninguna parte** *nowhere,* 3; **No va a ninguna parte.** *He/She doesn't go anywhere.,* 3
el niño *male child,* 8
los niños *children,* 8
el nivel del mar *sea level,* 9G
no *no,* 3; *not, do not,* 5; **No debes...** *You shouldn't . . .,* 7; **No es gran cosa.** *It's not a big deal.,* 5; **No está.** *He/She is not here.,* 8; **No estoy de acuerdo.** *I disagree.,* 6; **No, gracias.** *No, thanks.,* 8; **No sé.** *I don't know.,* 4; **No, no me gusta(n)...** *No, I don't like . . .,* 2; **No, no necesito nada.** *No, I do not need anything.,* 4; **No, no voy a ir.** *No, I'm not going to go.,* 4; **No seas...** *Don't be . . .,* 7; **No va a ninguna parte.** *He/She doesn't go anywhere.,* 3; **No vayas.** *Don't go.,* 7
¿no? *right?,* 4
la noche *night,* 1; **de la noche** *at night,* P.M., 1; **por la noche** *at night,* 4
la Nochebuena *Christmas Eve,* 9
la Nochevieja *New Year's Eve,* 9
nocturno(a) *(in the) evening,* 4
nombrado(a) *named,* 9G
el nombre *name,* 10
el noreste *northeast,* 2G
normalmente *normally,* 4
el noroeste *northwest,* 7G
el norte *north,* 5G
norteamericano(a) *North American,* 8
norteño(a) *northern,* 5G
Noruega *Norway,* 7G
nos *(to/for) us,* 2; **Nos vemos.** *See you.,* 1
nosotros(as) *we,* 1
la nota *grade,* 6
la noticia *news,* 9
novecientos *nine hundred,* 8
la novela *novel,* 3
noventa *ninety,* 2
noviembre *November,* 1
la nube *cloud,* 7
nuestro(a) *our,* 5
nuestros(as) *our,* 5
nuevamente *again,* 9
nueve *nine,* 1
nuevo(a) *new,* 2
las nueces *nuts,* 6
el número *number,* 1; *shoe size,* 8
numeroso(a) *numerous,* 2G
nunca *never,* 5; **casi nunca** *almost never,* 3; nunca más *never again,* 6
la nutricionista *nutritionist,* 7

o *or,* 2
oaxaqueño *from the Mexican state of Oaxaca,* 6
el objetivo *objective,* 1
el objeto *object,* 1
la obra *work,* 7G; la obra de teatro *play,* 6G; la obra maestra *masterpiece,* 6G
observar *to observe,* 1
la ocasión *occasion,* 9
occidental *western,* 7G
ochenta *eighty,* 2
ocho *eight,* 1
ochocientos *eight hundred,* 8
el ocio *leisure time,* 8
octubre *October,* 1
el ocupante *occupant,* 10
ocupar *to occupy,* 7G
ocurrir: ¿se te ocurren? *do they occur to you?,* 4
la oficina *office,* 5
la oficina de cambio *money exchange,* 10
la oficina de correos *post office,* 10
ofrecer *to offer,* 6
el oído *ear,* 7
oír *to hear,* 2; oyes *(you) hear,* 2; se oye *is heard,* 2
los ojos *eyes,* 5; los ojos borrados *hazel eyes,* 5; los ojos cafés *brown eyes,* 5; **tener los ojos azules** *to have blue eyes,* 5
la ola *wave,* 2G
la olla *pot,* 4G
olor *smell,* 7
olvidar *to forget,* 9; no te olvides *don't forget,* 8
once *eleven,* 1
la oportunidad *opportunity,* 5
la oración *sentence,* xxii
el orden *order,* 1; el orden cronológico *chronological order,* 8
ordenar *to organize,* 3; está ordenando *is organizing,* 3
organizado(a) *organized,* 2
organizar *to organize,* 10
orgulloso(a) *proud,* 6
oriental *eastern,* 10G
el origen *origin,* 6G
originalmente *originally,* 3G
os *(to/for) you* (pl.), 2
el oso *bear,* 1
el otoño *fall,* 3
otro(a) *other, another,* 8
otros(as) *other, others,* 8

el paciente *patient,* 7
el padre *father,* 5
los padres *parents,* 5; los padres peregrinos *pilgrims,* 8G
pagar *to pay,* 8; **pagar una fortuna**

to pay a fortune, 8
la página *page,* xxii; la página Web *Web page,* 1
el país *country,* 6; el país de origen *native country,* 6
el paisaje *landscape,* 4G
el pájaro *bird,* 9
la palabra *word,* xxii; la palabra clave *key word,* 1
el palacio *palace,* 1
el pan *bread,* 6; **el pan dulce** *pastries,* 6; **el pan tostado** *toast,* 6
la pantalla *monitor, screen,* 10
los pantalones (vaqueros) *pants (jeans),* 8
los pantalones cortos *shorts,* 8
la pantomima *pantomime,* 9
la pantorrilla *calf,* 7
el papá *dad,* 5
el Papá Noel *Santa Claus,* 9
la papa *potato,* 6; **las papas fritas** *french fries,* 6
el papel *paper,* 4
las papitas *potato chips,* 9
el paquete *package,* 9
el par *pair,* 8
para *for,* 4; *to, in order to,* 7
el paraíso *paradise,* 8G
parecer *to seem,* 5; *to think,* 8; me parece *it seems to me,* 9; **Me parece bien.** *It's all right with me.,* 5; **Me parece injusto.** *It seems unfair to me.,* 5; No parezco. *I don't seem to be.,* 9; **¿Qué te parece el/la...?** *What do you think of the . . .?,* 8
parecido(a) similar, 2
la pared *wall,* 10G
la pareja *pair;* en parejas *in pairs,* xxii; *couple,* 3
el paréntesis *parenthesis,* 8
el pareo *matching,* 1
el pariente *relative,* 5
el parque *park,* 3; **el parque de diversiones** *amusement park,* 10
el párrafo *paragraph,* xxii
la parrilla *barbecue,* 7
la parrillada *Argentine barbecue,* 7G
la parte *part,* 6
participar *to participate,* 1
particular *particular,* 6
el partido de... *the . . . game,* 4
la pasa *raisin,* 6
el pasado *past,* 8
pasado mañana *day after tomorrow,* 4
pasado(a) *last,* 8; **el año pasado** *last year,* 9
pasado(a) de moda *out of style,* 8
el pasaje *ticket,* 10
el pasajero, la pasajera *passenger,* 10
el pasapalo *finger food (Ven.),* 9
el pasaporte *passport,* 10
pasar *to spend (time, occasion),* 9; con quien tú te pasas *who you spend time with,* 2; **la pasamos en casa de...** *we spent it at . . .'s house,* 9; lo que pasa *what is happening,* 9; **pasar el rato solo(a)** *to spend time alone,* 3; **pasar la aspiradora** *to vacuum,* 5; **pasar por** *to stop at/by,* 10; *to go through,* 2; qué pasa *what's happening,* 6
pasartelo(la) *to get someone for a telephone call,* 8
el pasatiempo *hobby,* 7; **buscar un pasatiempo** *to look for a hobby,* 7
pasear *to go for a walk,* 3; *to go out in,* 10; **pasear en bote de vela** *to go out in a sailboat,* 10; **pasear en lancha** *to go out in a motorboat,* 10
el pasillo *corridor,* 10
la pasta de dientes *toothpaste,* 7
el pastel *cake,* 6
el pastel en hojas *mashed plantain dough filled with meat and wrapped in plantain leaves,* 9
la patata *potato,* 1G; *sweet potato,* 6
el patinaje en hielo *ice skating,* 7
patinar *to skate,* 3
el patio *patio, yard,* 5
la patrona *patron,* 9G
la pava *kettle used to make* **mate,** 7
el pavo *turkey,* 6G
el payaso *clown,* 4G
el pecho *chest,* 7
pedir (i) *to order,* 6
peinarse *to comb your hair,* 7
el peine *comb,* 7
la película *film, movie,* 2; **(de ciencia ficción, de terror, de misterio)** *(science fiction, horror, mystery),* 2
el peligro de extinción *danger of extinction,* 8G
pelirrojo(a) *red-headed,* 2
el pelo *hair,* 5
la pelota *ball,* 9G
pensar (ie) *to think,* 8; **pensar** + inf. *to plan,* 9; **Pensamos...** *We plan to . . .,* 9
peor(es) *worse,* 8
pequeño(a) *small,* 5; **bastante pequeño(a)** *pretty small,* 5
la pera *pear,* 1
perder (ie) *to lose,* 10; *to miss,* 10; **perder el vuelo** *miss the flight,* 10; si me pierden *if you lose me*
perdido(a) *lost,* 10G
perdone *I'm sorry,* 1
el perezoso *sloth,* 4G
perezoso(a) *lazy,* 2
perfecto *perfect,* 8
el periódico *newspaper,* 8G
la perla *pearl,* 2G
permiso *excuse me,* 9
permitir *to allow,* 6
pero *but,* 5
el perro, la perra *dog,* 5
la persona *person,* 2
el personaje *character,* 1G; el personaje ficticio *fictional character,* 1G
la personalidad *personality,* 2
las pesas *weights,* 7; **levantar pesas** *to lift weights,* 7
la pesca *fishing,* 10; **ir de pesca** *to go fishing,* 10; la pesca comercial *commercial fishing,* 8G
el pescado *fish,* 6
pescar *to fish,* 10
pésimo(a) *very bad,* 2
el peso *weight,* 7
el pez *fish,* 1
la picadera *finger food (Dom. Rep.),* 9
el picante *spice,* 6
picante *spicy,* 6
el picnic *picnic,* 9; **tener un picnic** *to have a picnic,* 9
el pico *peak,* 1G
el pie *foot,* 7
la piedra *stone,* 5G
la pierna *leg,* 7
la pieza *bedroom,* 5; *piece,* 4
la pileta *swimming pool (Arg.),* 3
la piñata *piñata,* 9
el pingüino *penguin,* 7G
pintado(a) *painted,* 2G
pintar *to paint;* fue pintado *was painted,* 1
el pintor *painter,* 2G
pintoresco(a) *picturesque,* 7G
la pintura *painting,* 1; la pintura al óleo *oil painting,* 3G
la pirámide *pyramid,* 10; la pirámide alimenticia *food pyramid,* 7
la piscina *swimming pool,* 3
el piso *floor,* 5; **de... pisos** *. . . story,* 5
el piyama *pajamas,* 7
la pizza *pizza,* 2
el placer *pleasure,* 9
planes *plans,* 9; **¿Qué planes tienen para...?** *What plans do you have for . . .?,* 9
plano(a) *flat,* 7G
las plantas *plants,* 5
el plátano *plantain,* 8G
platicar en línea *to chat online,* 3
el plato *dish, plate,* 6; **lavar los platos** *to do the dishes,* 5; **el plato hondo** *bowl,* 6; el plato típico *traditional dish,* 2
la playa *beach,* 3
la playera *T-shirt,* 8
la plaza de comida *food court in a mall,* 8
la plena *music and dance style,* 2
la población *population,* 1G
poblado(a) *populated,* 4G
pobre *poor,* 8

poco(a) *few, little, not much,* 4; poco a poco *little by little,* 4; **un poco** *a little,* 2
pocos(as) *not many,* 4
poder (ue) *to be able to, can,* 6
el poema *poem,* 8
la poesía *poetry,* 8
el poeta, la poeta *poet,* 5G
el pollo *chicken,* 6; el pollo frito *fried chicken,* 2G
el ponche *punch,* 9
poner (-go) *to put,* 4; **no pongas** *don't put,* 10; **pon** *put,* 6; poner en orden *to put in order,* xxii; poner huevos *to lay eggs,* 2; poner la comida *to set out the food,* 9; **poner la mesa** *to set the table,* 6; tener puesto(a) *to have on,* 8
ponerse (-go) *to put on,* 7, *to get,* 6; ponerse *to start,* 7; ponerse a bailar *to start dancing,* 3; ponerse en contacto *to get in contact,* 5; ponerse rojo *to flush, to turn red,* 10
por in, by, 4; por ejemplo *for example,* 6G; por eso *that's why,* 6; por el estilo *of that sort,* 7; **por favor** *please,* 6; **por fin** *finally,* 10; **por la mañana** *in the morning,* 4; por la noche *at night,* 2; **por la tarde** *in the afternoon,* 4; por lo general *generally,* 8; por lo menos *at least,* 9; por más que *no matter how much,* 7; por medio de *by means of,* 10
¿por qué? *why?,* 2
la porción *portion, serving,* 7
porque *because,* 2
posible *possible,* 4
el postre *dessert,* 6
el pozole *soup made with hominy, meat, and chile,* 6
practicando *practicing,* 7
practicar deportes *to play sports,* 3
el precio *price,* 1; el precio de entrada *entry fee,* 1
precolombino(a) *of the New World era before the arrival of Europeans,* 2G
precoz *precocious,* 4
la preferencia *preference,* 3
preferido(a) *favorite,* 4
preferir (ie) *to prefer,* 6
la pregunta *question,* xxii
preguntar *to ask,* xxii
prehistórico(a) *prehistoric,* 7
preocuparse *to worry,* 9
preocuparse *to worry,* 10; **No te preocupes.** *Don't worry.,* 10
preparar *to prepare,* 6
prepararse *to get ready,* 7
los preparativos *preparations,* 9
la preposición *preposition,* 2
la presentación *introduction,* 9
presentar *to present,* 6; *to introduce,* 9; **presentar un examen** *to take a test,* 4; se presentó *was performed,* 10; **te presento a...** *I'd like you to meet. . .,* 9
presentarse *to present oneself,* 6
el presente *present,* 9
prestar: prestar atención *to pay attention,* 7
el pretérito *preterite,* 8
la primavera *spring,* 3
el primero *first,* 1
primero(a) *first,* 4
el primo, la prima *cousin,* 5; el primo hermano, la prima hermana *first cousin,* 5
los primos *cousins,* 5
la princesa *princess,* 10
principal *main,* 4G; *primary,* 9G
la prisa *hurry;* **tener prisa** *to be in a hurry,* 4
el prisionero *prisoner,* 10
probar (ue) *to try, to taste,* 6
producir *to produce,* 1
el producto *product,* 3G; los productos petroleros *petroleum products,* 3G; los productos químicos *chemicals,* 3G
el profesor *teacher (male),* 1; **mi profesor** *my teacher,* 1
la profesora *teacher (female),* 1; **mi profesora** *my teacher,* 1
prometer *to promise,* 8
el pronombre *pronoun,* 6; el pronombre de complemento directo *direct object pronoun,* 9; el pronombre reflexivo *reflexive pronoun,* 7
pronto *soon,* 1; **Hasta pronto.** *See you soon.,* 1; tan pronto *as soon,* 9
la propiedad *property,* 5
propio(a) *own,* 4
el propósito *purpose,* 6
el provecho *benefit;* Buen provecho. *Enjoy your meal.,* 6
la provincia *province,* 10
próximo(a) *next,* 4; **la próxima semana** *next week,* 4; **el** *(day of the week)* **próximo** *next (day of the week),* 4
el proyecto *project,* 1
publicar *to publish,* 1
el pueblo *town, village,* 5; el pueblo natal *hometown,* 3
¿Puedo...? *Can I . . .?,* 6
el puente *bridge,* 8G
la puerta *door,* 5; *gate,* 10
el puerto *port,* 3G
el puesto *stall,* 9G
la pulsera *bracelet,* 8
el punto *dot,* 1
el punto de vista *point of view,* 9
puntual *punctual, on time,* 2
el puré de papas *mashed potatoes,* 6

que *that;* **que me llame después** *tell him/her to call me later,* 8; **Que te vaya bien.** *Hope things go well for you.,* 9
¡Qué...! *How . . .!;* **¡Qué bien!** *How great!,* 10; **¡Qué fantástico!** *How fantastic!,* 10; **¡Qué gusto verte!** *It's great to see you!,* 9; **¡Qué lástima!** *What a shame!,* 10; **¡Qué lata!** *What a pain!,* 5; **¡Qué mala suerte!** *What bad luck!,* 10
¿qué? *what?,* 1; **¿Qué clases tienes ...?** *What classes do you have . . . ?,* 4; **¿Qué día es hoy?** *What day is today?,* 1; **¿Qué están haciendo?** *What are they doing?,* 9; **¿Qué fecha es hoy?** *What's today's date?,* 1; **¿Qué hace...?** *What does . . . do?,* 3; **¿Qué haces para ayudar en casa?** *What do you do to help out at home?,* 5; **¿Qué haces...?** *What do you do . . .?,* 3; **¿Qué haces para relajarte?** *What do you do to relax?,* 7; **¿Qué hay de nuevo?** *What's new?,* 9; **¿Qué hiciste?** *What did you do?,* 8; **¿Qué hora es?** *What time is it?,* 1; **¿Qué planes tienen para...?** *What plans do you have for . . .?,* 9; **¿Qué quieres hacer?** *What do you want to do?,* 3; **¿Qué tal?** *How's it going?,* 1; **¿Qué tal...?** *How is . . .?,* 6; **¿Qué tal estuvo?** *How was it?,* 9; **¿Qué tal si...?** *How about (if) . . .?,* 6; **¿Qué tal si vamos a...?** *How about if we go to . . .?,* 4; **¿Qué te falta hacer?** *What do you still have to do?,* 7; **¿Qué te gusta hacer?** *What do you like to do?,* 3; **¿Qué te pasa?** *What's wrong with you?,* 7; **¿Qué te toca hacer a ti?** *What do you have to do?,* 5; **¿Qué tiempo hace?** *What's the weather like?,* 3; **¿Qué tiene...?** *What's the matter with . . .?,* 7; **¿Qué tienes que hacer?** *What do you have to do?,* 7; **¿Qué vas a hacer?** *What are you going to do?,* 4
el quechua *indigenous language in Peru,* 10G
quedar *to fit, to look,* 8; *to remain,* 3G; **¿Cómo me queda el/la...?**

How does the . . . fit me?, 8; **quedar bien/mal** *to fit well/poorly*, 8; **Te queda muy bien.** *It looks good on you.*, 8
quedarse *to stay*, 9; **quedarse en un hotel** *to stay in a hotel*, 10
los quehaceres *household chores*, 5; **hacer los quehaceres** *to do the chores*, 5
querer (ie) *to want to*, 3; *to love*, 9; **quiero conocer...** *I want to see . . .*, 10; queriendo *wanting to*, 8; **Quiero ir...** *I want to go . . .*, 3
querido(a) *dear*, 9
la quesadilla *tortillas with melted cheese*, 3G
el queso *cheese*, 6
¿quién? *who?*, 1; **¿De parte de quién?** *Who's calling?*, 8; **¿Quién es...?** *Who is . . .?*, 1; ¿de quién? *about whom?*, 1
¿quiénes? *who?* (pl.), 2
la química *chemistry*, 4
quince *fifteen*, 1
la quinceañera *girl's fifteenth birthday*, 9
quinientos *five hundred*, 8
el quiosco *stand*, 10
Quisiera... *I would like . . .*, 6
quitarse *to take off*, 7

las raciones *servings*, 6
la raíz (pl. las raíces) *root*, 1G
rallado *grated*, 6
la rana *frog*, 2
los rancheros *overalls*, 3
rápidamente *quickly*, 6
rápido(a) *fast*, 8
raro *odd, strange*, 3
el rato *time*, 3; el rato libre *free time*, 4
reaccionar *to react*, 10
el realismo *realism*, 1
realizar *to carry out*, 10, ha realizado *has carried out*, 10G
el recado *message*, 8
la recámara *bedroom*, 5
recibir *to receive*, 9; **recibir regalos** *to receive gifts*, 9
reclamar *to reclaim*, 6G
el reclamo de equipaje *baggage claim*, 10
recoger *to pick up*, 10
la recomendación *recommendation*, 7
reconocido(a) *well-known*, 1G
recordar *to remember*, 6
recorrer *to tour*, 10
el recorrido *tour*, 4
el recreo *recreation time*, 4
la red *network*, 10G
redondo(a) *round*, 7
reducir *to reduce*, 7
referir *to refer*, 3; se refiere *refers*, 3G
reflejar *to reflect*, 1G
el refrán *proverb, saying*, 6
el refresco *soft drink*, 6
el refrigerador *refrigerator*, 6
el refugio de fauna *wildlife refuge*, 8G
el regalo *gift*, 9; **abrir regalos** *to open gifts*, 9; **recibir regalos** *to receive gifts*, 9
regatear *to bargain*, 8
la región *region*, 3
regional *regional*, 6
la regla *ruler*, 4
regresar *to return, to go back*, 4
regular *all right*, 1; **Estoy regular.** *I'm all right.*, 1
regularidad: con regularidad *regularly*, 6
reírse *to laugh*, 8; ríe *he/she laughs*, 9; se ríen *they laugh*, 8
relajarse *to relax*, 7
religioso(a) *religious*, 1
el reloj *clock, watch*, 4
remodelado(a) *remodeled*, 5
remojar *to soak*, 3
remoto(a) *distant*, 5
el renacuajo *tadpole*, 2
el repaso *review*, 1
representar *to represent*, 3
representativo(a) *representative*, 6
la respuesta *answer*, xxii
la república *republic*, 5G
el res *beef*, 6
la reservación *reservation*, 6
requerir (ie) *to require*, 7
la resolución de Año Nuevo *New Year's resolution*, 9
resolver (ue) *to solve*, 7
respectivo(a) *respective*, 8
responder *to answer*, 9
la respuesta *answer*, 3
el restaurante *restaurant*, 6
el restaurante familiar *family restaurant*, 3
el retrato *portrait*, 1G
la reunión *meeting*, 3; *reunion*, 9
reunir *to bring together*, 1G
reunirse *to get together*, 9; **reunirse con (toda) la familia** *to get together with the (whole) family*, 9
revisar *to check, to revise, to correct*, 1
la revista *magazine*, 3; **la revista de tiras cómicas** *comic book*, 8
el revolucionario *revolutionary*, 9G
el rey *king*, 1
rico(a) *magnificent*, 9
ridículo(a) *ridiculous*, 8
riguroso(a) *harsh*, 5G
el río *river*, 3G
las riquezas *riches*, 10
riquísimo(a) *delicious*, 6
el ritmo *rhythm*, 5G; el ritmo del momento *the latest rhythm*, 1
el rito *ritual*, 6
el robo *rip-off*, 8; **¡Es un robo!** *It's a rip-off!*, 8
rodeado(a) *surrounded*, 1G
rodear *to surround*, 7G
el rodeo *rodeo*, 3G
rojo(a) *red*, 8
romántico(a) *romantic*, 2
el rompecabezas *puzzle*, 4
la ropa *clothes*, 4
rubio(a) *blond*, 2
las ruinas *ruins*, 10
la rutina *routine*, 2

el sábado *Saturday*, 1; **los sábados** *on Saturdays*, 3
saber *to know information*, 4; **saber de** *to know about*, 4; no sabe cómo *doesn't know how*, 9; **No sé.** *I don't know.*, 4; **¿Sabes qué?** *You know what?*, 4; Sé. *I know.*, 9
sacar *to take out*, 6; **sacar el dinero** *to get money*, 10; **sacar fotos** *to take photos*, 10; **sacar la basura** *to take out the trash*, 5; sacar una idea *to get an idea*, 4
el saco *sportscoat*, 8
sal *go out, leave*, 6
la sal *salt*, 6
la sala *living room*, 5; **la sala de espera** *waiting room*, 10; la sala de juegos *game room*, 5
salado(a) *salty*, 6; **Está (un poco) salado(a).** *It's a bit salty.*, 6
la salida *departure*, 10; *exit*, 10
salir (-go) *to go out*, 3; *to leave*, 4; **no salgas** *don't leave*, 10; que salga *to go out*, 9; **sal** *go out, leave*, 6; salir bien *to work out well*, 7; **salir con amigos** *to go out with friends*, 3
el salón *room*, 1; **el salón de clase** *classroom*, 4
la salsa *sauce, gravy*, 6; **la salsa picante** *hot sauce*, 6
el salto *waterfall*, 2G
el salto en el tiempo *time warp*, 7
la salud *health*, 7
saludable *healthy*, 6
saludar *to greet*, 1
el saludo *greeting*, 9

salvarse *to save oneself,* 10
el salvavidas *lifeguard,* 1
el sancocho *stew made with meat, root vegetables and plantains,* 9G
las sandalias *sandals,* 8
el sándwich de... *. . . sandwich,* 6
los sanitarios *restrooms,* 10
sano(a) *healthy,* 7; **seguir una dieta sana** *to eat a balanced diet,* 7
el santo, la santa *saint,* 2G
la sarten, *frying pan,* 6
sé *be,* 6
la secadora de pelo *hair dryer,* 7
secarse *to dry,* 7
la sección rítmica *rhythm section,* 8G
seco(a) *dry,* 2G
secreto(a) *secret,* 1
la sed *thirst,* 4; **tener (-go, ie) sed** *to be thirsty,* 4
la seda silk, 8; **de seda** made of silk, 8
seguir (i) *to follow,* 10; **seguir (i) una dieta sana** *to eat a balanced diet,* 7; sigue el modelo *follow the model,* xxii; siguiéndote *following you,* 8
según *according to,* 2
el segundo *second,* 4
segundo(a) *second,* 6
seis *six,* 1
seiscientos *six hundred,* 8
la selección *selection,* 6
la selva *jungle,* 10
la semana *week,* 4; **el día de la semana** *day of the week,* 1; **esta semana** *this week,* 4; **la próxima semana** *next week,* 4
la Semana Santa *Holy Week,* 9
el señor *sir, Mr.,* 1; *gentleman,* 8
el Señor *the Lord,* 9
la señora *ma'am; Mrs.,* 1
la señorita *miss,* 1
la sensación *feeling,* 1
sentarse (ie) *to sit down,* 10
sentir (ie) *to feel,* 9
sentirse (ie) *to feel,* 7
separados *separately,* 8
separar *to separate,* 1G
septiembre *September,* 1
ser *to be,* 1; **¿Cómo eres?** *What are you like?,* 2; **¿Cómo es...?** *What is . . . like?,* 2; No puede ser. *It can't be true.,* 9; **no seas** *don't be,* 7; **sé** *be,* 6; **será** *will be,* 10; **Soy...** *I'm . . .,* 2; **Soy de...** *I'm from . . .,* 1
el ser *being,* 8
la serenata *serenade,* 9
la serenidad *serenity,* 1
la serie *series,* 6G
serio(a) *serious,* 2
la serpiente *serpent,* 6
el servicio *restroom,* 10
la servilleta *napkin,* 6
servir (i) *to serve,* 6; **¿En qué le puedo servir?** *Can I help you?,* 8
sesenta *sixty,* 2
el seso *brain,* 4
setecientos *seven hundred,* 8
setenta *seventy,* 2
si *if,* 3; si no *otherwise,* 3
sí *yes,* 4; **Sí, necesito muchas cosas.** *Yes, I need a lot of things.,* 4; **Sí, tengo un montón.** *Yes, I have a ton of them.,* 4
siempre *always,* 5; **casi siempre** *almost always,* 3; **como siempre** *as always,* 9; **lo de siempre** *same as usual,* 9
la sierra *mountain range,* 10G
siete *seven,* 1
el siglo *century,* 3G
el significado *meaning,* 7
significar *to mean,* 2
siguiente *following,* 5; **lo siguiente** *the following,* 6
la sílaba *syllable,* 2
la silla *chair,* 5; **la silla de ruedas** *wheelchair,* 5
el símbolo *symbol,* 2
simpático(a) *friendly,* 2
simplemente *simply,* 6
sin *without,* 6; sin embargo *however,* 6
la sinagoga *synagogue,* 9
sincero(a) *sincere,* 2
sino *but also,* 6
los sirvientes *servants,* 8
el sistema *system,* 10G
el sitio *place,* 3; *site,* 7
la situación *situation,* 5
sobre *over,* 3; *on,* 4; *about,* 2
la sobrina *niece,* 5
el sobrino *nephew,* 5
los sobrinos *nephews, nieces and nephews,* 5
sociable *social,* 2
el sofá *sofa,* 5
el sol *sun,* 3; **Hace sol.** *It's sunny.,* 3
solamente *only,* 3G
el soldado *soldier,* 6G
soler *to usually do,* 5; suele *usually,* 5
sólido(a) *solid,* 6
solo(a) *alone,* 3; **pasar el rato solo(a)** *to spend time alone,* 3
sólo *only,* 7
el sombrero *hat,* 8
somos (inf. **ser**) *we are,* 5; **somos... personas** *there are . . . people,* 5
Son las... *It's . . . o'clock.,* 1
el sonido *sound,* 2G
la sopa *soup,* 6; **la sopa de verduras** *vegetable soup,* 6
sordo(a) *deaf,* 5
sorprendido(a) *surprised,* 8
Soy... (inf. **ser**) *I'm . . .,* 2; **Soy de...** *I'm from . . .,* 1
su(s) *his, her, its, their,* 5
suave *soft,* 7
subir *to rise,* 7
subir a la montaña *to climb a mountain,* 10; **subir de peso** *to gain weight,* 7
el subtítulo *subtitle,* 10
sucio(a) *dirty,* 6
el sudeste *south east,* 10G
Suele + inf. *He (She) usually + verb,* 10
el sueño *dream,* 1G
la suerte *luck,* 10; **Si tengo suerte...** *If I'm lucky . . .,* 10; **Tuviste suerte.** *You were lucky.,* 10
el suéter *sweater,* 8
suficiente *enough,* 7; **dormir (ue) lo suficiente** *to get enough sleep,* 7
la sugerencia *suggestion,* 7
sugerir *to suggest,* 6
Suiza *Switzerland,* 7G
la superficie *surface,* 8
el sur *south,* 2G
sureño(a) *southern,* 7G
el surf a vela *windsurfing,* 9G
sus *his/her,* 4; *their, your,* 5
la sustancia *substance,* 6
suyo(a) *his,* 4G

Tailandia *Thailand,* 6
taíno(a) *belonging to the Tainos, Native Americans dominant in early Puerto Rico,* 2G
tal *such,* 7; tal vez *perhaps,* 4
la talla *(clothing) size,* 8
tallado(a) *carved, cut,* 10G
los tallarines *noodles,* 7
el taller *shop, workshop,* 4
la tamalada *gathering to make tamales,* 3G
los tamales *tamales,* 9
el tamaño *size*
también *also,* 2
la tambora *drum,* 9G
tampoco *neither, not either,* 5
tan *so,* 10G
tan sólo *only,* 9
tan... como *as . . . as,* 8
tanto *so much,* 7; *as much,* 1G; tanto... *como...* *both . . . and . . .,* 3G; **Tanto gusto.** *So nice to meet you.,* 9; **Tanto tiempo.** *It's been a long time.,* 1; **¡Tanto tiempo sin verte!** *Long time, no see!,* 9
la tapa *small servings of food,* 7G
tardar *to take;* ¿Cuánto tardas? *How long do you take?,* 4
la tarde *afternoon, evening,* 1; **de la tarde** *in the afternoon, evening,* P.M., 1; **esta tarde** *this afternoon,*

4; **por la tarde** *in the afternoon,* 4
tarde *late,* 4; **más tarde** *later,* 8
la tarea *homework,* 1; **hacer la tarea** *to do homework,* 3
la tarjeta *greeting card,* 8; *card,* 9; **mandar tarjetas** *to send cards,* 9; **la tarjeta de cumpleaños** *birthday card,* 8; la tarjeta de crédito *credit card,* 10; **la tarjeta de embarque** *boarding pass,* 10; la tarjeta postal *postcard,* 10; **la tarjeta regalo** *gift card,* 8
el tataranieto *great-great-grandson,* 10
el taxi *taxi,* 10
la taza *cup,* 6
te *(to/for) you,* 2; **¿Te duele algo?** *Is something hurting you?,* 7; **¿Te gusta(n)...?** *Do you like . . .?,* 2; **¿Te gusta(n) más... o...?** *Do you like . . . or . . . more?,* 2; **Te llamo más tarde.** *I'll call you later.,* 9; **Te presento a...** *I'd like you to meet . . .,* 9; **Te veo mal.** *You don't look well.,* 7
el teatro *theater,* 8
el techo de zinc *sheet-metal roof,* 9G
la tecnología *technology,* 4
tejano(a) *Texan,* 3G
el tejido *weaving,* 10G
la tele *TV,* 4
el teléfono *telephone number,* 1; *telephone,* 8; **¿Cuál es el teléfono de...?** *What's . . . 's telephone number?,* 1; **¿Cuál es tu teléfono?** *What's your telephone number?,* 1; **hablar por teléfono** *to talk on the phone,* 3; llamar por teléfono *to make a phone call,* 8; el teléfono público *pay phone,* 10
la televisión *television (TV),* 3; **ver televisión** *to watch TV,* 3
el tema *theme,* 6
temblar *to shake,* 9
tembloroso(a) *trembling,* 9
la temperatura *temperature,* 2G
templado(a) *temperate,* 2G
el templo *temple,* 9
temprano *early,* 4
ten *have,* 6
el tenedor *fork,* 6
tener (-go, ie) *to have,* 4; **¿Cuántos años tiene... ?** *How old is . . .?,* 2; **¿Cuántos años tienes?** *How old are you?,* 2; **Él (Ella) tiene... años.** *He's (She's) . . . years old.,* 2; **no tengas** *don't have,* 10; **ten** *have,* 6; tendrán que separarse *will have to separate,* 3; **tener calor** *to be hot,* 7; **tener catarro** *to have a cold,* 7; **tener frío** *to be cold,* 7; **tener ganas** *to feel like (doing something),* 4; **tener ganas de** + infinitive *to feel like doing something,* 4; **tener hambre** *to be hungry,* 4; **tener los ojos azules** *to have blue eyes,* 5; **tener miedo** *to be afraid,* 7; **tener prisa** *to be in a hurry,* 4; tener puesto *to have on,* 3; **tener que** + infinitive *to have to (do something),* 4; **tener razón** *to be right,* 8; **tener sed** *to be thirsty,* 4; **tener sueño** *to be sleepy,* 7; **tener suerte** *to be lucky,* 10; **tener un picnic** *to have a picnic,* 9; **Tengo que irme.** *I have got to go.,* 1; **Tengo... años.** *I am . . . years old.,* 2; **Tiene... años.** *He is (She is) . . . years old.,* 2; tuvo *had,* 7G
el tenis *tennis,* 3
el tentempié *snack,* 3G
el tercero *third,* 4
terminar *to finish,* 9
la terraza de comidas *food court in a mall,* 8
el territorio *territory,* 6G
el terror *horror,* 2
el testimonio *testimony,* 6G
el texto *text,* 6
ti *you (emphatic),* 3; a ti *to you,* 6; **A ti te gusta** + infinitive *You like . . .,* 3; para ti *for you,* 2
la tía *aunt,* 5
el tico *nickname for Costa Rican,* 4G
el tiempo *weather,* 3; *time,* 1G; **a tiempo** *on time,* 4; **cuando hace buen/mal tiempo** *when the weather's good/bad,* 3
la tienda de... *. . . store,* 8
tiene *he/she/it has,* 2; **¿Cuántos años tiene... ?** *How old is . . .?,* 2; **Él (Ella) tiene... años.** *He's (She's) . . . years old.,* 2; **Tiene... años.** *He's (She's) . . . years old.,* 2
tienes *you have,* 4; **¿Cuántos años tienes?** *How old are you?,* 2; **¿Tienes...?** *Do you have . . .?,* 4
la tierra *earth,* 6; *land,* 6G
el tigre *tiger,* 2
la tilde *wavy line above the ñ,* 1
tímido(a) *shy,* 2
la tinta *ink,* 10
el tío *uncle,* 5
los tíos *uncles, uncles and aunts,* 5
típico(a) *typical,* 2G
el tipo *type;* de todo tipo *all kinds,* 8;
el título *title,* 5
la toalla *towel,* 7
tocar *to play,* 3; *to touch,* 8; **A mí siempre me toca...** *I always have to . . .,* 5; **A... nunca le toca...** *. . . never has to . . .,* 5; **Le toca a él.** *It's his turn.,* 5; **¿Qué te toca hacer a ti?** *What do you have to do?,* 5; **Te toca a ti.** *It's your turn.,* 5; **tocar el piano** *to play the piano,* 3; tocar la puerta *to knock on the door,* 3
el tocino *bacon,* 6
todavía *yet,* 10; *still,* 1G; **todavía no** *not yet,* 10
todo(a) *all, every,* 2; *whole,* 9; todo el mundo *everybody,* 9; de todo *everything,* 8; de todo tipo *all kinds,* 8; **todos(as)** *everyone,* 5; **todos los días** *every day,* 3
tomar *to drink,* 6; *to eat,* 8; *to take,* 9; siguen tomándolo *keep drinking it,* 6; *to take,* 7; **tomar el sol** *to sunbathe,* 10; tomar las cosas con calma *to take things calmly,* 7; tomar una decisión *to make a decision,* 9; **tomar un batido** *to have a milkshake,* 8
el tomate *tomato,* 6
la tonelada *ton,* 10
tonto(a) *silly, foolish,* 2
el tornado *tornado,* 3
la toronja *grapefruit,* 3G
la torta *sandwich (Mexico),* 6
la tortilla *Spanish omelet,* 1G; *pancake-like bread made from corn,* 6
la tortuga *turtle,* 1
el tostón *fried green plantain,* 2G
trabajador(a) *hard-working,* 2
trabajar *to work,* 3
el trabajo *job,* 3; *work,* 4
el trabalenguas *tongue twister,* 1
la tradición *tradition,* 2
tradicional *traditional,* 1G
traer (-igo) *to bring,* 4; me trajo *he/she brought me,* 4; quiero que me traigas *I want you to bring me,* 9
el tráfico *traffic,* 3G
tragar *to swallow,* 2
el traje *suit,* 3; *dress,* 1G
el traje de baño *swimsuit,* 8
tranquilo(a) *quiet,* 5; *calm,* 9
la transpiración *perspiration,* 8
transportar *to transport,* 10; fueron transportadas *were transported,* 10
el transporte *transportation,* 10
el trasto *utensil, piece of junk,* 2
tratar *to try,* 10
travieso(a) *mischievous,* 5
trece *thirteen,* 1
treinta *thirty,* 1
treinta y cinco *thirty-five,* 2
treinta y dos *thirty-two,* 2
treinta y uno *thirty-one,* 1
el tren *train,* 10
tres *three,* 1
trescientos *three hundred,* 8
el trigal *wheat field,* 2
el trigo *wheat,* 2
triste *sad,* 7; **estar triste** *to be sad,* 7
el trozo *piece,* 6
tú *you,* 1
tu(s) *your,* 5
el turismo *tourism,* 8G

el turista *tourist,* 1G
turnarse *to take turns,* xxii
el turno *shift,* 4
tutear *to speak to someone informally,* 10
los tuyos, las tuyas *yours,* 9

último(a) *latest,* 8; la última vez *last time,* 8
el último, la última *last one,* 3
un(a) *a, an,* 4; **un poco** *a little,* 2; **un montón** *a ton,* 4
únicamente *only,* 9
único(a) *only,* 4G
la unidad *unity,* 3G
la universidad *university,* 5
uno *one,* 1
unos(as) *some,* 4
urgente *urgent,* 1
usar *to use, to wear,* 8; **usar el/la...** *to wear size . . .,* 8; **usar lentes** *to wear glasses,* 5; **usando** *using,* xxii
el uso *use,* 6
usted *you* (formal), 1
ustedes *you* (pl.), 1
los útiles escolares *school supplies,* 4
utilizar *to use,* 7
la uva *grape,* 1
¡Uy! *Oh!,* 1

las vacaciones *vacation,* 10
Vale. *Okay.,* 9
valeroso(a) *brave,* 4G
valiente *brave,* 5
la valija *suitcase,* 10
el valle *valley,* 3G
vamos *let's go, we go,* 3
el vaquero *cowboy,* 3G
vaquero(a) *referring to cowboys,* 3G
los vaqueros *jeans,* 8
variado(a) *varied,* 7
varias *various,* 6G
la variedad *variety,* 6
vas *you are going,* 4; **¿Vas a (a la)...?** *Are you going to the. . .?,* 4; **Vas a ir, ¿verdad?** *You're going to go, aren't you?,* 4
el vasco *language from Basque Provinces, Spain,* 1G
la vasija *pot,* 4
el vaso *glass,* 6
ve *go,* 6
veces *times,* 7; **a veces** *sometimes,* 3; **hay veces** *there are times,* 4
veinte *twenty,* 1
veintiún *twenty-one,* 1
ven *come,* 6
vencido(a) *defeated,* 6; no se da por vencido *doesn't give up,* 6
el vendedor *vendor,* 8
vender *to sell,* 8; se vende *for sale,* 5; se venden *are sold,* 8; **vender de todo** *to sell everything,* 8
venir *to come,* 4; ha venido *has come,* 9; **no vengas** *don't come,* 10; **ven** *come,* 6; venga *will come,* 9; **vienes conmigo a...** *you're coming with me . . .,* 4
la ventana *window,* 5
el ventanal *large window,* 6G
la ventura *happiness,* 5
ver *to watch, to see,* 4; nunca ha visto *never has seen,* 6; **Te veo mal.** *You don't look well.,* 7; **ver televisión** *to watch television,* 3; vi *I saw,* 8
el verano *summer,* 3
el verbo *verb,* xxii
la verdad *truth,* 2
¿verdad? *right?,* 4
verde *green,* 5; verde mar *sea green,* 5G
las verduras *vegetables,* 2
vespertino(a) *(in the) afternoon,* 4
el vestido *dress,* 8
vestirse (i) *to get dressed,* 7
vete *go,* 7
vez *time,* 4; cada vez *each time,* 8; hay veces *there are times,* 4; la última vez *last time,* 8
viajar *to travel,* 10
el viaje *trip,* 10
el viajero *traveler,* 10
la vida *life,* 3G
el video *video,* 3; **alquilar videos** *to rent videos,* 3
los videojuegos *video games,* 2
los viejitos *older folks,* 3
viejo(a) *old,* 5
el viento *wind,* 3; **Hace viento.** *It's windy.,* 3
el viernes *Friday,* 1; **los viernes** *on Fridays,* 3; **el viernes próximo** *next Friday,* 4
el Viernes Santo *Good Friday,* 1
el violín *violin,* 1
visitar *to visit,* 6
la vista *view,* 5
la vitrina *shop window,* 8; **mirar las vitrinas** *to window-shop,* 8
vivir *to live,* 5
vivo(a) *bright,* 5G
el vocabulario *vocabulary,* xxii
volar *to fly,* 7
el volcán *volcano,* 4G
el volibol *volleyball,* 3
volver (ue) *to go or come back,* 5; nunca más volverá *never will do it again,* 9; se vuelve *it becomes,* 6
vosotros(as) *you* (plural; informal), 1
el vuelo *flight,* 10
vuestra(s) *your,* 5
vuestro(s) *your,* 5

el wáter *restroom,* 10
el windsurfing *windsurfing,* 7

y *and,* 1; **y cuarto** *a quarter past,* 1; **y media** *half past,* 1
ya *already,* 9
Ya te lo (la) paso. *I'll get him (her).,* 8
la yerba mate *herb used to make* ***mate,*** *Argentinean and Paraguayan tea,* 7
yo *I,* 1
el yogur *yogurt,* 7
la yuca *yucca,* 8G

la zanahoria *carrot,* 6
la zapatería *shoe store,* 8
las zapatillas de tenis *tennis shoes,* 8
los zapatos *shoes,* 4; **los zapatos de tenis** *tennis shoes,* 8
la zona *area,* 4; la zona residencial *residential area,* 5
el zoológico *zoo,* 10
el zumo *juice (Spain),* 6

Vocabulario inglés-español

This vocabulary includes all of the words presented in the **Vocabulario** sections of the chapters. These words are considered active—you are expected to know them and be able to use them. Expressions are listed under the English word you would be most likely to look up.

Spanish nouns are listed with the definite article and plural forms, when applicable. If a Spanish verb is stem-changing, the change is indicated in parentheses after the verb: **dormir (ue)**. The number after each entry refers to the chapter in which the word or phrase is introduced.

To be sure you are using Spanish words and phrases in their correct context, refer to the chapters listed. You may also want to look up Spanish phrases in **Expresiones de ¡Exprésate!**, pp. R12–R14.

a little *un poco*, 2
a lot *mucho*, 2
a lot of, many *muchos(as)*, 4
a ton *un montón*, 4
a, an *un(a)*, 4
active *activo(a)*, 2
to add *añadir*, 6
address *la dirección*, 5; **My address is…** *Mi dirección es...*, 5; **e-mail address** *correo electrónico*, 1
adventure *la aventura*, 2; **adventure book** *el libro de aventuras*, 2
after *después*, 3; *después de*, 7; **after class** *después de clases*, 3
afternoon *la tarde*, 1; **this afternoon** *esta tarde*, 4; **in the afternoon** *de la tarde*, P.M., 1; *por la tarde*, 4
afterwards *después*, 4
agent *el agente, la agente*, 10
agree: I don't agree. *No estoy de acuerdo.*, 6; **I agree.** *Estoy de acuerdo.*, 6
airplane *el avión*, 10; **by plane** *por avión*, 10
airport *el aeropuerto*, 10
all *todas*, 1; *todo(a)*, 2
all right *regular*, 1; **All right.** *Está bien.*, 3
to allow *dejar*, 3
almost *casi*, 3; **almost never** *casi nunca*, 3; **almost always** *casi siempre*, 3
alone *solo(a)*, 3
alphabet *el alfabeto*, 1
already *ya*, 10
also *también*, 2
always *siempre*, 5; **almost always** *casi siempre*, 3; **as always** *como siempre*, 9
amusement park *el parque de diversiones*, 10
an *un, una*, 4
and *y*, 1
animal *el animal*, 2
anniversary *el aniversario*, 9
another *otro*, 8
any *cualquier*, 10
anything *algo*, 4; *nada*, 4
apartment *el apartamento*, 5
apple *la manzana*, 6
April *abril*, 1
Are you . . .? *¿Eres...?*, 2
arm *el brazo*, 7
around the corner *a la vuelta*, 10
arrival *la llegada*, 10
to arrive *llegar*, 4
art *el arte*, 4
as . . . as *tan...como*, 8
as always *como siempre*, 9
at *a(l)*, 8; **@** *la arroba*, 1; *en*, 3
athletic *atlético(a)*, 2
to attend *asistir(a)*, 4
auditorium *el auditorio*, 4
August *agosto*, 1
aunt *la tía*, 5
automatic teller machine *el cajero automático*, 10
awesome *fenomenal*, 2

back *la espalda*, 7, **I'll call back later** *Llamo más tarde*, 8; **to go (come) back** *volver (ue)*, 5
backpack *la mochila*, 4
bacon *el tocino*, 6
bad *malo(a)*, 2
bag *bolsa*, 8
baggage *el equipaje*, 10; **baggage claim** *el reclamo de equipaje*, 10
bargain *la ganga*, 8
baseball *el béisbol*, 3
basketball *el básquetbol*, 3
to bathe *bañarse*, 7
bathroom *el baño*, 5
be *sé*, 6
to be able to *poder (ue)*, 6
to be *estar*, 1; **How are you?** *¿Cómo está(s)?*, 1; **to be all right** *estar regular*, 1; **to be (a little) salty** *estar (un poco) salado*, 6; **to be angry** *estar enojado(a)*, 7; **to be around the corner** *estar a la vuelta*, 10; **to be bored** *estar aburrido(a)*, 7; **to be familiar with** *conocer*, 9; **to be fine** *estar bien*, 1; **to be hungry** *tener (-go, ie) hambre*, 4; **to be tired** *estar cansado(a)*, 7; **to be happy** *estar contento(a)*, 7; **to be sick** *estar enfermo(a)*, 7; **to be in a hurry** *tener prisa*, 7; **to be in a wheelchair** *estar en una silla de ruedas*, 5; **to be ready** *estar listo(a)*, 7; **to be nervous** *estar nervioso(a)*, 7; **to be right** *tener razón*, 7; **to be sad** *estar triste*, 7; **to be scared** *tener miedo*, 7; **to be sleepy** *tener sueño*, 7; **to be lucky** *tener suerte*, 7; **to be thirsty** *tener sed*, 7; **don't be** *no estés*, 7
to be *ser*, 1; **don't be** *no seas*, 7
beach *la playa*, 3
because *porque*, 2
bed *la cama*, 5; **to make the bed** *hacer la cama*, 5; **to go to bed** *acostarse (ue)*, 7
bedroom *la habitación*, 5
beef *la carne*, 6
before *antes de*, 7
behind *detrás de*, 5
besides *además*, 8
best *el/la/los/las mejor(es)*, 1
better *mejor(es)*, 7
big *grande*, 5
bike *la bicicleta*, 3; **to ride a bike** *montar en bicicleta*, 3
bill *la cuenta*, 6
biology *la biología*, 4
birthday *el cumpleaños*, 9; **When is**

. . . 's birthday? *¿Cuándo es el cumpleaños de...?,* 2; **When is your birthday?** *¿Cuándo es tu cumpleaños?,* 2; **. . . 's birthday** *el cumpleaños de...,* 2; **birthday card** *la tarjeta de cumpleaños,* 8; **girl's fifteenth birthday** *la quinceañera,* 9
black *negro(a),* 5
blank *en blanco,* 8
blind *ciego(a),* 5
blond *rubio(a),* 2
blouse *la blusa,* 8
blue *azul,* 5; **to have blue eyes** *tener los ojos azules,* 5
board game *el juego de mesa,* 3
to board *abordar,* 10
boarding pass *la tarjeta de embarque,* 10
boat *el barco,* 10
book *el libro,* 2; **adventure book** *el libro de aventuras,* 2; **comic book** *la revista de tiras cómicas,* 8; **romance book** *el libro de amor,* 2
bookstore *la librería,* 8
boots *las botas,* 8
boring *aburrido(a),* 2; **to be bored** *estar aburrido,* 7
bowl *el plato hondo,* 6
boy *el muchacho,* 1
bracelet *la pulsera,* 8
bread *el pan,* 6
breakfast *el desayuno,* 6
to bring *traer (-igo),* 4
broccoli *el bróculi,* 6
brother *el hermano,* 5
brothers, brothers and sisters *los hermanos,* 5
brown *castaño(a),* 5; *de color café,* 5
to brush your teeth *lavarse los dientes,* 7
building *el edificio,* 5; **. . . story building** *el edificio de... pisos,* 5
bus *el autobús,* 10
but *pero,* 5
to buy *comprar,* 8; **you would buy** *comprarías,* 8
by plane *por avion,* 10
Bye *chao,* 9

cafeteria *la cafetería,* 4
cake *el pastel,* 6
calculator *la calculadora,* 4
calf *la pantorrilla,* 7
to call *llamar,* 9; **I'll call back later.** *Llamo más tarde.,* 8; **I'll call you later.** *Te llamo más tarde.,* 9
camera *la cámara,* 10; **disposable camera** *la cámara desechable,* 10
to camp *acampar,* 10
can *poder (ue),* 6
Can I . . .? *¿Puedo...?,* 6
Can I help you? *¿En que le puedo servir?,* 8
candy *el dulce,* 9
canoe *la canoa,* 10
car *el carro,* 2
card *la tarjeta,* 8
carrot *la zanahoria,* 5
cat *el gato, la gata,* 5
to celebrate *festejar,* 9
cereal *los cereales,* 6
chair *la silla,* 5; **wheelchair** *la silla de ruedas,* 5
to change money *cambiar dinero,* 10
to chat *charlar,* 9; **to chat online** *platicar en línea,* 3
to check luggage *facturar el equipaje,* 10
checkpoint: security checkpoint *control de seguridad,* 10
cheese *el queso,* 6
chemistry *la química,* 4
chess *el ajedrez,* 2
chest *el pecho,* 7
chicken *el pollo,* 6
children *los hijos,* 5; *los niños,* 8
chocolate *el chocolate,* 6
chores *los quehaceres,* 5
Christmas *la Navidad,* 9; **Christmas Eve** *la Nochebuena,* 9
church *la iglesia,* 3
city *la ciudad,* 5
class *la clase,* 3; **after class** *después de clases,* 3
classmate (female) *la (una) compañera de clase,* 1
classmate (male) *el (un) compañero de clase,* 1
to clean *limpiar,* 5
to clean the room *arreglar el cuarto,* 5
client *el cliente, la cliente,* 8
climb *subir,* 10
clock *el reloj,* 4
close to *cerca de,* 5
to close *cerrar (ie),* 8
clothes *la ropa,* 4
cloudy *nublado,* 7
club *el club de...,* 4
coat *el abrigo,* 8
coffee *el café,* 6; **coffee with milk** *el café con leche,* 6; **coffee shop** *la cafetería,* 6
cold *frío(a),* 6; **It's cold.** *Hace frío.,* 3; **to be cold** *tener (ie) frío,* 7
to have a cold *tener (ie) catarro,* 7
color *el color,* 8
comb *el peine,* 7
to comb your hair *peinarse,* 7
to come *venir (ie),* 4; **come** *ven,* 6; **don't come** *no vengas,* 10; **to come back** *volver (ue),* 5; **you're coming with me to . . .** *vienes conmigo a...,* 4
comic book *la revista de tiras cómicas,* 8
compact disc *el disco compacto,* 8; **blank compact disc** *el disco compacto en blanco,* 8
computer *la computadora,* 4; **computer science** *la computación,* 4
concert *el concierto,* 4
to cook *cocinar,* 5
cookie *la galleta,* 9
cool *fresco,* 3; **It's cool.** *Hace fresco.,* 3
corn *el maíz,* 6
to cost *costar (ue),* 8; **costs . . .** *cuesta(n)...,* 8; **It will cost.** *Costará.,* 9
cotton *el algodón,* 8; **made of cotton** *de algodón,* 8
counter *el mostrador,* 10
country *el país,* 10
countryside *el campo,* 5
court: food court in a mall *la terraza de comidas,* 8
cousin *el primo, la prima,* 5
custard *el flan,* 6
customs *la aduana,* 10
to cut *cortar,* 6; **to cut the grass** *cortar el césped,* 5

dad *el papá,* 5
dance *el baile,* 3; **dance class** *la clase de baile,* 4
to dance *bailar,* 3; **dancing** *bailando,* 1; **to start dancing** *ponerse a bailar,* 3
dark: dark-skinned; dark-haired *moreno(a),* 2
date *la fecha,* 1
daughter *la hija,* 5
day *el día,* 1; **day after tomorrow** *pasado mañana,* 4; **day before yesterday** *anteayer,* 8; **day of the week** *el día de la semana,* 1; **Father's Day** *el Día del Padre,* 9; **holiday** *el día festivo,* 9; **Independence Day** *el Día de la Independencia,* 9; **Mother's Day** *el Día de la Madre,* 9; **Thanksgiving Day** *el Día de Acción de Gracias,* 9; **some day** *algún día,* 10; **Valentine's Day** *el Día de los Enamorados,* 9; **What day is today?** *¿Qué día es hoy?,* 1; **your saint's day** *el día de tu santo,* 9
deaf *sordo(a),* 5
December *diciembre,* 1
to decorate *decorar,* 9; **to decorate the house** *decorar la casa,* 9
decoration *la decoración,* 9
delicious *delicioso(a),* 2; *riquísimo(a),* 6

to delight *encantar,* 6
department store *el almacén,* 8
departure *la salida,* 10
to desire *desear,* 6
desk *el escritorio,* 5
dessert *el postre,* 6
destination *el destino,* 10
destined *destinado(a),* 6
detail *el detalle,* 7
to determine *determinar,* 7
dictionary *el diccionario,* 4
diet *la dieta,* 7; **to eat a balanced diet** *seguir (i) una dieta sana,* 7
difficult *difícil,* 4; **It's difficult.** *Es difícil.,* 4
dining room *el comedor,* 5
dinner *la cena,* 6
disc: compact disc *el disco compacto,* 8; **blank compact disc** *el disco compacto en blanco,* 8
to disembark *desembarcar,* 10
dish *el plato,* 6
disposable *desechable,* 10; **disposable camera** *la cámara desechable,* 10
Do you like . . .? *¿Te gusta(n)...?,* 2
to do *hacer,* 4; **we are doing** *estamos haciendo,* 9; **to do homework** *hacer la tarea,* 3; **to do the chores** *hacer los quehaceres,* 5; **to do the dishes** *lavar los platos,* 7; **to do yoga** *hacer yoga,* 7; **do** *haz,* 6; **don't do** *no hagas,* 10; **What are they doing?** *¿Qué están haciendo?,* 9; **What did you do?** *¿Qué hiciste?,* 8
dog *el perro, la perra,* 5
door *la puerta,* 5
dot *el punto,* 1; **on the dot** *en punto,* 1
to download files *bajar archivos,* 3
downtown *el centro,* 10
to draw *dibujar,* 3
dress *el vestido,* 8
dressed: to get dressed, *vestirse (i),* 7
to drink (something) *beber (algo),* 4; *tomar,* 6; **to drink punch** *beber ponche,* 9
to dry *secarse,* 7
during *durante,* 10
DVD *el DVD,* 8

ear *el oído,* 7
early *temprano,* 4
earphones *los audífonos,* 8
earrings *los aretes,* 8
easy *fácil,* 4; **It's easy.** *Es fácil.,* 4
to eat *comer,* 3; *tomar,* 8
to eat a balanced diet *seguir (i) una dieta sana,* 7; **to eat breakfast** *desayunar,* 6; **to eat dinner** *cenar,* 6; **to eat lunch** *almorzar (ue),* 6
egg *el huevo,* 6
eight *ocho,* 1
eight hundred *ochocientos,* 8
eighteen *dieciocho,* 1
eighty *ochenta,* 2
eleven *once,* 1
e-mail address *el correo electrónico,* 1; **What is . . .'s e-mail address?** *¿Cuál es el correo electrónico de...?,* 1; **What's your e-mail address?** *¿Cuál es tu correo electrónico?,* 1
English *el inglés,* 4
enough *suficiente,* 7; **to get enough sleep** *dormir (ue) lo suficiente,* 7
evening *la tarde,* 1; **in the evening, P.M.** *de la tarde,* 1
everybody *todos (as),* 5
everyone *todos (as),* 5
everything *todo,* 8
to exercise *hacer ejercicio,* 3
to expect *esperar,* 9
expensive *caro(a),* 8
eyes *los ojos,* 5; **to have blue eyes** *tener (ie) los ojos azules,* 5

face *la cara,* 7
fall *el otoño,* 3
family *la familia,* 3; **There are . . . people in my family.** *En mi familia somos...,* 5
familiar: to be familiar *conocer,* 9
fantastic: How fantastic! *¡Qué fantástico!,* 10
fat (in food) *la grasa,* 7
fat (overweight) *gordo(a),* 5
father *el padre,* 5; **Father's Day** *el Día del Padre,* 9
favorite *preferido(a),* 4
flan *el flan,* 6
February *febrero,* 1
to feel *sentirse (ie),* 7; **to feel like doing something** *tener (ie) ganas de + infinitive,* 4
few *pocos(as),* 4
fifteen *quince,* 1
fifteenth: girl's fifteenth birthday *quinceañera,* 9
fifty *cincuenta,* 2
film *la película,* 2
finally *por fin,* 10
to find *encontrar (ue),* 7; **to find a hobby** *buscar un pasatiempo,* 7
fine *bien,* 1; **I'm fine.** *Estoy bien.,* 1
finger *el dedo,* 7
finish *terminar,* 9
fireworks *los fuegos artificiales,* 9
first *el primero,* 1
first (adj.) *primero(a),* 4
fish *el pescado,* 6
to fish *pescar,* 10
fishing *la pesca,* 10; **to go fishing** *ir de pesca,* 10
to fit *quedar,* 8; **How does the . . . fit me?** *¿Cómo me queda el/la...?,* 8
five *cinco,* 1
five hundred *quinientos,* 8
flight *el vuelo,* 10
floor *el piso,* 5
folder *la carpeta,* 4
to follow *seguir (i),* 10
food *la comida,* 2; **Chinese (Italian, Mexican) food** *la comida china (italiana, mexicana),* 2, **food court in a mall** *la plaza (terraza) de comida,* 8
foolish *tonto(a),* 2
foot *el pie,* 7
football *el fútbol americano,* 3
for *para,* 4
for example *por ejemplo,* 6G
fork *el tenedor,* 6
fortune *la fortuna,* 8
forty *cuarenta,* 2
four *cuatro,* 1
four hundred *cuatrocientos,* 8
fourteen *catorce,* 1
French *el francés,* 4
French fries *las papas fritas,* 6
frequency *la frecuencia,* 8
Friday *el viernes,* 1; **on Fridays** *los viernes,* 3
friend *el amigo* (male), *la amiga* (female), 1
from *de,* 1
fruit *la fruta,* 2
fun *divertido(a),* 2; **What fun!** *¡Qué divertido!,* 10
funny *cómico(a),* 2

to gain weight *subir de peso,* 7
game: board game *el juego de mesa,* 3; **the . . . game** *el partido de...,* 4
garage *el garaje,* 5
garden *el jardín,* 5
German *el alemán,* 4
to get angry *enojarse,* 7
to get dressed *vestirse (i),* 7
to get off a plane *desembarcar,* 10
to get someone for a telephone call, *pasartelo(la),* 8
to get together *reunirse,* 9
to get up *levantarse,* 7
to get *conseguir (i),* 10
gift *el regalo,* 9; **gift card** *la tarjeta regalo,* 8
girl *la muchacha,* 1
girl's fifteenth birthday *la quinceañera,* 9
to give *dar,* 7; **don't give** *no des,* 7
glass *el vaso,* 6

glasses *los lentes,* 5; **to wear glasses** *usar lentes,* 5
go *ve,* 6
to go *ir,* 2; **Where did you go?** *¿Adónde fuiste?* 8; **to go shopping** *ir de compras,* 2; **to go to the movies** *ir al cine,* 3; **to go hiking** *ir de excursión,* 10; **don't go** *no vayas,* 7; **He/She doesn't go anywhere.** *No va a ninguna parte.,* 3; **I want to go . . .** *Quiero ir...,* 3; **Are you going to the . . .?** *¿Vas a...?,* 4; **You're going to go, aren't you?** *Vas a ir, ¿verdad?,* 4
to go back *regresar,* 4; *volver (ue),* 5
to go for a walk *pasear,* 3
go out *sal,* 6
to go out *salir (-go),* 3; **to go out with friends** *salir con amigos,* 3; **to go out in a sailboat (motorboat)** *pasear en bote de vela (lancha),* 10
to go to bed *acostarse (ue),* 7
good *bueno(a),* 2; **Good evening., Good night.** *Buenas noches.,* 1; **Good afternoon.** *Buenas tardes.,* 1; **Good morning.** *Buenos días.,* 1
good-looking *guapo(a),* 2
Goodbye. *Adiós.,* 1
graduation *la graduación,* 9
grandchildren *los nietos,* 5
granddaughter *la nieta,* 5
grandfather *el abuelo,* 5
grandmother *la abuela,* 5
grandparents *los abuelos,* 5
grandson *el nieto,* 5
grandsons, grandchildren *los nietos,* 5
grass *el césped,* 5; **to cut the grass** *cortar el césped,* 5
gravy *salsa,* 6
gray *gris,* 8
gray-haired *canoso(a),* 5
great *formidable,* 2; *estupendo(a),* 10; *a todo dar,* 9; **It was great.** *Fue estupendo.,* 10
green *verde,* 5
greeting card *la tarjeta,* 8
guest *el (la) invitado(a),* 9
guitar *la guitarra,* 2
gym *el gimnasio,* 3

hair *el pelo,* 5; **to comb your hair** *peinarse,* 7; **hair dryer** *la secadora de pelo,* 7
half *medio,* 1; **half past** *y media,* 1
ham *el jamón,* 6
hamburger *la hamburguesa,* 2
hand *la mano,* 7
hang *colgar (ue),* 9
Hanukkah *el Hanukah,* 9
happy *contento(a),* 7; **to be happy** *estar contento(a),* 7
Happy (Merry) . . . *¡Feliz...!,* 9
hard *difícil,* 4
hard-working *trabajador(a),* 2
hat *el sombrero,* 8
to have *tener (-go, ie),* 4; **have** *ten,* 6; **don't have** *no tengas,* 10; **to have a cold** *tener catarro,* 7; **to have a milkshake** *tomar un batido,* 8; **to have a picnic** *tener un picnic,* 9; **to have blue eyes** *tener los ojos azules,* 5; **to have to do something** *tener que* + infinitive, 4; **I always have to . . .** *A mí siempre me toca...,* 5; **to have a party** *hacer una fiesta,* 9; **to have a snack** *merendar (ie),* 5; **to have lunch** *almorzar (ue),* 5
he *él,* 1; **He is . . .** *Él es...,* 1
head *la cabeza,* 7
health *la salud,* 7
heat *el calor,* 3
to heat *calentar (ie),* 6
Hello. *Aló.,; Bueno.,; Diga.,* 8
help *la ayuda,* 6; **to help out at home** *ayudar en casa,* 5
hi, hello *hola,* 1
hike *la excursión,* 10; **to go on a hike** *ir de excursión,* 10
his *su(s),* 5
history *la historia,* 4
hobby *el pasatiempo,* 7; **to look for a hobby** *buscar un pasatiempo,* 7
holiday *el día festivo,* 9
Hold on a moment. *Espera un momento.,* 10
Holy Week *la Semana Santa,* 9
homework *la tarea,* 3
Hope things go well for you. *Que te vaya bien.,* 9; **to hope** *esperar,* 10; **I hope to see . . .** *Espero ver...,* 10
horrible *horrible,* 2; **It was horrible!** *¡Fue horrible!,* 10
horror *el terror,* 2
hot *caliente,* 6; **hot sauce,** 6
hot chocolate *el chocolate,* 6
hotel *el hotel,* 10; **to stay in a hotel** *quedarse en un hotel,* 10
hour *la hora,* 1
house *casa,* 5; **. . .'s house** *la casa de...,* 3; **to decorate the house** *decorar la casa,* 9
household chores *los quehaceres,* 5
how *¿cómo?,* 1; **How about (if) . . .?** *¿Qué tal si...?,* 6; **How are you?** *¿Cómo está(s)?,* 1; **How do you spell . . .?** *¿Cómo se escribe. . .?,* 1; **How does the . . . fit me?** *¿Cómo me queda el/la...?,* 8; **How fantastic!** *¡Qué fantástico!,* 10; **How great!** *¡Qué bien!,* 10; **How many . . .?** *¿cuántos(as)?,* 2; **how much?** *¿cuánto(a)?,* 4; **How often do you go . . .?** *¿Con qué frecuencia vas...?,* 3; **How old are you?** *¿Cuántos años tienes?,* 2
hunger *el hambre,* 4
hungry, to be *tener (ie) hambre,* 4
to hurt *doler (ue),* 7; **My . . . hurt(s)** *Me duele(n)...* 7; **Does something hurt?** *¿Te duele algo?,* 7; **His (Her) . . . hurts.** *Le duele...,* 7

ID *carnet de identidad,* 10
I *yo,* 1
I agree. *Estoy de acuerdo,* 6; **I don't agree.** *No estoy de acuerdo.,* 6
I have no idea. *Ni idea.,* 3
I have to go. *Tengo que irme.,* 1
I want to see . . . *Quiero conocer...,* 10
I would like . . . *Quisiera...,* 6
I'd like you to meet . . . *Te presento a...,* 9
I'll get him (her). *Ya te lo (la) paso.,* 8
I'm fine. *Estoy bien.,* 1
I'm sorry *lo siento,* 8
I'm . . . *Soy...,* 2; **I'm from** *Soy de...,* 1
I'm just looking. *Nada más estoy mirando.,* 8
I'm not so good. *Estoy mal.,* 1
ice cream *el helado,* 2
ice cream shop *la heladería,* 8
Independence Day *El Día de la Independencia,* 9
in front of *delante de,* 5
in the (latest) fashion *a la (última) moda,* 8
in, by *por,* 4
inexpensive *barato(a),* 8
intellectual *intelectual,* 2
intelligent *inteligente,* 2
interest *el interés,* 10
interesting *interesante,* 2
to interrupt *interrumpir,* 4
to introduce *presentar,* 9
invitation *la invitación,* 9
to invite *invitar,* 9
island *la isla,* 10
it *lo, la,* 6
It seems unfair to me. *Me parece injusto.,* 5
It snows. *Nieva.,* 3
It's (a little) salty. *Está (un poco) salado(a).,* 6
It's a rip-off! *¡Es un robo!,* 8
It's all right with me. *Me parece bien.,* 5
It's all the same to me. *Me da igual.,* 2
It's awful. *Es pésimo.,* 2
It's been a long time. *Tanto tiempo.,* 1
It's cold. *Hace frío.,* 3

It's cool. *Hace fresco.*, 3
It's delicious. *Es delicioso.*, 2
It's hot. *Hace calor.*, 3
It's kind of fun. *Es algo divertido.*, 2
It's not a big deal. *No es gran cosa.*, 5
It's okay. *Está bien.*, 3
It's quite good/bad. *Es bastante bueno(a)/malo(a).*, 2
It's sunny. *Hace sol.*, 3
It's windy. *Hace viento.*, 3

jacket *la chaqueta*, 8; *el saco*, 8
January *enero*, 1
jeans *los vaqueros*, 8
jewelry store *la joyería*, 8
job *el trabajo*, 3
joke *el chiste*, 9; **to tell jokes** *contar (ue) chistes*, 9
juice *el jugo*, 6
July *julio*, 1
June *junio*, 1
to just (have done something) *acabar de*, 7

kitchen *la cocina*, 5
knife *el cuchillo*, 6
to know (facts) *saber*, 4; **I don't know.** *No sé.*, 4; **to know people** *conocer (a)*, 9

lake *el lago*, 10
large *grande*, 6
last *pasado(a)*, 8; **last night** *anoche*, 9
late *tarde*, 4; **later** *más tarde*, 8; **latest** *último(a)*, 8
lazy *perezoso(a)*, 2
to leave *irse*, 10; *dejar*, 10; *salir*, 3; **leave** *sal*, 6; **to leave a message** *dejar un recado*, 8; **don't leave** *no salgas*, 10
leg *la pierna*, 7
letter *la carta*, 3
library *la biblioteca*, 4
lift *levantar*, 7; **to lift weights** *levantar pesas*, 7
to like *gustar*, 2; **I (you, . . .) like** *Me (te,...) gusta(n)*, 2; **He (She) likes . . .** *Le gusta...*, 3; **My friends and I like . . .** *A mis amigos y a mí nos gusta(n)...*, 3; **They like . . .** *A ellos/ellas les gusta(n)*, 3; **I would like . . .,** *Me gustaría...*, 10
Likewise. *Igualmente.*, 1
line *la cola*, 10; **to wait in line** *hacer cola*, 10
to listen *escuchar*, 3; **to listen to music** *escuchar música*, 3
little (adv.) *poco*, 2; **a little** *un poco*, 2
live *vivir*, 5
living room *la sala*, 5
long *largo(a)*, 5; **Long time no see.** *¡Tanto tiempo sin verte!*, 9
to look *mirar*, 8; **It looks good on you.** *Te queda muy bien.*, 8
to look for *buscar*, 7
to lose weight *bajar de peso*, 7
to lose *perder (ie)*, 10
luck *la suerte*, 10
luggage *el equipaje*, 10
lunch *el almuerzo*, 4; *la comida*, 6; **to have lunch** *almorzar (ue)*, 5

ma'am; Mrs. *la señora*, 1
magazine *la revista*, 3
mail *el correo*, 7
to make *hacer*, 4; **make** *haz*, 6; **to make the bed**, 5
makeup *el maquillaje*, 7
mall *el centro comercial*, 3
man *el hombre*, 6; **for men** *para hombres*, 8
many *muchos (as)*, 4
map *el mapa*, 10
March *marzo*, 1
Mass *la misa*, 9
mathematics *las matemáticas*, 4
May *mayo*, 1
me *mí*, 5; *me*, 9
meat *la carne*, 6
to meet *encontrarse (ue)*, 10
meeting *la reunión*, 3
Merry . . . *¡Feliz...!*, 9
message *el recado*, 8
microwave *el microondas*, 6
midday, noon *el mediodía*, 1
midnight *la medianoche*, 1
milk *la leche*, 6
milkshake *el batido*, 8
million *un millón de*, 8
mischievous *travieso(a)*, 5
Miss *la señorita*, 1
to miss *perder (ie)*, 10
mix *mezclar*, 6
mom *la mamá*, 5
moment *un momento*, 8
Monday *lunes*, 3; **on Mondays** *los lunes*, 3
money *el dinero*, 8
money exchange *la oficina de cambio*, 10
monitor, screen *la pantalla*, 10
months of the year *los meses del año*, 1
month *mes*, 1
more *más*, 2; **more than** *más que*, 8; **more . . . than** *más... que*, 8
morning *la mañana*, 1; **in the morning,** *de la mañana*, A.M., 1; *por la mañana*, 4
mother *la madre*, 5; **Mother's Day** *El Día de la Madre*, 9
motorboat *la lancha*, 10; **to go out in a motorboat** *pasear en lancha*, 10
mountain *la montaña*, 10
mouth *la boca*, 7
movie *la película*, 2
movie theater *el cine*, 3
museum *el museo*, 10
music *la música*, 2; **music by. . .** *la música de*, 2
my *mi(s)*, 1; **my best friend** *mi mejor amigo(a)*, 1; **my favorite subject** *mi materia preferida*, 4; **my teacher** *mi profesor(a)*, 1
mystery *el misterio*, 2

napkin *la servilleta*, 6
neck *el cuello*, 7
need *necesitar*, 4
neither, not either *tampoco*, 5; *ni*, 7
nephew *el sobrino*, 5
nervous *nervioso(a)*, 7; **to be nervous** *estar nervioso(a)*, 7
never *nunca*, 5; **almost never** *casi nunca*, 3
New Year's Eve *la Nochevieja*, 9
next *próximo(a)*, 4; **next to** *al lado de*, 5
nice *simpático(a)*, 2; **Nice to meet you.** *Encantado(a)*, 1; *Mucho gusto.*, 1
niece *la sobrina*, 5
night *la noche*, 1; **at night,** P.M. *de la noche*, 1; *por la noche*, 4
nine *nueve*, 1
nine hundred *novecientos*, 8
nineteen *diecinueve*, 1
ninety *noventa*, 2
no *no*, 3
nobody, not anybody *nadie*, 5
noon *mediodía*, 1
nor *ni*, 7
nose *la nariz*, 7
not yet *todavía no*, 10
notebook *el cuaderno*, 4
nothing *nada*, 4
novel *la novela*, 2
November *noviembre*, 1
now *ahora*, 9
nowhere *ninguna parte*, 3
number *el número*, 1

October *octubre,* 1
Of course! *¡Claro que sí!,* 4
of the *del, de la, de las, de los,* 2
of *de,* 1
office: post office *oficina de correos,* 10
often *a menudo,* 5
Oh, no! *¡Ay, no!,* 6
Okay. *Vale.,* 9
old *viejo(a),* 5
older *mayor(es),* 5
on the dot *en punto,* 1
on time *a tiempo,* 4
on top of, above *encima de,* 5
one *uno,* 1
one hundred *cien,* 2
one hundred one *ciento uno,* 8
one million *millón (de),* 8
one thousand *mil,* 8
only *sólo,* 7; *nada más,* 8
to open *abrir,* 4; **to open gifts** *abrir regalos,* 9
or *o,* 2
orange *la naranja,* 6; *anaranjado(a),* 8
order *pedir (i),* 6
to organize *organizar,* 10
our *nuestro(a)(s),* 5
out of style *pasado(a) de moda,* 8
outgoing *extrovertido(a),* 2
oven *el horno,* 6
overcoat *el abrigo,* 8

to pack your suitcase *hacer la maleta,* 10
pain: What a pain! *¡Que lata!,* 5
pair *el par,* 8
pajamas *el piyama,* 7
pants (jeans) *los pantalones,* 7
paper *el papel,* 4
parents *los padres,* 5
park *el parque,* 3; **amusement park** *el parque de diversiones,* 10
party, to have a *hacer una fiesta,* 9; **surprise party** *la fiesta sorpresa,* 9
pass: boarding pass *la tarjeta embarque,* 10
passenger *el pasajero, la pasajera,* 10
passport *el pasaporte,* 10
pastry *el pan dulce,* 6
patio *el patio,* 5
to pay *pagar,* 8
peach *el durazno,* 6
pen *el bolígrafo,* 4
pencil *el lápiz (pl. los lápices),* 4
person *la persona,* 2
photo *la foto,* 9; **to show photos** *enseñar fotos,* 9; **to take photos** *sacar fotos,* 10
physical education *la educación física,* 4
to pick up *recoger,* 10
picnic *el picnic,* 9
piñata *la piñata,* 9
pizza *la pizza,* 2
place *el lugar,* 10
to plan *pensar* + infinitive, 9
plane ticket *el boleto de avión,* 10
plans *los planes,* 9
plants *las plantas,* 5
plate *el plato,* 6
to play an instrument *tocar,* 3; **to play the piano** *tocar el piano,* 3
to play a game or sport *jugar (ue),* 3
to play sports *practicar deportes,* 3
please *por favor,* 6
Pleased to meet you. *Encantado(a).,* 1; *Mucho gusto.,* 1
pool *la piscina,* 3
porch *el patio,* 5
post office *la oficina de correos,* 10
potato *la papa,* 6; **potato chips** *las papitas,* 9
practice *el entrenamiento,* 3
to prefer *preferir (ie),* 6
preparations *los preparativos,* 9
to prepare *preparar,* 6
pretty *bonito(a),* 2
pretty + adjective *bastante* + adjective, 2
punch *el ponche,* 9
purple *morado(a),* 8
purse *la bolsa,* 8
to put *poner (-go),* 4; **put** *pon,* 6; **don't put** *no pongas,* 10; **to put on makeup** *maquillarse,* 7; **to put on** *ponerse (-go),* 7
pyramid *la pirámide,* 10

quarter past (the hour) *y cuarto,* 1
quarter to (the hour) *menos cuarto,* 4
quiet *callado(a),* 5
quite + adjective *bastante* + adjective, 2

to rain *llover (ue),* 3; **it rains a lot** *llueve mucho,* 3
rather *bastante* + adjective, 2
razor *la navaja,* 7
to read *leer,* 3; **to read magazines and novels** *leer revistas y novelas,* 3
ready *listo(a),* 7; **to be ready** *estar listo(a),* 7
to receive *recibir,* 9; **to receive gifts** *recibir regalos,* 9
red *rojo(a),* 8
red-headed *pelirrojo(a),* 2
refrigerator *el refrigerador,* 6
rehearsal *el ensayo,* 3
relax *relajarse,* 7
to rent *alquilar,* 3; **to rent videos** *alquilar videos,* 3
to rest *descansar,* 3
restaurant *el restaurante,* 6
restroom *el baño,* 5; *el servicio,* 10
to return, to go back *regresar,* 4; *volver (ue),* 5
rice *el arroz,* 6
to ride a bike *montar en bicicleta,* 3
right? *¿no?,* 4; *¿verdad?,* 4; **to be right** *tener (ie) razón,* 8
ring *el anillo,* 8
rip off *el robo,* 8
romance book *el libro de amor,* 2
romantic *romántico(a),* 2
room *el cuarto,* 5
ruins *las ruinas,* 10
rule *la regla,* 4
to run *correr,* 3

sad *triste,* 7; **to be sad** *estar triste,* 7
sailboat *el bote de vela,* 10; **to go out in a sailboat** *pasear en bote de vela,* 10
salad *la ensalada,* 6
salesclerk *el dependiente, la dependiente,* 8
salty *salado(a),* 6; **It's (a little) salty.** *Está (un poco) salado.,* 6
same as usual *lo de siempre,* 9
sandals *las sandalias.* 8
sandwich *el sándwich,* 6
Saturday *el sábado,* 1; **on Saturdays** *los sábados,* 3
sauce, gravy *la salsa,* 6; **hot sauce** *la salsa picante,* 6
to save: to save money *ahorrar dinero,* 8
school *el colegio,* 3
school supplies *los útiles escolares,* 4
science *las ciencias,* 4; **science fiction** *la ciencia ficción,* 2; **computer science** *la computación,* 4
security checkpoint *el control de seguridad,* 10
to see *ver,* 4; **See you tomorrow.** *Hasta mañana.,* 1; **See you.** *Nos vemos.,* 1
to seem *parecer,* 5
to sell *vender,* 8
to send *mandar,* 9
September *septiembre,* 1
serious *serio(a),* 2
to serve *servir (i),* 6
to set *poner (-go),* 6; **to set the table** *poner la mesa,* 6
seven *siete,* 1

seven hundred *setecientos,* 8
seventeen *diecisiete,* 1
seventy *setenta,* 2
to shave *afeitarse,* 7
shirt *la camisa,* 8
shoe store *la zapatería,* 8
shoes *los zapatos,* 4; **tennis shoes** *los zapatos de tenis,* 8
shop window *la vitrina,* 8; **to window-shop** *mirar las vitrinas,* 8; **to go shopping** *ir de compras,* 2
short (height) *bajo(a),* 2; (length) *corto(a),* 5
shorts *los pantalones cortos,* 8
should *deber,* 6
shoulder *el hombro,* 7
to show *enseñar,* 4; **to show photos** *enseñar fotos,* 9
shy *tímido(a),* 2
sick: to be sick *estar enfermo(a),* 7
silk la seda, 8
silly *tonto(a),* 2
to sing *cantar,* 3
sir, Mr. *el señor,* 1
sister *la hermana,* 5
to sit down *sentarse (ie),* 10
six *seis,* 1
six hundred *seiscientos,* 8
sixteen *dieciséis,* 1
sixty *sesenta,* 2
size (clothing) *la talla,* 8; **shoe size** *el número,* 8
to skate *patinar,* 3
to ski *esquiar,* 10; **to water-ski** *esquiar en el agua,* 10
skirt *la falda,* 8
to sleep *dormir (ue),* 5; **to get enough sleep** *dormir lo suficiente,* 7
small *pequeño(a),* 5; **pretty small** *bastante pequeño,* 5
to smoke *fumar,* 7; **to stop smoking** *dejar de fumar,* 7
to snack *merendar (ie),* 5
to snow *nevar (ie),* 3
so-so *más o menos,* 1
so much *tanto,* 7
soap *el jabón,* 7
soccer *el fútbol,* 3
socks *los calcetines,* 8; **a pair of socks** *un par de calcetines,* 8
sofa *el sofá,* 5
soft drink *el refresco,* 6
some *unos(as),* 4
some day *algún día,* 10
something *algo,* 4
sometimes *a veces,* 3
son *el hijo,* 5
soup *la sopa,* 6; **vegetable soup** *la sopa de verduras,* 6
Spanish *el español,* 1
to speak *hablar,* 3
to spend time alone *pasar el rato solo(a),* 3
to spend (money) *gastar,* 8; (time) *pasar,* 9
spicy *picante,* 6
spinach *las espinacas,* 6
spoon *la cuchara,* 6
sports *los deportes,* 2
spring *la primavera,* 3
stadium *el estadio,* 4
to start *empezar (ie),* 5; *comenzar (ie),* 10; **to start a trip** *comenzar un viaje,* 10
to stay in a hotel *quedarse en un hotel,* 10; **to stay in shape** *mantenerse (-go, ie) en forma,* 7
stomach *el estómago,* 7
to stop doing something *dejar de + infinitive,* 7
store *la tienda de...,* 8
story *el piso,* 5; **. . . story building** *el edificio de . . .pisos,* 5
street *la calle,* 5
to stretch *estirarse,* 7
student *el estudiante, la estudiante,* 1
to study *estudiar,* 3
style *la moda,* 8; **in the latest style** *a la última moda* 8; **out of style** *pasado de moda,* 8
subject *la materia,* 4
suburbs *las afueras,* 5
subway *el metro,* 10
suitcase *la maleta,* 10
summer *el verano,* 3
to sunbathe *tomar el sol,* 10
Sunday *el domingo,* 1; **on Sundays** *los domingos,* 3
supplies: school supplies *los materiales escolares,* 4
to surf the Internet *navegar por Internet,* 7
surprise party *la fiesta sorpresa,* 9
sweater *el suéter,* 8
sweet *dulce,* 7
to swim *nadar,* 3
swimsuit *el traje de baño,* 8
synagogue *la sinagoga,* 9

table *la mesa,* 5
to take care of *cuidar,* 5; **To take better care of yourself, you should . . .** *Para cuidarte mejor, debes...,* 7; **to take care of oneself** *cuidarse,* 7; **to take care of one's health** *cuidarse la salud,* 7; **To take care of your health, you should . . .** *Para cuidarte la salud, debes...,* 7; **Take care.** *Cuídate.,* 9
to take off *quitarse,* 7
to take out *sacar,* 6; **to take out the trash** *sacar la basura,* 5
to take *tomar,* 9; **to take a nap** *dormir (ue) la siesta,* 7; **to take photos** *sacar photos,* 10; **to take a test** *presentar un examen,* 4
to talk *hablar,* 3; *charlar,* 9
tall *alto(a),* 2
tamales *los tamales,* 9
to taste *probar (ue),* 6
taxi *el taxi,* 10
teacher *la profesora* **(female),** *el profesor* **(male),** 1
teeth *los dientes,* 7
telephone number *el teléfono,* 1
television *la televisión,* 3; **to watch TV** *ver la televisión,* 3
to tell jokes *contar (ue) chistes,* 9
temple *el templo,* 9
ten *diez,* 1
tennis *el tenis,* 3; **tennis shoes** *los zapatos de tenis,* 8
test *el examen,* 4; **to take a . . . test** *presentar el examen de...,* 4
Thanksgiving Day *el Día de Acción de Gracias,* 9
thank you *gracias,* 1
that *ese(a),* 8
the *el, la, los, las,* 2
theater *el teatro,* 8
their *su(s),* 5
them *los, las,* 6
then *luego,* 4
there *allí,* 10
there is, there are *hay,* 4
these *estos, estas,* 8
they *ellas, ellos,* 1
They like to . . . *A ...les gusta...,* 3
thin *delgado(a),* 5
thing *la cosa,* 4
to think *pensar (ie),* 8
thirst *la sed,* 4
thirteen *trece,* 1
thirty *treinta,* 1
this *ésta, éste,* 1; **this** *este(a),* 8; **this weekend** *este fin de semana,* 4
those *esos, esas,* 8
three *tres,* 1
three hundred *trescientos,* 8
throat *la garganta,* 7
Thursday *el jueves,* 1; **on Thursdays** *los jueves,* 3
ticket *el boleto,* 10; **plane ticket** *el boleto de avión,* 10
time *el rato,* 3
tired *cansado(a),* 7; **to be tired** *estar cansado,* 7
to/for me *me,* 2; **you** *te,* 2; **us** *nos,* 2; **him, her, you, them** *le(s),* 2
toast *el pan tostado,* 6
today *hoy,* 1
tomato *el tomate,* 6
tomorrow *mañana,* 4
ton: a ton of *un montón de,* 4
too much *demasiado(a),* 7
toothbrush *el cepillo de dientes,* 7
toothpaste *la pasta de dientes,* 7
to tour *recorrer,* 10
towel *la toalla,* 7
town *el pueblo,* 5
toy *el juguete,* 8
toy store *la juguetería,* 8
train *el tren,* 10
trash *la basura,* 5
to travel *viajar,* 10

trip *el viaje*, 10
to try, taste *probar (ue)*, 6
T-shirt *la camiseta*, 8
Tuesday *el martes*, 1; **on Tuesdays** *los martes*, 3
tuna *el atún*, 6
turnover-like pastry *la empanada*, 9
twelve *doce*, 1
twenty *veinte*, 1
two *dos*, 1
two hundred *doscientos*, 8
two thousand *dos mil*, 8

ugly *feo(a)*, 2
uncle *el tío*, 5
under, underneath *debajo (de)*, 5
to understand *entender (ie)*, 5
unfair *injusto*, 5
unfriendly *antipático(a)*, 2
until *hasta*, 5; **See you later.** *Hasta luego.*, 1; **See you tomorrow.** *Hasta mañana.*, 1; **See you soon.** *Hasta pronto.*, 1
up to *hasta*, 5
us *nos*, 2; *nosotros(as)*, 3
usual: the usual *lo de siempre*, 9

vacation *las vacaciones*, 10
to vacuum *pasar la aspiradora*, 5
vacuum cleaner *la aspiradora*, 4
Valentine's Day *el Día de los Enamorados*, 9
vegetables *las verduras*, 2
very *muy* + adjective, 2
very bad *pésimo(a)*, 2
video *el video*, 3
video games *los videojuegos*, 2
village *el pueblo*, 5
volleyball *el volibol*, 3

to wait *esperar*, 8
waiting room *la sala de espera*, 10
to wake *despertarse (ie)*, 7
to walk *caminar*, 7; **to go for a walk** *pasear*, 3
wallet *la billetera*, 10
to want *querer (ie)*, 3
to wash *lavar*, 5; *lavarse*, 7; **to do the dishes** *lavar los platos*, 5
watch, clock *el reloj*, 4
to watch *ver*, 4; **to watch television** *ver televisión*, 3
water *el agua (f.)*, 6; **to water ski** *esquiar en el agua*, 10
we *nosotros(as)*, 1
to wear *llevar*, 8; **to wear glasses** *usar lentes*, 5
weather *el tiempo*, 3; **The weather is nice (bad).** *Hace buen (mal) tiempo.*, 3
wedding *la boda*, 9
Wednesday *el miércoles*, 1; **on Wednesdays** *los miércoles*, 3
week *la semana*, 4
weekend *el fin de semana*, 3; **weekends** *los fines de semana*, 3
weight el peso, 7; **to gain weight** *subir de peso*, 7; **to lose weight** *bajar de peso*, 7
weights *las pesas*, 7; **to lift weights** *levantar pesas*, 7
What? *¿Cómo?, ¿Qué?*, 1; **What a pain!** *¡Qué lata!*, 5; **What a shame!** *¡Qué lástima!*, 10; **What are you going to do?** *¿Qué vas a hacer?*, 7; **What bad luck!** *¡Qué mala suerte!*, 10; **What do you think of the . . .?** *¿Qué te parece el/la...?*, 8; **What fun!** *¡Qué divertido!*, 10; **What are you like?** *¿Cómo eres?*, 2; **What day is today?** *¿Qué día es hoy?*, 1; **What did you do?** *¿Qué hiciste?*, 8; **What do you do to help out at home?** *¿Qué haces para ayudar en casa?*, 5; **What do you do to relax?** *¿Qué haces para relajarte?*, 7; **What do you have to do?** *¿Qué tienes que hacer?*, 7; **What do you like to do?** *¿Qué te gusta hacer?*, 3; **What do you still have to do?** *¿Qué te falta hacer?*, 7; **What do you want to do?** *¿Qué quieres hacer?*, 3; **What does . . . do?** *¿Qué hace...?*, 3; **What is . . . like?** *¿Cómo es...?*, 2; **What plans do you have for . . .?** *¿Qué planes tienen para...?*, 9; **What time are you going to. . .?** *¿A qué hora vas a...?*, 4; **What time is it?** *¿Qué hora es?*, 3; **What is . . .'s e-mail address?** *¿Cuál es el correo electrónico de...?*, 1; **What's . . . telephone number?** *¿Cuál es el teléfono de...?*, 1; **what?, which?** *¿cuál?*, 4; **What's his (her, your) name?** *¿Cómo se llama?*, 1; **What's new?** *¿Qué hay de nuevo?*, 9; **What's the matter with . . .?** *¿Qué tiene...?*, 7; **What's the weather like?** *¿Qué tiempo hace?*, 3; **What's today's date?** *¿Qué fecha es hoy?*, 1; **What's wrong with you?** *¿Qué te pasa?*, 7; **What's your name?** *¿Cómo te llamas?*, 1
wheelchair *la silla de ruedas*, 5; **to be in a wheelchair** *estar en una silla de ruedas*, 5
when *cuando*, 3
when? *¿cuándo?*, 2
Where did you go? *¿Adónde fuiste?*, 8
where? *¿dónde?*, 5; **Where can I . . .?** *¿Dónde se puede...?* 10; **Where do you go?** *¿Adónde vas?*, 3; **Where did you go?** *¿Adónde fuiste?*, 8; **from where** *de dónde*, 1
white *blanco(a)*, 8
whole *todo(a)*, 9
Who's calling? *¿De parte de quién?*, 8
Who is . . .? *¿Quién es...?*, 1
why *¿por qué?*, 2
window *la ventana*, 5; **to window-shop** *mirar las vitrinas*, 8
winter *el invierno*, 3
to wish for *desear*, 6
with *con*, 3
with me *conmigo*, 3
with you *contigo*, 3
witty *gracioso(a)*, 2
woman *la mujer*, 5
wool *la lana*, 8; **made of wool** *de lana*, 8
work *trabajar*, 3; *el trabajo*, 4
to work out *entrenar(se)*, 7
workshop *el taller*, 4
to worry *preocuparse*, 10; **Don't worry.** *No te preocupes.*, 10
worse *peor(es)*, 8
to write *escribir*, 1; **How do you spell . . .?** *¿Cómo se escribe...?*, 1; **It's spelled . . .** *Se escribe...*, 1

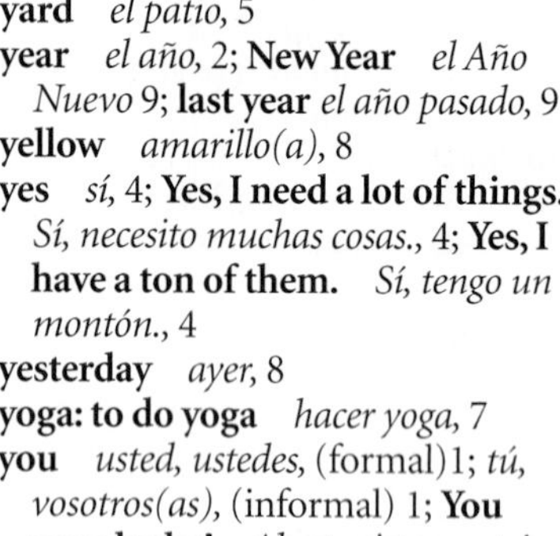

yard *el patio*, 5
year *el año*, 2; **New Year** *el Año Nuevo* 9; **last year** *el año pasado*, 9
yellow *amarillo(a)*, 8
yes *sí*, 4; **Yes, I need a lot of things.** *Sí, necesito muchas cosas.*, 4; **Yes, I have a ton of them.** *Sí, tengo un montón.*, 4
yesterday *ayer*, 8
yoga: to do yoga *hacer yoga*, 7
you *usted, ustedes*, (formal)1; *tú, vosotros(as)*, (informal) 1; **You were lucky!** *Ah, ¡tuviste suerte!*, 10
young *joven*, 5
young people *los jóvenes*, 9
younger *menor(es)*, 5
your *tu(s), su(s), vuestro(a)(s)*, 5

zero *cero*, 1
zoo *el zoológico*, 10

Índice gramatical

Page numbers in boldface type refer to the first presentation of the topic. Other page numbers refer to grammar structures presented in the **¡Exprésate!** features, subsequent references to the topic, or reviewed in **Repaso de Gramática.** Page numbers beginning with R refer to the **Síntesis gramatical** in this Reference Section (pages R20–R27). The designations (IA) and (IB) following the page numbers refer to **¡Exprésate!** IA and **¡Exprésate!** IB.

B

T

Agradecimientos

STAFF CREDITS

Editorial
Priscilla Blanton, Barbara Kristof, Amber P. Nichols, Douglas Ward

Editorial Development Team
Marion Bermondy, Konstanze Alex Brown, Lynda Cortez, Janet Welsh Crossley, Jean Miller, Beatriz Malo Pojman, Paul Provence, Jaishree Venkatesan, J. Elisabeth Wright

Editorial Staff
Sara Anbari, Hubert W. Bays, Yamilé Dewailly, Milagros Escamilla, Rebecca Jordan, Rita Ricardo, Glenna Scott, Géraldine Touzeau-Patrick

Editorial Permissions
Ann B. Farrar, Yuri Muñoz

Design

Book Design
Kay Selke, Marta Kimball, José Garza, Sally Bess, Liann Lech, Lana Cox

Image Acquisitions
Curtis Riker, Jeannie Taylor, Cindy Verheyden, Sam Dudgeon, Victoria Smith, Michelle Dike

Media Design
Richard Metzger, Chris Smith

Cover Design
Marc Cooper, Kay Selke

eMedia
Edwin Blake, Kimberly Cammerata, Grant Davidson, Nina Degollado, Lydia Doty, Cathy Kuhles, Jamie Lane, Sean McCormick, Robert Moorhead, Beth Sample, Annette Saunders, Dakota Smith, Kenneth Whiteside

Production, Manufacturing, and Inventory
Marleis Roberts, Rose Degollado, Jevara Jackson, Rhonda Fariss

ACKNOWLEDGMENTS

For permission to reprint copyrighted material, grateful acknowledgment is made to the following sources:

Children's Book Press, San Francisco, CA: "La montaña del alimento" from *The Legend of Food Mountain/La montaña del alimento,* adapted by Harriet Rohmer, translated into Spanish by Alma Flor Ada and Rosalma Zubizarreta. Copyright © 1982 by Children's Book Press.

Ediciones de la Fundación Corripio, Inc.: From "Regalo de cumpleaños" by Diógenes Valdez from *Cuentos dominicanos para niños,* vol. V. Copyright © 2000 by Ediciones de la Fundación Corripio, Inc.

Editorial Fundación Ross: "Dos buenas piernas tenemos..." and "Siempre quietas,..." from *Adivinanzas para mirar en el espejo* by Carlos Silveyra. Copyright © 1985 by Editorial Fundación Ross.

Editorial Sudamericana S.A.: "2" and "16" from *Los rimaqué* by Ruth Kaufman. Copyright © 2002 by Editorial Sudamericana S.A.

Francisco J. Briz Hidalgo, www.elhuevodechocolate.com: "Una moneda de ¡Ay!" by Juan de Timoneda from *El huevo de chocolate* web site, accessed on September 10, 2003 at http://www.elhuevodechocolate.com. Copyright © by Francisco J. Briz Hidalgo.

Maricel Mayor Marsán: From "Un corazón dividido" from *Un corazón dividido/ A Split Heart* by Maricel Mayor Marsán. Copyright © 1998 by Maricel Mayor Marsán. From "Apuntes de un hogar postmoderno" from Imprenta de los Rincones by Maricel Mayor Marsán. Copyright © by Maricel Mayor Marsán.

Scholastic Inc.: From "Ollantaytambo" from *Ahora,* vol. 3, no. 2, September/October 1996. Copyright © 1996 by Scholastic Inc. From "Gustavo" from *Ahora,* vol. 4, no. 2, November/December 1997. Copyright © 1997 by Scholastic Inc.

PHOTOGRAPHY CREDITS

Abbreviations used: c-center, b-bottom, t-top, l-left, r-right, bkgd-background. Others indicate image label.

COVERS - FRONT: (bl) John Langford/HRW; (br) © Frans Lanting/Minden Pictures; (tl) Amanda Clement/Photodisc Green/Getty Images; (tr) Peter Adams/The Image Bank/Getty Images. BACK: Don Couch/HRW.

AUTHORS: Page iii; (Humbach) courtesy Nancy Humbach; (Chiquito) courtesy Ana B. Chiquito; (Madrigal Velasco) courtesy Sylvia Madrigal; (Smith) Courtney Baker, courtesy Stuart Smith; (McMinn) Courtney Baker, courtesy John McMinn.

TABLE OF CONTENTS: Page v (br) Don Couch/HRW; vi (family photo in frame) ©Image100; (bkgd) Victoria Smith/HRW; vii (br) Don Couch/HRW; (cr) ©Robert Frerck/Odyssey Productions Chicago; viii (cr, bl) Don Couch/HRW; (cl) Michael Everett/DDBStock; ix (br, cr) Sam Dudgeon/HRW; x (bl, cl) John Langford/HRW; xi (br) Don Couch/HRW; (cr) ©PhotoDisc.

WHY STUDY SPANISH: Page xii (Argentina) ©Jeremy Woodhouse, DigitalVision; (Chile, Perú) Don Couch/HRW; (Costa Rica) ©Buddy Mays/Corbis; (España, México) Corbis Images; (República Dominicana) John Langford/HRW; xiii (bl, tr) Alvaro Ortiz/HRW; (br, cart) Don Couch/HRW; (mural) John Langford/HRW; xiv (b) Sam Dudgeon/HRW; (cl) ©Royalty Free/Corbis; (cr) Edward M. Pio Roda, ® & ©2003 CNN, An AOL Time Warner Co., All Rights Reserved; xv (br) ©Image 100 Ltd; (t) Alvaro Ortiz/HRW.

IN SPANISH CLASS: Page xvi (cr) ©Brand X Pictures; COMMON NAMES: Page xvii (bkgd) Alvaro Ortiz/HRW. DIRECTIONS: Page xviii (b) ©PhotoDisc; xix (bl) Michael Newman/PhotoEdit; (br) ©Artville; (tl) Gabe Palmer/Corbis; (tr) Sam Dudgeon/HRW.

TIPS FOR LEARNING SPANISH: Page xx (b) Alvaro Ortiz/HRW; (cl) ©John Burwell/FoodPix; (tr) ©Brand X Pictures; xxi (b, cr) ©PhotoDisc; (cl) ©Royalty Free/Corbis; (tl) Don Couch/HRW; (tr) John Langford/HRW.

CAPÍTULO PUENTE: Page xxii (all) Victoria Smith/HRW; 1 (all) John Langford/HRW; 2 (b) Alvaro Ortiz/HRW; (tl, tr) Don Couch/HRW; 3 (all) Alvaro Ortiz/HRW; 4 (all) Martha Granger/Edge Video Productions/HRW; 5 (1, 2, 3, 5, Juan) Martha Granger/Edge Video Productions/HRW; (4) M. L. Miller/Edge Video Productions/HRW; 6 (l) Don Couch/HRW; 8 (l) John Langford/HRW; 10 (all) Victoria Smith/HRW; 11 (b) John Langford/HRW; (t) Don Couch/HRW; 12 (all) Dennis Fagan/HRW; 13 (bailar) Martha Granger/Edge Video Productions/HRW; (básquetbol, descansar) Peter Van Steen/HRW; (béisbol) Michelle Bridwell/Frontera Fotos; (fútbol) David Young-Wolff/PhotoEdit; (juegos de mesa) Victoria Smith/HRW; (teléfono) ©Telegraph Colour Library/FPG International; 16 (A, B) Corbis Images; (C) Victoria Smith/HRW; (D) Bill Wittman/Painet; (E) ©Nik Wheeler/Corbis; 17 (r) John Langford/HRW; 20 (family photo in frame) ©Image100; (bkgd) Victoria Smith/HRW; 21 (b) Don Couch/HRW; (t) John Langford/HRW; 22 (all insets) Victoria Smith/HRW; (bkgd) Don Couch/HRW; 23 (tl) Don Couch/HRW; 24 (tl) Don Couch/HRW; 27 (1) Robert Fried Photography; (2) Sam Dudgeon/HRW; (3) Marty Granger/Edge Video Productions/HRW; (4) Michelle Bridwell/HRW; (5, 7) Michelle Bridwell/Frontera Fotos; (6, 8, cocinar) Christine Galida/HRW; 28 (bl) ©Comstock; (br) Peter Van Steen/HRW; (cl) Dennis Fagan/HRW; (cr) ©EyeWire; 29 (1, 2) David Phillips/Words & Images; (3) Martha Granger/Edge Video Productions/HRW; (4) John Langford/HRW; (papá) Sam Dudgeon/HRW; 30 (b) ©Jan Butchofsky-Houser/Corbis; (tl) Don Couch/HRW; 31 (c) ©Gabe Palmer/Corbis; (tl) Don Couch/HRW; 32 (bl) ©PhotoDisc; (br) David Young-Wolff/PhotoEdit; (cr) Alvaro Ortiz/HRW; 33 (br) Victoria Smith/HRW; (cr) David Phillips/Words & Images; (tl) ©Image100.

CAPÍTULO 6 All photos by Don Couch/HRW except: page 34 (c) ©Danny Lehman/Corbis; (tc) ©Getty Images/The Image Bank; 35 (bl, cr, tl) ©Robert Frerck/Odyssey Productions Chicago; (tr) Mark Newman/Bruce Coleman; 36 (b) ©Royalty Free/Corbis; (tl) ©Charles & Josette Lenars/Corbis; 37 (cr) George H. H. Huey; (tl) Charlene E. Friesen/DDBStock; 41 (refresco) Victoria Smith/HRW; 43 (1) Sam Dudgeon/HRW; (5, tr) Victoria Smith/HRW; 45 (3) Michelle Bridwell/HRW; (4) Victoria Smith/HRW; (5) Sam Dudgeon/HRW; 46 (bl) Victoria Smith/HRW; 47 (4, tr) Michelle Bridwell/HRW; 49 (all) Victoria Smith/HRW; 51 (tr) ©Robert Frerck/Odyssey Productions Chicago; 52 (tl) Victoria Smith/HRW; 53 (br) Michelle Bridwell/Frontera Fotos; (tl) John Langford/HRW; 55 (cl) Corbis Images; 61 (1) ©PhotoDisc; (2) Victoria Smith/HRW; (3) ©Royalty Free/Corbis; (4) Judd Pilossof/FoodPix; 74 (6) Victoria Smith/HRW; 78 (bl, C) Victoria Smith/HRW; (D) ©PhotoDisc.

CAPÍTULO 7 All photos by Don Couch/HRW except: page 80 (c) Peter Lang/DDBStock; (cr) Jean Lee/AP/Wide World Photos; (tr) ©Tony West/PICIMPACT/Corbis; 81 (bc) Luis Martin/DDBStock; (br) ©Alissa Crandall/Corbis; (cr) ©Hubert Stadler/Corbis; (tr) Michael Everett/DDBStock; 82 (bl) ©Hubert Stadler/Corbis; (br) Museo Xul Solar; (tl) Peter Lang/DDBStock; 83 (tc) Victoria Smith/HRW; (tl) ©Russell Gordon/Odyssey Productions Chicago; 89 (1, 3, 4, 5, 6, 7) Sam Dudgeon/HRW; (2, tr) ©PhotoDisc; (8) Victoria Smith/HRW; 90 (bl) Jean Lee/AP/Wide World Photos; 91 (1) Martha Cooper/Viesti Collection; (2) ©Index Stock; (3) Bob Daemmrich/Stock Boston; (4, 5) John Langford/HRW; (6) Christine Galida/HRW; (ejercicio) ©David Young-Wolff/PhotoEdit; 93 (1) John Langford/HRW; (2) ©John Foxx/Alamy; (3) Bob Daemmrich/The Image Works; (4) Image Source/elektraVision/PictureQuest; (tr) Stockbyte/PictureQuest; 94 (bl) David Phillips/HRW; 95 (1, 2) Peter Van Steen/HRW; (3) ©Jose Luis Pelaez, Inc./Corbis; (4, yo) Dennis Fagan/HRW; 99 (br) ©Royalty Free/Corbis; 107 (Leti, Ricardo) Peter Van Steen/HRW; (Marta) ©Image Source; (Vicente) ©RubberBall Productions; 108 (bl) John Langford/HRW; 112 (all) ©Radlund & Associates for Artville/HRW; 113 (br, tr) AP Photo/AP/Wide World Photos; (cl) David Kohl/AP/Wide World Photos; 118 (bl) Peter Van Steen/HRW; 120 (tc) Dennis Fagan/HRW; (tr) Peter Van Steen/HRW.

CAPÍTULO 8 All photos by Sam Dudgeon/HRW except: page 126 (tr) ©Owaki-Kulla/Corbis; 127 (bl) Werner Bertsch/Bruce Coleman; (br) ©Richard Bickel/Corbis; (tc) Masa Ushioda/Bruce Coleman; (tr) Kennedy Space Center/NASA; 128 (br) ©Mildrey Guillot; (tl) ©Tony Arruza/Corbis; 129 (cr) ©Latin Focus; (tl) ©Robert Frerck/Odyssey Productions Chicago; 136 (bl) Michelle Bridwell/Frontera Fotos; 145 (br) ©Franz-Marc Frei/Corbis; (t) Don Couch/HRW; 146 (anillo, aretes, pulsera) Victoria Smith/HRW; (audifonos, CD) ©PhotoDisc; (tarjetas) Don Couch/HRW; 148 (2) Corbis Images; (4) ©PhotoDisc; (5) Don Couch/HRW; (7, CDs) Victoria Smith/HRW; 150 (cl) ©Arthur Tilley/Getty Images/Taxi; 151 (tl) ©PhotoDisc; (tr) Martha Granger/Edge Video Productions/HRW; 153 (2, 3) Victoria Smith/HRW; (4) Image Source Ltd/Alamy; (5) ©EyeWire; (6) Dennis Fagan/HRW; (t) Bob Daemmrich/The Image Works; 154 (l) ©Latin Focus; 155 (1, 2, tr) Victoria Smith/HRW; (4) ©PhotoDisc; 158 (A, B, C) HRW file photo; (bl) Victoria Smith/HRW; 159 (euros) ©European Communities; (fresas, manzanas) ©PhotoDisc; (melón) Corbis Images; (naranjas) ©Royalty Free/Corbis; (tr) Don Couch/HRW; 166 (3) David Young-Wolff/PhotoEdit; 170 (all) Victoria Smith/HRW.

CAPÍTULO 9 All photos by John Langford/HRW except: page 172 (c) ©Jeremy Horner/Corbis; (tr) Martha Cooper/Viesti Collection; 173 (bl) David Pou; (br) ©Giraud Philippe/Corbis Sygma; (cr, tl) Suzanne Murphy-Larronde; (tr) Tom Bean; 174 (cl, tr) David Pou; 175 (cl) age fotostock/Suzanne Murphy-Larronde; (cr, tc) David Pou; 178 (Acción de Gracias) ©Bob Daemmrich/Getty Images/Stone; (bkgd) Victoria Smith/HRW; (Enamorados, Nochevieja) Christine Galida/HRW; (Hanukah) Pam Ostrow/Index Stock Imagery/PictureQuest; (Navidad) Michael Matisse/Photodisc/PictureQuest; (Semana Santa) Andres Leighton/AP/Wide World Photos; 179 (abrir, mandar, recibir) Sam Dudgeon/HRW; (fuegos) Corbis Images; (sobres)

Victoria Smith/HRW; 181 (1, 4) Peter Van Steen/HRW; (2) ©Tom and Dee Ann McCarthy/Index Stock Imagery/PictureQuest; (3) ©Creatas/PictureQuest; (tr) Michelle Bridwell/Frontera Fotos; 185 (c, l) Peter Van Steen/HRW; (r) Victoria Smith/HRW; 187 (tl) Victoria Smith/HRW; (tr) Sam Dudgeon/HRW; 188 (bl) David Pou; 190 (br) Sam Dudgeon/HRW; 191 (br) ©Rob Gage Photography; (tl) Gary Russ/HRW; 192 (buzón) Marta Kimball/HRW; (galletas, papitas, ponche) Victoria Smith/HRW; (icon) HRW Photo; 194 (l) Jose Carrillo/PhotoEdit; 197 (1–4) Martha Granger/Edge Video Productions/HRW; 200 (1, 3) The Kobal Collection; (2) Eric Risberg/AP/Wide World Photos; (4) ©Bettmann/Corbis; (Segovia) ©Hulton-Deutsch Collection/Corbis; 204–205 (leaves) Richard Hutchings/HRW; 204 (cl) Bob Daemmrich/Stock Boston; 212 (1) ©Brand X Pictures; (2, 5) ©PhotoDisc; (3-clock) ©Comstock; (3-hats, 4, 6) Corbis Images; 216 (A) Christine Galida/HRW; (arroz) ©Corel; (B, C, D, dulces, tostones) Victoria Smith/HRW; (bizcochos) Don Couch/HRW.

CAPÍTULO 10 All photos by Don Couch/HRW except: 218 (tr) ©Jack Fields/Corbis; 219 (bl) Todd Wolf; (br) Erwin and Peggy Bauer/Animals Animals/Earth Scenes; (tc) ©Wolfgang Kaehler/Corbis; 220 (bl) ©Diego Lezama Orezzoli/Corbis; (tl) ©PhotoDisc; 221 (cr) Ricardo Choy Kifox/AP/Wide World Photos; (tc) ©William Albert Allard/National Geographic Image Collection; 225 (billetera) Victoria Smith/HRW; 226 (cl) Robert Frerck/Woodfin Camp & Associates; 229 (tl) Martha Granger/Edge Video Productions/HRW; 233 (1) Peter Van Steen/HRW; (2) ©PhotoDisc; (4) Dean Berry/Index Stock Imagery; 237 (br) ©DigitalVision; (tl) Sam Dudgeon/HRW; 238 (acampa, pesca) Corbis Images; (bote de vela) ©Royalty Free/Corbis; (canoa) ©Tom Stewart/Corbis; (esquiar) Ron Chapple/Thinkstock/PictureQuest; (excursión) ©Ken Chernus/Getty Images/Taxi; 239 (bc) ©Travel Ink/Alamy; (tc) ©PhotoDisc; 242 (1) ©Rick Doyle/Corbis; (2, 4) ©Index Stock; (3) ©William Sallaz/Corbis; (cr) ©PhotoDisc; 243 (cl, cr) Martha Granger/Edge Video Productions/HRW; (tl) Ron Chapple/Thinkstock/PictureQuest; 245 (br) ©PhotoDisc; 247 (r) ©Michael & Patricia Fogden/Corbis; 250 (c) Dr. Paul A. Zahl/Photo Researchers; (tr) Richard Rowan/Photo Researchers; 251 (tr) Stephanie Maze/Woodfin Camp & Associates; 258 (1) ©PhotoDisc.

LITERATURA Y VARIEDADES: Page 271 (tl) Courtesy of Maricel Mayor Marsan; 272 (cr) Victoria Smith/HRW; 273 (cr) Victoria Smith/HRW; (tr) ©William James Warren/Corbis; 274 (r) ©Bettmann/Corbis; 275 (all) ©Wolfgang Kaehler/Corbis.

REPASO DE VOCABULARIO: Page R7 (bl) Don Couch/HRW; (tr) ©DigitalVision; R8 (bl) Victoria Smith/HRW; (cl) Corbis Images; (tl) ©PhotoDisc; R9 (cr) Victoria Smith/HRW; (tc) Don Couch/HRW; R10 (cr) Peter Van Steen/HRW; (tl) Sam Dudgeon/HRW; R11 (bl) ©PhotoDisc; (tl) Sam Dudgeon/HRW; R12 (cl) Alvaro Ortiz/HRW; (cr) Don Couch/HRW; (tc) ©PhotoDisc; R13 (bl) Don Couch/HRW; (br) Alvaro Ortiz/HRW; (cr, tr) Gary Russ/HRW; (tl) Sam Dudgeon/HRW; R14 (bc) Corbis Images; (cl) ©RubberBall/Alamy; (cr) ©PhotoDisc; (tl) ©DigitalVision; R15 (bl) Alvaro Ortiz/HRW; (br) ©Dennis Degnan/Corbis; (tl) ©Buddy Mays/Corbis.

NOVELA STILL PHOTOS: Spain - Don Couch/HRW; Puerto Rico - John Langford/HRW; Mexico, Costa Rica, Peru, Chile - Don Couch/HRW.

ICONS: (VOCABULARIO 1) John Langford/HRW; (CULTURA, VOCABULARIO 2) Don Couch/HRW; COMMUNICACIÓN (l, c) Steve Ewert/HRW; (r) PhotoDisc/Getty Images. (CONEXIÓN) Historia, Ciencias naturales, Astronomía, ©Royalty Free/Corbis; Economía, Idiomas, Matemáticas, Literatura, PhotoDisc/Getty Images; Ciencias sociales, Wolfgang Kaehler Photography.